História e Energia
Memória, informação e sociedade

História e Energia
Memória, informação e sociedade

Gildo Magalhães [org.]

Copyright © 2012 Gildo Magalhães

Grafia atualizada segundo o Acordo Ortográfico da Língua Portuguesa de 1990, que entrou em vigor no Brasil em 2009.

Publishers: Joana Monteleone/Haroldo Ceravolo Sereza/Roberto Cosso
Edição: Joana Monteleone
Editor assistente: Vitor Rodrigo Donofrio Arruda
Projeto gráfico e diagramação: Vitor Rodrigo Donofrio Arruda
Revisão: João Paulo Putini
Capa: Juliana Pellegrini
Imagem da capa: Aquarela de Nádia Pupo

Este livro foi publicado com o apoio da Fapesp

CIP-BRASIL. CATALOGAÇÃO-NA-FONTE
SINDICATO NACIONAL DOS EDITORES DE LIVROS, RJ

M166h

Magalhães, Gildo, 1948-
HISTÓRIA E ENERGIA: MEMÓRIA, INFORMAÇÃO E SOCIEDADE
Gildo Magalhães (org.)
São Paulo: Alameda, 2012.
376p.

   Inclui bibliografia
   ISBN 978-85-7939-149-1

1. Energia elétrica – Brasil – História. I. Título.

12-4692.   CDD: 609
                  CDU: 62(09)

                       037324

Alameda Casa Editorial
Rua Conselheiro Ramalho, 694, Bela Vista
CEP: 01325-000, São Paulo, SP
Tel: (11)3012-2400
www.alamedaeditorial.com.br

Energia é a única vida, e pertence ao Corpo;
e a Razão é a fronteira ou circunferência externa da Energia.
Energia é Delícia Eterna

William Blake. O casamento do Céu e do Inferno (1790)

E eu bendizia, com o esqueleto ao lado,
Na guturalidade do meu brado,
Alheio ao velho cálculo dos dias,

Como um pagão no altar de Proserpina,
A energia intracósmica divina
Que é o pai e é a mãe das outras energias!

Augusto dos Anjos. Sonho de um monista (1912)

Sumário

Prefácio – História e energia: a virada cognitiva, ambiental e ética — 11
Nicolau Sevcenko

Introdução geral — 15
Gildo Magalhães

PARTE 1: Histórias e políticas energéticas — 35

A próxima revolução energética — 39
Jonathan Tennenbaun

Energia e desenvolvimento na História – o caso paulista — 51
Gildo Magalhães

A eletrificação da periferia europeia até a II Guerra Mundial – Espanha, Portugal e hidroeletricidade — 69
Isabel Bartolomé Rodriguez

Estratégia de uma holding elétrica – Sofina em Buenos Aires — 89
Diego Bussola

Marcos constitutivos do setor elétrico brasileiro — 105
Sonia Seger

Marcos históricos da geração elétrica nuclear no Brasil — 125
Fernanda das Graças Corrêa / Leonam dos Santos Guimarães

Estado, desenvolvimento energético e ambiente — 143
Ricardo Maranhão

A produção e distribuição de energia — 149
Ildo Sauer

PARTE 2: Empresas e memória histórica 153

Uma perspectiva de arquivista sobre a documentação empresarial nos Estados Unidos 159
Bruce Bruemmer

Estado, capital privado e memória da eletrificação 177
Sidnei Martini

Paralelos entre culturas organizacionais: CESP e Eletropaulo 193
Antonio Carlos Bôa Nova

História e memória nas empresas no Brasil 199
Paulo Nassar

A experiência do Centro de Memória da Eletricidade em Pesquisa Histórica 211
Lígia Maria Martins Cabral

PARTE 3: Acervo, processos, fluxos documentais e a memória do setor elétrico 229

Avaliação documental e suas implicações para a preservação e o acesso aos documentos de valor histórico 235
Maria Blassioli Moraes

Fontes para a história do setor elétrico de São Paulo. Dispersão, e descentralização dos acervos após a privatização 245
Marcia Cristina de Carvalho Pazin

Arquivologia no Projeto Eletromemória 259
Telma Campanha de Carvalho Madio

Os arquivos e sua regulamentação legal no Brasil 265
Maria Izabel de Oliveira

Organização do conhecimento e gestão da memória social 271
Mario Barité

Informação, conhecimento e bem cultural 285
Maria de Fátima Gonçalves Moreira Tálamo

O jogo de interpretações entre o processo 297
documental e os fluxos sociais da informação
Marilda Lopes Ginez de Lara

PARTE 4: A preservação da cultura material da eletricidade 313

De Frankenstein ao marca-passo: a evolução do Museu Bakken 317
David J. Rhees

Investigando o patrimônio industrial 327
Heloísa Barbuy

O papel dos setores público e privado na preservação da cultura 333
material do setor elétrico
Renato de Oliveira Diniz

Anexo I – Conclusões do III Seminário História e Energia 339

Anexo II – Autores das contribuições 343

Caderno de imagens 351

Prefácio – História e energia: a virada cognitiva, ambiental e ética

> Assim como o ar, a água, os alimentos e a própria Terra viraram temas críticos, a urgência de uma revolução energética se tornou mais e mais vital para todas as sociedades. (...) Essa revolução das fontes de energia é mais do que nunca inseparável de uma outra, uma revolução política, social e cultural sem precedentes históricos.[1]

Prevalece no início dessa segunda década do século XXI um consenso, no sentido de que estamos vivendo um momento decisivo de virada energética em escala mundial. Mais até que os debates calorosos sobre a reordenação das finanças e das economias, os quais orientam a questão da governabilidade das nações, o que o tema energético põe em perspectiva é a propria sobrevivência e o destino da humanidade na sua atual configuração globalizada. Nenhuma outra pauta portanto é mais candente, grave e urgente. Ela esteve no centro das deliberações da *Conferência das Nações Unidas sobre o Desenvolvimento Sustentável: Rio + 20*, realizada em junho de 2012. Quão preparados estamos para ela?

Difundiu-se em ampla escala uma consciência aguçada (até mesmo pela escalada dos custos) dos limites estreitos das fontes energéticas não renováveis. O que esteve longe do limiar da percepção pública durante o fastígio do *boom* econômico do pós-guerra, durante o qual se consolidou o modelo da sociedade afluente, assinalado pelo grande consumo energético, emanado sobretudo do

---

[1] DEBEIR, J-C; DELÉAGE, J-P; HÉMERY, D. *The Turning Point in The Servitude of Power: energy and civilization through the ages*. Paris, 1986; Londres, 1991.

estilo de vida norte-americano, dos subúrbios de ocupação rarefeita, sobrecarregados de eletrodomésticos, climatizados pelo conforto permanente do ar condicionado e conectados pelos automóveis e vias expressas à rede de entretenimentos, supermercados e shopping centers. Desde a crise do petróleo de meados dos anos 1970, foi ficando cada vez mais claro que esse modelo se esgotava tão rápido quanto os recursos que ele avidamente dilapidava.

Foi também nesse contexto que nós, historiadores, tanto aqueles treinados na história social quanto na econômica, as tendências que prevaleciam então, começamos a voltar nossa atenção para a questão crucial dos sistemas energéticos e seu papel singular na definição e delimitação das decisões relativas tanto à organização do trabalho e da produção, quanto da sobrevivência e do padrão de vida coletivo. Um exemplo preclaro disso foi a tomada de posição de Fernand Braudel, na sua condição proeminente de arauto da École des Annales, no seu manifesto de 1980, *Sur l'Histoire*:

> O homem é de fato o prisioneiro de limitações das quais ele não escapa nunca. Essas limitações, embora variem no tempo, são sensivelmente as mesmas de um extremo ao outro da Terra, e são elas que imprimem sua marca uniforme sobre todo o conjunto da experiência humana, qualquer que seja a época considerada.

Se tomarmos essas datas em consideração, convém lembrar que o primeiro *Seminário Nacional de História e Energia* ocorreu em 1986, assinalando o *aggiornamento* do nosso meio acadêmico com a consciência aguçada de um novo quadro internacional, projetando as agruras de uma complexa transição dos modelos energéticos. Não apenas ficava claro que os sistemas energéticos são historicamente circunscritos, mas acima de tudo, são eles que definem os termos em que transcorrem os processos e as decisões que movem e transformam as sociedades.

Em paralelo, a articulação desse debate ensejava uma oportunidade propícia para a difusão dentre os pesquisadores, tanto os da história econômica quanto os da social, de um amplo processo de renovação teórico-metodológica em curso, com impacto direto sobre os estudos historiográficos, fundado na epistemologia, na hermenêutica e na história das ciências (encabeçado por alguns dos maiores pensadores do pós-guerra, tais como Koyré, Feyrabend, Polanyi, Kuhn, Prigogine, Canguilhem, Foucault, Latour, Hofstadter, Rorty, entre outros). Nesse sentido, o estudo dos sistemas energéticos oferecia um campo particularmente fértil de reflexão, pela sua complexidade intrínseca, enredados como eles são com todo o vasto campo da experiência econômica, social, política e cultural.

O que implicava a definição de estratégias multidisciplinares de pesquisa, articuladas com uma constelação de interfaces – flexíveis, porosas, intercorrentes –, envolvendo, ao mesmo tempo, um rigor analítico atento a procedimentos cognitivos, paradigmas epistêmicos, repertórios conceituais e aos detalhes intrincados da interlocução entre os discursos científicos e as soluções tecnológicas. O vigor renovado e a ampliação dos estudos ambientais e geoecológicos nos anos 1980 e 1990 acrescentaram novas dimensões de sutileza e sofisticação ao que se tornava uma fronteira emergente e particularmente desafiadora do conhecimento.

Essas questões, que então despontavam nas décadas finais do século passado, reaparecem consolidadas e cristalizadas pelo aguçamento crítico instilado em virtude da atual virada energética, nessa publicação dos textos do III *Seminário Internacional de História e Energia*, ocorrido em 2010. Ela vem confirmar, de forma ainda mais categórica ante a premência dos fatos, o caráter crucial do estudo dos sistemas energéticos não apenas como um campo inovador e fecundo da pesquisa histórica, mas sobretudo como uma fonte imprescindível para informar e orientar os debates de que dependerá um dos mais complexos cursos de decisão deste novo século.

Justamente pela sua gravidade ingente e enorme interesse público, seria uma negligência alarmante se seu encaminhamento fosse deixado para círculos restritos de especialistas ou de entidades diretamente interessadas. Essa é a razão pela qual os estudos dos sistemas energéticos e suas implicações em todos os níveis da experiência humana devem não apenas estar no centro dos currículos e debates acadêmicos, mas ser amplamente difundidos no processo educativo desde os níveis elementares da rede escolar.

Eles podem e devem familiarizar os jovens, desde cedo, tanto sobre as condições e responsabilidades da gestão energética, quanto sobre as múltiplas alternativas com que ela pode ser pensada, planejada e encaminhada, de forma a se compatibilizar com os primados éticos da preservação, da moderação, da distribuição equitativa e dos equilíbrios ambientais, sociais e regionais. Está mais claro que nunca, sobretudo nesses tempos turbulentos de grandes desafios, que energia é uma questão central e imprescindível para informar a cidadania participativa e adensar a experiência democrática.

Seria oportuno, nesse sentido, evocar as palavras inspiradoras do sempre saudoso professor Milton Santos, em seu livro-manifesto, de 2000, *Por Uma Outra Globalização, do pensamento único à consciência universal*:

> A globalização atual não é irreversível. Agora que estamos descobrindo o sentido de nossa presença no planeta, pode-se dizer que uma história universal verdadeiramente humana está, finalmente, começando. A mesma materialidade, atualmente utilizada para construir um mundo confuso e perverso, pode vir a ser uma condição da construção de um mundo mais humano. Basta que se completem as duas grandes mutações: a mutação tecnológica e a mutação filosófica da espécie humana.

Nicolau Sevcenko
Faculdade de Artes e Ciências
Universidade Harvard

Introdução geral

Gildo Magalhães

I – Por que energia e história?

O Brasil iniciou um novo ciclo de privatizações e desnacionalizações na década de 1990, que se estendeu para setores de serviços públicos essenciais, dentre eles o da energia elétrica. O estado de São Paulo, a partir de 1997, foi um protagonista destacado neste processo, tendo testemunhado a venda de suas três principais companhias estatais de geração, transmissão e distribuição elétricas, Eletropaulo, CPFL e boa parte da CESP. Em 2001, uma interrupção de energia elétrica de grandes proporções e em escala nacional (que ficou conhecida como "crise do apagão") provocou perdas na economia e forçou o racionamento no fornecimento aos consumidores, o que levou ao questionamento das políticas governamentais para o setor. Por outro lado, a mídia tem noticiado nesses anos as queixas dos consumidores, principalmente os residenciais e comerciais, que se dirigem tanto para o grau insatisfatório do serviço prestado quanto para o modelo de formação e reajuste de preços da eletricidade. Dentro do novo processo de leilões de energia, esta deixou de ter a característica de algo produzido fisicamente para se tornar *commodity*, mercadoria negociada sem estar baseada nos custos históricos de produção, como havia sido praticado no Brasil e em outros países; ao invés de variações de cunho estritamente financeiro, anteriormente adotavam-se modelos econômicos atuariais para a tarifação da eletricidade. Além disso, as dificuldades institucionais para elevar o potencial de energia firme gerada têm sido um entrave para os programas públicos de crescimento econômico, pois todos dependem da energia elétrica.

Segundo estudos de agências especializadas, como a Comissão Econômica para a América Latina e Caribe (CEPAL), todos os países da América do Sul correm riscos de novos apagões pela falta de investimentos na infraestrutura de eletricidade, basicamente na geração e em linhas de transmissão.[1] O crescimento da demanda está correlacionado com o desenvolvimento econômico da região, para a qual se projeta a necessidade de algo em torno de 200 Gigawatts a mais de potência instalada, número inatingível com soluções limitadas como a solar ou eólica. Neste sentido, é importante que haja um consenso político a respeito, considerando as pressões ambientalistas radicais contra a construção de hidrelétricas e centrais nucleares. Outro aspecto importante e complementar da questão é o social: ainda não se garante o acesso das populações como um todo à energia elétrica. E o uso social da eletricidade é a melhor alternativa para os transportes de massa, como o metro-ferroviário, dado o desperdício de tempo e recursos no trânsito caótico das grandes cidades, sem falar nos custos ambientais da poluição atmosférica. Um alerta preocupante é que se a cidade de São Paulo conseguisse quatruplicar sua rede de metrô para se igualar à extensão de linhas da Cidade do México, o aumento de consumo de eletricidade para tal já poderia causar apagões, por falta de capacidade instalada para atender essa demanda.

Esses problemas candentes têm entre nós uma história que remonta ao final do Império e que nos permite entender melhor as causas dos impasses hoje enfrentados. Recordando as palavras de um dos grandes historiadores da atualidade, "a memória coletiva faz parte das grandes questões das sociedades desenvolvidas e das sociedades em vias de desenvolvimento, das classes dominantes e das classes dominadas, lutando todas pelo poder ou pela vida, pela sobrevivência e pela promoção".[2] O acesso à memória do processo de eletrificação na sociedade brasileira foi grandemente impulsionado a partir da década de 1980, com iniciativas de empresas públicas de energia elétrica interessadas em conhecer e preservar seu patrimônio histórico, principalmente em São Paulo e no Rio de Janeiro. Com a privatização e a separação empresarial das atividades de geração, transmissão e distribuição, houve uma fragmentação também da memória do setor e uma consequente dificuldade para financiar e publicar as

---

1   Divisão de Recursos Naturais e Infraestrutura da CEPAL (BBC Brasil, 12/08/2011).
2   LE GOFF, Jacques. "Memória". In: Memória – História. Enciclopédia Einaudi, vol. 1. Lisboa: Imprensa Nacional/Casa da Moeda, 1984, p. 46.

pesquisas históricas. Um agravante adicional foi representado pelas aposentadorias compulsórias de quadros técnicos e administrativos que detinham parte dessa memória.

A história das ciências e técnicas tem se preocupado com o tema da energia, em sintonia com as tendências e polêmicas que cercam o campo do conhecimento histórico em geral. De fato, a sua historicização revela como as ciências e técnicas resultam do trabalho de seres humanos e de suas circunstâncias, não sendo surpresa que problemas técnicos e científicos sejam influenciados pelo contexto social, político, ou econômico e reflitam matizes ideológicos. Essa reconstrução não deve representar, porém, a renúncia à verdade e às conquistas feitas pelos homens que nela viveram: ciências e técnicas continuarão a ocupar um lugar central na construção do conhecimento que possibilitou não apenas a sobrevivência da espécie, mas sua expansão na biosfera. Isto é expressamente reconhecido quando se diz que "[...] uma sociedade democrática[...] depende do posicionamento da ciência [...] que dá a capacidade humana de raciocinar com sucesso e independentemente sobre objetos fora da mente, ao mesmo tempo em que reconhece a dimensão social e ideológica do conhecimento".[3]

Estas palavras de historiadoras norte-americanas reforçam o que em meados do século XX pensava emblematicamente o francês Pierre Ducassé, ao escrever que a história das técnicas não é apenas a descrição das sucessivas descobertas, mas também o encadeamento das circunstâncias sociais que favoreceram, prejudicaram, desenvolveram ou retardaram o esforço humano.[4] Não obstante a civilização ter sido construída apoiando-se numa base das ciências e técnicas, o interesse pela sua história tem sido escasso entre os historiadores de modo geral. Adicionalmente, na abordagem de dois renomados especialistas, ainda atual depois de várias décadas, o próprio homem contemporâneo, "[...] que nasceu e se desenvolveu numa sociedade em que a técnica baseada na ciência constitui um elemento essencial, inclina-se a encarar como autoevidentes a apertada relação entre estes dois aspectos da atividade humana".[5] Esses autores reconhecem que, para contrabalançar essa atitude, existe apenas um remédio: o estudo da História.

---

3 APPLEBY, Joyce; HUNT, Lynn; JACOB, Margaret – Telling the truth about History. New York: Norton, 1995, p. 197

4 DUCASSÉ, Pierre. História das técnicas. S/l [Lisboa], s/d [3ª ed. francesa de 1954].

5 FORBES, R. J.; DIJKSTERHUIS, R. J. História da ciência e da técnica. Lisboa: Ulisseia, 1963, p. 9.

Dentre as possibilidades de se abordar a história das ciências e técnicas, a temática da energia ocupa lugar ímpar, pois mesmo parecendo ser um lugar-comum, é importante a constatação de que a energia está presente ao longo de toda a cadeia de causas e efeitos da qual procede a evolução dos grupos humanos. "Num certo sentido pode-se afirmar que, para além do jogo de palavras, a história da energia é a energia da História", como diz uma publicação exatamente sobre este tema.[6] Houve até hoje poucas tentativas de se escrever uma história geral da energia, sendo uma notável exceção aquela empreendida pelos historiadores franceses Daniel Hémery, Jean-Claude Debier e Jean-Paul Deléage, que parte do conceito de "sistema energético", o que inclui de um lado as características ecológicas e tecnológicas das linhas energéticas (evolução das fontes, dos conversores e de seus rendimentos) e, de outro, as estruturas sociais de apropriação e gestão destas fontes e conversores.[7] É nesse sentido que no relato destes autores não constitui de forma alguma um anacronismo a menção às crise ecológicas da energia como aquela ocorrida na Idade Média com o desaparecimento dos grandes bosques europeus – e cabe mencionar aqui como a história das ciências e técnicas se entrelaça com o tema ecológico.

Entre nós no Brasil, são marcos desse esforço historiográfico sobre energia as publicações em São Paulo do antigo Departamento de Patrimônio Histórico da Eletropaulo (cujo acervo foi incorporado pela Fundação Patrimônio Histórico da Energia de São Paulo, atual Fundação de Energia e Saneamento) e no Rio de Janeiro as do Centro de Memória da Eletricidade, além de reflexões feitas no universo das produções acadêmicas, que por vezes transcendem suas fronteiras e chegam ao público leitor, como se espera que venha a acontecer também no presente caso.

II – Os Seminários de História e Energia e este livro

Em 1986 o então "Departamento de Patrimônio Histórico" da empresa Eletropaulo realizou o I Seminário Nacional de História e Energia, destinado a discutir temas tais como o papel da energia elétrica para o desenvolvimento

---

6 ENEL (Ente Nazionale per l'Energia Elettrica) – *Hipótese para um museu da energia eléctrica*. Roma: ENEL, 1989.

7 HÉMERY, Daniel; DEBIER, Jean-Claude; DELÉAGE, Jean-Paul. *Uma história da energia*. Brasília: UnB, 1993, p. 21.

científico e tecnológico, a memória da energia elétrica, a energia e preservação do meio ambiente, a distribuição da energia pelas diferentes classes sociais, a energia na história da ciência. Foi um evento público e pioneiro de grande importância, com mais de 600 participantes, que transcorreu num momento delicado, por ocasião da transição democrática brasileira e ainda dentro da era de estatização e verticalização da cadeia produtiva da energia elétrica – isto é, quando todas as etapas de geração, transmissão e distribuição estavam nas mãos do governo – e que fora incentivada durante os governos militares pós-1964.

O II Seminário Internacional de História e Energia ocorreu em 1999, em plena vigência da onda neoliberal na ordem internacional a que o país aderiu, quando já se iniciara a privatização e desverticalização (separação empresarial entre geração, transmissão e distribuição) do setor elétrico no Estado de São Paulo. Foi um evento organizado pela Fundação Patrimônio Histórico da Energia de São Paulo, sendo essa Fundação, na época, ainda mantida por empresas elétricas que tinham sido privatizadas a partir de 1997. O tema geral foi o potencial estratégico de cultura e negócios, balizados pelas formas de gestão e pela política de preservação do patrimônio histórico do setor elétrico.

No período de 2007 a 2010 foi desenvolvido o Projeto Eletromemória, uma iniciativa da Universidade de São Paulo, com a participação da Fundação Energia e Saneamento e financiamento da Fapesp. A motivação para o III Seminário Internacional de História e Energia, realizado na primeira semana de setembro de 2010 em São Paulo, foi tanto usar a experiência desse Projeto para resgatar a tradição dos encontros anteriores, quanto para promover uma reflexão sobre as políticas de gestão e preservação do patrimônio histórico e cultural do setor energético da eletricidade, considerando as novas transformações ocorridas durante uma década, em que foi consolidada a reestruturação do setor, que em boa parte passou de estatal para a iniciativa privada nacional e estrangeira. Anualmente há alguns encontros nacionais do setor de energia elétrica. Conquanto sejam relevantes, esses eventos têm um caráter relativamente oficial, dado pelos representantes das agências governamentais ou das posturas empresariais. O que se almejou para o III Seminário, a exemplo dos anteriores, foi retomar dentro da liberdade de expressão tradicional na área acadêmica a condução de análises críticas da conjuntura social e econômica, fundamentadas na experiência comparada dos participantes. Uma série de conferências e mesas-redondas foi planejada para discutir vários aspectos mais específicos desse tema amplo, ao longo dos quatro eixos em que se desenvolveu o Projeto Eletromemória: História, Arquivologia, Ciências da Documentação (Biblioteconomia) e Cultura Material. Em particular, foi focalizada a perda real ou potencial de memória causada pela fragmentação do que estava antes centralizado nas empresas estatais, bem como pelo estado precário de documentos, objetos e edificações que fazem parte essencial da história do setor energético paulista, ressalvando-se os casos em que houve iniciativa e sensibilidade para proceder à guarda e valorização dessas fontes documentais.

Algumas intervenções no III Seminário precisaram ser transcritas e editadas para esta publicação, a partir de sua gravação, preservando-se algo do tom coloquial quando da comunicação oral pública. O organizador traduziu as apresentações em inglês e espanhol e selecionou os debates mais significativos com a plateia para serem igualmente transcritos e traduzidos. A presente obra reflete em boa medida o que foi apresentado e debatido durante o evento e está dividida em quatro seções, correspondentes aos eixos temáticos citados.

A primeira parte é dedicada ao tema "História e Políticas Energéticas", que abre com a conceituação de Jonathan Tennenbaum para uma próxima revolução energética, envolvendo situações do passado e atravessando pelo presente para apontar um futuro a ser moldado, não tão remoto nem fictício. O enfoque é dado pelo olhar da economia física, conceito cujas bases remontam a Leibniz e que enfatiza a importância para a história econômica humana da construção de infraestrutura, principalmente energia, recursos hídricos, transporte e comunicações. Olhando para o início do processo de industrialização acelerada, o autor aponta para a necessidade de estender a eletrificação tanto em extensão quanto em profundidade, propondo que haverá uma nova revolução energética quando a humanidade desenvolver a ciência e economia dos isótopos, principalmente aqueles ligados à produção de energia nuclear.

O próximo tópico é de nossa autoria, estabelecendo uma ponte com o texto anterior ao se debruçar sobre o desenvolvimento da eletrificação no Estado de São Paulo. A partir de uma crítica às posições malthusianas que pretendem limitar o crescimento demográfico e econômico (no sentido real da economia física), mostra-se como a curva exponencial da série histórica do consumo de energia tem colocado o desafio de procurar novas e mais eficientes fontes energéticas. Apesar do desempenho decepcionante do Brasil frente a outros países, mesmo da América Latina, em termos de consumo energético, o caso paulista foi diferente, pois atendeu e ao mesmo tempo propiciou a industrialização do Estado, que passou à dianteira das outras unidades federativas. O desafio é renovar essa tradição, face à desindustrialização acarretada pelas políticas neoliberais a partir da década de 1990.

A historiadora Isabel Bartolomé traça um interessante paralelo entre os processos de eletrificação na Península Ibérica e no Brasil. Tanto neste país quanto em Portugal e Espanha houve uma preferência pela geração hídrica de eletricidade, que contribuiu para o crescimento demográfico urbano, para a indústria e os serviços. Destaca também as diferenças no contexto ibérico, dado que na Espanha em geral houve a presença do capital privado, ao passo que em Portugal foi o governo salazarista o responsável pelas inversões na eletrificação. Esta situação vai se alterar com o tempo e com o descompasso da entrada tardia desses países no esforço de eletrificação, quando comparados ao restante da Europa.

Diego Bussola examina as estratégias da multinacional belga Sofina, que atuou na área metropolitana de Buenos Aires desde o início do século XX. Seguindo recomendações do cartel do setor, após a crise de 1929, a empresa concentrou seus esforços no crescimento do mercado elétrico incentivando o consumidor doméstico por meio de tarifas mais baixas. Ao mesmo tempo, foram oferecidas vantagens para a compra de eletrodomésticos, o que aumentou o consumo e o faturamento total, diminuindo os custos devido à melhora do chamado "fator de carga elétrica". O sucesso dessa iniciativa pode ser uma das explicações de como se estabeleceu e se manteve uma posição mais avançada da Argentina no consumo elétrico, comparativamente à América Latina e ao Brasil, em particular.

Os marcos constitutivos do sistema elétrico brasileiro são revistos por Sonia Seger, a partir da aprovação do Código de Águas na década de 1930, passando pelo domínio das empresas privadas estrangeiras Light e Amforp, até a entrada estatal no setor, através da Eletrobrás, para o Brasil, e da CESP, em São Paulo. O grande avanço no parque instalado ocorreu nos governos militares, após o que se seguiu a retirada do Estado e a privatização, especialmente aguda em São Paulo. Os sucessivos governos do período após a redemocratização do país, independente de suas diretrizes partidárias, alinharam-se por políticas neoliberais, cujos insucessos recolocaram a conveniência de uma nova oscilação em direção ao reforço da presença estatal na eletrificação, voz hoje timidamente enunciada. Dificuldades análogas foram experimentadas pela geração nuclear de eletricidade no Brasil, como explicam Fernanda Corrêa e Leonam Guimarães, ao refazerem a trajetória que leva do esforço do almirante Álvaro Alberto nos anos

1940 até o domínio recente do ciclo de enriquecimento do urânio, num quadro conturbado pela campanha contra a energia nuclear orquestrada por movimentos ambientalistas radicais, embalados por acidentes trágicos, sem dúvida preocupantes, mas nem por isso desanimadores. Como enfatizam os autores, trata-se de uma problemática que atinge a soberania nacional e em que o Brasil detém reservas estratégicas de combustível, mundialmente falando.

Num aporte pessoal, lembrando do que foi o I Seminário de História e Energia (1986), Ricardo Maranhão menciona como as autoridades ignoravam então o assunto ambiental ligado à inundação por barragens de hidroelétricas em áreas povoadas, diferentemente do que ocorre hoje com a participação dos meios de comunicação e da organização dos interessados. Finalmente, após traçar em largas pinceladas a evolução histórica que levou às políticas neoliberais hoje praticadas, Ildo Sauer coloca o que é atualmente, em sua opinião, o problema central da energia, ou seja, a necessidade de uma distribuição mais igualitária do produto.

A Parte II do Seminário discutiu a relação direta entre as empresas e sua memória. Iniciou-se com uma contribuição bastante instigante de Bruce Bruemmer, ao relatar sua experiência dupla nos EUA, primeiro como pesquisador acadêmico sofrendo as agruras de arquivólogo em busca da documentação de empresas e do respectivo financiamento da pesquisa, coincidindo bastante com as dificuldades experimentadas em casos similares no Brasil. Depois, ele relata como se transformou sua visão a partir de quando passou para o outro lado e se tornou encarregado dos arquivos de uma grande empresa privada. Com base na sua experiência, Bruemmer apresenta cinco reflexões para quem se dedica à arquivística empresarial: há limitações à estratégia nacional de arquivos; na iniciativa privada, o arquivo está subordinado aos interesses empresariais; é necessário que o arquivólogo e o historiador entendam melhor os registros e as necessidades reais dos seus usuários; aceitar que os registros arquivísticos não duram para sempre e procurar fontes alternativas para o registro; lidar com arquivos empresariais exige, com relação à academia, uma sofisticação maior do pesquisador.

O tema "Estado, capital privado e memória da eletrificação" foi objeto de um depoimento pessoal de Sidnei Martini, alicerçado em sua vivência à frente de importante empresa paulista, sucessora da área de transmissão da CESP, em dois momentos diferentes, primeiramente como uma nova empresa estatal e depois como companhia privatizada. Em tom vívido e emocionado, apresentou argumentos para convencer as cúpulas da administração de empresas particulares sobre a importância dos arquivos e centros de memória, e a responsabilidade social e cultural a esse respeito dessas companhias. Destacou também a necessidade de apoio privado a entidades dedicadas à preservação e a relevância do trabalho de historiadores para essa finalidade, bem como os benefícios da participação acadêmica nesse esforço. Concluindo, apresentou proposta concreta de uso de parte da verba destinada por lei federal para pesquisa e desenvolvimento nas empresas elétricas, e que poderia ser empregada para projetos dedicados à memória do setor.

Duas empresas tradicionais de energia elétrica, CESP e Eletropaulo, foram comparadas por Antonio Carlos Bôa Nova, que do ponto de vista da cultura organizacional tiveram vários pontos em comum. No entanto, havia também várias diferenças importantes e que, historicamente, tiveram consequências, inclusive na etapa atual de sua existência. Essas culturas têm efeitos de longa duração e que resistem mesmo a choques organizacionais, como os advindos da privatização. Aspectos culturais das organizações também foram abordados na comunicação de Paulo Nassar, no contexto da memória organizacional. A produção e relevância da história empresarial praticada no Brasil foram por ele avaliadas criticamente, pensando-as no âmbito dos temas de comunicação social e imagem das empresas junto ao público.

A atuação do Centro da Memória da Eletricidade está inventariada por Lígia Cabral, desde sua fundação no Rio de Janeiro pela Eletrobrás em 1986, e em termos de publicações resultantes de projetos feitos por historiadores naquela instituição. Obras fundamentais, e que se tornaram referências obrigatórias para todos que estudam e procuram compreender o processo da eletrificação no Brasil, constam desse acervo, bem como valiosos depoimentos orais transcritos de alguns dos principais protagonistas desse setor. A atuação dessa entidade exemplar complementa para o restante do país o trabalho feito em São Paulo pela Fundação Energia e Saneamento.

Na Parte III estão agrupadas as comunicações feitas em torno dos eixos de arquivologia e ciências da documentação. Inicialmente, três trabalhos focalizam o estado atual dos arquivos documentais das empresas elétricas, incluindo-se aí relatórios e documentos administrativos, plantas e fotografias. Verificou-se que há uma grande dispersão e dificuldade de controle desse material devido às cisões empresariais ocorridas com a privatização da década de 1990. Maria Moraes, com sua experiência em gerir arquivos oriundos principalmente da

Light e Eletropaulo, trata de questões envolvendo a situação de descumprimento de preceitos e dispositivos legais relativos à memória do serviço público. Com base nos trabalhos de pesquisadores e alunos do Projeto Eletromemória, ela traça um diagnóstico sucinto do que deve ser executado para instituir e manter tabelas de temporalidade da documentação de interesse permanente. Marcia Pazin apresenta um histórico da dispersão documental ocorrida, identificando problemas que começaram na verdade até mesmo antes da atual etapa de privatização. As empresas geralmente guardam melhor os documentos que servem para sua memória técnica e administrativa, deixando num plano secundário o que serviria para memória empresarial e para conservação do patrimônio histórico e de cultura material. Estas conclusões são corroboradas por Telma Carvalho, que ao mesmo tempo em que faz uma reflexão sobre os benefícios que teve o Projeto Eletromemória para alunos de graduação em arquivologia, tece críticas à postura empresarial, quando desconhece ou não pratica os preceitos desta ciência. No entanto, a equipe também encontrou empresas que exercitavam as melhores práticas arquivísticas. Os marcos regulatórios dos arquivos de interesse público no nível nacional foram discutidos por Maria Izabel de Oliveira, que comentou a necessidade de um esforço para se mudar a tradição cultural do brasileiro a respeito. O acesso a arquivos é uma questão que se coloca para o exercício pleno da cidadania, e a Constituição de 1988 e a abertura de alguns registros do período militar ainda não lograram a conscientização popular para exigir esse direito.

De caráter mais teórico, o tema apresentado por Mario Barité trata da formação histórica da área de organização do conhecimento, responsável pela formulação e conceituação dos vocabulários controlados, ferramenta indispensável na biblioteconomia e integrante essencial do Projeto Eletromemória. Em que pese a arbitrariedade das decisões classificatórias, contingência que é, porém, um dado histórico de cada época, a gestão da memória social encontra potencialmente nessa ferramenta da organização do conhecimento uma forma viável para acessar conteúdos de arquivos de interesse da sociedade.

A discussão teórica em torno dos objetivos da documentação prossegue nos dois últimos trabalhos da Terceira Parte. Fátima Tálamo faz um diálogo com o texto anterior ao traçar considerações oportunas, partindo da epistemologia e da distinção polêmica entre informação, conhecimento e bem cultural. Para que o conhecimento gere mais conhecimento, a resultante deve circular de forma democrática e o acesso aos bens culturais ser facilitado e não dificultado pelas ciências da informação. Finalmente, Marilda de Lara apresenta um jogo de possíveis interpretações divergentes que envolvem os processos de documentação e os fluxos sociais da informação, a partir de diferenças entre a escola europeia, que dá ênfase ao documento, e a americana, que ressalta a correspondente informação. A discussão volta-se atualmente para o aspecto cognitivo que se liga ao processo documentário.

A última seção trata da cultura material e se inicia com David Rhees, que conta a história de um museu nos EUA que, começando com uma despretensiosa coleção de equipamentos eletromédicos, acabou por se tornar uma referência em termos de educação. Há poucos museus, no plano internacional, dedicados à história do eletromagnetismo, embora suas aplicações no cotidiano tenham formatado a vida moderna, da iluminação aos eletrodomésticos, computadores e telefones celulares — no Brasil, esta deficiência começou a ser sanada pela Fundação Energia e Saneamento, que mantém cinco unidades do Museu da Energia no Estado de São Paulo. No Museu Paulista da USP há coleções e exposições que têm atraído interesse ao focalizarem os aspectos da vida privada, dentre elas as que ilustram as alterações no cotidiano trazidas pela eletrificação. Lançando mão de exemplos dessas iniciativas, Heloísa Barbuy defende a multiplicidade de olhares que objetos, catálogos e propagandas podem despertar no público em geral. Como última contribuição, Renato Diniz explora a responsabilidade social conjunta que empresas, arquivos, fundações e outras entidades, públicas ou privadas, têm para com a preservação da memória coletiva.

As conclusões do III Seminário Internacional História e Energia foram apresentadas e discutidas ao final do encontro, constituindo um documento para reflexões e verificações futuras envolvendo a memória, informação e relacionamento dessas variáveis com a sociedade. Seu registro se encontra em apêndice a este livro, bem como dados curriculares resumidos dos colaboradores.

III – Antecedentes do Seminário: o Projeto Eletromemória

O Projeto Eletromemória resultou de parceria entre universidades estaduais (Universidade de São Paulo – USP, e Universidade Estadual Paulista – Unesp) e a Fundação Energia e Saneamento (FES), com patrocínio da Fundação de Amparo à Pesquisa do Estado de São Paulo (Fapesp). Realizado entre 2007 e 2010, teve como uma das atividades propostas desde o início a organização do III Seminário Internacional História e Energia, cujos resultados aqui se apresentam.

Sendo este livro, portanto, também um resultado de reflexões em torno das dificuldades para a recuperação da memória associada ao esforço para eletrificar o país, em especial no estado de São Paulo, intensificadas pelas visitas das equipes a barragens e usinas hidroelétricas, subestações, linhas de transmissão e centros de operação, bem como arquivos, depósitos de materiais e equipamentos, é oportuno compartilhar brevemente nesta Introdução o que foi o Projeto Eletromemória, destacando alguns dos seus aspectos e resultados.

A ação da Fundação Energia e Saneamento foi valiosa durante o desenvolvimento do Projeto, no sentido de promover a aproximação de pesquisadores acadêmicos com as empresas do setor elétrico, junto às quais foram feitas expedições de campo para levantamento de dados no interior do Estado de São Paulo. A Fundação também cedeu instalações e pesquisadores com experiência em arquivos e tratamento documental para realizar treinamentos de alunos de graduação de História da USP e de Arquivologia da Unesp. Em contrapartida, esses alunos desenvolveram a catalogação de séries documentais da CESP em posse do Arquivo da Fundação. As atividades de levantamento de dados e trabalho com séries documentais, por sua vez, forneceram subsídios para projetos de Iniciação Científica daqueles alunos de graduação.

As expedições foram compostas por várias equipes multidisciplinares, tendo cada uma em média sete pessoas, incluindo professores e alunos de Iniciação Científica da USP e Unesp, bem como pesquisadores da Fundação Energia e Saneamento. As equipes pré-agendaram reuniões e visitas, recebendo as autorizações necessárias, e foram bem recebidas pelos representantes das empresas. Para as expedições, foram levados *notebooks*, câmeras digitais e termo-higrômetros, além de uma série de formulários em papel, especialmente elaborados para o Projeto. O mapa (fig. 1, p. 353)[8] apresenta as regiões do Estado onde se desenvolveram as pesquisas de campo, envolvendo barragens, usinas e outras instalações das empresas – CESP (ao longo dos rios Paraná, Paraibuna e Paraíba), AES Tietê (bacias do Alto Tietê, Grande e Pardo) e Duke Energy (na bacia do rio Paranapanema). Também foram feitas pesquisas em subestações da Companhia de Transmissão Elétrica do Estado de São Paulo – CTEEP, cujas linhas aéreas formam um denso emaranhado que compõe a paisagem visual, cruzando estradas ou ao longo delas, levando

---

[8] Todas as figuras encontram-se no Caderno de imagens, localizado a partir da página 351.

a produção de usinas distantes aos centros industriais e urbanos do estado. Nesta última empresa, foram escolhidas unidades mais significativas do ponto de vista histórico, documental e de cultura material. Na região metropolitana de São Paulo foram visitadas dezenas de subestações e centros de manutenção da AES Eletropaulo, bem como a coordenação central de arquivos da CESP (no bairro de Pedreira).

O material relativo ao setor elétrico existente no Arquivo da Fundação Energia e Saneamento compreende basicamente a documentação histórica das empresas Light/Eletropaulo e uma parte da documentação da CESP e de suas empresas formadoras. Compõem esse acervo, dentre outros, vários relatórios empresariais, memórias técnicas, processos trabalhistas, notícias da imprensa, além de um rico acervo fotográfico, de filmes, depoimentos orais, levantamentos cartográficos e alguns elementos da cultura material ligada ao fornecimento de energia elétrica e iluminação pública.

Inicialmente, foram definidas algumas linhas de pesquisa para que os alunos de graduação e pós-graduação pudessem escolher e utilizar o material já existente no referido Arquivo da Fundação e fazer uma ligação com o material que seria levantado nas empresas durante as expedições de campo. Como tema comum perpassando essas linhas de pesquisa foi definido um fio condutor, a saber: aspectos das crises de energia dentro do contexto de planejamento, estatização e nacionalização. Além das iniciações científicas foram associados ao Projeto Eletromemória quatro pesquisas de pós-graduação em História, sendo uma de mestrado e duas de doutorado com alunos da USP, e uma de doutorado pela Unicamp.[9]

Com base nas fontes documentais inéditas levantadas durante as expedições de campo, os trabalhos de alunos de graduação em História se concentraram nos seguintes tópicos:

- fase de formação do primeiro conglomerado multinacional de energia no país, a Light, quando esta acabou por absorver sua concorrente, a Companhia de Água e Luz de São Paulo, na primeira década do século XX; nesse contexto uma fonte inusitada se revelou para análise: as reclamações dos consumidores.

---

9 As pesquisas dos alunos de graduação e pós-graduação foram apresentadas durante o Simpósio Eletromemória, realizado na Escola Politécnica da USP em fevereiro de 2009 e publicadas em CD-ROM.

- estatização da geração, transmissão e distribuição paulista a partir da década de 1950 até a campanha pela desverticalização e privatização, vistas pela construção da autoimagem das empresas energéticas.

- contribuição pioneira da engenharia nacional para o projeto, construção e ensaios relativos a grandes usinas hidrelétricas no Alto Tietê e Paraná, numa época em que ainda era grande o descrédito da capacidade e da tecnologia brasileiras.

- cidades que foram submersas no Vale do Paraíba em decorrência da construção da barragem e usina de Paraibuna, confrontando-se as visões das populações atingidas com as a da empresa elétrica.

A última etapa dos trabalhos de campo foi dedicada ao levantamento do material contido no arquivo centralizado da CESP bem como à visita às instalações da AES Eletropaulo. Esta herdou as subestações das antigas empresas Light e Eletropaulo, que foram implantadas acompanhando o crescimento urbano e econômico da cidade de São Paulo e cercanias. A AES Eletropaulo possui atualmente 147 subestações na cidade de São Paulo e 32 subestações no ABC e outras localidades da Grande São Paulo, datando de 1901 a 2009. Por ser uma quantidade muito grande de locais, foram escolhidas subestações representativas de cada década, num total de 34. Entre as informações históricas relevantes obtidas, destacam-se as imagens relativas à subestação Riachuelo, que foi implantada em 1929 pela Light junto à Praça da Bandeira no Vale do Anhangabaú, em São Paulo. Hoje o prédio encontra-se fechado e foi posto em leilão, pondo-se a perder uma parte importante do patrimônio arquitetônico e cultural de São Paulo.

As expedições em campo se revelaram uma importante fonte de informações históricas, arquivísticas e de cultura material. Durante as viagens, verificou-se que há nas usinas e subestações elétricas das empresas pesquisadas um rico acervo documental muitas vezes desconhecido das próprias empresas. Uma constatação geral levantada a partir desse conjunto de viagens de campo é que as transformações empresariais de desverticalização e privatização levaram a um enxugamento drástico no quadro de pessoal, em função de planos de demissão voluntária e posterior introdução de tecnologias de supervisão, controle elétrico e manutenção à distância (sem operadores) – uma automação que reduziu os postos de trabalho. Por outro lado, não obstante a reformulação total do setor, ainda perdura entre os técnicos uma cultura da empresa única e verticalizada que antes da privatização respondia pelo conjunto da geração, transmissão e distribuição elétrica no estado de São Paulo, e que se pode chamar de "cultura CESP". Esse traço permitiu a identificação de uma série de pessoas, ativas ou aposentadas, que poderão dar subsídios para um futuro esforço de história oral. Essas pessoas doaram espontaneamente para os pesquisadores uma série de documentos particulares, tais como manuscritos, fotos e filmes de valor histórico. Conquanto desvinculados da organicidade de um conjunto arquivístico, tais documentos isolados ajudarão no esforço de reconstituir a memória do setor. Ainda é possível através desse conjunto de documentos e pessoas entender transformações tecnológicas e empresariais ocorridas nos últimos 50 anos.

Os processos de privatização das empresas de energia, durante a década de 1990, criaram uma situação interessante do ponto de vista da Arquivística. Para as novas empresas concessionárias, os seus documentos passaram a fazer parte de dois tipos de conjuntos – públicos e privados – devido ao serviço público prestado por empresas privadas. Uma decorrência dessa fragmentação dos acervos que está em curso e que se tornará cada vez mais complexa é a perda da organicidade dos arquivos das empresas de energia. Os documentos arquivísticos mantidos nessas empresas são essenciais para o estudo das trajetórias administrativas de cada uma e devem estar arranjados de forma a se entender historicamente as relações de subordinação administrativa ou comercial entre companhias do mesmo grupo, bem como a formação dos monopólios, *holdings* e trustes que conhecidamente fazem parte de sua história.

Em geral se supõe que a centralização documental que é praticada tanto por empresas estatais quanto privadas faria com que nos locais distantes das sedes administrativas houvesse um mero espelho da documentação centralizada. No entanto, verificou-se que locais como subestações e usinas guardam documentos de valor histórico insuspeitado pelas administrações centralizadas. Um item importante e nem sempre tratado com o cuidado merecido se refere a fotografias, muitas vezes colocadas sem identificação e em locais impróprios. Do ponto de vista da memória, reafirma-se a importância de se implementar uma estrutura arquivística profissional.

Um denominador comum às empresas privatizadas é que nos locais visitados há documentos e, por vezes, equipamentos, de empresas distintas privatizadas ou não (inclusive algumas menores e fora do escopo do Projeto Eletromemória). Nem sempre as novas empresas têm consciência dessa existência cruzada, que abrange não só documentos históricos como relatórios e projetos antigos, mas também documentos de valor operacional e administrativo permanente tais como, por exemplo, livros de ocorrências e relatórios de vazões e enchentes.

Alguns dos documentos mais notáveis que foram encontrados nas expedições e com perigo de se perderem se não forem recolhidos a um arquivo apropriado, incluem o primeiro projeto da usina de Jupiá (feito na Itália pela Escola Politécnica de Milão, em 1959) e projetos da bacia do Rio Pardo (de 1957). Eles se revestem de particular importância porque estão ligados aos primeiros empreendimentos inteiramente a cargo da engenharia nacional; o projeto italiano de Jupiá foi retomado e totalmente refeito pela primeira empresa de engenharia consultiva genuinamente nacional, a THEMAG, criada no governo de Lucas Nogueira Garcez por professores da Escola Politécnica da USP para projetar as hidrelétricas paulistas. No caso das usinas, há ainda uma quantidade muito grande de documentos relativos ao meio ambiente, ao gerenciamento humano e material de bordas das represas e processos jurídicos, que permanecem descentralizados, conforme registrado pelas equipes das expedições.

Em casos mais extremos, o estado da documentação é crítico. Apesar de a massa documental ser mantida sob guarda, a não utilização de tabelas de temporalidade, a falta de descarte periódico e a dificuldade de controle dos documentos existentes podem fazer com que a pesquisa da empresa por dados documentais, quando necessária, seja resolvida com o concurso da memória de algum funcionário mais antigo ou que se tenha de manusar documento a documento.

Os documentos arrolados no levantamento do Projeto Eletromemória são de variados suportes — textual, cartográfico, fotográfico e objetos de cultura material —, abrangendo um período significativo das empresas pesquisadas. Pela dispersão dessa documentação e falta de controle dessa documentação, muitas cópias arquivadas nas usinas tornam-se exemplares únicos como, por exemplo, as plantas de construção. As práticas na área de arquivos, juntamente com o processo de privatização dessas empresas, favoreceram e aprofundaram a dispersão documental e a quebra da organicidade original. Por isso, torna-se urgente a discussão do destino dessa documentação, pois grande parte já perdeu seu valor primário, tornando-se uma valiosa fonte secundária para pesquisas e para a História.

Um outro resultado que se pode considerar como bastante relevante foi a cessão ao Projeto Eletromemória de cópia ("espelho") do índice geral de documentos de algumas empresas. Pode-se aquilatar a complexidade desse esforço de levantamento quando o arquivo com que se depara o pesquisador tem dimensões gigantescas, com dezenas de milhares de caixas e de relatórios técnicos, centenas de milhares de desenhos e microfilmes, milhares de rolos de filmes.

Foi necessário um esforço maior para lograr o equivalente índice documental da CESP, devido à complexidade organizacional da empresa e ao tamanho gigantesco de seu arquivo — cerca de 52.000 caixas, mais de 50.000 relatórios técnicos, 334.000 desenhos, 620.000 microfilmes, 18.000 rolos de filmes, 2.500 rolos de filmes em 35mm, 19.000 livros contábeis. As tratativas do Projeto Eletromemória durante 2008 e 2009 passaram por várias diretorias da empresa, com mudanças de gestão das mesmas, e num momento político delicado, em que havia expectativa governamental de privatização do restante dessa empresa, depois frustrada. Ao final foi possível obter uma cópia do índice desse vasto material, arquivado em empresa terceirizada em Alphaville (SP). Assim pôde-se integrar o conhecimento do que está na CESP com o material já previamente transferido à Fundação Energia e Saneamento por ocasião das privatizações anteriores da CESP.

O objetivo geral da área de Documentação no Projeto Eletromemória foi compatibilizar os diferentes vocabulários dos diversos acervos levantados para garantir a disponibilização de uma memória para a sociedade através de uma base de dados consolidada para fins de recuperação da informação. Para isso, professores de Biblioteconomia da USP trabalharam com bolsistas técnicos (profissionais já graduados) para levantar e organizar um vocabulário controlado geral. A Fundação Energia e Saneamento disponibilizou uma funcionária especializada para também trabalhar neste assunto, sendo elemento de ligação entre os bolsistas e as docentes de Documentação da ECA/USP envolvidas no Projeto.

Dentro do Projeto Eletromemória, o grupo de Cultura Material tratou do patrimônio representado por bens móveis e imóveis de valor histórico e cultural, que receberam tratamento de acervo documental. As informações coletadas poderão servir à elaboração de ações culturais diversas, incluindo a criação de um circuito de visitação do patrimônio industrial da energia elétrica. O recorte utilizado foi o da industrialização, usando como base conceitos internacionais de patrimônio industrial. Assim, somente bens ligados diretamente à geração, transmissão e distribuição de energia elétrica foram considerados.

No que tange ao patrimônio arquitetônico, avaliou-se como as usinas e subestações se inseriram ao longo de um século na paisagem urbana. O material resultante (fichas e fotos) sobre cultura material e patrimônio arquitetônico foi trabalhado para integrar o vocabulário controlado e o banco de dados on line do Projeto Eletromemória. Foram identificados os principais partidos adotados para expansão do setor a partir da década de 1950, inclusive a pesada arquitetura imposta pelo governo militar pós-64 para resistir a ataques militares e atentados terroristas, como em Jupiá. Nas subestações de transmisão elétrica da CTEEP houve uma remodelagem arquitetônica total após a privatização, pois é onde mais se sente o efeito das diminuições de área e pessoal, graças à substituição de tecnologias de componentes analógicos e digitais discretos ou com baixa miniaturização por novas gerações de grande integração de circuitos eletrônicos e microprocessadas, bem como a substituição de estações atendidas com pessoas por instalações automatizadas e não atendidas. Constataram-se ainda transformações significativas em vilas residenciais que foram erigidas durante a construção de usinas, sendo o caso mais notável o de Ilha Solteira, mas também em edificações internas às usinas e subestações, atualmente com outras funções ou mesmo desativadas, como em Cabreúva.

Finalmente, há uma multiplicidade de situações relativas a objetos da cultura material, que vão desde equipamentos obsoletos ainda em uso, mas com previsão de troca futura, bem como a existência de equipamentos antigos de grande porte em almoxarifados, pátios e oficinas de manutenção, até uma rica coleção de antigos instrumentos elétricos de medição, alguns em uso e outros cujo destino declarado tem sido a venda como sucata.

Durante as expedições de campo foram tiradas mais de 4.000 fotos, constantes do Banco de Dados do Projeto Eletromemória e relativas a arquivos, objetos e construções. Apenas a título ilustrativo da sua riqueza informativa, apresentam-se nas figuras 2 a 8 (p. 354-357) alguns desses registros.

Agradecimentos

O Projeto Eletromemória é devedor de um grande número de colaboradores. Destacamos as docentes responsáveis pelas coordenações de: Ciências da Documentação – Maria de Fátima Tálamo (ECA/USP); Cultura Material – Marilia Xavier Cury (MAE/USP); Arquivologia – Telma de Carvalho Madio (Unesp/ Marília). Um agradecimento especial é devido ao incentivo ao Projeto dado por Claudinéli Moreira Ramos, entusiasta de primeira hora quando na diretoria de gestão técnica e cultural da Fundação Energia e Saneamento. Nessa instituição contamos com a ajuda inestimável da pesquisadora Marcia Pazin e, para o apoio administrativo e financeiro, com a generosa compreensão da superintendente, Mariana de Souza Rolim, além da providencial ajuda logística na pessoa de Cristiane Santana.

Durante o Projeto tivemos a colaboração qualificada de outros docentes em diversos momentos: Eduardo Murguia Marañon (USP), Heloísa Liberalli Belotto (USP), Heloísa Maria Silveira Barbuy (USP), Johanna Wilhelmina Smit (USP), Júlio Roberto Katinsky (USP), Leandro Lopes Pereira de Melo (SENAC), Maria Leandra Bizello (Unesp/Marília), Marilda Lopes Ginez de Lara (USP), Vânia Mara Alves Lima (USP).

A experiência com arquivos, bibliografia e temas da história da eletricidade foi suprida por pesquisadores da Fundação Energia e Saneamento: Antonio Marcos de Oliveira Passos, Cristina Hilsdorf, Elisa Maria Lopes Chaves, Isabel Regina Félix, Maiara Henrique Moreira, Maria Blassioli Moraes, Maria Isabel Torres, Mirela Leite de Araujo, Priscila Libonatti.

Os trabalhos de montagem e depuração de vocabulário controlado para os bancos de dados ficaram a cargo de técnicos graduados pela USP e bolsistas da Fapesp: Daniel Deminice, Eduardo Abreu de Jesus, James Nawiton da Silva Camargo, Mainá Pereira Prada Rodrigues. Também colaborou o doutorando da Escola Politécnica, Douglas Slaughter.

Os trabalhos de campo receberam impulso graças ao empenho dos alunos. Citamos da graduação em História (USP) os seguintes: Adriano José de Souza, Alexandre Ricardi, Ana Carolina de Azeredo, Camila Gotardelo Ferro da Costa, Carla Lira Mendes dos Santos, Diogo Augusto Silva, Marcus Vinicius Borgonove Barros Alves, Mariana Simões Kenez, Ronaldo Santana da Silva. Participaram os alunos de graduação em Arquivologia (Unesp/Marília): Danilo Alves Garcia, Fernanda Alves, Gilberto Gomes Cândido, Livia Motta de Lara, Luana de Almeida Nascimento, Lucas Vinicius de Paiva, Luiz Antonio Santana da Silva, Natália Mazula Luiz, Noemi Andreza da Penha, Randal Soares Mega, Teslla Belisa Vicente. Entre os pós-graduandos citamos: Alexandre Macchione Saes (Unicamp), Renato de Oliveira Diniz (USP) e Vanessa Cirino de Oliveira (USP).

Finalmente pela ajuda financeira agradecemos o apoio e generosidade de diversas instituições, com destaque para a Fapesp (Auxílios 2007/53866-4 e 2010/50035-7), Fundação Energia e Saneamento de São Paulo, CAPES e Universidade de São Paulo. A publicação deste livro contou com o patrocínio da Fapesp (auxílio 2011/51677-5).

PARTE 1
HISTÓRIA E POLÍTICAS ENERGÉTICAS

A energia elétrica entrou em cena no Brasil no ocaso do Império, na década de 1880, e logo uma série de pequenas empresas instalou geradores a partir da força hidráulica ou térmica, utilizando produtos importados. Numa época de fortalecimento do grande capital internacional, duas empresas estrangeiras praticamente dominaram o fornecimento nacional de energia elétrica em grande escala, a Light e a Amforp. A presença do Estado no setor fez-se sentir a partir da promulgação por Getúlio Vargas do Código de Águas (1934). Durante o Estado Novo e o período depois da Segunda Guerra Mundial, a industrialização crescente levou a demanda por eletricidade a aumentar, mas devido a mudanças de curso governamental e à queda na remuneração, as empresas estrangeiras deixaram de investir e o parque de fornecimento elétrico se deteriorou, com apagões e reclamações do público consumidor.

No nível nacional, o governo Juscelino Kubistchek adotou um Plano de Metas que levou posteriormente à criação da Eletrobras e à construção de grandes obras de geração e transmissão em Minas Gerais e no Rio São Francisco. A implantação da indústria de material elétrico pesado no país ficou a cargo do capital estrangeiro. A presença estatal se deu através do sistema de empresas regionais e estaduais controladas pela Eletrobras e da construção do grande empreendimento binacional de Itaipu, que está operando desde 1983. Em termos do estado de São Paulo, na década de 1950 começou a ser gestada uma empresa pública para geração e transmissão de eletricidade, a CESP, estabelecida em 1966, para aproveitamento das bacias dos rios Tietê, Paraná, Paranapanema, Pardo e, parcialmente, Grande e Paraíba do Sul. A preocupação governamental com as sucessivas crises de falta de energia elétrica levou à compra e estatização da Amforp (1977) e da Light (1981), já no período do governo militar. O governo paulista ficou com três empresas, Eletropaulo, CPFL e CESP, no auge do período estatal, representando a verticalização máxima do setor elétrico, dominando a geração, transmissão e distribuição até levar a eletricidade ao consumidor final.

A pressão econômica internacional predominantemente neoliberal a partir da década de 1980 e o encerramento do ciclo militar do Brasil marcaram a volta do setor privado na geração, transmissão e distribuição. O programa de desestatização implantado pelo governador paulista Mário Covas a partir de 1995 levou à criação das empresas cuja memória foi pesquisada pelo Projeto Eletromemória, ou seja, AES Eletropaulo, AES Tietê, CTEEP, Duke Energy – a par do remanescente estatal da CESP. Em nível federal, a desregulamentação do setor foi marcada pela criação da agência ANEELL (Agência Nacional de Energia Elétrica) em 1997, mas persistiu o controle estatal na Eletronuclear. Mecanismos de mercado passaram a vigorar para compra e venda de energia elétrica a médio e longo prazo. A retomada da participação direta do governo em conjunto com a iniciativa privada na geração elétrica vem sendo tentada com as novas usinas no Norte do país, objeto de acirradas disputas ideológicas com grupos ambientalistas nacionais e estrangeiros.

Com esse breve retrospecto, algumas questões que permearam esta parte do III Seminário Internacional História e Energia incluem: o papel do Estado na criação, gestão e regulação da infraestrutura de serviços; transformações empresariais nos processos de estatização, privatização, verticalização; evolução das técnicas e processos na geração, transmissão e distribuição elétricas; correlação do desenvolvimento econômico e da industrialização com a produção e consumo de eletricidade; presença do capital estrangeiro e nacional na eletrificação; impactos sociais e econômicos da eletricidade na matriz energética; crises energéticas e recursos naturais; formação e desempenho da indústria de bens elétricos; percepção pública da energia elétrica na vida cotidiana; alterações nas bacias hidrográficas e nas paisagens urbanas, decorrentes da construção de barragens; desigualdades nas classes sociais, concentração de renda e do consumo de energia elétrica.

Gildo Magalhães

A próxima revolução energética

Jonathan Tennenbaum

Eu me sinto muito honrado pelo Professor Gildo e os organizadores terem me convidado para vir aqui. Muito obrigado, desculpem-me por não falar português ainda, mas há tradução, muito obrigado, eu espero não falar muito rápido e assim ser compreendido. Bem, minhas observações hoje irão talvez um pouco para além do âmbito deste Seminário. Eu olho muito para o futuro e para a história da energia, não sou historiador, mas pelo meu trabalho eu passei um tempo considerável estudando o desenvolvimento histórico da ciência e da tecnologia, incluindo a energia. Um dos meus livros, que o professor Gildo citou ao me apresentar, foi publicado em português, e é sobre a história da contribuição de mulheres cientistas para o desenvolvimento da energia nuclear, sendo também muito interessante sob o ponto de vista da cultura e da sociedade. Os outros dois livros lidam com a questão do futuro energético.[1]

Bem, para entrar no assunto rapidamente, todos sabem que o mundo se encontra em uma profunda crise financeira e econômica, que é desigual, e parece que o seu país, o Brasil, se saiu dessa crise relativamente bem, mas ela não está no fim. Tem sido preocupação minha – e de outros – encontrar boas maneiras de a economia mundial ir adiante e continuar se desenvolvendo. A partir dessa premissa, conhecer a história do desenvolvimento da economia é muito, muito importante. Eu tenho estudado a história do desenvolvimento econômico com

---

[1] *Energia nuclear – Uma tecnologia feminina* (Rio de Janeiro: Capax Dei, 2000), *A economia dos isótopos* (Rio de Janeiro: Capax Dei, 2007), *Energia nuclear: dínamo da reconstrução econômica mundial* (Rio de Janeiro: Capax Dei, 2009).

uma visão voltada para o futuro, sob um ponto de vista que não é muito conhecido, chamado de economia física. Ao longo das minhas observações eu acho que ficará claro o que eu quero dizer com economia física.

Se nós olharmos para o desenvolvimento, não de uma nação, mas de toda a humanidade, ao longo do período histórico que está acessível para nós, da pré-história até hoje, nós podemos estudar isso a partir de diferentes pontos de vista. A economia física faz isso olhando para a existência humana como um processo de geração e consumo de energia e materiais em conexão com toda a biosfera, nosso meio ambiente. Nós podemos, a partir desse ponto de vista, pensar na sociedade em seu ambiente como um organismo vivo gigante que possui seu próprio metabolismo. A peculiaridade do metabolismo humano, assim como do metabolismo da sociedade, é que não se mantém em equilíbrio, mas parece estar continuamente evoluindo e mudando. Evolui e muda muito pela influência do desenvolvimento da ciência e da tecnologia e, mais além, do desenvolvimento de ideias que incluem todos os aspectos culturais e, portanto, também com a história da energia elétrica. Assim, esse organismo vivo gigante é um produto que está se desenvolvendo sob a influência da cultura humana.

O desenvolvimento histórico dessa evolução da economia física do homem eu creio que, além de ser fascinante, nos permite derivar certos princípios que podem ser de grande valor quando se pensa no futuro. Uma lição disso é que o desenvolvimento da energia, o qual, é claro, é um tópico central da economia física do homem, está interconectado com uma categoria muito importante, um aspecto deste organismo vivo que é a infraestrutura: transporte, comunicações, desenvolvimento urbano e assim por diante. E conectado com o crescimento das populações, e também com as políticas governamentais, com a política de desenvolvimento.

A Terra e sua biosfera, onde se localiza esse organismo vivo gigante chamado sociedade, tem uma distribuição de densidade demográfica, um tópico bem fascinante: a população está centrada na Europa, na Ásia e em outros locais. Olhando o mosaico das luzes na Terra à noite (fig. 9, p. 358), vocês podem ver a relação direta entre densidade demográfica e energia. Você pode passar horas estudando isso e aprenderá bastante sobre uma característica do desenvolvimento da qual falei. A população humana vem crescendo por um longo período, a densidade da população também aumentou com o desenvolvimento de grandes centros populosos, não apenas na média; sua concentração e expectativa de vida também aumentaram. O consumo de energia por pessoa e a população estão aumentando, rapidamente, até mesmo exponencialmente.

Agora, eu disse que a energia está diretamente interligada com a economia física e acredito que é sob este ponto de vista que nós podemos apreciar melhor a história da energia. Economia física, como eu mencionei, é esse metabolismo que inclui a produção de alimentos, de materiais, combustível, indústria, mineração, energia, transporte. E pelo desenvolvimento desse metabolismo, da ciência e tecnologia, nós como seres humanos ou população humana fomos capazes de criar uma base, para que o crescimento da população pudesse existir com um aumento potencial através de um longo período de tempo.

Nós estudamos esse metabolismo sob o ponto de vista de seu ciclo de produção e consumo, não importando se houve ganho ou perda física. Você tem que manter esse metabolismo, digamos, bem estável, através de certo critério de crescimento, o qual de alguma forma é diferente daquele geralmente usado em estatística econômica, geralmente o Produto Interno Bruto, o PIB. Em economia física nós não o usamos porque isso frequentemente não reflete muito bem a economia física real.

Energia é um parâmetro muito importante da economia física. Não diz tudo, mas nos diz bastante. E o consumo de energia elétrica, na verdade, diz mais ainda. De qualquer forma, nós podemos ver o desenvolvimento econômico com certa invariância, o do aprimoramento da densidade e da qualidade tecnológica da infraestrutura econômica básica. Do meu ponto de vista, a energia elétrica, e a energia em geral, é um dos componentes da infraestrutura física. Mas isso caminha juntamente com a água, o transporte e com as comunicações, quatro formas básicas da infraestrutura física, elevando os padrões de qualidade de vida, aumentando o nível cultural da população.

Ao longo da história da humanidade nós fomos capazes de descobrir novos recursos, nós não dependemos sempre dos mesmos. A energia nuclear é um exemplo bem pedagógico; uma pedra inútil, de urânio, tornou-se uma fonte de energia, não mais inútil. O desenvolvimento da energia começa muito cedo, quando o homem introduziu o que se pode chamar de energia artificial, não vinda só dos músculos, mas sim pelo fogo ou por força animal. E começou a ampliar os suplementos da energia metabólica humana através de fontes de energia artificial que se tornaram muitas vezes maior do que através da força dos músculos.

Outro ponto crucial, uma característica muito importante do desenvolvimento da economia física, e que começou também na Idade da Pedra, é a habilidade de concentrar energia, aumentar a sua densidade. A faca da Idade da Pedra tem o princípio de que a pressão aplicada é concentrada em uma pequena área. É um princípio fundamental da tecnologia, nós fazemos o mesmo hoje com o laser: quando focamos um laser em um ponto ele pode cortar o metal com a luz. Ao longo da economia física houve o desenvolvimento de ferramentas, primeiro usando a força manual e depois usando cada vez mais a força artificial. A energia é usada em diferentes categorias de atividades, produção de alimentos, de artefatos domésticos, indústria, comércio e transporte. Portanto, setores diferentes, conforme emergem mais e mais claramente no processo de estruturação da atividade humana, se tornam cada vez mais grandes consumidores de energia.

A evolução da energia artificial é muito importante, desde a força animal ao moinho, da força hidrelétrica antiga da China à inovação do motor a vapor, à energia de combustão interna. No desenvolvimento desses novos tipos de tecnologia de energia, há também um progresso geral em direção às formas de energia mais intensas, mais densas, medido pelo que chamamos de densidade de fluxo de energia ou densidade de energia por unidade de área, ou às vezes de volume, característica da máquina. Desde a água até o motor a vapor, do motor de combustão interna para a fusão nuclear, nós vemos o crescimento, os saltos de magnitude na densidade de energia: nós produzimos mais energia com um dispositivo menor, relativamente falando.

Também o combustível tem uma tendência; generalizando, ao se mover de uma usina de energia "fria" para uma "quente" nós temos mais energia por unidade de combustível. Aqui está uma linda ilustração da densidade de energia (fig. 10, p. 358): em 1876 foi mostrado na grande exposição internacional nos Estados Unidos o motor a vapor Corliss, naquele tempo o motor mais potente do mundo, tinha potência de 1400 cavalos. Isso é hoje um motor de helicóptero, que produz a mesma potência em uma fonte compacta, bem pequena.

Você pode dizer também que esse metabolismo da existência humana está passando por uma progressão evolucionária, e comparar isso aos estados quânticos, de certo modo saltando de uma era tecnológica para a próxima, o que é uma forma não linear de desenvolvimento.

Agora eu vou dizer algumas coisas mais especificamente sobre infraestrutura porque uma grande parte da economia física é sobre infraestrutura, nós não temos um corpo humano sem um sistema sanguíneo e sem um sistema nervoso. Essa é a base para todas as atividades, incluindo, é claro, a energia, mas eu coloco juntamente com a energia a parte hídrica, transporte e comunicações. O grande canal na China, por exemplo, em 600 d.C. já tinha 1700 km de extensão, um dos grandes projetos de infraestrutura; não era usado diretamente para a energia, mas ele possibilitou o tipo de desenvolvimento que levou ao aumento do consumo dela.

Os grandes pensadores da tradição em economia física foram Colbert e Leibniz; Gaspar Monge, Lazare Carnot, os fundadores da École Polytechnique francesa; e nos Estados Unidos, Benjamin Franklin, um grande inventor, o Prometeu da eletricidade e Alexander Hamilton, que projetou o primeiro banco nacional dos Estados Unidos e criador da política para promover a indústria. Se você pegar os Estados Unidos, desde muito cedo lá houve infraestrutura; os canais até 1840 eram assim (fig. 11, p. 359).

E, claro o cavalo de ferro, a grande revolução na tecnologia do transporte. Como sempre em tecnologia, o motor a vapor do trem parece uma simples substituição para o cavalo, porém mais tarde transformou toda a sociedade, toda a base da sociedade. Na figura 12 (p. 359) se mostra o rápido crescimento das estradas de ferro nos Estados Unidos. Pode-se ver exatamente como a densidade demográfica, a difusão da população, acompanha o desenvolvimento da estrada de ferro. Se você estudar a história da economia nos Estados Unidos, não se pode separar o desenvolvimento da estrada de ferro do tremendo crescimento físico da economia no século XIX.

De modo similar foi o desenvolvimento correspondente na Alemanha, devido a Friedrich List, o pai do sistema férreo alemão. O desenvolvimento da estrada de ferro lá foi enorme de 1842 até 1856, ano em que a Alemanha já possuía um sistema ferroviário nacional, o que foi crucial para a força da sua indústria. O correspondente russo, Sergei Witte, foi quem engendrou a linha férrea transiberiana, que se tornou um elo para uma cadeia de cidades e comunidades que cresceram ao longo da estrada de ferro. Sun Yat-sen foi o pai da China moderna, ele projetou o sistema férreo chinês, de todas as maneiras algo essencial para a política atual de infraestrutura do país.

É nessa infraestrutura tradicional que nós começamos a entender melhor, creio, o papel da eletricidade. A revolução da eletricidade surge de uma combinação poderosa entre ciência fundamental, o novo eletromagnetismo, o progresso tecnológico e a infraestrutura em larga escala. Isso vem, juntamente com a eletrificação, transformar a economia humana: a luz elétrica, o gerador. A figura 13 (p. 360) mostra as diferentes gerações de eletrodomésticos, máquinas de lavar, rádio, o que mudou a vida das pessoas.

Quando eu fui visitar a família da minha esposa em uma fazenda no sul da Alemanha, em alguns lugares para lavar roupas, eles ainda batiam as roupas contra as pedras, era assim que se lavava roupa. Mas a máquina de lavar transformou isso. A primeira experiência da luz elétrica mudou a sociedade. A eletricidade também transformou a vida das crianças, a capacidade de ler à noite e assim por diante.

Nós temos um grande impacto político da eletrificação a partir do ponto de vista da infraestrutura em grande escala, como vemos no grande programa de eletricidade da Rússia, o qual foi a base para deixar de ser um país atrasado e tornar-se uma potência. Na figura 14 (p. 360) temos Lênin e sua famosa declaração, "o comunismo é o poder soviético mais a eletrificação do país inteiro"; ele era inteligente, pois a política de eletrificação realmente teve um enorme papel econômico.

A energia elétrica rural e o uso deliberado de programas de eletrificação para o desenvolvimento econômico têm um papel importante hoje, na minha visão do futuro. Dois exemplos: a Companhia do Vale do Tennessee e a energia elétrica na área rural dos Estados Unidos, em outra crise econômica, não a presente, mas a crise de 1930, onde as políticas de Roosevelt para pegar uma parte bem atrasada dos Estados Unidos, o vale do Rio Tennessee, com condições de terceiro mundo, e desenvolver aquela área com investimentos de grande escala em geração de energia elétrica, sua distribuição e uso. Na figura 15 (p. 361) se veem barragens construídas naquela área em um período bem curto.

A figura 16 (p. 361) mostra Roosevelt com sua lâmpada, eletricidade para todos. Para a área rural foram instituídos alguns programas educacionais: como ensinar à população o que significa 1 quilowatt-hora, o que eu posso fazer com um quilowatt-hora? Posso lavar roupas, ordenhar minha vaca, ouvir rádio, e assim em diante.

Eu darei agora um exemplo moderno, não limitado à eletricidade, mas importante. A China, como vocês sabem, é uma nação com um tipo de desenvolvimento espetacular nas últimas décadas. As lideranças chinesas estudaram isso a partir do seu próprio ponto de vista muito cuidadosamente e estabeleceram um investimento gigantesco em infraestrutura, incluindo a energia, como uma locomotiva para o futuro. Faz parte do plano da China construir nos próximos 15 anos algo como 20.000 quilômetros de linhas férreas expressas, inclusive linhas de alta velocidade, 400 a 450 km/h. Este é um projeto gigante, que nós não vemos no Ocidente há muitas décadas. A China fará a construção de novas cidades, cidades inteiras ou distritos com o transporte público construído desde o início. E fará o desenvolvimento em grande escala de energia nuclear, existem 21 usinas nucleares em construção neste momento no país.

Eu vou fazer mais uma observação sobre o conceito de infraestrutura, ciência e tecnologia da energia, que andam juntos. A eletrificação é um exemplo clássico, mas não o único histórico, apesar de muito importante. Hoje em economia física nós temos um conceito chamado de efeito Apolo, assim chamado devido ao programa de aterrissagem na Lua dos anos 1960, 1970, o qual foi um grande estímulo econômico, muito bem-sucedido.

Agora eu chego ao meu futuro, esse pode ser o último capítulo. O que alguém pôde aprender com a história da eletrificação, a história da política econômica bem-sucedida? O que quero dizer com isso é que eu era uma das pessoas que em Berlim, por exemplo, estava fazendo discursos sobre o colapso econômico que estava por vir, cerca de três anos antes de isso acontecer, mas você não precisava ser um gênio para ver que não ia acabar bem o que estava acontecendo no início de 2000, de qualquer modo, isso era claro. A política econômica foi ótima em criar bolhas, mas não tão boa no período recente em criar um real desenvolvimento sustentável da economia física.

Portanto, eu proponho que devemos encontrar novos motores, novos instrumentos para a economia física real e aprender com esses casos históricos, combinando certos elementos: produção de energia com alta tecnologia – que seria nuclear sobretudo, não a tecnologia nuclear do presente, mas a do futuro, novas formas de se usar a tecnologia nuclear mais o desenvolvimento em grande escala de energia, transporte, infraestrutura. Em um dos meus livros eu sugeri o conceito da segunda eletrificação. Isso quer dizer: estender progressivamente a eletrificação para cerca de um quarto da população mundial, que não tem acesso à moderna infraestrutura de eletricidade. Ao mesmo tempo, usar formas elétricas de energia para o transporte público, automóveis elétricos e, adicionalmente, algo que chamo de economia dos isótopos, que é o domínio de processos nucleares em outras áreas, não só em produção de energia. O "Tesla Roadster" tornou-se um carro elétrico popular devido à sua aceleração alta, ele gasta 2 centavos de dólar de eletricidade por milha, contra 13 centavos por milha de um carro a gasolina. É bem possível que possamos ver um aumento espetacular no uso de automóveis elétricos, se a tecnologia continuar a avançar. Isso é parte da segunda eletrificação.

Esse é o esquema, uma base de investimentos em grande escala em energia de alta tecnologia e infraestrutura de transportes, como o que está acontecendo na China. Tanto quanto possível, esse é o programa Apolo. Coloque esses dois cavalos juntos e eles irão mais rápido do que se andassem separados. Nós precisamos de uma segunda eletrificação, o mundo não dispõe de modo algum de energia adequadamente. Eu não preciso dizer isso, mas há muitos países nos quais o consumo de energia é muito menor do que é, por exemplo, na Europa. O consumo de energia per capita na América do Norte é cerca de 14.000 quilowatt-hora. Na Europa, cerca de 8.000, mas na América do Sul 2.000, e em muitos países é de apenas 400 quilowatt-hora.

Sobre a economia dos isótopos eu não vou falar muito, eu tenho um livro sobre isso em português, mais para o lado da ciência, mas a economia mundial vai, eu creio, seguir na direção do uso dos processos nucleares. A questão nuclear é também um aspecto importante do aumento e da intensidade da economia. Há uma evolução de reatores nucleares, que estão indo agora para uma nova geração. Há cinquenta e cinco reatores nucleares em construção no mundo hoje, conforme o quadro seguinte (destaques para a China, Rússia, Coreia do Sul e Índia). Até o Bill Gates, fundador da Microsoft, quer um reator, ele está investindo em um reator, mas um tipo bem, bem novo. Nós teremos a fusão, a fusão a laser, com um laser enorme focado em uma pedrinha, alcançando temperaturas mais quentes que a interna do sol.

Número de reatores em construção no mundo

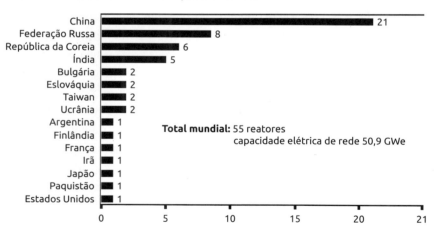

Materiais que usam isótopos têm propriedades especiais. Eu vou comentar mais. O uso de aceleradores para transmutação, para mudar um elemento em outro, para eliminar o lixo atômico, por exemplo, é uma possibilidade para o futuro, nós não temos que ser prisioneiros do chamado lixo atômico. Existe a possibilidade de controlar o processo de desintegração radioativa, acelerar e controlar este processo, o que foi pesquisado nos Estados Unidos como uma possibilidade para lidar com o lixo atômico, acelerando e controlando essa desintegração. E haverá sistemas nucleares de propulsão, com a densidade de energia que nos permita voar com uma forma mais intensa de energia, então no futuro nós vamos usar mais e mais formas avançadas de energia. E nós começamos a ter domínio da energia que está à nossa volta no universo.

Bem, eu não acredito que a ciência fique parada no mesmo lugar. Eu acredito que algo vai acontecer com a energia nuclear, que será um pouco como o que aconteceu quando nós passamos do rádio valvulado ao rádio transistorizado, também os processos nucleares podem vir a ser melhor controlados, como nós controlamos os circuitos eletrônicos. Isso é ficção científica agora, mas poderá ser essencial para a revolução energética deste século XXI. Com lasers de altíssima densidade nós podemos criar condições físicas de produção de pares de partícula do "vácuo", com o laser se pode produzir matéria a partir da energia.

E finalmente os chamados processos nucleares de baixa energia, vocês ouviram essa negócio estranho da fusão a frio que se tornou desacreditada, muitas pessoas não puderam encontrar nada, mas um grande número de laboratórios no mundo está continuando com isso e eles encontraram alguma coisa. O que é? Isso é outra questão. Alguns tipos de processos nucleares nós não sabemos o que são, só que existe alguma coisa.

Quando nós começamos o desenvolvimento da economia física e o desenvolvimento da energia, nós estudamos a história, nós nos pomos na posição de: como eram as coisas no século XVIII, no século XIX? E nós vemos as transformações, as revoluções. Então, nós chegamos à conclusão de que provavelmente este não é o final da história. Provavelmente nós vamos presenciar, ou nossos filhos irão presenciar grandes mudanças na tecnologia e no uso da energia. Existem algumas invariâncias, existem algumas necessidades, mas nós também temos a liberdade para progredir e eu desejo isso também para vocês e para o grande país que é o Brasil. Muito obrigado pela sua atenção.

• • • •

Sessão de debates com o público

Pergunta: O senhor disse que não podemos ser prisioneiros do lixo atômico, e a minha pergunta é: como nos livrar então do lixo atômico?

JT: O que é lixo atômico? Lixo é um termo relativo, não um termo absoluto. O que é lixo e o que é refugo, isso é uma questão do nível da nossa ciência e tecnologia. O que quer dizer lixo atômico? É material radioativo, que está produzindo energia, é uma fonte de energia. Isso é o que o faz ser tão perigoso se for levado para o lugar errado, mas fundamentalmente é uma fonte de energia. O problema é que a energia é dissipada em um período longo e não de uma forma útil. A princípio, o lixo pode ser tão valioso quanto o combustível que você criou, o problema é como conseguir energia de uma forma útil. Isso em princípio já é possível, nós podemos pegar aceleradores de partículas, gerar nêutrons, bombardear o chamado lixo com os nêutrons e acelerar esse processo de desintegração radioativa e produzir energia. Não está sendo feito agora, mas há projetos. Isso é o primeiro nível, o próximo, os chamados reatores nucleares regenerativos, que serão projetados para usar mais e mais os chamados elementos actinídeos, que são uma parte difícil de lidar do lixo atômico. O próximo passo é o que eu indiquei no final, isso é mais – pode-se dizer – futurístico, não é exatamente ficção científica porque eu tenho boas razões, tenho confiança, para crer que isso será realizado, mas não posso lhe dizer quando. O que realmente nós aprendemos é como mudar o processo de desintegração radioativa, atualmente ele é aleatório, em geral. Mas já existem experimentos e trabalhos teóricos que indicam que sob certas condições o processo de desintegração radioativa pode ser acelerado. Então, isso quer dizer que nós não temos que armazenar lixo atômico por milhares de anos, nós talvez possamos ser capazes de provocar a liberação de sua energia em breve, e fazer com que essa liberação de energia seja útil para nós e eliminar o perigo da radiação transformando o lixo, aumentando as quantidades, não da radioatividade, mas sim da estabilidade. Então, digamos que é ficção científica em certo sentido, não existe ainda, mas eu creio que, como disse um famoso cientista nuclear, se nós pegarmos este lixo e enterrarmos permanentemente, as próximas gerações vão fazer escavações para consegui-lo, porque será um recurso valioso. Obviamente, no presente, nós temos que lidar com esse material de uma forma responsável. Não é um problema armazenar material radioativo por um longo período de uma forma segura. Mas a revolução, eu creio que virá quando nós aprendermos a controlar de uma forma mais coerente os processos nucleares, portanto a tecnologia nuclear de hoje, eu acho que é a Idade da Pedra da tecnologia nuclear, não é o fim, é apenas o começo.

Pergunta: Eu achei extremamente interessante o apanhado sobre o ponto de vista da perspectiva histórica, contando um pouco da história da humanidade com a evolução dos processos naturais e físicos. Agora, como provocação, eu gostaria de ouvir seus comentários sobre a questão da organização social da produção, o papel da estrutura social na produção, na organização da produção e na distribuição dentro do arranjo social do produto resultante do trabalho humano e o impacto dessa questão, dentro do processo histórico e da sua evolução e nas perspectivas futuras.

JT: Obrigado pela sua pergunta, essa é uma questão muito profunda. Quando eu penso no futuro, é exatamente essa a questão. Certamente, a história da humanidade não foi somente uma história de avanço e progresso. Nós temos o fenômeno da escravidão, nós temos a exploração extrema do trabalho no início da revolução industrial, nós frequentemente temos um desequilíbrio entre o nível de tecnologia no topo e o nível cultural e social na parte mais baixa da sociedade. Portanto, é um grande desafio. Eu creio que o caso da eletrificação é realmente inspirador. Não resolveu todos os problemas. E se eu olho alguns dos casos de maior sucesso, vejo como a eletrificação pôde contribuir também para melhorar as condições de trabalho e melhorar o tipo de trabalho. Portanto, isso sugere algumas direções, talvez. Já mencionei Leibniz, isso é no século XVII, início do século XVIII, Wilhelm Leibniz concebeu muito cedo a ideia de que o trabalho humano deve tornar-se mais e mais intelectual. Nós devemos usar menos os músculos e mais a mente. Eu conheci algumas pessoas trabalhando no programa espacial, conheci esse tipo de estímulo que é trabalhar nas fronteiras. Portanto, se eu, como uma tendência, pensar no desenvolvimento da economia física, tenho o ponto de vista de que o desenvolvimento da ciência e da tecnologia deve ocorrer no futuro com uma grande participação da sociedade. Isso foi um sonho de alguns utópicos, mas eu acho que é uma tendência geral para a sociedade, não apenas para alguns cientistas lá no alto. Se você tem progresso científico e tecnológico continuamente sendo realizado, e a revolução elétrica foi um desses períodos, em que todo ano a produção estava um pouco diferente, até os trabalhadores na fábrica estavam descobrindo novos equipamentos. E daí o desenvolvimento da ciência e da tecnologia e o uso de novos tipos de energia tornaram-se um processo de surgimento de qualidade cognitiva nas atividades da sociedade de massa. Isto é um grande desafio, é claro. Em alguns países que tiveram vantagens de desenvolvimento, na Europa, por exemplo, você chegou a um ponto onde uma grande parte da população é altamente qualificada, teve educação de qualidade e realiza trabalhos que exigem mais do intelecto, mais leitura. E eu vejo, sob o meu ponto de vista, certa progressão. Infelizmente, esse não é o quadro para o mundo inteiro. Portanto, nós temos um grande desafio da desigualdade. Eu creio que o crescimento da eletrificação, o crescimento da energia, todas essas coisas não são por si só uma solução. Mas é parte de uma solução, como pudemos ver com o camponês russo, de repente você podia ler, de repente isso era possível, então a questão é: poderá a nossa cultura nos ajudar a liberar essa energia humana? Não apenas oferecendo certas ferramentas, mas oferecendo também –, como posso dizer? – o desejo interno e a energia, assim como muitas pessoas no seu país amam futebol. Eu acho futebol legal, mas eu gosto muito mais de ciência. Então, talvez, ela também será mais popular.

Energia e desenvolvimento na História – o caso paulista

Gildo Magalhães

1. Introdução

O crescimento populacional humano tem seguido uma tendência exponencial, excetuando-se os períodos de calamidades naturais, epidemias e guerras. O notável é que ao longo dos tempos também foi aumentando a expectativa de vida, graças aos avanços científicos e tecnológicos. Dentre estes, destaca-se o incremento do consumo energético *per capita*, levando o homem a se assenhorar de novas fontes de energia. Essa história é, portanto, também a da evolução da densidade energética das diferentes fontes, que foi multiplicada por várias ordens de grandeza, desde a queima de madeira até a recente promessa de fusão nuclear controlada.

No entanto, a história também registra um embate dessa visão otimista (ainda que não linear) de progresso contra a dos que partem de outras premissas para conseguir negar que o processo tenha um resultado líquido positivo. Deste lado, destaca-se a condenação rousseauniana ao progresso científico e tecnológico, a que se veio somar a posição malthusiana da economia política, que receia o crescimento populacional. Para um variado leque de pensadores a reboque desta tendência, a decadência é a marca da civilização ocidental e a ideia de progresso não passa de um engodo.

Significativamente, ao coro desse pessimismo cultural veio se integrar a voz dos que negam qualquer correlação entre consumo energético e desenvolvimento econômico. Na década de 1970 essa opinião teve expressão no "movimento de crescimento nulo", patrocinado pelo Clube de Roma. As consequências práticas se fizeram sentir na desindustrialização acelerada que tomou conta do mundo a partir dessa época, catalisada pelas crises do petróleo. No Brasil, assim como em muitos outros lugares, isso acarretou uma redução enorme nos investimentos de infraestrutura, inclusive para a geração, transmissão e distribuição de energia elétrica. O resultado foi colhido mais tarde com apagões e racionamentos, de que ainda não estamos livres.

Logo em seguida, uma conjunção de ideologias e interesses levou à adoção de uma agenda ambientalista radical, em que uma visão romântica de "natureza" se sobrepôs tanto a preocupações legítimas de cunho ecológico quanto ao humanismo tradicionalmente associado com a conquista da natureza por meio da ciência e tecnologia. A política do crescimento nulo passou a ser gradativamente substituída por uma nova palavra de ordem, o "crescimento sustentável", cujo significado exato foi muito pouco debatido. Nessa perspectiva histórica, deixaram de se preocupar com o bem-estar de suas populações os Estados nacionais, rotulados como elementos de atraso e obstáculos para uma ordem mundial global, na arremetida neoliberal encampada pela política dominante, inclusive no Brasil.

É neste ambiente que as empresas energéticas, especialmente as elétricas, mudaram rapidamente de mãos várias vezes, em meio a ações especulativas de toda natureza. Ao invés de um Estado "suficiente" para incentivar os projetos de infraestrutura voltados ao aumento do bem-estar nacional, foi desencorajada a capacidade de planejamento da nação, reduzida a um "estado mínimo". Nos países em desenvolvimento, como o Brasil, a luta pela autonomia da política tecnológica foi substituída pela inserção submissa numa nova divisão internacional do trabalho. O modismo de soluções de baixa eficiência energética, mas de alto apelo emocional e internacional pelo seu conteúdo "verde", tem ignorado as análises de custos que nem sempre apresentam vantagens. Enquanto isso, regiões brasileiras altamente industrializadas como o estado de São Paulo deixaram de ser palco de investimentos energéticos significativos, degradando-se a qualidade de vida dos seus habitantes, inclusive a ambiental, pois combater a poluição requer doses maciças de energia.

Se nos últimos tempos, algo da retomada qualitativa de uma matriz energética brasileira adequada para grandes projetos tem sido felizmente defendida por diferentes vozes, a questão da memória se impõe como fator de recuperação. Nesse quesito, ainda há muito que fazer, pois a falta de memória da energia leva a ignorar avanços substanciais no passado e nos faz perder a noção de identidade.

2. As premissas e conclusões malthusianas

As bases da teoria de economia política do inglês Thomas Malthus (1766-1834), pastor anglicano e depois professor associado à Companhia das Índias Orientais, foram expostas em seu primeiro ensaio sobre as populações (1798). Basicamente ele assumiu que, à medida que o tempo passa, a população humana tende a crescer de acordo com uma progressão geométrica, enquanto que os recursos (como, por exemplo, os alimentos necessários para essa população) tendem a crescer em uma progressão aritmética. Dado que o crescimento geométrico se acumula mais rapidamente que o aritmético, chegaria um momento crítico, em que passaria a haver escassez de recursos, gerando luta pelos mesmos, em busca de um equilíbrio (gráfico 1).

Gráfico 1: O modelo malthusiano de crescimento das populações e recursos

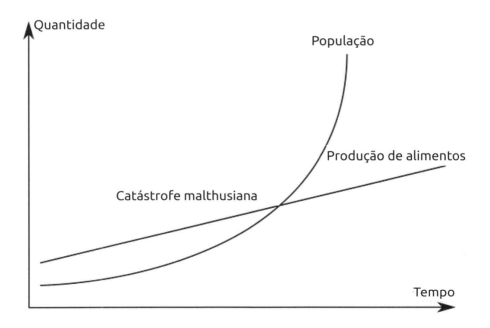

Observe-se que entre os recursos mais vitais estão a energia e o que a ela se associa, como os energéticos (combustíveis fósseis e nucleares, bacias hídricas etc.). Também se devem aí incluir os recursos naturais, como florestas, minérios, água, a biodiversidade.

Para Malthus, a própria natureza em parte se encarrega de restabelecer um equilíbrio, através de catástrofes, tais como terremotos e maremotos, enchentes, erupção de vulcões, ondas de calor ou frio extremos etc. Outra forma de recuperação se manifesta por meio de epidemias, como nos surtos de pestes, doenças endêmicas, ou ainda pela maior incidência de mortalidade infantil e outras causas de morte. Além de tais remédios "naturais" para a superpopulação, quando isto não fosse suficiente para restabelecer a primazia dos recursos, o próprio homem poderia contribuir diretamente para o despovoamento por meio de guerras, ou indiretamente pela existência de pobreza e fome, ou ainda pela incapacitação para a sobrevivência negando o acesso geral à educação, à saúde e à higiene. A solução malthusiana não é igualitária: às elites estão reservadas as melhorias na saúde e na expectativa de vida, bem como os avanços científicos e suas aplicações, mas se isto fosse generalizado, a pressão pelos recursos se tornaria insuportável.

A ideologia de controle populacional e busca de equilíbrio não se restringe a Malthus, havendo manifestações anteriores e posteriores da mesma. Pode-se citar como um antecedente importante o *Discurso sobre as ciências e as artes* (1750), ensaio em que o pensador suíço Jean-Jacques Rousseau responde negativamente à questão sobre se o progresso teria contribuído para melhorar a sociedade humana, e em que coloca preliminarmente as bases para suas propostas de volta à natureza e exaltação do "bom selvagem", ser puro e não contaminado pelo avanço da civilização. Embora em muitos aspectos o economista político britânico Adam Smith tenha vislumbrado os males do individualismo e do pensamento oligárquico, sua obra sobre as causas da riqueza das nações (1776) tem sido a inspiração para o liberalismo econômico, com sua ênfase na prática do egoísmo, do "livre comércio", e se alinha com as propostas de busca de um "equilíbrio" entre oferta e procura, fomentado pelo mercado, com forte analogia com as propostas malthusianas de equilíbrio entre populações e recursos.

Esses temas continuaram a ser debatidos por vários pensadores nos séculos posteriores, inclusive na vertente darwinista que via a evolução como uma luta pela sobrevivência dos mais adaptados em função do uso dos recursos ecológicos pelas populações das diferentes espécies. Cabe mencionar com destaque a iniciativa mais recente do grupo chamado de Clube de Roma, com sua retomada do pessimismo malthusiano e o lançamento do manifesto pelo crescimento populacional nulo (1972).[1] O chamado para o fim do crescimento econômico, científico e tecnológico, e a diminuição do grande consumo de energia e novos materiais, restringindo a urbanização e o consumo – com o atrativo adicional de diminuir a poluição – foi efetivado a partir dos choques do petróleo (1973, 1979), das ondas sucessivas de relativa desindustrialização mundial e a imposição de uma nova ordem econômica sob a égide da "globalização", com a imposição de uma "estabilidade" nos moldes do pensamento liberal.

O mote do crescimento nulo com o passar do tempo foi considerado como tendo uma carga excessiva e, por ser julgado politicamente incorreto, acabou sendo aos poucos substituído por expressões com apelo popular maior, impondo-se a do "crescimento sustentável" (1980 e 1992). Apesar de amenizar as tintas trágicas e apocalípticas iniciais do Clube de Roma, o conceito de sustentabilidade é mal definido e suas aplicações políticas e econômicas por governos e organizações não governamentais insistem na obsessão malthusiana com a escassez futura dos recursos.[2] Outra fonte da popularidade da sustentabilidade é o crescente temor de que as atividades industriais feitas ao arrepio desse conceito sejam responsáveis por danos irreversíveis ao meio ambiente e por alterações climáticas de grande monta. Faremos aqui o que aparenta ser apenas um jogo de palavras, para defender que o único desenvolvimento sustentável é a sustentabilidade do desenvolvimento.

Para começar, é interessante verificar se as bases do trabalho de Malthus estão sólidas. De um lado, os estudos demográficos confirmam a tendência de um crescimento cada vez maior. O gráfico 2 ilustra como a população, no caso focalizando-se em especial a da Europa, segue uma curva que se pode aproximar a uma exponencial crescente. O que chama a atenção são os momentos de aceleração do crescimento populacional, notável nos períodos da revolução agrícola e urbana do neolítico (3000 a.C.), ou a partir do chamado renascimento carolíngeo, com a técnica dos três campos e o incremento da siderurgia (800 a 1.000 d.C.), ou ainda no Renascimento (1400 a 1500) e na época da

---

[1] Vide HERMAN, Arthur. *A ideia de decadência na história ocidental*. Rio de Janeiro: Record, 1999, p. 428 s.

[2] Vide, BECKERMAN, Wilfred. *A poverty of reason – sustainable development and economic growth*. Oakland: The Independent Institute, 2003.

"revolução industrial" com a máquina a vapor (1800). Concomitantemente, aumenta a densidade populacional (habitantes por quilômetro quadrado), evidenciando um uso mais intenso do solo, associado principalmente à urbanização. Finalmente, há uma correlação entre demografia e aumento da expectativa de vida, e embora esta tenha um crescimento lento (mais do que triplicou desde a pré-história), reflete uma melhoria na qualidade de vida, salientando-se que a duração maior se deu em função de um progresso na medicina, na saúde pública e na ciência em geral.

Esta análise já revela algo com que as previsões malthusianas não foram capazes de atinar: o crescimento demográfico implicou não apenas em aumento quantitativo, mas qualitativo. Antes do paleolítico (100.000 a.C.) a população humana não era demograficamente superior à de macacos antropoides e foi o uso, transmissão e ampliação do conhecimento que permitiu o salto para os dias de hoje.

Gráfico 2: Crescimento da população, densidade populacional e expectativa de vida

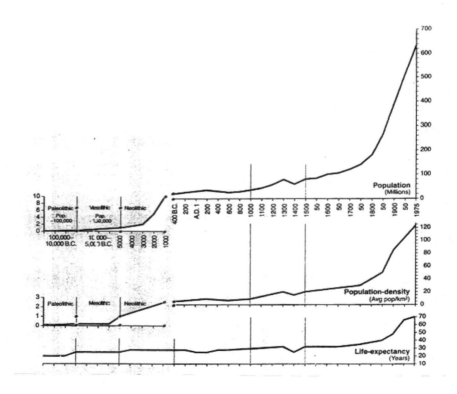

Fonte: Colin McEvedy e Richard Jones, *Atlas of World Population History*. Harmondsworth: Penguin, 1978

Veja-se agora como evoluiu o recurso da energia, fundamental para o conjunto das atividades humanas. A Tabela 1 apresenta para vários períodos históricos o consumo energético médio estimado (em megacalorias por pessoa). Se formos colocar esses números em um gráfico, verifica-se que o recurso, ao contrário do previsto por Malthus, cresceu também exponencialmente, como a população, e não linearmente de acordo com o que seria uma progressão aritmética. Deve-se notar que energéticos também variaram historicamente: durante as primeiras eras da humanidade, o recurso era representado basicamente pela energia solar, na forma de fotossíntese (plantas para alimentação humana ou animal e madeira para queimar), passando depois para combustíveis fósseis (carvão, petróleo e gás natural), e finalmente para a transformação de energia térmica ou gravitacional (hídrica) em eletricidade.

Tabela 1: Evolução do consumo energético

Época	Era	Consumo Mcal/dia/pessoa
10.000 a.C.	Pré-história (coleta e caça)	5
5.000 a.C.	Neolítico (revolução agrícola)	10
1.400 d.C.	Renascimento (urbanização)	26
1.875	Expansão mercantil (industrialização)	77
1.985	Globalização (Desindustrialização)	16.000

Fonte: G. Magalhães, in: Milton Vargas, *História da Técnica e Tecnologia no Brasil*. São Paulo: Editora Unesp, 1994

Uma análise mais detalhada dos últimos séculos XVIII a XX decorre do gráfico 3. Ressalte-se que, mundialmente, o consumo de energia aumentou exponencialmente e com um traço bastante antimalthusiano: enquanto que a população cresceu pouco mais de três vezes desde 1800, o recurso do consumo energético (medido em Mtep, megatoneladas equivalentes de petróleo) aumentou nove vezes. Por que a curva da população não ultrapassou a de recursos e a humanidade não conheceu os pontos de catástrofe tão temidos?

Gráfico 3: Crescimento exponencial de recurso: consumo mundial de energia

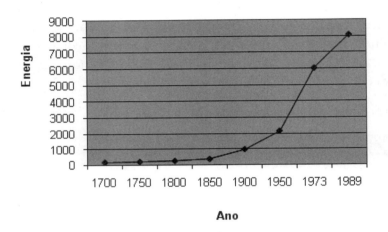

Adaptado de Bjørn Lomborg, *The Skeptical Environmentalist*. Cambridge: Cambridge Univ. Press, 2001

3. Alternativas ao malthusianismo

Pelo que foi exposto, o cenário malthusiano enfrenta problemas de validação histórica. O que poderia estar errado no seu modelo? De maneira resumida, a resposta pode ser procurada nas seguintes premissas dessa teoria:

- Malthus e seus seguidores pregam o equilíbrio entre população e recursos, enquanto que na natureza predomina o desequilíbrio permanente que, nas espécies vivas, tem sido um motor da evolução biológica. Dentre todas as espécies vivas, a humana é a que historicamente se colocou mais distante do equilíbrio ecológico, inclusive voluntariamente. Com isto, caracterizou-se por não ter um nicho ecológico restrito, ocupando paulatinamente toda a superfície terrestre, suportando vários tipos de clima e altitude, podendo graças à ciência habitar até mesmo embaixo da terra ou água e no espaço planetário.

- O modelo malthusiano ignora um aspecto histórico humano crucial: a mudança de tecnologia, que tem a capacidade de alterar e aumentar exponencialmente os recursos disponíveis, o que vem desequilibrando o meio ambiente desde a invenção do fogo.

Para nos situarmos de maneira mais rigorosa nesta crítica ao malthusianismo, é oportuno recorrer a uma pequena digressão matemática. O objetivo é compreender as implicações do que os antigos gregos pitagóricos chamaram de secção áurea, ou secção divina, ilustrada no gráfico 4.

Gráfico 4: A divisão pela secção áurea

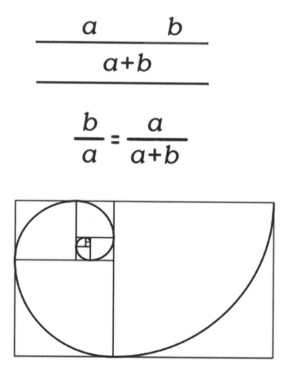

Trata-se de dividir um segmento em duas partes desiguais, de tal forma que a maior das partes (a) esteja para a menor delas (b) assim como a proporção do todo (a+b) esteja para uma das partes (a). Os matemáticos têm chamado essa proporção com a letra grega "phi" em homenagem a Fibonacci, que a estudou no século XII. A resolução geométrica ou algébrica deste problema não é difícil, mas o que importa aqui é apontar que esta divisão instaura um processo em que se reproduz indefinidamente a proporção inicial. Isso se deixa entrever no desenho de uma espiral, onde a cada volta o braço espiralar cresce a partir duma divisão áurea sucessiva. Essa característica de preservar a forma básica enquanto a figura cresce ou diminui tem relação com o crescimento exponencial. A secção áurea é absolutamente ubíqua na natureza, especialmente na anatomia de plantas e animais, inclusive no homem (por exemplo, é a proporção entre a altura dos lábios ou dos olhos em relação á altura da cabeça, da altura do joelho em relação à perna etc.).[3] O resultado é fácil de ser visualizado num exemplo da biologia: basta se contemplar as diversas espécies de conchas que se desenvolvem em espirais: a natureza encontra uma forma de crescer exponencialmente, transformando recursos do meio em morfologia interna.

De certa forma, é como se a atividade econômica também seguisse de forma natural a secção áurea, ou seja, a espécie humana cresce exponencialmente em população e uso de recursos. Quando um recurso começa a se tornar escasso, entra em ação a inventividade humana, que transforma em novo recurso o que não o era, aparentemente. Assim aconteceu, por exemplo, com o carvão mineral, o petróleo e as jazidas de minérios radioativos, todos transformados pela atividade social da ciência e tecnologia em insumos energéticos. Mesmo modos econômicos de produção que geram contradições em seu bojo, como o capitalismo, têm sabido se aproveitar dessa capacidade enorme do ser humano para se impor historicamente à natureza.

Nesse ponto, afastado o fantasma da especulação malthusiana, pode-se voltar ao tema da energia, observando-se a Tabela 2, que compara a eficiência de várias fontes energéticas (em watts equivalentes por metro quadrado). Curiosamente, esta é, também uma evolução na linha do tempo com relação aos

---

3   Isso está demonstrado com abundância de exemplos no clássico de D'Arcy Thompson, *On growth and form* (New York: Dover, 1992). Ver também HUNTLEY, H. E. *The divine proportion. A study in mathematical beauty*. New York: Dover, 1970 e DOCZI, György. *O poder dos limites. Harmonias e proporções na natureza, arte e arquitetura*. São Paulo: Mercuryo, 1990.

energéticos utilizados pela humanidade, desde a energia solar disponível para a atividade de caça e coleta, passando pelas propostas mais modernas de coletores de energia solar e indo até o desafio de se imitar na Terra o processo de geração energética estelar, como a do nosso Sol, que realiza com extrema eficiência a fusão termonuclear.

Tabela 2: Evolução da densidade energética

Fonte Energética	Densidade Energética (W/m2)
Solar – biomassa (fotossíntese)	0,000001
Solar – coletor na superfície terrestre	0,0002
Solar – coletor em órbita (satélite)	0,001
Fóssil (carvão, gás, petróleo)	10
Fissão nuclear	50 a 200
Fusão nuclear	trilhões

Fonte: G. Magalhães, in: Milton Vargas, *História da Técnica e Tecnologia no Brasil*. São Paulo: Editora Unesp, 1994

O que se analisou em termos da energia pode ser estendido a outros recursos. Como alternativa à ideologia malthusiana, coloca-se como plausível a hipótese de se manter o crescimento exponencial do uso dos recursos, de forma a sobrepujar o crescimento populacional, hipótese de resto verificada ao longo da história. Para que isto seja realizável, é necessário intensificar os investimentos em ciência e tecnologia e a consequente retomada do ímpeto de industrialização verificado antes da atual fase de neoliberalismo econômico. Enfatize-se que existe uma correlação histórica entre energia e desenvolvimento socioeconômico.

4. Considerações sobre a matriz energética do Brasil

Com o término da Segunda Guerra Mundial, o Brasil veio a conhecer um incremento na industrialização, graças às suas novas siderúrgicas, como as de Volta Redonda e Cubatão, e à instalação de fábricas automotivas multinacionais no ABC paulista. Para estas e outras indústrias incipientes, era necessário aumentar a oferta de energia no país. Como se depreende da Tabela 3, a fonte principal que era a lenha (biomassa) cede o lugar para os derivados de petróleo e a eletricidade. Em seis décadas, o total (medido em megatoneladas equivalentes de petróleo) aumenta cerca de doze vezes.

Tabela 3: Evolução da matriz energética brasileira (%)

Fonte	1946	1956	1966	1976	1986	2006
Biomassa	73	51	41	33	29,5	30
Carvão mineral	8	6	4	3	6	6
Petróleo	11	31	34	42	30	39
Hidráulica e eletricidade	8	11	16	21	32	15
Gás natural	–	–	–	1	2	9
Urânio	–	–	–	–	0,5	1
Outros	–	1	5	–	–	–
Total (10^6tep)	19	30	54	112	175	220

Fonte: FIESP/CIESP/DENERG/EPE – Balanço Energético Nacional de 2007

No caso da eletricidade, predomina mundialmente a geração térmica, responsável por 82% do total, reservando-se para a hidreletricidade o restante, conforme ilustrado pela Tabela 4. No Brasil, isto se inverte, e graças ao esforço empreendido já na primeira metade do século XX e significativamente expandido na segunda metade com a fundação da Eletrobrás e da CESP, a geração elétrica, usando o enorme potencial hídrico do país, respondia por 88% do total na virada para o século XXI.[4]

Tabela 4: Fontes primárias da energia elétrica, no Brasil e no mundo

Origem da eletricidade	No mundo (%)	No Brasil (%)
Carvão	40	2,5
Hidráulica	18	88,1
Nuclear	17	1,2
Gás	14	0,6
Óleo	11	4,1
Outros	–	3,5

Fonte: Ministério de Minas e Energia (MME), 2000

No entanto, o Brasil tem tido uma posição claramente inferior no consumo de eletricidade, seja comparado com países desenvolvidos seja com os não desenvolvidos. A Tabela 5 mostra que o consumo brasileiro *per capita* é bem inferior ao de países com a mesma ordem de grandeza do produto industrial bruto – por exemplo, oito vezes menor do que o do Canadá. Será que isto significaria um trunfo, pois se um produto industrial é atingido com menor consumo de energia do que em outro país, isto indicaria um uso mais racional da energia, com menos desperdício? Na verdade, isto denota um subaproveitamento do potencial inerente a uma dimensão territorial continental e a uma população do tamanho da brasileira. Com relação aos EUA, o país situa-se num patamar ao redor de seis vezes menor, e quatro vezes menor do que o Japão. Comparativamente próximo da China, no entanto o consumo brasileiro perde para o do Chile, 50% maior do que o brasileiro, e ainda estamos abaixo da Argentina e inferiores à média mundial.

---

4 Para algumas referências desta história, vide DIAS, Renato Feliciano (coord.). *Panorama do setor de energia elétrica no Brasil*. Rio de Janeiro: Centro de Memória da Eletricidade no Brasil, 1988.

Tabela 5: Consumo comparado de eletricidade

País	População Mhab	PIB G US$	Consumo TWh	Média kWh/hab
Alemanha	82,26	2.315,34	591,03	7.185
Argentina	39,50	369,62	104,99	2.658
Brasil	191,60	808,95	412,69	2.154
Canadá	32,98	869,28	560,43	16.995
Chile	16,60	101,34	55,20	3.326
China	1.319,98	2.387,68	3.072,67	2.328
EUA	302,09	11.468,00	4.113,07	13.616
França	63,57	1.505,62	481,41	7.573
Grã-Bretanha	60,78	1.765,77	373,36	6.142
Japão	127,76	5.205,02	1.082,72	8.475
Noruega	4,71	198,09	117,64	24.997
Mundo	6.609	39.493	18.187	2.752

Fonte: Key World Energy Statistics, 2009

O gráfico 5 mostra como se comportaram os principais setores de consumo no Brasil, em 35 anos. O total cresceu cerca de 7 vezes, predominando o industrial, seguido pelo residencial e o comercial/público (nesta última categoria se inclui o acanhado setor da iluminação pública, que deixa muito a desejar em termos de segurança das vias públicas). Comparativamente, entre a década de 1970 e os primeiros anos do século XXI, houve uma queda do consumo industrial, em favor dos setores residencial e comercial/público, certamente um reflexo da desaceleração relativa da industrialização brasileira.

Gráfico 5: Evolução do consumo de energia elétrica no Brasil

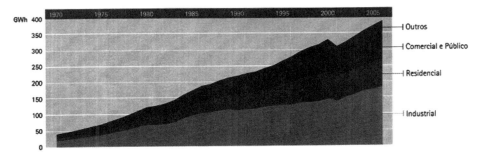

Fonte: MME, Balanço Energético Nacional de 2007

Além do consumo comparativamente menor da eletricidade, deve-se observar que o baixo uso industrial, comercial e doméstico do brasileiro resulta em uma qualidade de vida inferior. O modelo norte-americano e europeu é o da eletrificação maciça da vida cotidiana.[5] O uso incrementado da eletricidade doméstica resultou, por exemplo, em facilidades como o fogão elétrico (ao invés do sistema complexo de distribuição de gás engarrafado ou de rua, que usamos), além do conforto de climatização central das residências.

Na conjuntura histórica de sua relação com o Banco Mundial, o Brasil esteve impedido nos anos de 1980 de contratar empréstimos internacionais para a geração e transmissão de eletricidade, na parte final do governo militar e durante a transição democrática.[6] Como mostrado pelo gráfico 6, nesta década os investimentos anuais na eletricidade flutuaram em torno de 13 bilhões de dólares. Com o Programa Nacional de Desestatização do governo Collor, houve uma queda brutal, e nos anos seguintes a privatização, propagandeada como um remédio para a falta de investimentos e de racionalidade da máquina pública, não alterou o quadro, nem chegando a recuperar os níveis de quando o sistema era estatizado.

---

5   A expansão do sistema energético capitalista exige grandes redes de geração e distribuição de eletricidade. Cf. HÉMERY, D., et al. *Uma História da Energia*. Brasília: EdUnB, 1993, p. 170-193. Neste sentido, temos um capitalismo ainda atrasado no Brasil.

6   SAUER, Ildo. "Energia elétrica no Brasil contemporâneo: a reestruturação do setor, questões e alternativas". In: BRANCO, Adriano (org.). *Política energética e crise de desenvolvimento*. Rio de Janeiro: Paz e Terra, 2002.

Gráfico 6: Investimentos brasileiros em eletricidade em US$ bilhões

Fonte: Dorival Gonçalves Jr. *Reformas na indústria elétrica brasileira: a disputa por fontes e o controle do excedente*. Tese defendida no Instituto de Energia e Eletrotécnica da USP, 2007

5. O "modelo paulista" de eletricidade e desenvolvimento

Como é sobejamente conhecido, as explorações do sistema fluvial de São Paulo começaram ainda no final do Império e prosseguiram na República, por duas décadas aproximadamente, capitaneadas pela Comissão Geográfica e Geológica de São Paulo. O resultado desta atividade científica foi um primeiro mapeamento dos potenciais de vazão e queda hídrica, suficientes para estabelecer a importância das bacias dos rios Tietê, Paraná, Paranapanema, Grande e Paraíba. Foi a chamada "hulha branca" dos rios do Estado que atraiu para ali as grandes corporações de geração e distribuição de eletricidade.[7]

Seguiram-se marcos importantes dessa história, dos quais aqui se pode resumidamente destacar a hidrelétrica de Corumbataí, em Rio Claro (1900), as usinas de Parnaíba (1901) e a termelétrica Paula Souza (1912), na cidade de São Paulo, e a usina de Itupararanga em Sorocaba (1914), até a grande obra de engenharia da primeira metade do século XX que foi a construção da usina Henry Borden em Cubatão (1926). Em 1949 têm início os estudos para geração de hidroeletricidade nas bacias do Paranapanema, Tietê e Paraná, sendo pioneira a Hidrelétrica de Barra Bonita, no alto Tietê, de 1956. Nas margens da represa Billings, a usina termelétrica de Piratininga, em São Paulo, foi inaugurada no

---

[7] MAGALHÃES, Gildo. *Força e Luz*. São Paulo: Editora Unesp, 2000.

ano do Quarto Centenário da cidade, em 1954. A nova empresa CESP, de 1966, unificou as várias companhias estaduais de São Paulo e lançou grandes projetos de barragens como os de Jupiá e Ilha Solteira (1974/78), construídas com tecnologia inteiramente brasileira na parte de engenharia civil. Nesse período as empresas estrangeiras Light e Amforp (CPFL) foram nacionalizadas e passaram a fazer parte do governo estadual, num modelo que perdurou até 1997, com o início da subdivisão e privatização da empresa estatal. Apesar da mudança, a última grande hidrelétrica de São Paulo, a usina de Porto Primavera, ainda foi construída pela parcela não privatizada da CESP (2000).

Os investimentos elétricos em São Paulo foram fundamentais para a industrialização do estado. Houve períodos em que, independentemente de o setor estar em mãos privadas ou estatais, seguiu-se a tendência registrada internacionalmente em outras economias, de a oferta elétrica se antecipar à demanda. Sempre que se associou o investimento elétrico ao desenvolvimento econômico, houve sucesso, pois ainda hoje é o estado de São Paulo que concentra boa parte da energia e do PIB brasileiros. O consumo anual de energia elétrica em São Paulo se aproxima de 3.000 kWh/habitante, bem superior à média brasileira e mais comparável com a média mundial. A industrialização do estado foi no passado tanto causa como efeito de maiores investimentos na geração e transmissão de eletricidade, com o consequente aumento dos consumidores nas diversas categorias de indústria, serviços e residência.

A opção histórica de energia para o desenvolvimento é uma questão de autonomia e afirmação do Estado Nacional e pode ser repetida para o futuro, considerando que há várias aplicações da eletricidade prementes, dentre as quais cabe ressaltar aquelas ligadas à infraestrutura e à industrialização:

- Transporte de pessoas (redes interurbanas de trens de alta velocidade; redes urbanas de metrôs pesados e metrôs ligeiros, tróleibus) e mercadorias (ferrovias, hidrovias e portos);

- Metalurgia e indústria pesada;

- Saneamento e despoluição do meio-ambiente;

- Saúde (centros comunitários e hospitais).

As fontes promissoras para a geração elétrica continuam a ser a hídrica das grandes barragens e a nuclear (fissão e fusão), embora devam ser acrescidas aquelas cujo custo/benefício é maior, mas podem encontrar justificativas numa análise caso a caso, como o hidrogênio, a biomassa, solar, eólica e as pequenas centrais hidroelétricas.

O caso paulista de períodos de aumento da oferta de energia elétrica, seguidos por aceleração do crescimento industrial e econômico, bem como da renda familiar, ilustra a falácia dos argumentos de que "está sobrando energia". Numa economia saudável, não sobra energia e o alegado superávit esconde a desindustrialização concomitantemente com a globalização, em que fábricas foram fechadas e a redivisão mundial de trabalho levou à exportação de empregos e importação de bens manufaturados, transformando diversas indústrias locais em meros entrepostos comerciais de empresas multinacionais.

Um exemplo concreto de falta de energia pode ser vislumbrado numa questão de saneamento e saúde pública representada pelos rios das grandes metrópoles, como o Tietê e Pinheiros em São Paulo. Funcionando basicamente como esgotos a céu aberto, para que esses cursos d'água voltem à vida, servindo como locais de lazer e até contribuindo para melhorar o transporte de pessoas e mercadorias, naturalmente é preciso estancar a fonte de poluição na região metropolitana. Houve um grande esforço das agências de controle ambiental, do estado, que lograram diminuir consideravelmente o lançamento de resíduos industriais nesses rios e em seus córregos afluentes. O que não foi feito é eliminar o despejo de águas servidas do esgoto doméstico, muitas vezes jogado in natura. Estações de tratamento desse esgoto, com técnicas avançadas de flotação e filtragem, necessitam de uma enorme quantidade de energia elétrica, hoje inexistente. Enquanto não houver uma política consistente de aumento da oferta de eletricidade, essa região com mais de vinte milhões de pessoas continuará com seu meio ambiente condenado, fazendo renascer o espectro malthusiano.

Por outro lado, a energia foi privatizada em São Paulo desde a década de 1990, com promessas de melhorar o fornecimento e o atendimento ao consumidor de eletricidade, diminuir o preço pago por esse insumo e mais alguma coisa. Os resultados, desde então, têm sido o contrário, além dos efeitos negativos de diminuição de receitas para o Estado. Permanece o quadro de bipolaridade histórica entre a privatização e estatização, que houve antes da CESP ser criada, indo pendularmente em direção ao Estado no período militar, para voltar à privatização conduzida pelo neoliberalismo, vivendo-se novos apagões e reclamações, desta vez contra as concessionárias privadas. É uma situação que não faz jus à herança do modelo paulista.

A eletrificação da periferia europeia até a II Guerra Mundial: Espanha, Portugal e hidroeletricidade

Isabel Bartolomé Rodriguez

Com este ensaio, desejo introduzir o leitor ao estudo da eletrificação da Península Ibérica que, embora tão distante do Brasil, compartilhou com este, naquele momento, algumas de suas características essenciais: a eletrificação foi urbana, dependente da água e protagonizada nas regiões mais eletrificadas pelos mesmos grupos de investimento internacional.[1] Ambas as eletrificações, a ibérica e a brasileira, foram dois exemplos de um mesmo fenômeno em escala global: a eletrificação urbana das periferias, europeia e latino-americana, mediante o auxílio de uma fonte de energia alternativa ao carvão, a água. A utilização da energia cinética da água para obtenção de eletricidade concedeu a oportunidade de fazer crescer suas grandes cidades, onde proliferaram as indústrias e os serviços que, até então, a escassez de vapor tinha proibido.[2]

Nas páginas seguintes comparo brevemente as indústrias de fornecimento de eletricidade da Espanha e Portugal durante a primeira metade do século XX para descrever o que eu chamo de um padrão de eletrificação ibérico. Este modelo é caracterizado, entre outros traços, por uma tendência, lenta para a exploração hidro-dependente, cujos resultados, paradoxalmente, têm grandes

---

[1] Registro minha gratidão ao Sr. Gildo Magalhães pelo seu amável convite e pelas facilidades que me prestou para ter a honra de participar deste Seminário Internacional e, finalmente, deste livro.

[2] Esta perspectiva unitaria está em HAUSMAN, W. J.; HERTNER, P. Y.; WILKINS, M. *Global electrification. Multinational Enterprise and International Finance in the History of Light and Power, 1878-2007*. Cambridge, CUP, 2008.

semelhanças com as eletrificações observadas em ambientes onde predominou o uso do carvão para a obtenção de eletricidade. Com efeito, no inicio da eletrificação dos países escandinavos, da Suíça ou da Itália e do sudeste francês, a água desempenhou um importante papel, mas associado a usos intensivos, como foram a eletrossiderurgia, a eletroquímica ou o transporte. No entanto, tanto na Espanha como em Portugal, a eletricidade foi usada preferencialmente para iluminação, no início, e logo depois para força motriz, como na Inglaterra, EUA e Alemanha. Além disso, seu ponto de partida coincide com a difusão do motor elétrico e sua aplicação na manufatura. Consequentemente, a demorada eletrificação dos países ibéricos foi basicamente menos intensa e os efeitos sobre suas respectivas economias mais limitados do que na precoce Europa hidro-dependente.[3]

Do ponto de vista de cada país, a tentação institucional é muito forte. Enquanto que na Espanha se insistiu sempre na aversão ao risco das companhias elétricas e na falta de investimento público na rede de intercâmbios ou na construção de reservatórios,[4] em Portugal, de fato, a eletrificação em larga escala só teve inicio com a exploração hidráulica que se tornou uma prioridade política do salazarismo.[5] Aqui, não ponho em dúvida os efeitos da intervenção do governo, que foram decisivos para a eletrificação de ambos os países, mas enfatizo os fatores ambientais naturais, já que tanto a mania construtiva dos Estados autoritários e a aversão ao risco das empresas elétricas não são características específicas da Península Ibérica. Já seu meio físico, sim.[6]

A história recente das periferias europeias, inclusive da Península Ibérica, tem suscitado entre os historiadores econômicos um interesse renovado nos

---

[3] A relação entre formas de energias e estrutura industrial está em ROSENBERG, N. "The effects of energy supply characteristics on technology and economic growth". In: *Inside the black box*. Nova York, 1982.

[4] ANTOLÍN, F. "Iniciativa privada y política pública en el desarrollo de la industria eléctrica en España. La hegemonía de la gestión privada, 1875-1950". *Revista de Historia Económica*, 2, 1999, p. 411-445.

[5] MATOS, A. Cardoso de et al. *A eletricidade em Portugal dos primórdios a 2ª G M*. Lisboa, 2004. MADUREIRA, N. L.; BUSSOLA, D. "As políticas públicas". In: MADUREIRA, N. L. (coord.). *A história da Energia. Portugal 1890-1980*. Lisboa, 2005, p. 47-81.

[6] Para a Espanha, ver BARTOLOMÉ, I. *La industria electrica en España (1890-1936)*. Madri: Banco de España, 2007.

últimos anos, que Gabriel Tortella reivindicou ao chamar a atenção para a pobreza relativa dos recursos naturais da Península como chave explicativa para seu atraso na Idade Contemporânea.[7] Esta visão se enraíza nas contribuições de Huguet del Villar, recentemente reeditado.[8] Nestas, as limitações impostas pela dotação de recursos hídricos na Península no inicio do século XX, apesar da diversidade interna do seu território, foram inicialmente analisadas.[9]

Europa hidráulica

A indústria elétrica conta com excelentes histórias e geografias nacionais, pois durante anos suas redes não ultrapassaram fronteiras. As limitações técnicas, o custo do transporte e a impossibilidade de armazenagem se somam às razões estratégicas, ou seja, à defesa nacional. Pode-se encontrar algumas sínteses da eletrificação da Europa, elaboradas por Luciano Segreto, mas na historiografia da eletrificação tem prevalecido um enfoque alheio à comparação.[10]

Hausman, Hertner e Wilkins (2008) demonstraram, no seu esplêndido estudo, que a eletrificação foi um único processo global e que, em ambos os lados do Atlântico, seguiram-se sucessiva e quase simultaneamente diferentes etapas, protagonizadas pelos mesmos atores. A primeira fase foi aquela pioneira, de experiências em iluminação urbana ocasional. Após esta, foi realizada a colocação de redes urbanas de distribuição de iluminação pública, de força para o transporte de bondes e posteriormente para a iluminação doméstica. As cidades

---

7   TORTELLA, G. "Patterns of Economic Retardation and Recovery in Southwestern Europe in the 19th and 20th Centuries". *Economic History Review*, 1994, p. 1-21. ROSÉS, J. R. "Why is not the whole Spain industrialized? New Economic Geography and Early Industrialization, 1797-1910". *The Journal of Economic History*, vol. 63, n. 4, dez. 2003, p. 995-1022.

8   HUGUET DEL VILLAR, E. (1921): *El Valor Geográfico de España*, ed. de E. Tello y C. Sudrià. Barcelona, 2010.

9   SUDRIÀ, C.; BARTOLOMÉ, I. "Huguet del Villar y el valor 'energético' de España". *Ibidem*, p. 57-72.

10 SEGRETO, L. "Elettricità ed economia in Europa". In: MORI, G. *Storia dell'industria elettrica in Italia. I. Le origini. 1882-1914*. Vol. II, 1992, p. 696-750. SEGRETO, L. "Aspetti e problemi dell'industria elettrica in Europa tra le due guerre". In: GALASSO, G. *Storia dell'industria elettrica in Italia. Espansione e Oligopolio. 1926-1945*. Roma, 1993, p. 325-398. Uma exceção são os trabalhos de GEORGE, P. *Geografía de la Energía*. Barcelona, 1952.

também abraçaram a mudança do vapor à eletricidade na indústria e, portanto, o início do uso maciço do motor elétrico. Inicialmente, foram as entidades locais, prefeituras e câmaras municipais que se encarregaram da regulamentação técnica e, posteriormente, da regulação econômica da atividade, principalmente com o estabelecimento de fornecimento exclusivo em troca da limitação de tarifas. Os promotores destas empresas foram os chamados conglomerados eletrotécnicos. Antes da I Guerra Mundial eram de origem alemã, particularmente a AEG, mas também a Siemens-Schuckert, e, depois, a filiação suíça e belga, como a Sofina.[11]

Apenas duas atividades evitaram os assentamentos urbanos nas primeiras etapas da eletrificação. Por um lado, a eletrificação dos territórios extrativos, de mineração ou lavoura, cujo impacto a longo prazo foi insignificante. De outro lado, a aplicação antecipada da hidroeletricidade à siderurgia e à química. A localização destas indústrias, altamente intensivas no consumo elétrico, era caprichosa, dependente de espaços privilegiados para a produção de energia abundante e barata. Ao pé dos reservatórios naturais e nas cordilheiras elevadas estavam localizadas as cachoeiras que alimentavam estas indústrias a fio d' água. A Escandinávia e os Alpes na Europa e o Canadá na América do Norte abrigavam o maior número de locais adequados para estas indústrias eletrointensivas, que abasteciam o mercado mundial com seus produtos, particularmente os adubos sintéticos. A eletrificação nestes países – Noruega, Suíça, Itália ou Canadá – começou antes de 1914, com altos consumos por habitante e por unidade de produto, mas com uma tendência ao isolamento da suas unidades produtivas.[12] O complexo de Niagara Falls inaugurou um modelo misto de exploração hidrelétrica: parte da energia era usada *in-situ*, pelo centro químico e siderúrgico que se localizou nas cataratas, enquanto outra parte da energia era enviada para as cidades populosas e industriais contíguas, como Buffalo.[13]

---

11 HAUSMAN et al. Op. cit., cap. 2.

12 GEORGES, M. "L'electrification des Pirinés". *Revue Générale de l'Electricité*, 2° semestre, 1933, p. 729 e s. GIANNETTI, R. *La conquista della forza: risorse, tecnologia ed economia nella industria elettrica italiana* (1883-1940). Milão, 1985. GLETE, J. "Demand pull or technology push? Pre-conditions for the development of the Swedish heavy electrical industry". In: CARDOT, F. *Un siècle d' Electricité dans le Monde*. Paris, 1987.

13 HUGHES, T. P. *Networks of Power: Electrification in Western society*, 1880-1930. Baltimore: Johns Hopkins University Press, 1983, cap. 5.

Até 1945, na Europa, existiam três grupos entre os países que utilizavam maciçamente a água para gerar eletricidade. Como demonstrado na Tabela 1, Noruega, Suécia e Suíça formariam o grupo mais avantajado, que começou cedo e alcançava consumos de mais de 1.000 kWh por habitante no ano de 1937. Neste grupo, foi incorporada em marcha forçada seu vizinho nórdico, a Finlândia. Um segundo grupo estava formado por alguns países do Sul, como Itália e França, embora este último com mais da metade do país utilizando o carvão para a produção de eletricidade. Por último, a Espanha ficaria entre estes países e Portugal, que havia acabado de iniciar seu desenvolvimento hidrelétrico.

Tabela 1: Produção de eletricidade por habitante em distintas datas na Europa (kWh por habitante)

	Finlândia	França	Itália	Noruega	Espanha	Suécia	Suíça	Portugal	Grécia
1890	s.d.	s.d.	s.d.	s.d.	s.d.	s.d.	3,07	s.d.	s.d.
1900	s.d.	8,45	s.d.	25,45	10,22	38,93	77,75	s.d.	s.d.
1910	s.d.	26,36	s.d.	428,93	18,62	s.d.	294,96	s.d.	s.d.
1922	83,55	151,99	151,11	1883,77	49,99	444,37	760,05	19,71	19,93
1928	234,48	348,96	261,69	2496,09	98,80	758,01	1235,65	31,50	27,56
1937	741,07	479,01	343,30	3154,23	103,33	1256,76	1557,67	51,93	25,19

Fontes: ETEDMAN, B.; LUCIANI, J. *World Energy Production, 1860-1985*, 1991. MITCHELL, B. R. *European historical statistics. 1750-1970*. Londres, 1978.

A Tabela 2 confirma este agrupamento, levando em consideração a evolução da intensidade energética, ou seja, do consumo de energia por unidade de produção durante este período. A Noruega se destaca. O resto dos países nórdicos e a Suíça seguem a uma certa distância, e se aproximando destes últimos encontramos a França e Itália. A Espanha não chega em 1937 nem a um terço da intensidade do consumo elétrico italiano, mas se equipara à portuguesa. Portugal, com um consumo por habitante muito menor, mantém contudo uma relação muito semelhante à espanhola entre ambas as séries.

74 GILDO MAGALHÃES (org.)

Tabela 2: Produção de eletricidade em relação ao produto na Europa (kWh/PIB)

Anos	Finlândia	França	Itália	Noruega	Espanha	Suécia	Suíça	Portugal	Grécia
1890							0,0010		
1900		0,003		0,015	0,005	0,016	0,0224		
1910		0,009		0,222	0,009		0,0738		
1922	0,047	0,049	0,057	0,790	0,020	0,165	0,1818	0,019	0,017
1928	0,090	0,076	0,083	0,838	0,031	0,204	0,2014	0,026	0,016
1937	0,215	0,111	0,111	0,847	0,035	0,277	0,2516	0,037	0,013

Fontes: ETEDMAN & LUCIANI, op. cit. MITCHELL, B. R. Prados de la Escosura, L. (2003): El progreso económico de España, (1850-2000). Madri, 1984.

A escassa intensidade das eletrificações ibéricas é um reflexo fiel da divisão entre grupos de consumidores. Como vemos na Tabela 3, a indústria era o principal usuário elétrico em 1929, tanto na Espanha como em Portugal, porém a parcela deste uso era muito menor que em outros países de predomínio hidrelétrico. Além disso, apenas 8 por cento do total da energia elétrica distribuída na Espanha era empregada em indústrias eletrointensivas, sendo esta porcentagem ainda menor em Portugal. O restante era consumido pelas fábricas.

Tabela 3: Divisão dos consumos finais de eletricidade comercial em 1929

	Finlândia*	França	Itália	Noruega #	Espanha	Suécia	Suíça	Portugal
Tração	1,12	7,06	8,89	0,65	9,90	5,09	8,40	26,32
Eletroindústria	19,03	22,18	15,43	73,91		25,60	18,00	5,26
Outras indústrias	71,08	53,38	64,20	6,96	72,71	57,17	53,60	39,47
Serviços públicos	8,77	17,39	11,48	18,48	17,38	12,14	20,00	28,95
Total	100,00	100,00	100,00	100,00	100,00	100,00	100,00	100,00

Fonte: Annuaire Statistique de la Société des Nations, 1932-33, Société des Nations, Genebra (1933).
*1930. #Com autoprodutores.

Portugal e Espanha

Como se observa na Tabela 4, a contribuição de água à demanda agregada de energia na Espanha em 1933 era a metade da italiana, mas mesmo assim triplicava em relação à portuguesa, que mantinha ainda uma forte dependência dos combustíveis fósseis.

Tabela 4: Consumo bruto de energia em alguns países em 1933

	Distribuição por fontes primarias (%)		
	Carvão	Petróleo	Hidroeletricidade
Itália	41	11	48
Espanha	68	8	24
França	82	9	9
Portugal	79	14	7

Fonte: Sudrià, C. "La restricción energética al desarrollo económico de España". *Papeles de Economia Española*, n. 73, 1997, p 177. Para Itália e Portugal é apenas o consumo de carvão em 1900. Utilizou-se o cálculo de Sudrià embora exista um português mais recente, não publicado.

Ambas as eletrificações se mantiveram hidro-dependentes por um período de mais de trinta anos, ainda que os tempos não coincidiram. Observando o Gráfico 1, com a composição da produção elétrica ao longo do século XX na Itália, Portugal e Espanha, comprovamos que a Itália foi hidro-dependente antes de começar o século, a Espanha chegou a sê-lo na véspera da I Guerra Mundial e Portugal o seria a partir de 1950.

Gráfico 1: Evolução da porcentagem da produção hidráulica na Itália, Espanha e Portugal em relação ao total da produção elétrica em cada país

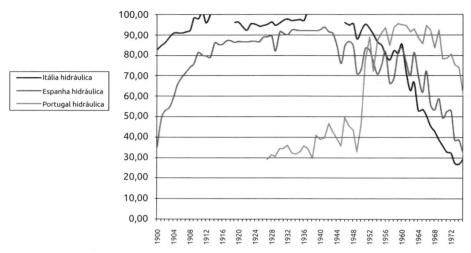

Fontes: Para Itália, BARDINI, C.; HERTNER. "Decollo elettrico e decollo industriale". In: MORI (ed.). *Storia dell'industria elettrica in Italia. I. Le origini. 1882-1914*, 1992, p. 201-148; GIANNETTI (1987); ETEDMAN & LUCIANI (1991). Para Portugal, TEIVES, S. (comp.). *Séries de producção de energia eléctrica. Portugal (1927-1984)*, 2004. Disponível em: http://www.historia-energia.com. Espanha, BARTOLOMÉ, I. "La industria eléctrica española antes de la guerra civil: reconstrucción cuantitativa". *Revista de Historia Industrial*, n. 15, 1999.

As grandes companhias internacionais coincidiram nos investimentos na Península Ibérica nos mesmos ciclos até 1913: ao ciclo inicial de investimento britânico, sucedeu-se aquele liderado por companhias eletrotécnicas alemãs, criadas por iniciativa da AEG e dos bancos europeus de investimento entre 1894 e 1910. Depois da Grande Guerra, o centro dos negócios elétricos se transferiu para a Bélgica e Suíça, onde se instalaram as sedes das principais *holdings* elétricas europeias. Desde então, se consolidaram em Portugal as empresas estrangeiras – a CRGE em Lisboa formava parte da belga Sofina e a UEP havia surgido por iniciativa do grupo do Banco de Vizcaya espanhol. Nos anos vinte na Espanha, o capital estrangeiro se concentrou em poucos mercados – o catalão nas mãos da Sofina; o andaluz com a AEG e o valenciano –, mas não superava um terço da produção elétrica do país. O investimento nacional havia assumido relevo, em particular o grupo do Banco de Vizcaya. As corporações americanas tentaram mais tarde sua incursão em grande escala em 1930, mas não obtiveram vantagem nem em Portugal nem na Espanha, pois tropeçaram nas sequelas da Grande Depressão. Em 1945, havia apenas três empresas elétricas com participação estrangeira na Espanha, enquanto que em Portugal entravam numa nova fase de colaboração com o Estado em 1944 com a aprovação da Lei 2.002, que prorrogava o "condicionamento industrial" do setor elétrico.

Os subsídios públicos durante o final dos anos 50 e início dos 60 possibilitaram em ambos países a regularização dos grandes rios peninsulares e, finalmente, o aumento acelerado da oferta hidrelétrica. Estas construções tiveram início em Portugal no período hidro-dependente, enquanto na Espanha coincidiram com o começo do uso dos derivados do petróleo para a obtenção da eletricidade.[14]

Tradição na manufatura e recursos primários

O que tinham em comum Espanha e Portugal na primeira metade do século XX para seguir um padrão semelhante de eletrificação, embora com velocidades diferentes? Uma primeira resposta revela os baixos níveis de renda e especialização fabril de ambos países no inicio do século XX. A baixa renda teria se somado à escassez de carvão na Espanha, e à sua tradição manufatureira, para enfatizar o atraso na eletrificação até a difusão do motor elétrico, como na Alemanha ou EUA.[15] Ali, com maior renda, a eletrificação foi tardia, pouco intensa e associada à manufatura e à iluminação urbana. Na Espanha, o ritmo teria sido definido pela evolução dos preços de fatores substitutivos, o carvão e trabalho qualificado.[16]

O caso português poderia ser explicado de maneira análoga: por sua preferência pelo carvão importado e por sua estrutura industrial, com predomínio da indústria leve. O país seria eletrificado no ritmo de sua indústria, lentamente, e a preferência pelo vapor resultaria de um distanciamento menor que na Espanha entre os preços da eletricidade obtida mediante a água do que aquela

---

14 Ver Tabela Anexo 1. A mudança foi definida pela Lei 2002 em 1944 e na Espanha a partir do Plano de Eletricidade de 1954-63.

15 SCHURR, S. *Electricity in the American Economy: agent of technological progress*. Nova York: Greenwood, 1990.

16 MALUQUER DE MOTES, J. "Creixement economic e diversificação produtiva (1891-1913)." In: NADAL, J. (coord.). *Història Econòmica de la Catalunya Contemporánia*, t. 4. Barcelona, 1994. AUBANELL, A. M. *La industria eléctrica y la electrificación de la industria en Madrid entre 1890 y 1935*. Tese de doutoramento não publicada, 2 vol. Instituto Universitario Europeo, Firenze, 2001.

obtida pelo vapor. A tarifa sobre a importação de carvão estrangeiro, menos protecionista em Portugal que na Espanha, explicaria a persistente preferência térmica em Portugal, apenas perturbada pela teimosia dos governos salazaristas em atingir o autoabastecimento energético na segunda metade do século XX.

Apesar de seu apelo e solidez, em minha opinião esta interpretação é incompleta e tem alguns aspectos discutíveis. Em primeiro lugar, a escassa intensidade energética e a baixa renda não constituíam uma característica peculiar da Espanha e de Portugal na Europa de 1880. Noruega e Itália, que partiram de rendas ínfimas nesses anos, usaram a água para aproveitar plenamente sua oportunidade.[17] Ademais e em segundo lugar, Espanha, Portugal e Itália dispunham de um potencial relativamente similar de crescimento agregado para a utilização da água que, porém, não foi utilizado, redundando em benefícios desiguais em cada território. Enquanto a Itália teve uma utilização rápida e satisfatória, em Espanha e Portugal seu uso foi tardio e seus efeitos induzidos foram menos proveitosos para estas duas últimas economias.[18] Sua origem, entretanto, não foi consequência de uma rotina industrial, mas pôde ser o resultado de uma alocação diferente de recursos quando estes se desagregam.

O potencial hidrelétrico de Portugal e Espanha

O potencial bruto das bacias espanholas é de cerca de 150.000×10^6 kWh, de acordo com a maioria das avaliações realizadas a partir de 1950. Enquanto isso, em Portugal, mal se ultrapassa os modestos 32.000×10^6 kWh. Com algumas exceções, as três primeiras colunas da Tabela 5 fornecem uma correlação muito estreita entre o montante do potencial hidrelétrico e sua exploração nas vésperas da II Guerra Mundial. Existiriam uns países melhor dotados, os escandinavos, aos quais se seguiria o grupo formado por Suíça, França, Itália e Espanha, nesta ordem, e por último Portugal e Grécia. Somente os casos da Finlândia e Espanha escapariam a este argumento, o primeiro por excesso de exploração e o segundo por falta. Bem, considerando as últimas duas colunas da Tabela 5, o argumento se desmorona: Portugal conta com um potencial de

---

17 Para Noruega, cf. KAIJSER A.; HEDIN, M. (eds). *Nordic Energy Systems: Historical Perspectives and Current Issues*. Massachusetts: Canton, 1995. Para Itália, cf. GIANNETTI, op. cit.

18 Como se pode observar na Tabela 5, o potencial por km² é similar entre Itália e Portugal, cujas eletrificações foram as mais afastadas no tempo.

uso hidrelétrico por km² semelhante ao italiano e, sem dúvida, muito maior que o espanhol. Sabendo-se que quase três quartos do território espanhol pertencem a zonas áridas ou semiáridas, apenas uma região portuguesa participa do clima mediterrâneo na sua variante continental. Na Espanha chove pouco e irregularmente e há menos escoamento devido à evaporação e aos escoamentos subterrâneos, enquanto que boa parte de Portugal participa do clima Atlântico.

Tabela 5: Potencial hidrelétrico na Europa, calculado em 1953

	Potencial bruto fluvial em GWh/ano	Potencial técnico em GWh/ano	Potencial Econômico em GWh/ano	Potencial econômico por km² em kWh/ano	Potencial econômico por km² em MW
Espanha	155.019	76.639	48.220	95.526	21,23
Finlândia	28.000	18.100	13.000	38.447	8,54
França	270.000	100.000	65.000	119.493	26,55
Grécia	35.875	20.667	15.594	118.145	26,25
Itália	222.000	58.000	50.000	165.946	36,88
Noruega	n.d.	n.d.	158.000	487.805	108,40
Portugal	32.000	17.000	13.500	146.120	32,47
Suécia	n.d.	130.000	95.000	211.128	46,92
Suíça	n.d.	n.d.	32.080	776.944	172,65

Fontes: As magnitudes dos potenciais procedem da Seção de Energia Elétrica da Divisão de Industria do Conselho Econômico e Social da ONU, 1953 – *Le potentiel hydro-électrique de l'Europe – Ses Limites materielles, techniques et économiques.* O potencial econômico por km² está calculado em kWh, que é uma unidade um milhão de vezes menor que o GWh. O potencial em MW, mil kW, foi estimado considerando uma utilização anual da potência em torno de 4.500 horas.

Em minha opinião, a razão para o atraso da Espanha em relação à Itália e de Portugal em relação à Espanha é atribuível aos requisitos de controle de fluxo e à utilização de barragens para armazenamento de água terem sido mais elevados em Portugal que na Espanha e mais em toda a Península Ibérica que na Itália. O patrimônio dos seus recursos era constituído de rios de fluxo irregular, o que impôs a construção de barragens para regular o fluxo hídrico e sua exploração em grande escala.[19] As necessidades de regulação de fluxo para a exploração elé-

---

19 Um trabalho geral sobre a disponibilidade de água em território peninsular está em

trica na década de 1950 na Espanha eram calculadas em torno de 40 por cento de toda a capacidade hidrelétrica tecnicamente explorável naquela época.[20] Em 1943, a capacidade total dos reservatórios de regularização portugueses era da ordem de 100 milhões de m³, correspondendo a uma produção de 60 milhões de kWh anuais, o que já supunha um quarto da produção hidráulica portuguesa daquele mesmo ano.[21] Em um estudo realizado em 1932, estimou-se que, para a colocação em operação de todas as centrais hidrelétricas em estudo em Portugal, era necessária a construção de grandes barragens.[22] Isto era caro e implicava riscos adicionais para o investidor. O armazenamento de água em reservatório ao longo do ano implicava um custo elevado de instalação com custos irrecuperáveis, enquanto as obras públicas, e uma boa parte das máquinas e linhas constituíam bens imóveis, cujo uso não poderia ser encaminhado para outra atividade.

Nesta lógica, a exploração da provisão hídrica da Península foi razoável: começou com as quedas menores, por volta de 1900, para continuar com o aproveitamento das cabeceiras dos rios em centrais cuja magnitude média se aproximava dos 10.000 kW instalados por volta de 1915. Culminou com a construção em ambos países da maioria dos hiper-reservatórios a partir de 1950. Vejamos como as aplicações sucessivas da eletricidade se estenderam ao mesmo tempo em que se exploravam os recursos hidráulicos da Península, de um menor ao maior custo de instalação.

Os usos elétricos e a exploração hidráulica na Península

a) A iluminação e os usos sazonais

O uso prático do dínamo Gramme, a partir de 1873, da lâmpada incandescente, equipada com filamento de carvão, a partir de 1878, e a inauguração da primeira estação central, em Pearl Street, em 1882, foram os marcos técnicos

---

United Nations. Departament of Technical Co-Operation for Development. *Ground Water in Western and Central Europe. Natural Resorces.Water Series*, n. 27. Nova York, 1991.

20 MAURA, Redonet. *Unesa. Pasado, presente y futuro de la energía eléctrica en España*. Madri: Unesa, 1947.

21 VIDAL BURDILS, F. F. "Las industrias portuguesa y española de producción y distribución de energía eléctrica". *Acero y Energía*, mar. 1946, p. 126.

22 URIARTE, M.; GUINEA, J. *El problema eléctrico portugués*, mimeografiado. Archivo Histórico Iberdrola Salto Alcántara (AHISA) – Fondo Hidrola, 1932.

que deram base às aplicações pioneiras da eletricidade: a iluminação urbana, motores simples para tração de bondes, moinhos de grãos e serrarias. Com estas aplicações, foram construídas redes primitivas em corrente contínua e iniciou--se o uso comercial em todo o mundo.[23] Pequenas centrais geradoras isoladas compunham o equipamento básico da eletricidade comercial. Eram térmicas nas cidades e mistas – aproveitando o excedente das quedas hidro-mecânicas – no campo. Moinhos de farinha, serrarias e indústrias de todo tipo, localizadas nas cabeceiras dos rios, se constituíram rapidamente em usuários deste tipo de energia. Na Espanha, a atomização da exploração hidrelétrica ainda era significativa em 1925, com quase 1.650 instalações com uma potência instalada inferior a 300 kW.[24] Em Portugal, em 1943, quase a metade da potência instalada correspondia a estabelecimentos com menos de 500 kW.[25]

Em ambos os países, a iluminação elétrica se ampliou durante o período de entreguerras: na década de 1930, a porcentagem de habitantes com acesso à luz elétrica na Espanha atingiu 88 por cento, já em Portugal era muito menor.[26] No entanto, os consumos médios por habitante/ano eram pouco elevados, particularmente em Portugal: segundo dados de 1932-34, o consumo médio de luz por habitante/ano em Portugal era de 7,8 kWh e na Espanha de 19,42 kWh, enquanto na Itália era de 21,4 e na França de 39,4.[27]

O consumo por iluminação importava em boa parte dos rendimentos das empresas elétricas em ambos países. Empresas de fornecimento discriminavam positivamente os usuários de iluminação, com a descoberta do uso mais elástico do preço.[28] Na Espanha, dizia-se que as tarifas médias de iluminação eram claramente favoráveis, excetuando-se a Noruega.[29] Em Portugal, onde apesar da variação enorme de tarifa no país, em 1932 ainda era possível encontrar o kWh

---

23 HAUSMAN (2008), op. cit., cap. 1.

24 BARRIO, T. *Centrales eléctricas instaladas en España*. Madri: 1925.

25 VIDAL BURDILS (1946), loc. cit. p. 125.

26 SEEGER, B. *El consumo de energía eléctrica para alumbrado en Europa*. Madri, 1936, p. 18.

27 *Ibidem*, tabela V, p. 38.

28 BARTOLOMÉ (2007), op. cit. e BUSSOLA (2005), op. cit.

29 SPOTTORNO, R. "Tarificación de la energía eléctrica". In: *Electricidad*. Madrid, 1943, p. 43-61.

para iluminação mais barato no Porto que aquele para uso industrial em outras grandes populações portuguesas.[30]

b) Usos intensivos

Os usos industriais intensos se difundiram na Península Ibérica apenas na primeira metade do século XX. Havia unidades de processamento elétrico, mas de tamanho reduzido e ligadas ao ciclo mais tardio da eletroquímica e eletrosiderurgia. Seu uso apenas superava a média de 8 por cento do consumo total desta energia na década de 1930 na Espanha, e em Portugal se manteve em torno de 5 por cento entre 1933 e 1943.[31] A partir de então e reivindicadas como prioridade por ambas ditaduras, tornaram-se ramos industriais de crescente importância, enquanto em outros países hidro-dependentes europeus estes setores tinham começado muito antes, tornando-se alavancas decisivas da mudança estrutural de suas economias.

Chamam-se processos de utilização intensiva aqueles em que a energia representa uma parte relevante do valor agregado dos seus produtos finais. Usando estas aplicações elétricas obtinham-se ou novos materiais sintéticos, que substituíam matérias primas naturais, ou se barateavam drasticamente antigos métodos industriais. Podemos distinguir dois momentos muito diferentes. Aquele inicial dominado pela metalurgia, em particular para a obtenção do alumínio desde as últimas décadas do século XIX; e posteriormente aquele em que foi a química industrial o produto que se destacou no período, com a produção dos fertilizantes nitrogenados.

A disponibilidade de recursos apropriados para estes usos na Península Ibérica era ínfima. Onde predomina o regime pluvial das correntes de água e observa-se irregularidade nos rios em seus cursos altos, junto à concorrência com outros usos nos cursos médios e nas desembocaduras, podemos afirmar a pouca aptidão do solo para estes usos. Na Espanha, algumas indústrias de alumínio se localizaram na vertente do Minho, mas mantendo uma vida arriscada e produção muito baixa em relação ao mercado internacional do produto.[32]

---

30 FIGUEIRA, J. *A evolução do sistema tarifário do setor elétrico nacional: dos primórdios da eletrificação até à "Lei de Eletrificação Nacional"*, 2003. Disponível em: http://www.historia-energia.com, p. 8

31 VIDAL BURDILS, F. F. (1946), op. cit., p. 132.

32 CARMONA, J. "Galicia en el desarrollo del sector eléctrico español (1900-1982)" In: CARRERAS et al. Dtor. Jordi Nadal. *La industrialització y el desenvolupament economic d'Espanya*.

Para a eletroquímica, o uso da hidroeletricidade no território espanhol não era rentável, nem mesmo para a fabricação de carboneto de cálcio, flexível em comparação com a de corrente continua.[33] Grande parte das empresas existentes foi incapaz de competir nos mercados internacionais dos produtos finais, a maioria, aliás, acusadas de práticas oligopolistas pela Noruega e Alemanha. As perspectivas de exportação destes materiais foram muito reduzidas. No caso de Portugal, a *Companhia Portuguesa de Fornos Eléctricos*, embora criada em 1917 para a fabricação do carbonato de cálcio na Serra da Estrela com o excesso de energia das usinas hidrelétricas ali localizadas, sofreu um continuado desabastecimento de energia até 1946 e grandes dificuldades para sua venda no país durante o período entreguerras, porque o preço final do produto ali obtido tinha dificuldade em competir com o importado.[34]

Resumindo, o fluxo irregular das correntes que atravessavam a Península condenou a disseminação da eletrossiderurgia e impediu seriamente a eletroquímica. Seu malogro repousou em sistemas elétricos com baixos rendimentos das máquinas das centrais elétricas, que só alimentavam usuários descontínuos, de iluminação ou industriais.

c) Produção Industrial

O ponto de partida da hidroeletricidade na Espanha coincidiu com sua aplicação manufatureira, que foi possível pela combinação de inovações no terreno da aplicação, o motor elétrico, e da geração, tanto em sustentação de reservatórios como na transmissão de fluido a longa distancia. A eletrificação proporcionou benefícios adicionais na organização e flexibilização da indústria. A multiplicação destes usos agilizou a substituição em massa do vapor pela eletricidade nas cidades industriais.[35] Em 1929, como vimos na Tabela 3, a energia consumida pela produção industrial na Espanha superava 60 por cento. Estes consumos se concentravam nas regiões tradicionalmente industriais, Catalunha

---

Barcelona: Universitat de Barcelona, 1999, vol. 2, p. 1378-97.

33 BARTOLOMÉ (2007), *op. cit.*, cap. 3, com dados da Sociedad Española de Carburos Metálicos.

34 LOIO, D. S. "Companhia Portuguesa de Fornos Eéctricos: subsidios para a sua história –1917-1967". *Análise Social*, n. 136-7, 1996, p. 545-577.

35 BARTOLOMÉ (2007), *op. cit.*, cap. 4.

e País Basco, embora avançasse gradualmente em dois pontos do interior, Madri e Aragão.[36]

Enquanto isso, em Portugal, o ritmo foi mais lento e o consumo manteve-se pequeno. Em plena II Guerra Mundial, os usos espanhóis diversificavam-se, enquanto que em Portugal o uso da força motriz havia aumentado de 33 por cento no ano de 1927 para 58,2 por cento em 1943.[37] De fato, em 1943 em algumas cidades, em particular Lisboa e Porto, a primeira mediante carvão e a segunda a água, mantinha-se um consumo manufatureiro por habitante/ano não desprezível: entre 60 e 90 kWh/ano respectivamente.[38] Tal como na Espanha, as indústrias mais eletrificadas foram as têxteis, a cerâmica e os materiais de construção e, em terceiro lugar, as alimentícias.[39]

Em minha opinião, tanto na Espanha como em Portugal, a eletricidade proporcionava, quando existente, uma pequena vantagem de custo de energia para as empresas manufatureiras. Lembre-se que a força motriz muitas vezes não significava mais do que 3 por cento do valor agregado em seus produtos, mas a flexibilidade na localização e na melhoria da organização industrial que favoreceu a eletrificação foi muito vantajosa. Em contrapartida, a transição entre energias exigia das indústrias investimentos que somente se rentabilizariam a longo prazo. Definitivamente, até 1945, a hidroeletricidade liberou a produção industrial do uso do carvão, onde este era um peso como na Catalunha, mas em nenhum caso liderou o processo de industrialização peninsular.

Como Ezequiel Campos e Pierre Vilar bem souberam ver: o maior potencial hidrelétrico peninsular se localizava nos cursos médios dos rios, precisando de armazenamento para a regulação de fluxo.[40] E o reservatório de água era tão caro que a utilização da eletricidade produzida por este meio não era imediatamente rentável: nem em Portugal nem na Espanha, nem tampouco na França

---

36 VIDAL BURDILS, F. F. *Economía eléctrica de España*. Barcelona, 1941.

37 VIDAL BURDILS, F. F. (1946), op. cit., p. 132.

38 Em Barcelona na mesma data superavam os 340 kWh. *Ibidem*, p. 135.

39 *Ibidem*, p. 136.

40 VILAR, P. "L'utilisation hydroèlectrique des fleuves espagnoles" en *Congrès International de Gégraphie*, Actas, t. III. Paris, 1934, p. 591-607. CARDOSO, A.; FARIA, F. *Ezequiel de Campos e o aproveitamento dos recursos hidroeléctricos na península Ibérica*, 2004. Disponível em http://www.historia-energia.com

ou Itália, onde também se pediu auxilio público, mas em época anterior, para conseguir a construção de barragens e represas. Vamos olhar o caso português.

Tabela 6: Alguns projetos de aproveitamento hidráulico em Portugal pós-1945

Rio e Central	Potência instaurável em CV	Represas: m³ de água (10⁶)	Desnível em m	Custo do kWh (Contos de 1945)
Zêzere-Cabril	105000	607	125	
Zêzere Bouça	75000	49	65	
Zêzere-Castelo do Bode	240000	1070	110	14,50
Zêzere-Constáncia	12000	s.d.	5	
Cávado-Rábago (3 centrais)	193000	196	4 desníveis: 96; 74; 63; 38 m	12,00
Paiva	96000	s.d.	s.d.	13,50
Total	721000			

Fonte: VIDAL BURDILS (1946), *op. cit.*, p. 217.

Portugal enfrentava em 1945 um descompasso semelhante ao que a indústria elétrica espanhola enfrentou com o inicio da operação de Saltos del Duero em 1933: seu uso exigia um forte investimento inicial e não estava assegurada a demanda para a avalanche de energia que estava por vir.[41] Como mostrado na Tabela 6, as quedas d'água disponíveis em Portugal em 1945 incrementariam substancialmente a oferta de energia do país, em troca de um grande investimento. Essa infraestrutura também supunha um importante desafio construtivo que não seria rentável de imediato. Segundo os cálculos, seguramente otimistas, de Calvalho Xerez sobre o volume e custos do conjunto destas obras, se poderia dispor de energia a um custo que variava entre $12 e $14,50 por kWh. Estes custos são favoravelmente comparados com as tarifas vigentes nas cidades do Norte de Portugal para o uso mais barato, a iluminação, que se faturava a $22 o kWh.[42] Mas devem ser adicionados a eles os derivados do transporte e as transformações até seu ponto de consumo.

---

41 DIAZ MORLAN, P. "Los Saltos del Duero (1918-1944)". In: ANES, Gonzalo. *Un siglo de luz. Historia empresarial de Iberdrola.* Madrid, 2006, p. 279-324.

42 VIDAL BURDILS (1946), *op. cit.*

O patrimônio hidrelétrico ibérico concentrava-se, assim, ao redor das grandes centrais hidrelétricas; e mais em Portugal que na Espanha. A Espanha enfrentou a grande escala de aproveitamentos hidráulicos com a construção de Saltos del Duero em 1926, e sua construção demorou 15 anos; em Portugal, o investimento em grandes centrais se apresentou como única alternativa possível para o aproveitamento hidráulico no transcurso da II Guerra Mundial, quando o aperto do abastecimento de combustíveis fósseis assolou seus mercados. As dificuldades construtivas, a indivisibilidade do investimento e o risco levavam o financiamento da obra à duvidosa rentabilidade a curto prazo. Como na Itália, e posteriormente na Espanha, realizar estas obras sem o auxilio público era inviável.

Conclusões

Nas páginas anteriores se esboçou o que chamei de padrão de eletrificação ibérica, caracterizada pelo início tardio do uso da água para gerar eletricidade, pela baixa intensidade de uso da energia e pela sobrevivência dos estabelecimentos de fornecimento isolados e pequenos. Apesar dessas semelhanças, a Espanha teve um crescimento maior do parque hidrelétrico, fundamentado na exploração de centrais de tamanho médio semelhante às concentradas no Norte e Centro de Portugal até 1950. Em meados do século, a potência hidrelétrica cresceu exponencialmente nos dois países com a construção de grandes centrais na base da barragem, que regularizaram o curso médio dos rios peninsulares.

Estou convencida de que na Península a provisão desagregada de quedas hidrelétricas explica em boa medida o ritmo da sua eletrificação por meio da água, a falta de processamentos industriais e a preferência por aplicações leves, tanto domésticas como industriais. Esta pista reacende, também no âmbito ibérico, o debate sobre a necessidade e oportunidade da exploração em massa da hidroeletricidade em meados do século XX.

Tabela Anexo 1: Produção elétrica na Espanha e Portugal em GWh

	Hidrelétrica Espanha	Total Espanha	Hidrelétrica Portugal	Total Portugal
1900	38	107		
1905	117	179		
1910	237	291		
1915	538	629		
1920	1019	1171		
1925	1694	1950		
1930	2884	3154	89	260
1935	3365	3645	116	356
1940	3.353	3.617	179	460
1945	3.180	4.173	196	546
1950	5.017	6.853	437	942
1955	8.936	11.836	1726	1890
1960	15.625	18.614	3105	3263
1965	19.687	31.724	3983	4635
1970	27.959	56.490	5794	7379
1975	26.448	82.481	6375	10554

Fontes: BARTOLOMÉ "La industria eléctrica española antes de la guerra civil: reconstrucción cuantitativa", *Revista de Historia Industrial*, n. 15, 1999; TEIVES, S. (comp.). *Séries de Producção de Energia Eléctrica. Portugal (1927-1984)*, 2004. Disponível em: http://www.historia-energia.com

Estratégia de uma *holding* elétrica – Sofina em Buenos Aires

Diego Bussola

Em 1920, a Sofina, por intermédio da sua sub-holding Compañia Hispano-Americana de Electricidad (Chade), adquire a Compañía Alemana Transatlántica de Electricidad (Cate), que por essa altura era a principal empresa de produção e distribuição de eletricidade na cidade de Buenos Aires. Nos primeiros anos do século XX, a Cate tinha feito a unificação das pequenas centrais existentes numa única rede. Mas, no final da Primeira Guerra, a área circundante à cidade estava constituída por pequenas centrais que abasteciam as urbes em cada um dos municípios. Assim sendo, nas localidades em torno à cidade de Buenos Aires, a produção e distribuição de eletricidade estava dividida entre a Cate, a Compañía Argentina de Electricidad (CAE), a Compañía de Electricidad de la Provincia de Buenos Aires (CEP) e a Compañía Anglo-Argentina de Electricidad (CAAE), entre outras. Nessa altura, dominava o paradigma do "grow and build" de Samuel Insull, que visava aumentar a eficiência a partir da instalação de uma grande central com melhoras tecnológicas em lugar de várias centrais pequenas. A Sofina implementou uma versão deste paradigma, denominado crescimento "em superfície", que se orientou para a expansão da rede e da potência instalada com o intuito de criar novos consumidores. Para a aplicação deste modelo, a dispersão de redes, centrais e empresas na área que rodeia a cidade de Buenos Aires era um problema.

Na primeira parte deste trabalho mostraremos as ações desenvolvidas pela Sofina em Buenos Aires e na área metropolitana circundante visando a aplicação do princípio de crescimento "em superfície". Verificaremos que esta política expansiva funcionou até meados dos anos 1930, altura em que a falta de capitais disponíveis no mercado internacional obriga a holding a uma mudança de estratégia. Na segunda parte, mostraremos que essa viragem se orientou para o aumento do consumo por consumidor ou "crescimento em profundidade". Para a aplicação da nova estratégia, a Sofina tirará lições das duas margens do Atlântico Norte. Do lado dos EUA, a recuperação da pós-crise indicará à holding o caminho para o crescimento: o fomento do consumo doméstico baseado no uso de eletrodomésticos. Do lado da Europa, nos debates nos Congressos da Unipede estão presentes as novas práticas para a difusão de eletrodomésticos: venda a prestações, colaboração com as casas de venda de eletrodomésticos, aplicação de tarifas decrescentes etc.

1. A estratégia da Sofina no entreguerras: "Grow & Build"

Em 1915 publica-se a obra de Samuel Insull, "Central Station",[1] que analisa qual seria a forma mais eficiente de desenvolvimento das empresas de eletricidade. A ideia principal do livro é que uma central de grande potência interligada é mais eficiente que pequenas centrais com abastecimento local. A fundamentação de Insull para este esquema baseia-se em dois princípios. O primeiro princípio é que diferentes demandas têm períodos de ponta diferentes. Isto significa que se tivermos duas centrais ligadas a redes diferentes, uma destinada fundamentalmente ao abastecimento dos transportes elétricos, e outra, destinada ao abastecimento da iluminação, as pontas se registrarão em momentos diferentes. Neste caso, a potência total necessária das duas centrais é maior que se tivermos apenas uma central para transporte e iluminação. Deste modo, uma central que forneça energia às duas redes obterá um diagrama de carga mais eficiente que cada uma das centrais por separado. O segundo princípio é que as grandes centrais são mais eficientes. O desenvolvimento tecnológico permite que à medida que cresce o tamanho da central diminua o custo do kWh por tonelada de carvão usado.[2] Deste modo, faria sentido ligar as diferentes redes locais preexistentes a uma grande central, ficando as pequenas centrais para usos excepcionais.

Naquela altura, a estratégia desenvolvida por Samuel Insull nos EUA, que posteriormente adquirirá o nome de "grow-and-build strategy", era considerada

---

1 INSULL, Samuel. *Central Station Electric Service*. Chicago: Private Printed, 1915.

2 Idem, p. 136-137; 152-154.

como a única forma lógica de administrar as empresas de electricidade.[3] Segundo Hirsh, a vantagem desta estratégia era que permitia juntar os interesses das partes, já que se obtinham lucros crescentes com tarifas decrescentes:

> A beleza da estratégia de crescer e construir (...) é que o enfoque mesclava os interesses das companhias provedoras de serviços, seus investidores e fabricantes de equipamentos, com os dos consumidores. Ele demonstrou que a promoção e o crescimento da carga deviam ser vistos como bons porque todos os participantes na matriz energética elétrica se beneficiavam com o aumento dos negócios e a diminuição dos custos.[4]

Em teoria, o modelo de Insull parece simples, mas no começo do século XX na área metropolitana de Buenos Aires cada *partido*[5] assina um contrato de concessão com alguma das diferentes empresas existentes. Assim sendo, a Sofina deve desenvolver estratégias orientadas para a interligação das redes locais num raio de mais de 60 km.

Em 1910, a Cate tem a maior parte das acções da CAE, que se dedica fundamentalmente à distribuição de eletricidade nos municípios que ficam ao norte da cidade de Buenos Aires. Em 1920 este controle passa para a Chade. Por seu lado, a *Compañía de Electricidad de la Provincia de Buenos Aires* (CEP), que se dedica à distribuição de eletricidade – produzida pela Chade – em vários *partidos* da Província de Buenos Aires, é comprada pela Chade em 1929. Deste modo, a Chade age como uma sub-*holding* que controla outras empresas tais como a CAE e a CEP. Nesta nova fase procura-se desenvolver a exploração numa área que supera amplamente a cidade e a área metropolitana contígua. O projeto é

---

3 HIRSH, Richard F. *Technology and Transformation in the American Utility Industry.* Canadá: Cambridge Universiy Press, 1989, p. 21.

4 *Ibidem.*

5 Em termos de organização político-administrativa, a Argentina encontra-se dividida em 23 Províncias (semelhantes aos estados no Brasil), e a Capital Federal (cidade de Buenos Aires) que não pertence a nenhuma Província. Por sua vez, a Província de Buenos Aires encontra-se dividida em *partidos* ou municípios. Estes *partidos* podem estar constituídos por uma ou várias *localidades* (cidades) que não têm independência administrativa. Portanto, a Província ou o *partido* são os órgãos que podem assinar contratos de concessão com as empresas de eletricidade. O mapa da figura 17 (p. 362) encontra-se dividido em *partidos*.

estabelecer uma rede que atinja as novas indústrias que estão se instalando e as cidades, numa área que ultrapassa os 60 km de raio.

Como se fossem empresas independentes, na década de 1920 a Chade, a CAE e a CEP assinam contratos de concessão com os diferentes *partidos* que lhes permitem vender eletricidade num raio de 60 km. Em 1922, a CAE adquire os negócios que a CAAE estava desenvolvendo nos *partidos* de Morón, General Sarmiento, Moreno, San Martín e La Matanza. Em 1923, a CAE assina contratos de concessão por 20 anos nas municipalidades de Morón e Moreno para a produção e distribuição de eletricidade. Em finais de 1923, a CEP assina um contrato de concessão com o *partido* de Lomas de Zamora para a prestação do serviço de iluminação pública e particular. Um contrato semelhante assina no ano seguinte com o *partido* de Florencio Varela. Como foi dito, nessa altura a empresa ainda não estava sob domínio da *holding*. Em 22 de setembro de 1925 aprova-se uma nova concessão entre a Chade e a municipalidade de Avellaneda para produção e distribuição de eletricidade por um período de 20 anos, que em 1926 é ampliado para 50 anos pelo Poder Legislativo Provincial. Este contrato é de vital importância, uma vez que a Central *Dock Sud* se encontra instalada nesse município. A partir de 1º de janeiro de 1925, a Chade adquire as instalações para produção e distribuição de energia elétrica que a *Compañía de Electricidad del Río de la Plata* tem na cidade de La Plata. Em julho de 1925, a Chade assina um contrato de concessão com a Municipalidade de La Plata por 20 anos, prorrogável para 50 anos.[6] Em outubro de 1926, a concessão é prorrogada pelo governo da Província de Buenos Aires para 50 anos.[7] A 8 de julho de 1925 assina-se um contrato semelhante ao anterior entre a CAE e o *partido* de La Plata, por um período de 20 anos. Também neste caso, em finais de 1926, o contrato é ampliado para 50 anos pelo poder legislativo provincial.[8] Em 8 de setembro de 1928, a CAE adquire, no *partido* de Magdalena (ao sul de La Plata), o negócio de produção e venda de eletricidade. Em finais dos anos 1920, os objetivos de crescimento de cada uma das empresas culminarão na constituição de um monopólio que ultrapassará largamente os limites da cidade de Buenos Aires. Portanto, como consequência destas fusões, a Chade aumentou consideravelmente a sua área de influência.

---

6   Chade, Relatório Anual, 1925, p. 12-13.

7   Lei Provincial (Buenos Aires) n. 3884, 3-11-1926.

8   Lei Provincial (Buenos Aires) n. 3888, 3-11-1926.

Em 1920 a área de influência da Chade constava de 1.762 km², onde residiam 1.946.000 habitantes. Esta expansão, a partir da compra de empresas que ficavam sob a órbita da Chade/Sofina, resultou que em 1930 a zona de influência passasse para 12.682 km², onde habitavam 3.470.000 pessoas. Este crescimento apoiou-se na aquisição de empresas já concessionadas ou na participação no capital dessas empresas. Quando estas empresas tinham concessões em localidades afastadas da cidade de Buenos Aires, produziam energia a partir de pequenas centrais. Todavia, as localidades com mais população que se encontravam na área metropolitana de Buenos Aires recebiam a energia elétrica das grandes centrais da Chade. A estratégia da Sofina nestes anos esteve fundamentada na instalação de uma rede que recebia energia das grandes centrais. Portanto, a expansão da potência instalada da Chade tinha por objetivo fornecer energia eléctrica não apenas à cidade de Buenos Aires, mas também às cidades de importante crescimento demográfico que se encontravam na sua periferia.

Para o abastecimento destas redes a Chade desenvolve um plano de ampliação e construção de centrais, continuando a expansão verificada até a I Guerra pela Cate. Sob a administração da Cate, em 1910 entra em funcionamento a Central *Dock Sud* com uma capacidade de 30.000 kW baseada em quatro turbinas a vapor de 7.500 kW.[9] Com a instalação das turbinas a vapor nas Centrais *Boca* e *Dock Sud*, a potência instalada atinge 74.760 kW, em 1911, e continua a crescer até 125.000 kW, em 1914. Durante a guerra, na Cate observa-se uma estagnação na potência instalada. Já em 1920, no primeiro Relatório da Chade/Sofina se faz referência à necessidade de implementar um plano de obras de renovação e expansão para os anos seguintes. Entre 1920 e 1935, o aumento da potência instalada faz parte das estratégias desenvolvidas pela Sofina para as suas filiais de eletricidade.

Desde 1922 até meados dos anos 1930 houve um aumento significativo da potência instalada. Isto foi consequência do plano de ampliações que teve como estrela a construção da Central *Puerto Nuevo*, no porto de Buenos Aires. Em 1924 a Sofina estuda a possibilidade da construção desta central de 500.000 kW.[10] No ano seguinte começam os trabalhos na preparação do terreno ganho ao rio e são encomendados dois turbo-alternadores de 52.500 kW.[11] Para a construção, que

---

9   Cate, Relatório Anual, 1910, p. 7.

10 Chade, Relatório Anual, 1924, p. 11.

11 Chade, Relatório Anual, 1925, p. 12.

se inicia em 1926, a Sofina envia um dos seus melhores engenheiros: Marcelo Dechamps. A central entra em período de testes em dezembro de 1928 e é oficialmente inaugurada em 5 de julho de 1929 com uma potência de 105.000 kW.[12] O último incremento considerável na potência instalada é feito em 11 de maio de 1934 ao ligar o quarto grupo turbo-alternador de 52.500 kW, chegando a Central Puerto Nuevo a uma potência de 210.000 kW[13] (ver Gráfico 1).

Gráfico 1

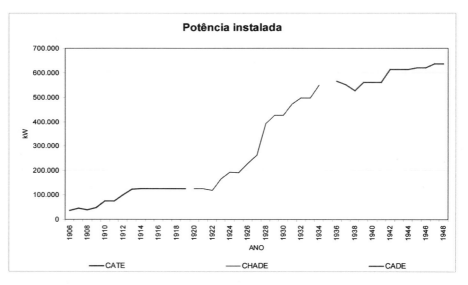

Fonte: Cate, Relatórios Anuais, 1906-1919; Chade, Relatórios Anuais, 1920-1934; CADE, Relatórios Anuais, 1936-1948.

Paulatinamente as máquinas a vapor foram substituídas por turbinas a vapor. É apenas entre 1929 e 1932, momento da entrada em operação da Central Puerto Nuevo, que a "velha tecnologia" fica completamente desativada. Isto mostra que foi aplicado o segundo princípio de Insull de substituição tecnológica por equipamento mais eficiente, ainda quando as velhas máquinas podiam continuar a trabalhar.

---

12 Chade, Relatório Anual, 1928, p. 11-12; 1929, p. 14.

13 Chade, Relatório Anual, 1934, p. 10.

A estratégia desenvolvida pela holding incluiu não apenas produzir e distribuir eletricidade nas diferentes localidades, mas também fazer o transporte dessa energia. Para isto foi necessário interligar as grandes centrais às diferentes redes existentes e dependentes de pequenas centrais. Em 1926, a CAE assina um contrato fundamental para o progresso deste plano de expansão. A Província de Buenos Aires outorga-lhe a concessão por 25 anos (prorrogável por outros 25) que lhe permite o uso de caminhos públicos da sua jurisdição para colocação de linhas subterrâneas e aéreas destinadas ao transporte da energia elétrica.[14] Segundo o estabelecido neste contrato, para a distribuição dessa energia nos diferentes partidos, a empresa devia assinar contratos de concessão com as diferentes municipalidades. Como vimos, isto acontece durante a década de 1920.

Uma das mais importantes obras de transporte realizadas, desta vez pela Chade, foi a ligação das cidades de La Plata e Buenos Aires por cabo subterrâneo. Em 1927, iniciam-se os estudos para realizar a interligação entre estas cidades. O Conselho de Administração aprovou o projeto em 1930 e na segunda metade de 1931 iniciou-se a sua construção, que constava da instalação de um cabo subterrâneo de 43,5 kKVA nos 50 km que separam a Central Dock Sud e a Central Berisso (La Plata). Finalmente, depois de vários testes a central entra em funcionamento em novembro de 1932.[15]

Estas obras infraestruturais de transporte de eletricidade foram acompanhadas pelo desenvolvimento das grandes centrais. Como vimos, as três empresas dedicam-se a ampliar as áreas de distribuição de eletricidade. Contudo, a Chade é a única que alarga consideravelmente a produção a partir da ampliação da Central Dock Sud e da criação da Central Puerto Nuevo. A interligação da Chade, da CAE e da CEP permite o desenvolvimento de uma rede que abarca a cidade de Buenos Aires e a sua área metropolitana.

2. Crescimento em profundidade: os consumidores domésticos como alvo

No começo dos anos 1930 houve, por um lado, uma exigência por parte de governantes e consumidores de eletricidade barata; e, por outro lado, uma escassez de capitais que impedia o melhoramento tecnológico das infraestruturas de rede. Preocupada em atenuar as consequências da crise para o setor elétrico

---

14 Lei Provincial (Buenos Aires) n. 3872, 25-10-1926.

15 Chade, Relatório Anual, 1932, p. 12.

e visando manter uma procura estável nas suas subsidiárias, a Sofina analisa o acontecido nos diferentes países para tirar conclusões que lhe permitam um melhor desenvolvimento das suas subsidiárias. Segundo os Relatórios Anuais da Sofina, nos EUA a crise não foi mais pronunciada no setor elétrico devido ao aumento do consumo doméstico que compensou, em parte, as perdas do consumo industrial:

> Durante os anos recentes de depressão, o aumento contínuo da demanda elétrica para iluminação e utilidades domésticas tem gradualmente contrabalançado a queda no consumo industrial. Em 1934 essa queda foi interrompida em alguns países. E a melhoria se generalizou em 1935.[16]

Inclusive, a *holding* considera que, até a recuperação total da industria, será o setor doméstico que permitirá o aumento da demanda: "Mas até que se confirme uma recuperação mais definida e pronunciada dos negócios, está sendo particularmente a demanda por iluminação elétrica e eletrodomésticos que está ocasionando um aumento no consumo de eletricidade".[17] Deste modo, baseada na experiência americana, a Sofina aplicará uma nova política nas suas subsidiárias, visando o desenvolvimento do consumo doméstico.

Sofina e a nova estratégia

Em meados dos anos 1930, Dannie Heineman (presidente da Sofina) torna pública uma posição que vai ao encontro das reclamações dos consumidores. Num artigo publicado na *Revista de Economia* em Buenos Aires, salienta que as empresas de eletricidade têm o "dever moral" de reduzir quanto puderem o preço da eletricidade:

> A função do concessionário de um serviço público não deve se limitar a realizar o fornecimento que se lhe pede, ao preço máximo que está autorizado a cobrar. As empresas produtoras e distribuidoras de eletricidade têm o dever moral de reduzir, tanto quanto possível, o preço do custo do kWh, e de informar à sua clientela acerca dos serviços que a eletricidade lhe pode prestar.[18]

---

16 Sofina, Relatório Anual, 1935, p. 37.

17 *Ibidem*.

18 HEINEMAN, Dannie. "El desarrollo de la demanda de energía eléctrica". *Revista de*

Contudo, a intenção de baixar o preço da eletricidade não deveria surgir de uma queda nos lucros, mas de uma alteração dos custos. As reclamações relativas a uma queda nas tarifas muitas vezes iam acompanhadas de uma condenação popular às empresas de eletricidade e à *holding* relativamente à obtenção de "lucros excessivos". Exemplos disto foram o *affaire* Chade em Buenos Aires e a "greve dos consumidores" em Lisboa.[19] Portanto, para cumprir com o "dever moral" acima referido, a Sofina procura caminhos que lhe permitam baixar as tarifas e ao mesmo tempo manter os lucros.

A Conferência Mundial da Energia (World Power Conference), realizada em Washington em 1936, fornece argumentos para as estratégias que desenvolverá a Sofina. Segundo as conclusões elaboradas nessa Conferência, apenas duas circunstâncias justificam a diminuição das tarifas: o aperfeiçoamento e a coordenação técnicas, por um lado, e os usos que melhoram o diagrama de carga, por outro.[20]

A Sofina aderia a estes princípios e os usava para traçar as políticas a serem desenvolvidas. Contudo, dentre estes dois princípios que justificam a queda no preço da eletricidade (a partir de uma queda no custo), a Sofina centrou a sua atenção apenas num deles: melhorar o diagrama de carga, pois o melhoramento tecnológico precisa de investimento de capitais. Naquela altura, a maneira para melhorar o diagrama de carga era o fomento do consumo doméstico fora do horário de pico, isto é, aumentar o consumo durante o dia. Uma das soluções encontradas foi a difusão alargada do uso de eletrodomésticos, para compensar a ponta de consumo provocada pela iluminação pública e privada ao fim da tarde. Assim, nos anos 1930, a Sofina procura fomentar o aumento do consumo de cada consumidor ligado à rede, nomeadamente, dos consumidores

---

Economía Argentina, Ano XIX, n. 231, 1937, p. 246.

19 Para uma síntese do "*affaire* Chade" ver: BUSSOLA, Diego. "As empresas de serviços públicos na Argentina (1880-2000)". *Análise Social*, vol. XLIII, 2008, p. 727-723; sobre as consequências da "greve" dos consumidores lisboetas no consumo de eletricidade consultar: BUSSOLA, Diego. *A "modernização" dos lares lisboetas. Consumo de energia e electrodomésticos na Lisboa de após guerra (1947-1975)*. Dissertação de mestrado, ISCTE-IUL, 2005, p. 32-37.

20 Sofina, Relatório Anual, 1936, p. 38.

domésticos,[21] em contraposição à política desenvolvida até a crise de 1929 baseada no incremento do número de consumidores a partir da expansão da rede.

Com a distinção entre expansão "em superfície" e expansão "em profundidade" faz-se uma diferença entre, por um lado, a criação de conexões a partir da expansão da rede e, por outro lado, o aumento do consumo a partir do incremento do consumo de cada consumidor. Segundo os relatórios da Sofina, esta estratégia era implementada pelas empresas de eletricidade devido à impossibilidade de contar com os recursos necessários para grandes investimentos:

> Posto que as possibilidades práticas de desenvolver as redes são assim limitadas, as empresas de eletricidade se esforçam sobretudo para aumentar suas perspectivas "em profundidade". Trata-se de fazer a clientela apreciar melhor as vantagens que ela pode encontrar em um consumo maior da energia elétrica. A "propaganda" tomou assim um lugar capital entre as preocupações daqueles que gerenciam essas empresas. Ela se tornou em poucos anos uma verdadeira ciência.[22] (aspas nossas)

Perante a impossibilidade de grandes mobilizações de capital que permitissem melhorar a produtividade, a solução encontrada foi que o uso do existente aumentasse; por outras palavras, tornar mais eficiente a capacidade instalada. Para atingir o objetivo de crescimento "em profundidade", era necessária a difusão do consumo doméstico baseado no uso ampliado de eletrodomésticos. O caso dos EUA foi considerado paradigmático na resolução do problema: como baixar as tarifas e ao mesmo tempo manter os lucros? A difusão ampliada de eletrodomésticos nos EUA no período 1925-1936 permitiu baixar em 30% as tarifas, aumentando ao mesmo tempo as receitas por cliente em 13,5%.[23]

Face à reclamação insistente por eletricidade barata, a posição de Heineman foi clara: "A redução do preço de custo é o único meio econômico de abaixar o preço de venda".[24] Assim, a *holding* centrou a atenção em melhorar o diagrama de carga. Para isso, o aumento do consumo por consumidor a partir da difusão de eletrodomésticos foi a lição aprendida a partir da experiência da estabilização pós-

---

21 Heineman chama a esta política expansão "em profundidade".
22 Sofina, Relatório Anual, 1936, p. 35.
23 *Idem*, p. 37.
24 HEINEMAN, Dannie. "El desarrollo de la demanda... *op. cit.*, p. 246.

-crise nos EUA. O desenvolvimento de seções de propaganda, a edição de revistas, a criação de setores de relações com os clientes, as estatísticas do consumo etc.,[25] são algumas das novas funções que terão como fim o aumento do consumo doméstico. Deste modo, a Sofina fez do melhoramento do diagrama de carga o seu cavalo de batalha para tornar compatíveis as reclamações sociais por tarifas baixas e aumento do consumo sem grandes investimentos.

Congressos da Unipede. A questão da venda de eletrodomésticos

As ideias relativas ao desenvolvimento do consumo doméstico não são exclusivas da Sofina e algumas delas estão presentes nos congressos internacionais, como os desenvolvidos pela Unipede em 1932, 1934 e 1936. A evolução dos temas e questões tratadas nesses três congressos permite compreender o surgimento de determinadas estratégias por parte da Sofina.

Nos primeiros congressos da Unipede as questões sobre os eletrodomésticos ocupam um lugar marginal. Já no IV Congresso da Unipede, em 1932, pela primeira vez é criado um comitê destinado a tratar as questões das aplicações (aparelhos elétricos) e da sua propaganda: "Applications et propagande". Apesar do título do comitê, as questões sobre a propaganda não são tratadas e os trabalhos estão orientados a mostrar as mudanças no consumo da eletricidade causadas pelo uso de determinados aparelhos domésticos.

Há duas questões ligadas à crise que são salientadas no relatório realizado por Casimir Straszeswski, presidente do mencionado comitê. Em primeiro lugar, a potencialidade de crescimento do consumo doméstico relativamente à queda do consumo industrial ocasionada pela crise. Em segundo lugar, os possíveis problemas com os consumidores, já que se salienta que qualquer aumento ou restrição no consumo produz descontentamento nos usuários devido à diminuição dos rendimentos (sobretudo da classe média).

Relativamente à primeira questão, há trabalhos que tentam mostrar as vantagens do uso de determinados *"appareils électro-domestiques"*. Frédréric Hartmann, engenheiro da companhia *Electricité de Strasbourg*, num estudo realizado com base em 343 usuários que incorporam a TSF (rádio), mostra que houve um aumento

---

25 A Sofina transfere às empresas subsidiárias o know how necessário para o desenvolvimento das estratégias na forma de serviços que recebem o pagamento na forma de comissões.

médio de 30% no consumo de eletricidade, atingindo nalguns casos 45%.[26] O engenheiro Civita, da *Società Ligure Toscana de Elettricità*, a partir de um inquérito feito numa vila italiana, mostra que o incremento do consumo verificado pelo uso das TSF foi em média de 24%.[27] Apesar dos bons resultados mostrados no uso das TSF, coloca-se a questão de que a venda deste aparelho foi feita sem campanhas de fomento.[28] O fomento da venda destes aparelhos ainda não é uma tarefa que as empresas de eletricidade considerem própria. A exceção, segundo Hartmann, é a *Electricité de Strasbourg*, que estimulou a venda de TSF por intermédio do plano "Electric-Crédit", financiando perto de 1800 aparelhos.[29]

No V Congresso da Unipede, em 1934, participam engenheiros da Motor-Columbus e da Sofina no comitê de aparelhos e propaganda. A presença destes engenheiros indica que as ideias discutidas nestes congressos circulam nas *holdings*. A Sofina fornecia às subsidiárias, além do capital necessário para a expansão, "serviços" de consultoria. Para estes serviços a Sofina contava com pessoal próprio que recolhia a informação das diferentes empresas e projetava as orientações que as subsidiárias deviam seguir. Uma destas pessoas é Deutsch, chefe do *"Service de Propagande"*, que participa desse congresso da Unipede. No debate, argumenta que a distribuidora de eletricidade não pode vender (ou financiar) um eletrodoméstico qualquer e que está obrigada a fazer uma seleção de marca, qualidade e preço.[30] Esta questão está ligada a uma determinada responsabilidade social das distribuidoras de energia. Ao oferecer um serviço público são também responsáveis em garantir aos consumidores eletrodomésticos de qualidade. Deutsch considera que esta é uma função que as empresas devem cumprir a favor do "interesse comum". Além disso, afirma que a seleção dos eletrodomésticos financiados pelas distribuidoras de energia deveria estar orientada a melhorar o diagrama de carga. Portanto, relativamente à questão de que eletrodomésticos vender (ou financiar) defende-se que as distribuidoras de energia devem selecioná-los com base em três critérios. Em primeiro lugar, deve-se fazer uma seleção dos eletrodomésticos baseada numa boa relação

---

26 Unipede, Atas do Congresso, 1932, vol. II, p. 645-650.

27 *Idem*, p. 768-771.

28 *Idem*, p. 649.

29 *Ibidem*.

30 Unipede, Atas do Congresso, 1934, p. 337.

qualidade/preço. Em segundo lugar, a relação preço/consumo de energia dos eletrodomésticos deve ser elevada (i.e., não devem vender-se eletrodomésticos caros que usem pouca energia). Finalmente, devem ser eletrodomésticos que contribuam ao melhoramento do diagrama de carga.

Em 1936, no VI Congresso da Unipede, Deutsch apresenta uma ideia inovadora relativamente à política sobre os eletrodomésticos. Enquanto muitos dos trabalhos se orientavam a fomentar a venda de grandes eletrodomésticos (e.g. aquecedor, fogão, geladeira), ele salienta as vantagens de fomentar a venda dos pequenos eletrodomésticos. Argumenta que a difusão destes aparelhos (e.g., TSF) além de produzir um aumento no consumo – que como vimos era argumentado no Congresso de 1932 –, prepara o consumidor para o uso dos grandes eletrodomésticos, uma vez que o habitua a usar eletricidade. Isto mostra que a estratégia da Sofina visa o aumento do consumo de eletricidade no longo prazo. O objetivo é tornar a eletricidade um serviço que esteja completamente incorporado no cotidiano das pessoas. Perante o medo de choque presente na população, parece uma boa ideia fomentar o uso de eletrodomésticos, embora de pouco consumo, para tornar o uso de eletricidade um hábito.

Em síntese, apesar dos argumentos a favor da introdução dos eletrodomésticos baratos, de qualidade, de alto consumo e que contribuíssem para o melhoramento do diagrama de carga, a venda espontânea de TSF é considerada muito positiva. O aumento nas vendas deste eletrodoméstico é altamente significativo nos anos 1930 e 1940. No fundo, parece que prevalece o aumento do consumo, mesmo nos horários de pico. O objetivo é aumentar o consumo de eletricidade, inclusive aumentando a carga do sistema. Isto permite compreender o uso de estruturas tarifárias por escalões decrescentes em lugar das tarifas bi-horárias.[31]

Se até a crise dos anos 1930 o aumento do consumo se centrou no aumento do número de consumidores, a nova estratégia procura incrementar o consumo por consumidor. Em Lisboa e Buenos Aires aplicam-se algumas das estratégias discutidas nos congressos relativas ao desenvolvimento do consumo "em profundidade".

---

31 Se o objetivo for melhorar o diagrama de carga, o melhor esquema tarifário é o bi-horário. Penaliza o uso de eletricidade nos horários de pico e fomenta o uso nas horas de vazio. Se o objetivo for o aumento do consumo em qualquer momento, o esquema ideal é de escalões decrescentes. À medida que se consome mais eletricidade, paga-se menos o kWh.

Se o aumento do consumo das famílias está baseado no uso de eletrodomésticos, é necessário desenvolver campanhas de venda e cursos que mostrem as vantagens da sua utilização. O princípio defendido por Heineman é que as empresas de eletricidade contribuem grandemente ao uso de eletrodomésticos quando facilitam aos usuários a aquisição, reparação e renovação destes aparelhos. Todavia, segundo o presidente do Comitê Permanente da Sofina, isto deve ser feito em cooperação e não concorrência com os vendedores locais e os instaladores.[32] Estes princípios, muitas vezes explicitados nos relatórios da Sofina, são coerentes com as ideias discutidas na primeira metade da década de 1930 nos congressos da Unipede.

Na cidade de Buenos Aires, com o objetivo de salvar os capitais espanhóis dos efeitos da Guerra Civil Espanhola, em 1937 a Chade passa a denominar-se Cade. Esta "nacionalização" faz parte de uma negociação que inclui a redução das tarifas em troca de uma extensão da concessão.[33] Embora a estrutura tarifária continuasse sob a forma de escalões decrescentes, a base muda da potência instalada para o número de divisões. Em 1937, começam a realizar-se as mudanças para a nova tarifação. Da mesma forma, em consonância com as estratégias desenhadas pela Sofina, fomenta-se o uso do fogão e refrigerador elétricos e do ar condicionado.[34] Em 1938, primeiro ano de aplicação plena das novas tarifas, houve uma queda de 15% no valor médio do kWh para os usos domésticos. Segundo o Relatório da Cade, "(...) as facilidades que a Companhia outorga para a aquisição de cozinhas, lavadoras, geladeiras e demais artefatos, haverão de contribuir, cada vez mais, para difundir as vantagens de nosso serviço".[35] Em 1939 a Cade mantém diferentes estratégias para difundir o uso da eletricidade. No ano seguinte, apesar das condições adversas da guerra, a venda de eletrodomésticos desenvolve-se com sucesso, sendo que a empresa destaca a importância da colaboração com o setor de vendas a varejo.[36] Em 1941, as tarifas especiais para uso de fogões elétricos ampliam-se para outros eletrodomésticos como o

---

32 HEINEMAN, Dannie. "El desarrollo de la demanda...". *op. cit.*, p. 246.

33 DALLA CORTE, Gabriela. "Empresas, instituciones y red social: la Compañía Hispanoamericana de electricidad (Chade) entre Barcelona y Buenos Aires". *Revista de Indias*, LXVI, 237, 2006, p. 535.

34 Cade, Relatório Anual, 1937, p. 9.

35 Cade, Relatório Anual, 1938, p. 8-9.

36 Cade, Relatório Anual, 1940, p. 9.

refrigerador, os secadores de roupa e as máquinas de lavar louça, com o objetivo de fomentar o seu uso.[37]

Conclusão

Entre 1920 e 1935, a expansão das áreas em que a Sofina/Chade explora eletricidade, a partir da incorporação de diferentes empresas e do estabelecimento de novos contratos de concessão, tem como contrapartida o aumento da capacidade de produção. Nesse período, foi aumentada a potência instalada graças aos investimentos realizados nas duas centrais – *Dock Sud* e *Puerto Nuevo*. O aumento da capacidade instalada tem por objetivo fornecer eletricidade à própria Chade (para a distribuição na cidade de Buenos Aires) e às empresas que de uma forma ou de outra fazem parte da *holding*. Para isso, também foi necessário interligar as redes locais e construir redes de transporte. Deste modo, no período entreguerras a Chade desenvolve a estratégia de "crescimento em superfície", a partir da construção e ampliação de grandes centrais, da aquisição de várias empresas, da ampliação dos contratos de transporte e distribuição de eletricidade e da ampliação da sua área de influência a um raio de 60 km em torno da cidade de Buenos Aires.

A crise altera o plano traçado pela Sofina devido à falta de capitais e às críticas da opinião pública às *holding* pelos elevados custos da eletricidade. Em meados dos anos 1930, a estratégia da Sofina vira-se para o fomento do consumo doméstico. Assim sendo, a procura de aumento do consumo "em profundidade" baseia-se no fomento da aquisição e uso de eletrodomésticos. As experiências dos EUA e da Europa levam a *holding* a estabelecer três tipos de práticas: (1) difundir, mediante campanhas, as vantagens do uso destes aparelhos; (2) facilitar a aquisição e instalação de eletrodomésticos a partir da venda em prestações e da coordenação com vendedores e instaladores; e (3) oferecer energia barata, a partir do esquema de escalões decrescentes, para o uso destes aparelhos.

---

37 Cade, Relatório Anual, 1941, p. 10.

Marcos constitutivos do setor elétrico brasileiro

Sonia Seger

Embora a noção histórico-social de energia seja recente, a sua importância decorre dos primórdios da organização humana em comunidades. Esta importância vincula-se, de forma progressiva e ininterrupta, à necessidade da apropriação, pelo sistema de produção vigente em cada período, de fontes e recursos energéticos de alta qualidade e disponibilidade, que permitam o aumento da produtividade do trabalho, produzindo excedentes cada vez maiores, a custos que o sistema é capaz de absorver. No início da História da Humanidade, esta apropriação se deu pela agricultura e pela pecuária, as quais por meio do aproveitamento controlado da fotossíntese e da cadeia alimentar "organizavam" a energia direta do Sol. A passagem do sistema de coleta para o sistema de produção agrícola representou um impacto ímpar na produtividade da geração de alimentos e na reprodução da população e, em síntese, resultou no aparecimento das instâncias organizadoras da vida social: a divisão do trabalho, o comércio/mercado, o poder. A complexidade dessas formações recrudesceu, sempre visando à aquisição de territórios mais produtivos e seguros e, logo, dos resultados da energia controlada: gente, terra, plantações, gado, que significavam matéria-prima, produção, comércio: riqueza.

Este modo de produção predominou até, aproximadamente, o século XVIII. A energia disponível provinha do Sol, dos músculos, da força das águas e dos ventos, da madeira, do carvão e os ganhos de produtividade estavam atrelados ainda à qualidade dos sítios em que viviam os homens, seu clima, seus recursos. O calor tornou-se a mola mestra do modo de vida urbano-industrial quando já se consolidava o novo padrão baseado não mais em extrair riqueza exclusivamente da terra, mas de gerá-la nas cidades, pela produção de bens e serviços, utilizando mais e mais os aparatos mecânicos, automáticos, que reduziam custos e ampliavam a produção das mercadorias, potencializando os ganhos. O carvão mineral sucedeu ao vegetal no fornecimento de energia para as atividades cotidianas e a incipiente indústria. As primeiras máquinas térmicas, utilizadas para bombeamento de água para fora das minas, engendraram a futura construção de James Watt. A associação destas máquinas com os teares ingleses estabeleceu o marco da Revolução Industrial. Desde então, o que se seguiu foram a sofisticação e expansão do modo de produção capitalista, com sua característica necessidade da multiplicação *ad infinitum*, ou enquanto a termodinâmica assim o permitir, da acumulação do capital e da apropriação dos excedentes, de forma cada vez mais concentrada, e a descentralização da geração das riquezas, não mais atrelada à propriedade de um território específico. Como consequência dos méritos deste sistema, a humanidade goza hoje de condições de vida excepcionalmente favoráveis – para os que podem pagar – e atingiu um nível de reprodução ímpar, chegando a quase 7 bilhões de indivíduos.

A partir da Revolução Industrial, ocorreu uma intensificação extraordinária da produção de bens e mercadorias e também da sua circulação e consumo, numa escala e velocidade sem precedentes. Consolidou-se uma nova forma de organizar a vida, que tinha suas próprias demandas: a necessidade de maior período de luz, para o trabalho e a convivência; necessidade de transportar passageiros, materiais e mercadorias, a distâncias cada vez maiores; prover comunicação entre clientes e produtores, trabalhadores e proprietários e assim por diante. A noção, socialmente construída, de energia ainda era recente: datava de meados do século XIX. Os derivados do petróleo e a eletricidade, produzida a partir dos potenciais hidráulicos, do carvão e do próprio petróleo, tornaram-se a principal forma de energia do modo de vida urbano-industrial, que persiste até o presente. O capital se concentrou e formaram-se os cartéis e oligopólios do setor energético, associados ao sistema financeiro.

Diante dessa problemática as primeiras empresas de energia elétrica foram estabelecidas no hemisfério norte. O seu produto – eletricidade – não possuía valor intrínseco para a sociedade de então, mas sim os aparatos que a utilizavam, por um lado, e os equipamentos que permitiam sua geração, por outro. Por isso, essas empresas eram altamente verticalizadas e logo se cartelizaram (Tabela 1), diante do potencial de ganhos que se descortinava na virada do século XX. Parte dessas companhias, após fusões, aquisições, desmembramentos, permanece ativa e influente até o presente.[1]

Tabela 1: Membros da International Electrical Association (IEA) em 1936

Empresas	País	Produtos (ver legenda)
AEG	Alemanha	A, B, C, D, E, F, G, H, K, L, N, P
British Thomson-Houston	Inglaterra	A, B, C, D, E, F, G, H, K, L, N, P
Brown Boveri & Co.	Suíça	A, B, C, D, E, F, G, H, K, L, N, P
English Electric Co.	Inglaterra	A, B, C, D, E, F, G, H, K, L, N, P, W
General Electric Co. Ltd.	Inglaterra	A, B, C, D, E, F, G, H, K, L, N, P
International General Electric	EUA	A, B, C, D, E, F, G, H, K, L, N, Z
Metropolitan-Vickers	Inglaterra	A, B, C, D, E, F, G, H, K, L, N
Siemens	Alemanha	A, B, C, D, E, F, G, H, K, L, N
Westinghouse Electric International	EUA	A, B, C, D, E, F, G, H, K, L, N, P, Z
ASEA Electric Ltd.	Suécia	A, B, C, D, E, F, G, H,
Escher Wyss Eng.	Suíça	A, W
J. M. Voith-Heldenheim & St. Poelten	Alemanha	W
Ateliers des Chamielle S.A.	Suíça	W

Legenda: A – Turbina a vapor; B – Alternadores acionados por turbina a vapor; C – Compressores e ventiladores; D – Geradores e motores maiores de 200 KVA/HP; E – Alternadores acionados por turbinas hidráulicas; F – Compressores rotativos; G – Disjuntores de alta e baixa tensão; H – Transformadores; I – Conversores rotativos; K – Retificadores; L – Material de tração elétrica; N – Equipamentos para manobra de peso; P – Equipamento elétrico para acionamento de laminadoras; Z – Porcelanas de isolamento; W – Turbinas hidráulicas. Fonte: Gonçalves Junior, 2002.

---

1 GONÇALVES JUNIOR, D. *Reestruturação do setor elétrico brasileiro: estratégia de retomada da taxa de acumulação do capital?* Dissertação (mestrado) – Programa de Pós-graduação em Energia, Universidade de São Paulo, São Paulo, 2002.

O desenvolvimento da indústria elétrica foi marcado por períodos relativamente similares e delineados:

- O início privado, nos países sede das matrizes, com oligopolização e cartelização.

- A expansão dos mercados para os países periféricos, como empresas multinacionais, nos anos prévios e imediatamente posteriores à I Guerra Mundial, até a crise do capitalismo de 1929.

- A progressiva nacionalização das empresas e dos recursos, durante o período keynesiano, nos países além do centro do capitalismo, até aproximadamente os anos 1970, com sua crescente importância nas economias locais.

- Por fim, uma ressurgência do capital privado, mas não necessariamente sob um modelo homogêneo, nesses mesmos países.

O Brasil, ainda no século XIX, começou a construir seu sistema energético. É preciso frisar, contudo, que tal não foi fruto da antevisão de um governante, nem derivou de um projeto de desenvolvimento nacional. Foi, antes, reflexo de um contexto histórico e geográfico, muito influenciado pelo papel que coube à América Latina na divisão internacional do trabalho desde o advento do mercantilismo, de colônia de exploração, caracterizado justamente pela falta de autonomia para conduzir seus rumos políticos e econômicos. Essa região reunia condições que a tornaram muito atrativa como "zona de expansão" para as empresas elétricas:[2]

- Perfil político-econômico: ex-colônias europeias, com o desenvolvimento produtivo condicionado pela metrópole.

- Divisão internacional do trabalho – o hemisfério sul como exportador de matérias-primas (produtos agropecuários e minerais – petróleo, metais...) e importador de bens, serviços e tecnologias.

---

2   NAHM, G. *Revista Electrónica de Geografía y Ciencias Sociales*. Universidad de Barcelona, n. 1, 1 de março de 1997.

- Industrialização incipiente, sobretudo para o pré-processamento dos produtos de exportação, baseada na aquisição de processos e equipamentos industriais.

- Importação de infraestrutura para suprir as necessidades geradas por essa industrialização primitiva – iluminação, transporte, comunicações etc.

- Importação de bens de consumo, para uma elite com demandas crescentes.

- Existência de base comercial das empresas desde o século XIX, dedicada ao fornecimento de materiais e equipamentos (no início, telegráficos, iluminação e transporte), que se prestou à conversão nas primeiras *holding companies*, com complexa estruturação financeira, para produzir e distribuir energia na América Latina a partir de investimento direto.

Todavia, foi mesmo o cenário econômico vigente nos países sedes das matrizes o determinante para que essa expansão se consumasse:[3]

1. Queda das taxas de juros nos países centrais.

2. Abundância de capitais propiciada pelo início da exploração de ouro na África do Sul que implicou na busca de investimentos no exterior como estratégia de poupança através de:

    a) Aquisição de títulos da dívida pública.

    b) Promoção de inversões diretas em unidades produtivas ou nas infraestruturas dos países periféricos.

3. Excedente de produção na indústria da eletricidade e barreiras protecionistas entre si dos países industrializados.

4. Envolvimento compulsório dos bancos na expansão – a indústria de material elétrico estava consolidada e em franco crescimento (fusões e aquisições).

---

3 LAMARÃO, S. "Capital privado, poder público e espaço urbano: a disputa pela implantação dos serviços de energia elétrica na cidade do Rio de Janeiro (1905-1915)". *Estudos Históricos*, Rio de Janeiro, 29, 2002, p. 75-96; SZMRECSÁNYI, T.; MARANHÃO, R. *História de empresas e desenvolvimento econômico*. São Paulo: Hucitec, 1996.

5. Parcela considerável desses fluxos de capitais retornava ao centro, acrescida de juros, lucros e *royalties*.

Eram iniciativas isoladas, privadas, baseadas em geração térmica a óleo ou carvão e hidreletricidade. A exploração do gás, obtido do carvão, para iluminação pública, também estava presente, pela empreitada do Barão de Mauá. Do final do século XIX ao longo do século XX, com a intensificação do processo de urbanização brasileira, sobretudo em São Paulo e Rio de Janeiro (Distrito Federal), em um cenário dinâmico de mudanças políticas e tecnológicas, o sistema hidrelétrico, interligado, foi sendo construído.

Assim como nos países centrais, a demanda no Brasil era por serviços: transportes de pessoas e cargas, iluminação pública, distribuição e venda de energia elétrica, sistemas de telefonia... A energia era, então, utilizada como bem de consumo. O período de transição Império-República foi marcado pela concessão de privilégios e, consequentemente, pelo surgimento de conflitos entre concessionários. Desde a concepção do projeto, passando pela venda dos equipamentos, sua instalação e manutenção, total controle era exercido pelas indústrias fornecedoras. Disso decorreu a criação de demanda por toda uma cadeia de produtos, segundo os interesses de difusão e criação de novos mercados para os países centrais do capitalismo. A primeira opção de geração empregada foi termelétrica, em Campos (RJ, 1883), a seguir, hidráulicas, que rapidamente se difundiram. Duas concessionárias dominaram o cenário nacional em termos de expansão e propriedade da capacidade instalada no país:

- Light – estabelecida em 1889 e cuja estratégia consistia na conquista e manutenção das concessões dos principais centros urbanos potenciais de consumo, por exemplo, São Paulo e Rio de Janeiro.

- Amforp – estabelecida em 1927, possuía duas subsidiárias: as Empresas Elétricas Brasileiras e a Companhia Brasileira de Força Elétrica. Concentrou suas atividades no interior de São Paulo e na maioria das capitais de estados brasileiros não atendidas pela Light.

Após um longo período desenvolvimentista e keynesiano, que se estendeu dos anos 1930 aos 1980, passando por uma série de crises, na década de 1990 foi introduzida uma reforma de caráter liberal, marcada pela ingerência das agências multilaterais de fomento, marcadamente a do Banco Mundial – BIRD. A partir dos primeiros anos dessa década, a estrutura institucional e operativa dos segmentos de petróleo e energia elétrica, sobretudo este último, foi despojada de suas características de gestão e planejamento estatal e centralizada para dar lugar a modelos mercantis de provisão dos serviços.[4]

Nas primeiras décadas do século XX o setor energético era caracterizado por uma presença hegemônica do capital privado e pela ausência de uma política de expansão setorial. Os contratos de concessão eram firmados diretamente entre as concessionárias e os municípios e estados. Nos anos 1920 foram realizadas as primeiras ações estatais de intervenção, marcadas por racionamentos e intensificação da fiscalização – necessárias em função da crônica falta de investimentos por parte das concessionárias. A estrutura institucional do setor energético também começava a ser construída, intimamente vinculada, na verdade, ao setor de águas (gráfico 1). Surgem os primeiros órgãos federais, no âmbito do Ministério da Agricultura: Comissão de Forças Hidráulicas – responsável pelos estudos de potencial de geração no sudeste; Serviço de Águas – responsável pelos distritos descentralizados.

---

4 MERCEDES, S. S. P. *Análise comparativa dos serviços públicos de eletricidade e saneamento básico no Brasil: ajustes liberais e desenvolvimento*. Tese (doutorado) – Programa Interunidades de Pós-graduação em Energia, Universidade de São Paulo, São Paulo, 2002; SAUER, I. L. "Energia Elétrica no Brasil Contemporâneo: A Reestruturação do Setor, Questões e Alternativas". In: BRANCO, A. M. (org.). *Política Energética e Crise de Desenvolvimento: a Antevisão de Catullo Branco*. São Paulo: Paz e Terra, 2002; SAUER, I. L. "Um Novo Modelo para o Setor Elétrico Brasileiro". In: SAUER, I. L. et al. (orgs.). *A reconstrução do Setor Elétrico Brasileiro*. São Paulo: Paz e Terra, 2003.

Gráfico 1: Estrutura institucional do setor elétrico no final da década de 1920

Do final do século 19 até 1931, pouca ou nenhuma regulação foi produzida no setor elétrico brasileiro. A parca legislação relevante implementada desde o início da indústria elétrica até 1931 resumiu-se ao Artigo 123 da Lei 1.145/1903, que autorizou o Governo Federal a promover o aproveitamento hidráulico para os serviços federais (o Decreto 5.407, de 27/12/1904, regulou o aproveitamento mencionado); à Lei 1.167/1906, que autorizou o Executivo a elaborar projeto do Código de Águas; ao Decreto 19.684/1931, que criou a Comissão Legislativa responsável pela elaboração do Código de Águas e ao Decreto 20.395/1931, resultante dos trabalhos da Comissão de elaboração do Código de Águas, que objetivava suspender qualquer transação contendo jazidas minerais e quedas d'águas, que oportunizassem: "operações, reais ou propositadamente simuladas, que dificultem oportunamente a aplicação de novas leis ou frustrem a salvaguarda do interesse do país".

Com a crise do capital após 1929, que também atingiu o Brasil, surge o "Estado de Bem Estar", que se consolida no entreguerras. É o período keynesiano-desenvolvimentista, durante o qual, a despeito das correntes políticas à direita ou à esquerda que se sucederam no poder, o país foi marcado por um pensamento econômico cujo traço principal era o fomento à industrialização planejada, não necessariamente estatizante (de acordo com a linha político-econômica vigente), nem nacionalista. A implantação dos grandes sistemas brasileiros – Companhia Siderúrgica Nacional, Eletrobrás, Petrobras, Banco Nacional de Desenvolvimento Econômico (mais tarde acrescido do adjetivo Social), Vale do Rio Doce – e o desenvolvimento da indústria automobilística nacional datam deste período. A Tabela 2 sintetiza os principais eventos setoriais ocorridos durante esta fase.

Tabela 2: Setor elétrico – o período keynesiano e desenvolvimentista

Anos	Período	Principais eventos
1930-45	Transição econômica, social e política	Brasil – de agroexportador para industrial
		Expansão da oferta interna
		Substituição de importações
		Classe média urbana x valores rurais
		Nacionalismo
		Agregação dos centros fora do eixo Rio-São Paulo
1945-64	Governo Dutra	Liberalismo econômico – industrialização com capital privado
		Plano SALTE (Saúde, Alimentação, Transportes, Energia) – Comissão Abbink
	Governo Vargas	Nacionalismo e intervenção
		Comissão Mista Brasil-Estados Unidos
		Industrialização crescente x infraestrutura deficitária
	Governo Juscelino	Industrialização planejada = ápice – Plano de Metas
		Capitais estrangeiros
		Criação de Furnas
	Governo Jango (pós Janio)	Crise do desenvolvimentismo
		Nacionalismo
		Reformas sociais

1970-85	Período militar	"Segurança e Desenvolvimento"
		Industrialização planejada – "milagre" econômico
		Indústria de material elétrico pesado
		Capital estrangeiro
		• Endividamento externo, petrodólares
		• Empresas privadas, multinacionais e estatais
		Crises do petróleo
		• Planejamento energético
		• Programas para substituição de derivados
		• Biocombustíveis
		• Energia nuclear
		• Eficiência energética
		Tarifas públicas como instrumento de contenção inflacionária

Farta legislação foi produzida desde o primeiro governo Vargas. Depois de um longo processo de tramitação, finalmente, em 10/07/1934 foi aprovado o Decreto 24.643: o Código de Águas. Principal legislação norteadora do setor energético brasileiro até o início da liberalização do setor, já nos anos 1990, o Código de Águas:

- Tratou da classificação das águas em geral, relacionando-se ao seu aproveitamento.

- Versou sobre as forças hidráulicas e a regulamentação da indústria hidrelétrica.

- Incorporou ao patrimônio da União a propriedade das quedas d'água, separando-as das terras em que se encontram.

- Atribuiu à União a competência de outorga ou concessão para aproveitamento de energia elétrica.

- Adotou o regime de monopólio da exploração dos serviços de eletricidade pela obrigatoriedade de outorga da concessão por meio de decreto presidencial.

- Subordinou a fiscalização ao poder concedente.

- Instituiu os princípios do "serviço pelo custo" e do "lucro limitado e assegurado".

- Iniciou a nacionalização dos serviços, restringindo a concessão a brasileiros ou empresas organizadas no país.

Outra legislação importante foi o Decreto 23.501 de 27/11/1933 – "Oswaldo Aranha" – que determinou o fim da cláusula-ouro. Por esta cláusula, incorporada aos contratos de concessão vigentes à época, parte da tarifa era indexada à cotação do ouro, assegurando os ganhos dos concessionários, basicamente privados.

Durante a fase desenvolvimentista, a estrutura institucional do setor passou por alterações, acompanhando o aumento da complexidade das relações sociais, comerciais e econômicas. Nos gráficos 2 e 3 são exibidas, respectivamente, a estrutura existente ao final da década de 1930 e da década de 1980, marcando o início e o final do período desenvolvimentista e buscando ilustrar a progressiva autonomização do setor em relação a outras estruturas do poder central e seu fortalecimento como vetor de crescimento econômico. A Tabela 3 resume a trajetória da Eletrobrás, *holding* do setor elétrico. Em uma tentativa esquemática, dois grandes períodos são identificados, em termos de características das ações institucionais e da estrutura organizacional:

- De Vargas ao período militar
  Prestação dos serviços públicos – fortemente regulada
  Poder concedente – de local para federal
  Função do Estado predominantemente regulatória
  Criação do Ministério de Minas e Energia
  Criação de empresas estaduais (Cemig, CEEE etc.)
  Projeto da Eletrobrás (1954) – implantada em 1962

- Período militar
  DNAEE
  Sistema Nacional de Eletrificação
  Papel do Estado – planejamento, descentralização, delegação de competência, controle – setor essencialmente estatal

Tabela 3: Formação e trajetória da Eletrobrás

Período	Eventos
Década de 1950 (segundo governo Vargas) – fase de conflitos e postergação da criação	Ambições de industrialização – necessidade de infraestrutura
	Demanda social de energia não atendida e crescente
	Concessionárias privadas = falta de planejamento e escassez de investimentos
	Instrumentos políticos e burocráticos
	CMBEU – Comissão Mista Brasil – Estados Unidos/PNE – Plano Nacional de Eletrificação/IUEE – Imposto Único sobre Energia Elétrica/ FFE – Fundo Federal de Eletrificação
	Projeto de lei da Eletrobrás – apresentado em 1954 e aprovado em 1961 – início das atividades em 1962 (João Goulart)
	Criação das empresas estaduais de energia
Década de 1960 – aumento da complexidade e expansão do sistema	Criação do MME (JK)
	Furnas – início da integração do setor
	DNAEE – regulação (normalizadora e fiscalizadora) + Eletrobrás – execução (expansão da geração e extensão geográfica do atendimento)
Década de 1970 – fortalecimento da Eletrobrás	Reagrupamento das supridoras regionais – ELETROSUL, ELETRONORTE, CHESF, FURNAS
	Reorganização das concessionárias estaduais – todas sob a Eletrobrás
	Criação do GCOI – Grupo Coordenador para a Operação Interligada
	Reforma Campos-Bulhões e capacidade de autofinanciamento
Década de 1980 – crise internacional do capital	Corrosão da estrutura de financiamento; contenção tarifária; conflito entre Eletrobrás e concessionárias
	REVISE – Revisão Institucional do Setor Elétrico
	Ressurgência do pensamento liberal – Pinochet, Thatcher, Reagan...
Década de 1990 – privatização e "esvaziamento institucional" da Eletrobrás	Collor e PND
	Operação "desmonte"

HISTÓRIA E ENERGIA   117

Gráfico 2: Final da década de 1930

Gráfico 3: Final da década de 1980

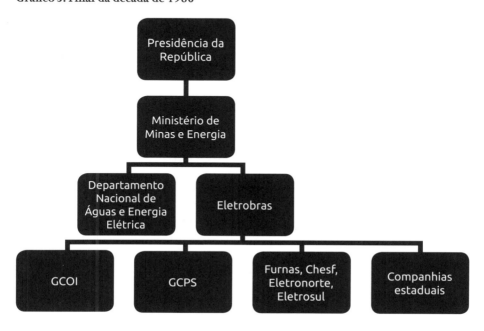

A ressurgência liberal que culminou com as reformas estruturais aplicadas à maior parte dos países da América Latina começou a ser fomentada nos últimos anos da década de 1970, ganhando seus contornos definitivos ao final dos anos 1980.[5] No Brasil, a redemocratização teve início com o governo Sarney, em 1985. Este governo apresentou características de transição entre o modelo intervencionista, militar e o liberal, inserindo-se em um contexto internacional já fortemente determinado pelo último. Além disso, a reforma constitucional e o processo sucessório à presidência acrescentaram elementos fundamentais para que o país adotasse o modelo de ajuste liberal ainda vigente. O contexto das reformas foi permeado por uma série de argumentos, de ordem política e econômica, pelos quais o Estado, responsabilizado pela degradação das taxas de crescimento do período keynesiano, deveria ser banido da gestão das economias nacionais e dos serviços de infraestrutura:

- O Estado é ineficaz na gestão.
- O Estado é incapaz de assegurar eficiência econômica.
- O Estado não promove o acesso universal aos serviços.
- O Estado é manipulável por grupos de interesse.
- O Estado é lento e dificulta a inovação.
- O Estado é inchado e corrupto.

Propunha-se, então, que o Estado fosse "minimizado", a partir de um arcabouço de medidas que tiveram como premissas e consequencias:

- A hegemonia absoluta do mercado como instrumento alocador de recursos e distribuidor de benefícios.
- A esfera privada para prover todos os serviços públicos.
- O Estado como mediador para assegurar qualidade, disponibilidade e preços, via instrumentos regulatórios – no caso de monopólios – e como promotor da concorrência, nos segmentos competitivos.

---

5   FIORI, José Luiz (org.). *Globalização: o fato e o mito*. Rio de Janeiro: EdUERJ, 1999.

- "A exploração" do espaço econômico: grupos externos ou internos, com hegemonia da esfera financeira (especulativa), graves consequências para tecnologia, níveis de emprego e utilização de recursos nacionais.
- Usuários e cidadãos – transformados em consumidores e clientes, alterando, de forma profundamente excludente, o conceito e a natureza inerentes aos serviços públicos como instrumento de afirmação da cidadania e dos direitos humanos.
- Elitização do acesso tanto em quantidade quanto em qualidade.

Em 1989, foi promovido pelo *Institute for International Economics* na capital norte-americana o encontro intitulado *Latin American Adjustment: How Much Has Happened*, cujos resultados redundaram no que ficou conhecido como o Consenso de Washington. Esse evento reuniu técnicos das Nações Unidas, burocratas de organismos econômicos internacionais (BIRD, BID, FMI), acadêmicos, além de economistas de vários países das Américas, para definir as estratégias de adaptação das teses liberais aos países latino-americanos. As preconizações deste encontro sintetizavam, para a região, o receituário do Estado mínimo:

- Privatização acelerada das empresas estatais lucrativas, acentuadamente aquelas de caráter estratégico (telecomunicações e energia), acima de tudo, para o pagamento das dívidas interna e externa.
- Reformas constitucionais, especialmente fiscais e tributárias, para redução dos custos dos impostos aos capitais privados.
- Flexibilização dos direitos trabalhistas.
- Desregulamentação da vida econômica em todas as instâncias.
- Redução dos investimentos do Estado em políticas públicas básicas.
- Reforma do Estado e redução do funcionalismo, visando redução dos gastos gerais de custeio da máquina e com a dívida interna, consequente queda da taxa de juros e elevação da qualidade dos serviços públicos.

Especificamente em relação ao setor energético, a reestruturação tinha objetivos bastante definidos, considerando a importância deste setor em termos de organização e crescimento econômico dos países. Estes objetivos incluíam:

- Mercantilizar o serviço público de fornecimento de energia.

- Remover os entraves à "globalização" da indústria energética, permitindo o livre trânsito dos capitais internacionais, segundo seus interesses.

- Promover a ideologia da eficiência econômica:

    a) O setor privado é mais eficiente em promover alocação de recursos do que o setor público.

    b) Incremento de competição e desregulamentação levam à eficiência econômica.

    c) Políticas orientadas pelo mercado criam verdadeiras pressões democráticas sobre a gestão do sistema, pois a escolha econômica individual é a única autêntica expressão da liberdade na sociedade.

    d) Somente a liberalização levaria à eficiência ambiental, por levar à abolição de tecnologias obsoletas.

Outras causas contribuíram para a liberalização do setor energético: volatilidade da oferta de combustíveis; mudanças nas legislações ambientais e regulamentação nuclear; volatilidade dos custos do capital; mudança tecnológica na conversão e operação energética e na informática.

O governo Collor, sucessor de Sarney, apesar da retórica modernizante, não adotou logo de início as reformas liberais. O marco definitivo para a implantação dos ajustes foi estabelecido no governo seguinte, de Fernando Henrique Cardoso. Este sofisticou e acelerou o Programa Nacional de Desestatização (já implantado), endureceu a política de ajustes fiscais e estabilidade monetária e adotou o regime de âncora cambial, uma das premissas do Consenso de Washington. O setor elétrico foi amplamente reestruturado. O novo modelo foi elaborado a partir de uma consultoria inglesa, desconsiderando características fundamentais do sistema brasileiro. As reformas são sintetizadas na Tabela 4, comparadas às estruturas do modelo anterior, estatal.

Tabela 4: Principais mudanças promovidas com a liberalização do setor elétrico

Modelo estatal	Modelo liberalizado (1ª fase)
Preços de geração regulamentados e contratos de suprimento renováveis	MAE – mercado atacadista de concepção mercantil
Empresas integradas atuando em regime de monopólio	Geração, transmissão, distribuição e consumo como atividades independentes e limites à participação cruzada
Transmissão de energia agregada à geração	Malhas de transmissão/conexão e distribuição desagregadas e permitindo livre acesso
Mercados cativos	Consumidores cativos + aumento gradual de livres + liberação paulatina
GCPS e planejamento normativo	CCPE e planejamento indicativo
Planos decenais	
GCOI e condomínio de mercado	ONS operacionalizando mercado competitivo
Tarifa via serviço pelo custo e remuneração garantida até 1993	Tarifa regulada para consumidores cativos e preços competitivos e desregulamentados para consumidores livres e suprimento
Aprovação dos serviços públicos de energia pelo DNAEE	Concessões licitadas pela ANEEL, todos os aproveitamentos considerados como PIE
Restrição à atuação de autoprodutores e produtores independentes	Regulamentação da atuação de autoprodutores e PIE e permissões de livre acesso à rede

Em linhas gerais, as consequências para o setor elétrico refletiram o fracasso da reforma liberal como um todo. Como menciona Fiori,[6] as "apostas não reveladas e não realizadas" foram:

- Que o capital especulativo atraído no primeiro ano de ajustes continuaria fluindo para o país, o que não aconteceu.

- Que a abertura comercial redundaria em aumento de competitividade, quando o que ocorreu foi o desmantelamento de segmentos e cadeias industriais.

- Que após um período de juros altos, com estabilização da economia e competitividade, eles seriam reduzidos, o que também não se verificou.

---

6   Idem, ibidem.

Além da perda de competência técnica, com o desmonte das principais áreas de planejamento e operação do sistema elétrico, do surgimento e ampliação dos custos de transação e custos regulatórios, da inadequação do modelo e falta de cultura regulatória, que permitiram abusos por parte dos novos concessionários e do aumento exponencial das tarifas, um evento ficou como a marca derradeira das reformas: o racionamento de energia ocorrido em 2001. Antes, houve vários blecautes, por má gestão, má operação e manutenção, com explicações, no mínimo pitorescas. A falta de investimentos em capacidade instalada e o fracasso do programa prioritário de termelétricas levaram à depleção dos reservatórios do sistema interligado nacional (SIN) e culminaram no racionamento (gráficos 4 e 5).

Gráfico 4: Capacidade instalada x Consumo – 1980 a 2000 (SAUER, 2002)

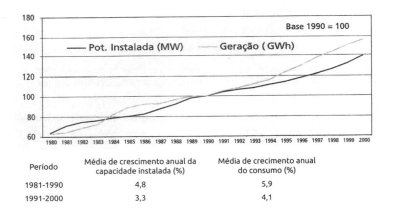

Gráfico 5: Nível dos reservatórios do Sudeste (1991 a 2002) (SAUER, 2002)

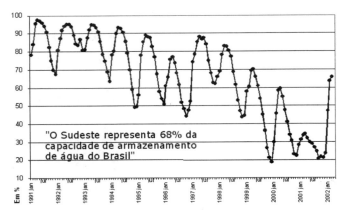

O governo Lula levou a cabo uma nova reforma, com os objetivos anunciados de:

- Assegurar estabilidade regulatória.
- Garantir segurança do suprimento.
- Promover a modicidade tarifária.
- Promover a inserção social (universalização de atendimento).

Porém, manteve praticamente a mesma estrutura institucional que o governo FHC, com algumas pequenas alterações de nomenclatura e criação de novos órgãos, além de adotar um modelo comercial ainda liberalizante e de alta complexidade, que não mitigou os equívocos do anterior e manteve os custos sociais, sobretudo em termos de tarifas altas e deterioração da qualidade da gestão setorial. Sérias questões permanecem sem explicação satisfatória e outras ainda sem solução:

- A aparente sobra de energia, combinada com a letargia na implementação do novo modelo.
- Erros nos contratos de concessão = R$ 1 bilhão a mais por ano nas contas de luz.
- Seguro-apagão = custo de R$ 6,2 bilhões ao consumidor.
- Contratos subsidiados para energo-intensivos foram renovados em 2004.
- Instalação tardia da EPE (planejamento, estudos de inventário, licença prévia, passivo social).
- Balanço pífio de inventários de novas usinas licenciadas, para possível licitação e construção: Complexo do Madeira é fruto de cooperação de Furnas com Grupo Odebrecht, ainda do período anterior, assim como Belo Monte.
- Discurso de responsabilização do setor ambiental pelo atraso.
- Expansão contratada com base fóssil, especialmente óleo combustível e carvão importado.

- Manutenção da descontratação da energia 2003-2006, combinada com o crescimento do mercado livre e com a assimetria na alocação de custos, riscos e benefícios entre livres e cativos.

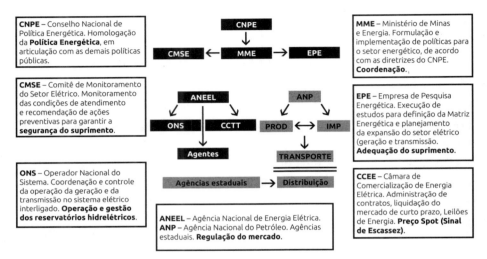

Estrutura institucional do setor elétrico no governo Lula (adaptado de CCEE, 2005; ANP, 2002)

Em síntese, após quase duas décadas de reformas, essencialmente liberais, porém sujeitas à oscilação do cenário político nacional entre o liberalismo pleno e uma versão suavizada e pró-desenvolvimentista, o setor energético do país ainda enfrenta problemas relacionados ao acesso aos serviços – tanto em termos de infraestrutura de fornecimento quanto em termos do seu encarecimento para o usuário – e aos prejuízos, reais e potenciais, causados à sociedade pelas falhas do modelo institucional, nos segmentos elétrico, petrolífero e de demais recursos.

Marcos históricos da geração elétrica nuclear no Brasil

Fernanda das Graças Corrêa
Leonam dos Santos Guimarães

O século XX inaugura novos tempos para o desenvolvimento brasileiro, à medida que a ciência e a tecnologia vão, gradativamente, recebendo cada vez mais incentivo político. Os estudos sobre a energia nuclear se enraizaram no Brasil nesta conjuntura, porém, por o Governo compreender que não possuíam aplicabilidade imediata, coube a segmentos da própria sociedade lutar para que a energia nuclear fosse aceita politicamente. Dessa forma, a história da energia nuclear pode ser dividida em quatro fases: pesquisa, desenvolvimento, implantação e o seu renascimento.

A formação da comunidade científica brasileira e as pesquisas nucleares

O aumento demográfico e a industrialização nacional exigiam que o Governo brasileiro investisse cada vez mais na exploração dos recursos naturais, na expansão da agricultura e no saneamento de portos e cidades. Porém, se por um lado, a ciência e tecnologia no Brasil neste novo século foram percebidas como promotoras do desenvolvimento, por outro lado, a chamada *"ciência pura"*[1] não recebeu a merecida atenção do Governo, visto que compreendeu-se

---

1 Segundo o físico francês, naturalizado brasileiro, Henrique Morize, "a ciência pura, desinteressada, da qual nasceram as aplicações práticas, tal como da semente resultam a planta e o fruto, é a base da riqueza nacional, e as nações que a abandonam, fiadas no benefício provável das pesquisas feitas em países que melhor compreendem os interesses seus e da humanidade, ficarão condenadas a serem países de 2ª

que sua aplicabilidade não se dava de forma imediata. De acordo com Shozo Motoyama, "pouco sofisticada e sem controle de qualidade, baseada na importação de tecnologia e de técnicos estrangeiros, essa atividade industrial, movida por propósitos imediatistas, prestou escassa atenção à realização de pesquisas ou à formação de recursos humanos".[2]

Se o desenvolvimento científico e tecnológico nas áreas da medicina e da biologia contribuiu para o progresso socioeconômico, outras áreas, cujos resultados não eram tão imediatos, sentiram o impacto da falta de investimentos e incentivos governamentais. Assim, coube aos próprios cientistas, engenheiros e educadores brasileiros se organizarem e fundarem associações e movimentos que promoviam a investigação científica e tecnológica no Brasil. Em 1916, docentes de mineralogia e geologia da Politécnica do Rio de Janeiro criaram a Sociedade Brasileira de Ciências (SBC), cujas atividades reuniram diversos segmentos interessados em desenvolver a ciência pura. Foi nesta conjuntura que a Sociedade recebeu visitas e conferências ilustres, como a de Albert Einstein, em 1925, a de Marie Curie, em 1926, e a de Enrico Fermi, em 1934. Embora, mesmo com o fim da Revolução Constitucionalista[3] (1932), as divergências políticas entre o presidente Getúlio Vargas (1930-1945/1951-1954) e o estado de São Paulo ainda existissem, este estado conseguiu promover, de forma autônoma, o desenvolvimento da investigação científica e tecnológica na região. A criação da Universidade de São Paulo (USP), em 1934, buscando criar uma cultura científica brasileira, é o resultado deste esforço. Ainda segundo Motoyama, "ao contrariar a visão corrente do imediatismo, investindo pesadamente na formação de pessoal, acreditando na potencialidade dos seus diplomados para a

---

classe, qualquer que possa ser a riqueza ostentada em certa fase". VIDEIRA, Antonio Augusto Passos. *Henrique Morize e o ideal de ciência pura na República Velha*. Rio de Janeiro: FGV, 2003, p. 22. Morize foi o primeiro presidente da Sociedade Brasileira de Ciências, exercendo o cargo de 1916 até 1926, cargo que acumulou com o de diretor do Observatório Nacional (1908-1929).

2 MOTOYAMA, Shozo. *Prelúdio para uma história: ciência e tecnologia no Brasil*. São Paulo: Editora da USO, 2004, p. 253.

3 Foi um movimento armado que ocorreu no ano de 1932, no próprio estado de São Paulo, cujos objetivos eram extinguir o Governo de Getúlio Vargas, imposto no poder por meio de um golpe de estado, e promulgar uma nova constituição brasileira.

resolução de problemas de importância da nação, quebrava-se em parte o círculo vicioso inerente ao subdesenvolvimento".[4]

A princípio, o desenvolvimento da ciência pura esteve a encargo da Faculdade de Filosofia, Ciências e Letras da USP. Os docentes estrangeiros que contribuíram na formação da comunidade científica paulistana foram criteriosamente escolhidos pelos fundadores da Universidade, sendo eles franceses, italianos e alemães, cujas procedências partiam de universidades e institutos de pesquisa de alto nível científico e tecnológico da época. Exemplos de aquisições estrangeiras foram os físicos Gleb Wataghin[5] e Giuseppe Occhialini,[6] os quais desenvolveram no Brasil as primeiras pesquisas sobre raios cósmicos. Surgem com estes as primeiras pesquisas sobre física nuclear no Brasil. Nos anos seguintes, além de surgirem na Academia Brasileira de Ciências (ABC)[7] as primeiras pesquisas sobre forças nucleares, tanto o Departamento de Física da Faculdade Nacional de Filosofia, no Rio de Janeiro, quanto o Centro Brasileiro de Pesquisas Físicas passam também a desenvolver pesquisas sobre física nuclear. Marcelo Damy, César Lattes, Hervásio de Carvalho, Leite Lopes e Mário Schönberg constituem parte da recém-fundada comunidade científica brasileira.

Em 1938, o físico italiano Enrico Fermi ganhou o Prêmio Nobel de Física pela descoberta da existência de novos elementos radioativos. As pesquisas nucleares alemãs também se encontravam em pleno desenvolvimento no final da década de 1930. Por insistência de dois cientistas alemães refugiados, Einstein comunica ao presidente estadunidense Franklin Delano Roosevelt (1933-1945) que havia a possibilidade do líder alemão Adolf Hitler (1934-1945) obter o desenvolvimento de uma bomba nuclear. Segundo Carlos Girotti, "a partir de tais fatos, Roosevelt nomeia uma Comissão Consultiva sobre o urânio, realizada em 21/10/1939".[8] Girotti acrescenta ainda que "é necessário reter na memória

---

4   MOTOYAMA, op. cit., p. 258.

5   Físico soviético, naturalizado italiano, que, a convite de Teodoro Ramos, líder da missão paulista na Europa, veio para alavancar o desenvolvimento da ciência pura na Faculdade de Filosofia, Ciências e Letras da USP.

6   Físico italiano que, junto com Wataghin e outros cientistas estrangeiros, formaram a comunidade científica brasileira.

7   Em 1921, a Sociedade Brasileira de Ciências passou a denominar-se Academia Brasileira de Ciências.

8   GIROTTI, Carlos A. *Estado nuclear no Brasil*. São Paulo: Brasiliense, 1984, p. 19

essa data, porque será a partir daí que todos os minérios de urânio se converterão em cobiçados materiais estratégicos".[9] Percebe-se que, antes mesmo de os EUA participarem da Segunda Guerra Mundial (1939-1945), tinham certeza que seriam forçados a atuar diretamente nela. Assim, explorar e buscar reservas radioativas seria crucial para o desenvolvimento das pesquisas de fissão nuclear, em especial para o Projeto Manhattan.[10] Fermi, junto com outros cientistas, além de ter participado deste último, esteve à frente de outro projeto nuclear na Universidade de Chicago: o desenvolvimento do primeiro reator nuclear.

A partir de 1940, o Brasil se tornou importante nesta conjuntura internacional, visto que os EUA realizaram um mapeamento minucioso das reservas brasileiras de minerais estratégicos e propuseram um programa de cooperação para a prospecção destes mesmos recursos minerais. Em 10 de julho de 1945, os EUA formalizam com o Brasil o primeiro acordo atômico, no qual este enviava para os EUA toneladas[11] de monazita, um composto de fosfato de terras raras, e tório, que pode ser transformado em urânio pela irradiação com nêutrons. Nota-se que, desde o início da década de 1940, os minérios radioativos brasileiros foram importantes para o desenvolvimento da capacidade nuclear estadunidense.

Segundo Louis Morton, os altos funcionários que desenvolviam a bomba estadunidense estavam divididos. Ele afirma que

> grande parte desta preocupação tinha origem entre os cientistas do Laboratório Metalúrgico, em Chicago; lá, em princípios de 1945, pequenos grupos começaram a duvidar da judiciosidade de empregar a arma que tentavam construir com tanto afinco. Era quase como se eles desejassem que a bomba não funcionasse depois de pronta.[12]

Em 6 e 9 de agosto de 1945, os EUA lançaram duas bombas nucleares sobre duas cidades japonesas, Hiroshima e Nagasaki, forçando o Japão a se render na Guerra. Se por um lado, as bombas sobre o Japão atemorizaram o mundo,

---

9 Ibidem, p. 20.

10 Projeto estadunidense de construção da bomba atômica.

11 As fontes apontam números variáveis que vão desde 3.000 a 5.000 toneladas de monazita.

12 MORTON, Louis. "A decisão de utilizar a bomba atômica (1945)". In: [S/A] As grandes decisões estratégicas. Rio de Janeiro: Bibliex, 1977, p. 495.

por outro, promoveram uma corrida armamentista mundial, na qual a União Soviética, a Inglaterra e a França buscaram capacitar-se nuclearmente a fim de equiparar-se ao poderio militar estadunidense. A fim de evitar que outros países conseguissem também desenvolver a bomba atômica, os EUA buscaram criar leis internacionais que controlassem o acesso e o desenvolvimento nuclear de outros países. Esta atitude internacional, sobretudo estadunidense, promoveu reações internacionais. No Brasil, o físico e químico almirante Álvaro Alberto Mota e Silva foi um dos críticos das ações propostas pelos EUA de criar um tratado internacional com autoridade para administrar todas as reservas de urânio mundiais. Em 1945, este almirante já havia feito um pronunciamento na ABC sobre a necessidade de desenvolver o setor. Em 1947, foi a própria ABC que enviou ao presidente Eurico Gaspar Dutra (1945-1951) um relatório com as bases de um Programa Nuclear Brasileiro.

A partir desses acontecimentos, várias foram as ações no Brasil que se contrapuseram a esta atitude internacional, como a criação de uma comissão de fiscalização de minerais estratégicos. O governo brasileiro estatizou a produção de minérios estratégicos das Indústrias Químicas Reunidas (Orquima) e criou a Comissão Nacional de Pesquisas (CNPq).[13] Graças à criação do CNPq, em 1951, o governo brasileiro passou a controlar as reservas de urânio e tório e a proibir as exportações desses materiais. A partir desta postura, ainda que se assinassem novos acordos evolvendo exportações de materiais estratégicos, o governo brasileiro passou a exigir compensações específicas, sobretudo em termos de auxílio técnico e provisão de materiais. Como o Brasil não estava sendo compensado pelas exportações de minerais estratégicos pelos EUA, o próprio almirante Álvaro Alberto, então presidente do CNPq, propôs ao presidente Vargas o envio de duas missões à Europa, destinadas a burlar o cerco estadunidense e obter conhecimentos científicos e tecnológicos nucleares. O almirante Álvaro Alberto defendia o desenvolvimento em território nacional de reatores de pesquisa, de usinas de enriquecimento e de uma fábrica de produção de hexafluoreto de urânio. Os países escolhidos foram a França e a Alemanha. "A missão enviada pelo CNPq à França foi chefiada por Alexandre Giorotto e a enviada a Alemanha

---

13 Álvaro Alberto havia, em 1946, pleiteado ao então presidente Dutra que suspendesse as exportações de monazita alegando contrabando. O governo avalia os benefícios das pesquisas advindos da cooperação com os EUA e decide negar, porém, em contrapartida, toma ações mais zelosas e fiscalizadoras sobre as atividades minerais no Brasil.

foi chefiada pelo próprio Almirante Álvaro Alberto Mota e Silva."[14] Da missão francesa, o CNPq conseguiu estabelecer uma cooperação na área nuclear com a empresa *Societé des Produits Chimiques des Terres Rares* e, da missão alemã, o almirante Álvaro Alberto conseguiu, sigilosamente, importar três centrífugas de Groth da Alemanha.[15] Por esta Comissão concentrar suas pesquisas na área nuclear, passou a ser o centro das atenções internacionais no contexto da Guerra Fria. Em 1954, quando essas centrífugas estavam sendo embarcadas no porto de Hamburgo, na Alemanha, um destacamento militar inglês as apreendeu. Apesar da interceptação anglo-saxã, as centrífugas conseguiram chegar ao Brasil. Por pressões internas e externas, o almirante Álvaro Alberto, em meados da década de 1950, foi demitido da presidência do CNPq e as centrífugas foram alocadas sob pedra e tijolo, ou seja, emparedadas, em um depósito da USP.

Átomos para a Paz e o desenvolvimento industrial nacional

Paralelamente a estes acontecimentos no Brasil, o presidente estadunidense Dwight Eisenhower (1953-1961), na Assembleia Geral das Nações Unidas, em Nova York, em 8 de dezembro de 1953, pronunciava um discurso intitulado "Átomos para a Paz". Por meio desta nova política nuclear internacional, os EUA buscavam compartilhar o desenvolvimento da tecnologia nuclear voltada para fins pacíficos. Em 1956, o próprio presidente Juscelino Kubitschek (1956-1961) passou a defender o uso de usinas nucleares na expansão do parque de geração elétrica. Assim, foram instalados três reatores de pesquisa no Brasil: um no Instituto de Pesquisas Energéticas e Nucleares (IPEN) da USP, um no Instituto de Pesquisas Radioativas (IPR), da Universidade Federal de Minas Gerais, e outro no Instituto de Engenharia Nuclear (IEN), no Rio de Janeiro. Assim, em 1955, a Comissão de Energia Atômica do CNPq assinou um contrato para a aquisição do reator nuclear de pesquisa IEA-R1, no programa de cooperação nuclear com os EUA. Este reator entrou em operação em 1957, com potência de 2 MW. Em 1960, o reator de pesquisa TRIGA (Training Research Isotope General Atomic), produzido pela General Atomics, entrou em operação no IPR, cujas finalidades são de pesquisa e produção de radioisótopos e treinamento.

---

14 CORRÊA, Fernanda das Graças. *O projeto do submarino nuclear brasileiro. Uma história de ciência, tecnologia e soberania*. Rio de Janeiro: Capax Dei, 2010, p. 26.

15 Este ficou conhecido como o Caso das Chocolateiras.

Sua potência nominal é de 250 kW. O Argonauta foi o terceiro reator nuclear provindo do programa Átomos para a Paz e o primeiro construído no Brasil por empresa nacional. Ele foi projetado no Laboratório Nacional de Argonne, nos EUA. A Comissão Nacional de Energia Nuclear (CNEN) assinou um convênio com a UFRJ para a instalação de um reator que realizasse pesquisas nucleares e contribuísse na estruturação de uma indústria nacional no setor de reatores. A fim de criar um espaço próprio para abrigar o reator, criou-se então o IEN. Engenheiros brasileiros redesenharam o projeto estadunidense e, em 1965, o Argonauta, cuja potência máxima é de 5 kW, entrou em operação. Segundo José Israel Vargas e Márcio Quintão Moreno, "esses equipamentos desempenharam importante papel no desenvolvimento das aplicações das técnicas nucleares entre nós, notadamente nas áreas da utilização dos isótopos radioativos na indústria, na química nuclear, na radioproteção e na medicina".[16]

A CNEN foi criada em 10 de outubro de 1956, como uma autarquia subordinada diretamente à Presidência da República. Já em 1959, esta Comissão havia apresentado uma Exposição de Motivos sobre a viabilidade de construir uma usina nuclear, de 150 a 200 MW, no município de Mambucaba, estado do Rio de Janeiro.[17] Em 1963, o presidente João Goulart (1961-1964) anunciou a intenção de construir uma central nuclear no Brasil. Em 1967, o então presidente Artur da Costa e Silva (1967-1969) declarou o propósito de construir a primeira usina nucleoelétrica. Neste ano,

> foi organizado um Grupo de Trabalho Especial com representantes do CSN, do Ministério das Minas e Energia, da CNEN e da Eletrobrás, para examinar a possibilidade de utilização da energia nuclear na região sudeste dentro deste novo contexto e para propor um mecanismo de cooperação entre a CNEN e a Eletrobrás no campo da geração de eletricidade a partir da energia nuclear. Este grupo recomendou a instalação de uma usina nuclear com a capacidade da ordem de 500 MW (e), para entrar em funcionamento no final dos anos setenta.[18]

---

16 VARGAS, José Israel; MORENO, Márcio Quintão. *Ciência em tempo de crise, 1974-2007*. Minas Gerais: UFMG, 2007, p. 181.

17 Este projeto da CNEN ficou conhecido como Canambra.

18 BIASI, Renato de. *A energia nuclear no Brasil*. Rio de Janeiro: Bibliex, 1979, p. 52.

Em 1968, as principais potências nucleares, EUA e União Soviética, se organizaram a fim de instituir um acordo internacional que tinha por principal objetivo conter a proliferação nuclear no mundo. Criou-se assim o Tratado de Não Proliferação Nuclear (TNP), no qual estas potências restringiam o acesso ao conhecimento científico e tecnológico nuclear de acordo com seus interesses. Embora, desde 1967, o Brasil já fosse signatário do Tratado de Tlatelolco (TT), considerou o TNP discriminatório. Dessa maneira, o Governo brasileiro deu continuidade a seus projetos nucleares sem assinar o TNP. Em 1969, tomou-se a decisão de construir a primeira usina nuclear para a produção de eletricidade no país.

Em junho de 1970, o Governo brasileiro enviou os convites apresentando propostas que abrangiam

> fornecimento do equipamento completo da usina, tanto na parte nuclear como na convencional, a montagem de todo o equipamento fornecido, a fabricação do combustível, com alternativa de fornecimento ou não do urânio e de seu enriquecimento, a supervisão técnica dos ensaios e partida da usina, assistência a Furnas para treinamento do pessoal destinado à operação, bem como propostas de financiamento para os materiais e serviços a serem fornecidos.[19]

Das 7 candidatas pré-selecionadas, em janeiro de 1971, compareceram 5 empresas: a General Eletric e a Kraftwerk Union (AEG) com reatores tipo BWR, a Kraftwerk Union (Siemens) e a Westinhouse com reatores do tipo PWR e The Nuclear Power Group com reator tipo SGHWR. Em função da complexidade das propostas, somente em maio de 1971 uma delegação conjunta de Furnas, Eletrobrás e CNEN recomendam ao Ministério de Minas e Energia (MME) aceitar a proposta da Westinghouse. A proposta desta empresa estadunidense "era a que melhor contemplava a participação da indústria nacional no fornecimento de componentes da usina".[20] Os contratos para a construção da usina de 657 MW foram assinados a partir de julho de 1972 e previam apenas transferência de tecnologia para operação. As obras começaram neste mesmo ano. O índice de nacionalização atingido neste empreendimento foi de 20%. Somente em janeiro de 1985, Angra 1 entrou em operação comercial.

---

19 Ibidem, p. 56-57.

20 Ibidem, p. 58.

Na conjuntura internacional, a crise econômica provocada pela crise energética advinda de problemas políticos no Oriente Médio permitiu que o Governo brasileiro revisse politicamente o Acordo de Cooperação Nuclear com os EUA. De acordo com Christian Lohbauer, o diplomata Paulo Nogueira Batista afirmou que, "a questão da utilização da energia atômica era de extraordinária importância para o Brasil, tanto sob aspecto do desenvolvimento quanto da soberania nacional".[21] Embora a Westinghouse tivesse se comprometido com a construção da usina, além de o Brasil depender do fornecimento do combustível nuclear, o repasse da tecnologia não estava incluído nos contratos. Como solução a estes impasses, em dezembro de 1974, o Governo de Ernesto Geisel (1974-1979) criou as Empresas Nucleares Brasileiras S/A. (Nuclebrás)[22] e, em 27 de junho de 1975, assinou um Acordo Nuclear com a República Federal da Alemanha (RFA), garantindo "a transferência de toda a tecnologia necessária para obtenção do ciclo completo de enriquecimento de material físsil".[23] O Acordo previa a construção de oito usinas nucleares, com reatores tipo PWR e plantas transferidas pela KWU (Siemens). A planta de referência original proposta pela KWU (Simens) foi a da usina nuclear Biblis B. A central nuclear alemã, da qual esta usina faz parte, é considerada a segunda maior usina da Baviera, construída na Alemanha.

O início da construção de Angra 2 data de julho de 1977. Por questões políticas e econômicas nacionais e internacionais, a construção desta usina foi paralisada. No final da década de 1980, o Governo brasileiro dissolveu a Nuclebrás e parte de suas atividades passaram a ser gerenciadas por outros setores energéticos. A década de 1990 foi um período de desafios para a política nuclear brasileira.

O renascimento do setor nuclear brasileiro

Em 1997, a Nuclebrás Engenharia S/A (Nuclen) se fundiu com Furnas, transformando-se em Eletronuclear. Esta empresa tornou-se subsidiária da Eletrobrás e subordinada ao MME. Além de operar a Central Nuclear Almirante

---

21 LOHBAUER, Christian. *Brasil-Alemanha: fases de uma parceria (1964-1999)*. São Paulo: Fundação Konrad Adenauer, 2000, p. 41.

22 Foram criadas para atender as demandas da política nuclear brasileira.

23 LOHBAUER, *op. cit.*, p. 66.

Álvaro Alberto (CNAAA),[24] a Eletronuclear é a responsável pela construção da usina nuclear Angra 3 e demais usinas nucleares brasileiras que se encontram em projeto. Com a criação desta empresa, a política nuclear brasileira tomou novos rumos e, em 1997, Angra 2 voltou a ter suas instalações construídas.

Em janeiro de 2001, Angra 2 entrou em operação comercial e sua potência é de 1.309 MW. Coincidentemente, neste mesmo ano, várias cidades brasileiras vinham sofrendo escassez de energia elétrica em função da ausência de um planejamento energético brasileiro eficiente. Wagner Victer, secretário estadual de energia do Rio de Janeiro, afirmou na época que a crise energética constituiu "o melhor momento para a retomada desse projeto [construção de Angra III], ressaltando também que graças ao fornecimento de energia de Angra II, o Rio de Janeiro não ficou sem energia elétrica, durante o apagão".[25] Em 2001, Angra 2 apresentou um desempenho satisfatório, com geração de 10,5 milhões de MW. Este fato a posicionou em 16º lugar no ranking internacional das usinas nucleares com maior volume de produção elétrica. "O apagão ressaltou a importância da energia nuclear como importante fonte complementar às usinas hidrelétricas, que geravam mais de 85% da eletricidade produzida no País".[26] Neste contexto, as Indústrias Nucleares do Brasil (INB), por meio de um convênio com a Marinha do Brasil, já havia dominado o processo de fabricação do combustível nuclear. Assim, na conjuntura nacional, a crise energética brasileira trouxe a energia nuclear novamente para o debate público.

A indústria nuclear hoje e o panorama mundial

A indústria mundial de geração elétrica nuclear já acumulou mais de 14.000 reatores-ano de experiência operacional do final da década de 1950 até hoje. São 436 usinas nucleares distribuídas por 34 países, porém concentradas

---

24 Nome atribuído ao conjunto das usinas nucleares brasileiras, localizadas no estado do Rio de Janeiro, no município de Angra dos Reis, em homenagem ao Almirante Álvaro Alberto Mota e Silva, um dos precursores dos estudos sobre energia nuclear no Brasil.

25 SOLNIK, Alex. *A Guerra do Apagão: a crise de energia elétrica no Brasil*. São Paulo: Senac, 2001, p. 48

26 CORRÊA, *op. cit.*, p. 163.

naqueles mais desenvolvidos, que respondem atualmente por 16% de toda geração elétrica mundial.

Dezesseis países dependem da energia nuclear para produzir mais de ¼ de suas necessidades de eletricidade. França e Lituânia obtêm cerca de ¾ de sua energia elétrica da fonte nuclear, enquanto Bélgica, Bulgária, Hungria, Eslováquia, Coreia do Sul, Suécia, Suíça, Eslovênia e Ucrânia mais de ⅓. Japão, Alemanha e Finlândia geram mais de ¼, enquanto os EUA cerca de ⅕.

No Brasil, a fonte nuclear foi a segunda maior geradora de eletricidade em 2009, superando o gás natural. As Usinas Angra 1 e Angra 2 responderam por quase 50% da indispensável complementação térmica do Sistema Interligado Nacional, no qual a fonte hídrica, limpa, barata e renovável é largamente majoritária, fornecendo 93% do total gerado.

Apesar de poucas unidades terem sido construídas nos últimos 15 anos, as usinas nucleares existentes estão produzindo mais eletricidade. O aumento na geração nos últimos sete anos equivale a 30 novas usinas e foi obtido pela repotencialização e melhoria do desempenho das unidades existentes. Hoje, entretanto, existem renovadas perspectivas para novas usinas tanto em países com um parque nuclear estabelecido como em alguns novos países. Os "BRICs" são particularmente importantes nesse contexto. 53 usinas encontram-se em construção no mundo (Angra 3 é uma delas), às quais se somam encomendas firmes para outras 135. Além destas, mais 295 consideradas até 2030 pelo planejamento energético de diversos países (dentre os quais o Brasil, que planeja de 4 a 8 usinas adicionais nesse horizonte de tempo). Cumpre reconhecer, entretanto, que ainda persistem forças antinucleares importantes em alguns países, em especial, na Alemanha. Seu poder político, porém, vem declinando. Apesar da crescente atenção que a geração nuclear tem recebido por razões ligadas ao meio ambiente e segurança de suprimento, é claro que as novas usinas devem provar sua competitividade econômica nos mercados de energia de hoje.

Se puder ser provado que novas usinas são a mais barata forma de geração elétrica de base em longo prazo, este será um argumento muito poderoso em favor de sua escolha. A Agência Internacional de Energia (IEA) prova isso na sua edição 2010 do relatório "Custos Projetados de Geração de Eletricidade", recentemente lançado. Várias potenciais restrições têm sido levantadas, especialmente a disponibilidade de financiamento e restrições de capacidade na cadeia de suprimentos, mas esses podem ser superados como já foram no passado.

As raízes da oposição a qualquer coisa relacionada com a energia nuclear são muito profundas e constituem elemento essencial do movimento ambientalista, que encontrou na indústria de geração elétrica nuclear um alvo relativamente fácil. A experiência tem mostrado que ganhar aceitação pública é mais fácil ao nível local, permitindo que as pessoas visitem as instalações e esclareçam suas dúvidas. Para a indústria, a melhor abordagem é operar bem suas instalações, tanto do ponto vista da segurança como do econômico.

O baixo custo do urânio e sua estabilidade ao longo do tempo constituem vantagem econômica primordial da geração elétrica nuclear. O ciclo do combustível, isto é, a mineração e beneficiamento, conversão, enriquecimento e fabricação são muito complexas, tanto do ponto de vista técnico como comercial, com mercados individuais para cada etapa. O salto que os preços mundiais do urânio deram desde 2003 e a subsequente queda brusca geraram muito interesse, particularmente do setor financeiro. Isto estimulou uma visão renovada sobre as alternativas tradicionais de comprar e vender urânio e encorajou os compradores a pressionar pelo maior número possível de fontes de suprimento.

As significativas restrições à transferência de tecnologia e comércio de bens e serviços são críticas para a indústria nuclear, assim como o gerenciamento do combustível usado e o retorno dos sítios nucleares fechados a usos alternativos. As restrições estão ligadas ao TNP e sua implementação através de salvaguardas pela Agência Internacional de Energia Atômica (IAEA) e pelo Grupo de Fornecedores Nucleares (NSG). A proliferação nuclear ainda permanece como um tema muito vívido e tem o potencial de ameaçar o renascimento da indústria nuclear. Entretanto, não existe possibilidade de que o renascente problema da proliferação nuclear possa ser resolvido pelo abandono das usinas nucleares.

Passados 60 anos, somente oito países são reconhecidos como possuidores de armas nucleares. Todos os respectivos programas precederam ou foram desenvolvidos independentemente da geração elétrica nuclear, que nunca foi causa ou caminho de acesso à bomba.

O que fazer com o combustível usado após sua remoção do reator tem sido a mais importante questão e gerado os maiores problemas de aceitação pública. O debate sobre sua reciclagem é vital para o futuro da indústria nuclear.

A geração elétrica nuclear deve ser colocada no contexto mais amplo do desenvolvimento energético mundial. Esse tema retornou ao debate público após ter ficado muitos anos à margem, depois das crises do petróleo dos anos 1970. Isso se deve a preocupações renovadas sobre a segurança do fornecimento de óleo e gás em longo prazo, indicada pela significativa escalada de preços, mas também pelas preocupações com as consequências ambientais da contínua exploração em massa dos recursos em combustíveis fósseis.

Além das usinas nucleares para geração elétrica, existem mais de 280 reatores de pesquisa operando em 56 países. Eles têm muitos usos, incluindo pesquisa básica e aplicada e produção de isótopos para usos médicos e industriais. No Brasil, estão em operação 4 reatores de pesquisa: 2 em São Paulo, 1 no Rio de Janeiro e 1 em Belo Horizonte, e ainda mais 1 em projeto pela CNEN.

Apesar de não ser proscrito pelo TNP, do qual o Brasil se tornou signatário, em 1998, o uso de reatores para propulsão naval é restrito, por razões tecnológicas, às maiores marinhas mundiais: EUA, Rússia, China, França e Grã-Bretanha. Mais de 220 reatores equipam 150 navios nucleares em operação. Eles geram energia para submarinos e grandes navios de superfície, como os porta-aviões, que desempenham os papéis fundamentais das forças navais de, respectivamente, negação do uso do mar a eventuais agressores e controle de áreas marítimas. A Rússia opera ainda uma frota civil de oito grandes quebra-gelos nucleares e um navio de carga de 62.000 toneladas, indispensáveis à sobrevivência das populações do litoral da Sibéria. Índia, Coreia do Sul e Brasil desenvolvem programas para também aceder a esse uso legítimo da tecnologia nuclear.

O atual cenário da indústria nuclear brasileira

A avaliação da magnitude das reservas energéticas renováveis e não renováveis nacionais traz grande otimismo face aos desafios do crescimento econômico e do desenvolvimento social sustentável do Brasil. Com o devido aporte de planejamento, tecnologia e adequada gestão, nosso país pode ser autossuficiente em energia no mínimo por mais de meio século, o que se constitui grande fator de alavancagem e diferencial competitivo no concerto das nações.

A autossuficiência energética contribuirá para a manutenção de nossa vocação pacífica. A interpretação das notícias internacionais cotidianas nos indica que a busca da segurança energética pelos países, visando garantir o suprimento de insumos e fontes primárias, tem sido, provavelmente, o maior motivador das demonstrações de força, ameaças e conflitos internacionais, passados e atuais.

Em nosso planeta 39% da energia elétrica é produzida a partir da queima do carvão, 25% queimando gás ou óleo, 19% a partir de hidrelétricas, 16% nuclear, e 1% pelas demais fontes.

O Brasil constitui honrosa exceção, pois, nos últimos cinco anos, cerca de 90% da eletricidade tem sido produzida pela fonte hídrica, limpa, barata e renovável. Os cerca de 10% de complementação térmica requerida pelo sistema elétrico vêm sendo na sua quase totalidade garantidos pelas duas centrais nucleares nacionais, Angra 1 e Angra 2, e pelas termelétricas a gás, cujas contribuições são praticamente idênticas. Nos últimos 2 anos já se verifica uma pequena, porém crescente, contribuição da biomassa, e o recente leilão de energia de reserva da Agência Nacional de Energia Elétrica (ANEEL) aponta também para uma crescente contribuição da fonte eólica no futuro.

Nos últimos 60 anos, houve grande transformação na sociedade brasileira. A população urbana, que representava apenas 20% dos brasileiros, passou a representar hoje cerca de 80%, com os decorrentes problemas de saneamento básico e transporte de massa, juntamente com a industrialização crescente do país. Todas essas atividades são intensivas em consumo de eletricidade. Embora o Brasil esteja em décimo lugar mundial na produção bruta de eletricidade, nosso consumo *per capita* nos coloca na nonagésima posição. O Brasil deve, portanto, paralelamente aos programas de eficiência energética, como o Programa Nacional de Conservação de Energia Elétrica (PROCEL), que visam reduzir o consumo sem perda dos benefícios proporcionados pela eletricidade, aumentar de forma significativa a oferta, disponibilizando grandes blocos de energia para atender o inexorável crescimento econômico e desenvolvimento social. Embora todas as fontes primárias de energia devam concorrer na composição na matriz de geração de eletricidade, para a produção de grandes blocos de energia elétrica a prevalência da fonte hídrica permanecerá pelas próximas décadas. A contribuição do carvão e da energia nuclear, entretanto, se tornará crescentemente necessária. Entretanto, o uso do carvão mineral tende a sofrer crescentes restrições políticas e econômicas, tendo em vista as preocupações ambientais globais com os efeitos das emissões de gás carbônico nas mudanças climáticas. Esse fato faz com que a energia nuclear tenda a ter sua contribuição ampliada.

As grandes reservas brasileiras de urânio, o domínio tecnológico que o país tem sobre o ciclo do combustível nuclear e as preocupações com as mudanças climáticas globais, exacerbadas pelos limitados resultados da última Conferência de Copenhague (COP-15) são fortes motivações para o aprofundamento da discussão da geração elétrica nuclear no Brasil.

Nestes últimos sessenta anos de transformação econômica e social, o Brasil construiu um formidável conjunto de hidrelétricas, elevando de cerca de 2.000

para mais de 90.000 MW a capacidade de geração instalada. A maior parte deste grande aumento de capacidade foi construída em regiões do país nas quais a topografia era favorável à construção de hidrelétricas dotadas de grandes reservatórios e que já haviam sofrido desmatamento em virtude de algum ciclo agropecuário passado (café, cana, gado, por exemplo). Estas condições especiais minimizaram o impacto ambiental da implantação deste grande sistema renovável de geração de eletricidade.

A avaliação do potencial hidráulico remanescente indica que, de forma otimista, o Brasil poderia ainda dobrar a capacidade hidroelétrica instalada, tratando com devida seriedade e racionalidade a questão socioambiental. O atendimento às restrições socioambientais fez com que o estoque de água nos reservatórios das hidrelétricas nacionais tenha se mantido praticamente constante desde o inicio da década de 1990, o que trouxe a necessidade de uma contribuição térmica para garantir o suprimento de eletricidade. No período 2002-2008 esta contribuição essencial oscilou entre 6,8% e 11,3%.

Nas condições econômicas atuais, para gerar com energia firme na base do sistema, as termoelétricas que produzem eletricidade a menor preço são as nucleares, seguidas das que queimam carvão mineral.

O consumo per capita de eletricidade no Brasil é de cerca de 2.000 kWh/ano, muito abaixo do patamar de 4.000 kWh/ano que caracteriza o consumo mínimo dos países desenvolvidos, com Índice de Desenvolvimento Humano (IDH) igual ou superior a 0,9. Nota-se que o IDH brasileiro é inferior a 0,8. Esse indicador nacional de 2.000 KWh/ano encontra-se abaixo da média mundial e é inferior a menos da metade dos indicadores equivalentes para países que, recentemente, ascenderam ao nível de desenvolvido, como Portugal (4.500) e Espanha (5.600). Isso sem fazer comparações mais desfavoráveis, como Rússia (5.700), Coreia do Sul (6.400), França (7.200) e Japão (7.400). Por outro lado, quando se compara nosso indicador aos da China (1.300) e Índia (500), percebe-se a dimensão do desafio colocado a esses países, muito maior que o brasileiro, e a vantagem competitiva que temos em relação a eles. Aproveitando todo o potencial hidroelétrico nacional, para atingir o patamar de 4.000 kWh/ano, e o correspondente IDH 0,9, o Brasil precisará complementar o seu sistema elétrico com 15 usinas térmicas de 1000 MW. Se o país almejar níveis comparáveis aos da Espanha, seriam necessárias cerca de 60 usinas do mesmo porte, e se o nível da França for a meta, cerca de 101.

O ciclo de implantação de um empreendimento para gerar grande quantidade de energia elétrica é de seis a dez anos, quando se consideram os estudos e levantamentos preliminares necessários, como projeto, licenciamento, construção e início de operação. Permite-se concluir com isto que, para o planejamento do sistema elétrico, dez anos é curto prazo, trinta anos é médio prazo e o planejamento a longo prazo, considerando a possível exaustão de alguma fonte primária de energia e os efeitos das mudanças climáticas, deva ser de, no mínimo, cinquenta anos.

Admitindo-se que até o ano 2060 a população brasileira se estabilize em torno de 250 milhões de habitantes, para atingir o mesmo padrão de consumo de energia elétrica e IDH da Espanha, hoje, o Brasil precisa, portanto, construir a mesma capacidade nuclear que a França tem hoje, construída no período 1970-1995. Para atingir os padrões da França atual, a expansão da capacidade nuclear necessária seria equivalente àquela que os EUA construíram entre as décadas de 1950 e 1990.

As grandes reservas de urânio nacionais somadas ao domínio tecnológico do ciclo do combustível permitem que tais desafios possam ser superados pelo Brasil com autossuficiência, sem criar dependência de fontes primárias importadas. Mais ainda, esses dois fatores permitem que o país atenda às suas necessidades, simultaneamente, tendo uma participação significativa no mercado internacional desse energético.

As características geológicas do solo nacional fazem crer que somente a Austrália, com suas cerca de 1 milhão de toneladas conhecidas, poderia superar o Brasil em termos de reservas minerais de urânio. Às atuais 310.000 toneladas comprovadas, deverão se somar pelo menos 800.000 toneladas adicionais, hoje ainda especulativas, mas com grande possibilidade de serem confirmadas.

Essas reservas comprovadas equivalem a 238 anos de operação do gasoduto Bolívia-Brasil (25 milhões de metros cúbicos por dia) ou a 46 anos de abastecimento da Europa com gás proveniente da Rússia (130 milhões de metros cúbicos por dia), supondo que todo ele fosse utilizado para a geração elétrica. Se considerarmos adicionalmente as reservas brasileiras especulativas, elas seriam equivalentes a 164 anos de abastecimento da Europa com o gás russo.

Em termos de geração de recursos financeiros, a cotação da tonelada de urânio no mercado *"spot"* em 2010 tem variado em torno de US$ 100 mil, valorando as reservas brasileiras comprovadas em mais de US$ 30 bilhões.

Considerando as reservas adicionais especulativas, esta valoração chegaria a mais de US$ 100 bilhões.

Em termos de potencial energético, as reservas nacionais de urânio comprovadas equivalem a cerca de 7 bilhões de barris de petróleo. Se considerarmos também as reservas adicionais especulativas, essa equivalência seria de 25 bilhões de barris.

As estimativas das reservas de óleo do pré-sal divulgadas pela mídia variam de 19 bilhões de barris (campos de Tupi, Iara e Parque das Baleias) até 50 bilhões de barris. Verifica-se, portanto, que as reservas de urânio brasileiras têm dimensões muito significativas. A dimensão das reservas nacionais de urânio e a provável liderança mundial do Brasil na posse desse valiosíssimo recurso mineral energético, associada ao domínio tecnológico do seu processamento, fazem crer que seria do maior interesse nacional iniciar uma ampla discussão sobre sua exploração, similar àquela que hoje está em curso no país sobre as reservas de petróleo do pré-sal.

Essa discussão deverá inicialmente estabelecer diretrizes para a expansão do parque de geração nuclear brasileiro em longo prazo, incluindo o Plano Decenal de Energia e o Plano Nacional de Energia. Definidas essas necessidades, será possível passar à discussão do uso das reservas de urânio nacionais, estabelecendo-se modalidades adequadas de exploração que permitam garantir a autossuficiência e o retorno social sustentável desta atividade econômica, também em longo prazo.

Conclusão

Como analisado, a História trouxe a energia nuclear novamente para o debate público e para as agendas governamentais mundiais. Hoje presenciamos um fenômeno mundial em que países com diferentes economias buscam a energia nuclear para promover o desenvolvimento. Países como África do Sul, Argentina, Birmânia, Bolívia, Brasil, Índia, Irã, Sudão, Turquia, Venezuela, Vietnã têm ocasionado acalentados debates nos fóruns e organismos mundiais sobre o direito de os Estados terem acesso à energia nuclear para fins pacíficos. Contudo, os países que possuem assentos definitivos no Conselho de Segurança das Nações Unidas e que lideram o jogo político do sistema internacional continuam dificultando o acesso à tecnologia nuclear de muitos desses países, receando que (re) orientem seus programas nucleares para as finalidades bélicas.

As estratégias políticas, econômicas e militares que os países que dominam a tecnologia nuclear se utilizam para cercear as atividades nucleares de outros países limitam o seu desenvolvimento socioeconômico. Isso significa que os velhos líderes mundiais devem rever seus conceitos político-estratégicos e que as lideranças mundiais futuras devam buscar obter novas experiências, realizar novas práticas e conceber novas visões estratégicas acerca do sistema mundial, de forma que o desenvolvimento sustentável e a coexistência pacífica estejam intrínsecos aos seus planos de ascensão política.

Baseado nos princípios do desenvolvimento sustentável, as mais recentes análises de ciclo de vida das várias opções de geração elétrica não conseguem elaborar um cenário para os próximos 50 anos, no qual não haja uma significativa participação da fonte nuclear para atender às demandas de geração de energia concentrada, juntamente com as renováveis, para atender às necessidades dispersas.

A alternativa a isto seria exaurir os combustíveis fósseis, aumentando brutalmente a emissão de gases de efeito estufa, ou negar as aspirações de melhoria de qualidade de vida para bilhões de seres humanos. Conclui-se, finalmente, que ambas as alternativas implicam na transferência transgeracional de um passivo socioambiental inaceitável.

Estado, desenvolvimento energético e ambiente

Ricardo Maranhão

Muito bem, agradeço bastante à Fundação Energia e Saneamento, ao Eletromemória e particularmente ao professor Gildo, pelo convite para falar para uma plateia tão seleta, e na verdade vou debater algumas coisas aqui ditas e fazer alguns pequenos acréscimos, já que a parte histórica propriamente dita foi brilhantemente colocada pela professora Sonia, pelas observações sobre energia nuclear do professor Leonam e também pela introdução do Ildo. Então, praticamente não teria o que acrescentar a não ser uma ideia sintética sobre essa participação do Estado, o peso do Estado, no modelo de desenvolvimento energético no país. Na verdade é um movimento pendular, um pêndulo entre a iniciativa privada e o Estado, em que do final do século XIX até 1934 o pêndulo pende bastante para o lado da iniciativa privada, de 1934 até os anos 1950 ele tende a pender bastante mais para o lado do setor estatal. A entrada do setor estatal no jogo é muito decisiva, já até os anos 1950. Nos anos 1950 inclusive, na verdade, houve um curto período em que havia um pacto de clivagem, uma ideia de manter o setor estatal e o setor privado em equilíbrio. Mas isso logo depois de 1962, com a entrada da Eletrobrás e, particularmente, com o desenvolvimento energético nos anos 1970, o pêndulo pendeu bastante para o lado do Estado, foi um período mais longo e mais decisivo de presença da regulação estatal no processo.

Naturalmente é com os anos 1990 que nós vamos ter o pêndulo voltando bastante, rapidamente, dentro de uma política neoliberal, para o lado da iniciativa privada, com todas as privatizações etc. – tendo como resultados negativos, claro, entre outros, o apagão de 2001. Também com o problema mais geral, universal, da crise econômica de 2008, é que novamente nós temos agora o pêndulo voltando para o lado da participação estatal de maneira bastante importante, embora ainda menos ao nível de ações concretas e mais ao nível de uma discussão decisiva que está se abrindo sobre qual é realmente o papel do Estado no desenvolvimento energético.

Ora, isto posto, eu gostaria também de lembrar uma coisa que se refere à história recente, justamente, é muito recente ainda em algumas cabeças de dirigentes brasileiros, é tão recente que nem chegou ainda, que é a preocupação ambiental. Na verdade eu gostaria de olhar essa preocupação ambiental de um jeito interessante, pegando o Primeiro Seminário Nacional de História e Energia e este aqui. O Primeiro Seminário Nacional de História e Energia teve uma virtude, que foi o fato de ser a primeira discussão política aberta dentro do setor elétrico após a ditadura. A ditadura tinha acabado de cair, em 1987, terminou praticamente em 1985, então em 1987 ainda não se tinha esse hábito. Dentro do setor elétrico a administração ainda era aquela administração extremamente autoritária que tinha sido construída dentro da ditadura, de uma maneira..., não importa qual o grau de eficiência, mas objetivamente muito vertical, muito autoritária, e ninguém discutia nada, discutia-se muito pouco.

Aí, quando o Sergio Motta, que era o presidente da Eletropaulo, e o Mário Bhering, presidente da Eletrobrás, resolveram que teria que haver uma discussão, incumbiram a mim e a um grupo montar um Seminário Nacional de História e Energia, na verdade a questão histórica e energética era uma coisa mais ou menos secundária, o importante é que todo mundo achou um espaço para falar. Teve um papel diferente, portanto, teve um papel em um momento que está recomeçando a discussão democrática. Muita gente veio, gente da Eletronorte, da Eletrobrás, da Chesf, da Eletrosul, estava meio mundo ali, naquele seminário. E é claro, em 1987, o fosso entre o setor acadêmico – os professores universitários, os estudiosos – e os dirigentes do setor elétrico era enorme, principalmente em relação à questão ambiental. Para o pessoal dirigente do setor elétrico nem existia essa questão – aliás, para muita gente não existia, em 1987 se falava muito pouco, em 1987 ainda reinava um pouco aquele espírito da época de Furnas. Nessa época de Furnas foi uma barra pesada, deslocaram quase 100 mil pessoas. Ah, os dados oficiais da inauguração, 1962, eram de que tinham sido deslocados 48 mil, mas nós vimos – depois em pesquisas – que muito mais gente, quase 100 mil pessoas foram deslocadas, pouquíssimas conseguiram indenizações na justiça em ações isoladas, muitos não conseguiram essas indenizações, morreram antes de todo o processo se completar e receberem. Foi um negócio violentíssimo. E ninguém fala, todo mundo só fala: "Furnas é o progresso! Furnas é a passagem de uma era de kW para a era do Mw Furnas é o grande elemento de entrada de um novo modelo energético no país". E é mesmo, não há dúvida, porém a questão é que não se levou nem um pouco em conta os atingidos, os ribeirinhos, o meio ambiente.

Olha, em 1987, no plano intelectual, nas universidades, você já tinha realmente pessoas pensando nisso, então nas mesas que nós convocamos na época, nós já tínhamos uma mesa sobre: *Energia e Preservação do Meio Ambiente*, *A Questão dos Assentamentos Humanos na Energia Elétrica e a Vida Cotidiana*, e uma série de professores, como Carlos Lemos, Pedro Agostinho, Nelson Simões, e uma série de outros professores, José Antonio Segatto e Oswaldo Seváľ, que vieram colocando uma questão básica: "Meu Deus, vamos manter, é importante o desenvolvimento de energia elétrica, principalmente a hidro, mas o que fazer? Como lidar com o meio ambiente?"

Naquele momento estava sendo construída Tucuruí e o dirigente da Eletronorte, presidente do seminário, falou uma coisa fantástica na hora que terminou uma das exposições sobre o deslocamento da população indígena em Tucuruí. Aí ele se levantou e falou: "Ah, tira os aborígenes dali!" Ele falou desse jeito, ele teve a cara de pau de falar na frente de todo mundo, pessoas que estavam estudando o assunto. Mas tudo bem, eles estão tão bem lá, pusemos em outro lugar... Quer dizer, na verdade era um descaso absoluto, nós sabemos que Tucuruí também atingiu gravemente uma série de outras questões ambientais, o problema da floresta, o problema dos gases tóxicos, aquela coisa toda que vocês conhecem.

Então, na verdade é interessante como isso depois passou, foi muito bom que houvesse essa briga, esse conflito que houve nas várias mesas redondas, em 1987, justamente porque pelo menos algumas das autoridades presentes começaram a pensar no assunto. Não sei se foi, talvez seja otimismo meu dizer que o seminário marcou suas cabeças, mas pelo menos tentou, não é? Tentou, e nesse sentido teve também um papel, muito importante. Ora, com o passar dos anos, naturalmente..., por exemplo dentro dessa própria equipe que estava no seminário, nós tivemos algumas vitórias, por exemplo no caso de Itaparica. O pessoal tinha um professor, não me lembro agora o nome dele, ah!, Pedro

Agostinho. Pedro Agostinho, lá da Universidade da Bahia, conseguiu junto à Chesf um projeto de salvamento arqueológico da região de Itaparica, além da universidade coordenar a questão de deslocamentos populacionais. Então foi uma vitória, a Chesf aceitou com mais facilidade essa presença da universidade e de uma preocupação ambiental mais interessante.

A partir daí toda uma série de pressões se desenvolveram, e hoje em dia a gente começa, então, a ter uma atenção um pouco mais decisiva à questão do deslocamento populacional, deslocamento de populações indígenas e à questão ambiental toda, ao conjunto..., os EIA/RIMA que passaram a ser obrigatórios para construção de usinas hidrelétricas. O que é necessário, no entanto, é aprofundar até que ponto as coisas são levadas efetivamente, até que ponto o discurso que defende a preservação ambiental fica apenas na superfície. Parece-me que isso na história da constituição recente do setor elétrico brasileiro é um elemento decisivo, porque o Plano Decenal, concentrando um grande número de iniciativas de hidrelétricas da Amazônia, seria realmente a solução racional para o desenvolvimento sem agressão ao meio ambiente? Isso é uma questão ainda em aberto, me parece. Embora muita gente defenda que o Plano Decenal é perfeito, há outros que necessitam ver isso com mais calma.

Na verdade, o que me parece assim que é importante ver nesse sentido, é perceber que às vezes num pequeno debate democrático, numa discussão como essa que estamos tendo o prazer de ter aqui, de repente começam a se vislumbrar elementos capazes de modificar a própria história, não é? Eu penso que foi essa abertura, quer dizer, claro, não foi só o seminário, enfim foi a abertura política que propiciou, a partir de 1985, o debate em outros fóruns, e dentro das próprias empresas, a pressão das pessoas mais preocupadas com as consequências gerais para o meio ambiente, para a vida cotidiana das empresas que a iniciativa de construção de hidrelétricas pode trazer.

Esse elemento da discussão democrática me parece absolutamente decisivo. Em todo lugar hoje que a gente puder, a gente está colocando, está levantando, mesmo sendo profundamente a favor da energia hidrelétrica como realmente um fator fundamental, quase tão importante quanto a energia nuclear, ou mais importante, dependendo de ver, discutir, mas de qualquer forma é ainda no Brasil muito importante a meta de construção de hidrelétricas, me parece decisiva. Parece-me, no entanto, que vamos ter que ajustar agora que temos mais conhecimento, tem que ter muita mais gente estudando questões ambientais, a questão ambiental se tornou também um elemento do senso comum, já está na mídia, está nas conversas das pessoas Mas agora gostariam de respeitar mais profundamente esse anseio democrático pelo respeito ao meio ambiente e, portanto, tentar fazer com que – através das pressões democráticas – o planejamento energético futuro tenha um peso maior e tome mesmo em conta nas suas decisões a preocupação ambiental. Muito obrigado.

A produção e distribuição de energia

Ildo Sauer

No Brasil, depois do período colonial, no final dele já e mais adiante, a primeira apropriação da energia de estoque se deu pela utilização das ferrovias, que orientavam a participação do Brasil segundo a divisão internacional do trabalho, então vigente no período colonial e pós-colonial, nos anos 1800. Com a segunda fase da Revolução Industrial e o aprofundamento das inovações da primeira fase, nós tivemos o surgimento aqui da busca da energia elétrica para tração e iluminação pública. E aí os experimentos, já no final do Segundo Império, da atração dos primeiros processos tecnológicos e, logo a seguir, a geração térmica em Campos para iluminação, e a famosa Marmelos de Juiz de Fora, na área hidráulica, e também os experimentos na área de telecomunicações, ainda que numa iniciativa muito mais elitista do imperador de então, do que algo que serviria para se popularizar e se tornar mais presente no sistema produtivo nacional.

Mas isso acontece logo a seguir quando, em busca dos seus mercados, as empresas, essencialmente americanas, buscaram na América Latina, em particular no Brasil, um espaço para ampliar a capacidade de mercado para suas tecnologias. Então, partem de um sistema de patentes, as poucas empresas internacionais que dominavam essas tecnologias viam aqui nesse país, assim como nos seus vizinhos, a condição da possibilidade de vender e viabilizar a produção dessas tecnologias para o mercado local. E obviamente só fazia sentido isso se na outra ponta se desenvolvessem, também, a demanda e o mercado. É assim que surgem aqui em São Paulo e no Rio de Janeiro, então capital, a Light, uma concessão canadense com participação americana, e a American Foreign Power Company, que foi relativamente importante para ocupar esse espaço no interior de São Paulo e em estados como o Rio Grande do Sul, e outros mais.

É bem verdade que na sociedade brasileira – nessa transição do século XIX para o XX – já havia a percepção de que o controle social sobre a energia teria um papel muito relevante no processo de organização da produção. Em 1907 já se mandava ao Congresso Nacional a primeira proposta do Código de Águas que, no entanto, mercê dos embates políticos e dos interesses concretos, só se concretiza no Estado Novo, sob Getúlio Vargas, um pouco antes ainda, na primeira fase do governo Getúlio Vargas, em 1934 – foi o primeiro marco regulatório concreto que colocava sob interesse nacional o uso dos potenciais hidráulicos e também fixava formas de como organizar as tarifas dos serviços pelo custo e as prioridades do seu uso.

A Segunda Guerra Mundial marca, então, uma mudança significativa nessa relação um tanto conflituosa entre a presença dos capitais estrangeiros aqui e a necessidade vinculada ao processo de industrialização e urbanização do suprimento contínuo e confiável da energia elétrica, e marca – como em todos os outros países caudatários da proposta do New Deal – a entrada no Brasil do Estado Nacional, organizando, a partir dos preceitos do Código de Águas, o grande conjunto de intervenções criando a Vale do Rio Doce, a Siderúrgica Nacional, o BNDE – como financiador, organizador e direcionador dos investimentos –, a proposta da Eletrobras, a criação da Petrobras, da Telebras e todo esse conjunto de ações que vão se materializando. Além de iniciativas diretas e empresariais, como a criação de Furnas e o desenvolvimento de alguns projetos no São Francisco, isso já mais adiante, começando agora nos governos do segundo Vargas, Juscelino etc. É verdade que a Eletrobras só vai ser materializada com a lei de Goulart e sua implementação concreta será pelos governos militares que se seguiram ao golpe de 31 de março de 1964, que, no entanto, mantiveram, de uma certa forma, a organização do sistema de infraestrutura como que subordinado ao paradigma keynesiano de então.

Bom, aqui o estado de São Paulo, em articulação com o governo nacional, tomou a iniciativa de suprir a deficiência dos investimentos de capitais estrangeiros para garantir a oferta, criando várias empresas estaduais que depois acabaram sendo fundidas sob a CESP. Em paralelo, a consolidação da fissão nuclear em 1938 e o anúncio público dos experimentos nucleares para fins de propulsão naval levaram à tecnologia nuclear, principalmente como alternativa que, nos anos 1950, se acreditava nos Estados Unidos que era tão barata de ser produzida, que seria mais caro medi-la. Então, ao invés de cobrá-la, seria mais barato dá-la gratuitamente como serviço público disponível a todos como se fosse oxigênio, que ainda hoje assim o é. Essa percepção gerou no Brasil várias iniciativas na área nuclear; percebia-se que se o petróleo, a campanha do "Petróleo É Nosso", e a eletricidade eram marcos essenciais para organizar a vida, o não domínio da tecnologia da energia nuclear seria completamente impensável para uma sociedade que se via como tendo uma perspectiva de futuro. E aí as várias iniciativas em paralelo foram andando – estou me antecipando um pouco, isso é o que nós veremos daqui a pouco – e então, finalmente, vimos as grandes fases para encerrar essa hegemonia do controle do Estado sobre esses processos, com os governos liberais já antecipados em outros países no Consenso de Washington, Margareth Thatcher na Inglaterra, mas aqui no Brasil mormente a iniciativa de Collor, que não se materializa por sua efemeridade, não pela falta de vontade, mas que com o governo Fernando Henrique acaba procurando uma reestruturação produtiva do setor dos serviços públicos, tirando o papel do Estado essencial como organizador, investidor e subordinando essencialmente esses negócios à área dos interesses financeiros, levando-nos à crise do apagão de 2001. Estamos agora no modelo híbrido, tateando ainda qual é o modelo com planejamento, qual é o papel da iniciativa privada e qual – nesse processo de planejamento – será a possibilidade, nesses marcos institucionais emergentes dessa longa história, qual é o prospecto que nós temos de organização da produção na área da energia, quais as tecnologias e quais os desafios.

Eu me permito, antes de concluir, fazer dois ou três comentários da minha percepção desse debate e das perguntas. Eu sumarizaria que a grande questão, aqui no Brasil e no mundo, em relação à energia, tem a ver com a sua distribuição. Como se organiza a produção econômica em geral para satisfazer as necessidades da existência humana, produzir bens, mercadorias e serviços e fazê-los circular em escala global hoje e como se dá a apropriação social da energia na sociedade como um todo e nos vários grupos que estão em conflito. A hegemonia americana permanece, não obstante, hoje ela tem suas reservas que lhe permitem menos do que 1/3 da produção do petróleo, mercê da estrutura da organização e da produção e da sua hegemonia econômica. Então o grande debate me parece que se dá nesse sentido, de como se organiza a produção, de como em muitos segmentos da energia é possível gerar excedente econômico, portanto rendas diferenciais, e como esse excedente econômico no processo social de produção acaba direcionando as rotas tecnológicas e o acesso aos recursos naturais e o seu controle para produzir excedente.

No mundo, hoje em dia, é bom reconhecer que as energias de fluxo e algumas de estoque não faltam. Não há ausência de recurso, a energia que vem do sol todo ano é uma montanha muito grande, aquela que vira fotossíntese, aquela que vira ciclo eólico, aquela que vira ciclo hidráulico, e também da fotovoltaica. É evidente que do ponto de vista dos recursos dotados pela natureza há os nucleares, o da fusão muito distante e o da fissão possível, potencialmente, dependendo do tipo da tecnologia serão, em abundância física, os maiores. Não há dúvida de que as adequadas tecnologias nucleares e o estoque de urânio que temos na Terra permitiriam uma produção muito grande. A questão toda está aí, para concluir meu comentário da reflexão final: na estrutura social de como as pessoas trabalham e produzem, quanto capital, quanto trabalho são necessários para viabilizar não só a apropriação da energia como elemento essencial para aumentar a produtividade, mas para produzir as necessidades humanas e como isso se distribui. Acho que a energia e a apropriação social da natureza colocam limites dos dois lados, no acesso aos recursos e nos efluentes, que como lembrou o Maranhão, se rebatem não só sobre a natureza, mas também sobre as pessoas, especialmente aquelas que estão no elo mais fraco da sociedade.

PARTE 2
EMPRESAS E MEMÓRIA HISTÓRICA

Tamás Szmrecsányi e Ricardo Maranhão, na apresentação de *História de Empresas e Desenvolvimento Econômico* (2002), ressaltaram que a pesquisa em história das empresas não era algo ainda muito usual no Brasil no início da década de 1990 e, desta forma, justificaram o fato de que a maioria dos trabalhos apresentados na 2° Conferência Internacional de História das Empresas, ocorrida em 1993, foi realizada por autores estrangeiros.

Um dos resultados alcançados pelo Projeto Eletromemória, iniciado em 2007, foi o de estimular e implementar o desenvolvimento de pesquisas de história empresarial entre os alunos de graduação do curso de História da Universidade de São Paulo. Muitas destas pesquisas utilizaram como fonte primária o arquivo produzido pelas empresas de energia como CESP, Light e Eletropaulo e que fazem parte do acervo da Fundação Energia e Saneamento ou que pertencem ainda às próprias empresas. Estes pesquisadores puderam perceber a potencialidade de pesquisa existente nos documentos administrativos e técnicos gerados pelas empresas ao permitirem a análise das relações entre as empresas, os poderes públicos e a sociedade. Grande parte dos documentos dos arquivos das empresas de energia possui caráter inédito. Nem sempre é fácil, ao pesquisador, a localização e o acesso a estes documentos e, embora os documentos gerados pelas empresas que executam serviços públicos sejam legalmente reconhecidos como públicos, isto nem sempre é praticado.

O desenvolvimento do sistema energético no Brasil remonta ao final do século XIX, em 1872, quando uma empresa de gás, de origem inglesa, se estabeleceu no estado de São Paulo. Neste período inicial também se podia observar a existência de pequenas usinas hidrelétricas e térmicas, iniciativa de pequenas empresas. Somente 28 anos depois da instalação da empresa de gás é que a canadense The São Paulo Tramway, Light and Power Co. Ltd., a "Light", pertencente à holding Brazilian Traction Light and Power, chegaria ao Brasil. Esta empresa procurou monopolizar os serviços de produção, transmissão e de distribuição de energia na cidade de São Paulo. Outra empresa, a norte-americana American and Foreign Power, a Amforp, do Grupo Eletric Bond and Share, concentrou suas concessões no interior de São Paulo. Já a Companhia Paulista de Força e Luz (CPFL), criada em 1912, foi posteriormente integrada ao grupo Eletric Bond and Share. Assim, poucas empresas operavam o sistema energético no estado de São Paulo. Esta situação gerou grandes conflitos e discussões na sociedade e principalmente entre engenheiros e políticos preocupados com o desenvolvimento destes serviços. Desde o começo do século ocorreram tentativas de normalizar os serviços públicos e o uso dos recursos naturais. Em 1907 foi elaborada uma primeira versão do Código de Águas que só seria aprovado em 1934, embora não tenha sido de fato executado. Portanto, conflitos entre os interesses das empresas estrangeiras e os nacionais foram constantes até o momento em que foram criadas as empresas estatais e de capital misto nas décadas de 1950 e de 1960.

As companhias energéticas de eletricidade têm reconhecido que a gestão de sua memória e patrimônio históricos conta com uma justificativa empresarial, que vai desde o acesso e a recuperação de informações, que fazem parte de sua identidade e imagem pública, até elas serem uma ferramenta para estratégias comerciais de longo alcance. No entanto, as grandes transformações da atual fase da privatização dessas empresas evidenciaram uma série de profundas rupturas e alterações nos processos organizacionais dessas empresas, cujos efeitos ainda não foram totalmente assimilados.

Dois capítulos dessa última conjuntura exemplificam e evidenciam essa assertiva. Inicialmente, lembre-se que no âmbito do estado de São Paulo, a multiplicação de empresas com identidades e culturas corporativas distintas das empresas originais e a introdução do capital privado, inclusive o estrangeiro, nas redefinições do setor, vinham na perspectiva de ampliar o potencial de investimento, ajustar o foco dos serviços prestados e dotá-los de excelência. Esse direcionamento foi, porém, marcado desde o início por um acentuado processo de redução de pessoal, com expedientes de estímulo às demissões voluntárias e às antecipações de aposentadoria. A saída de muitos dos que viveram parte considerável de suas carreiras nas empresas de energia elétrica, somada à vinda de novos quadros técnicos e administrativos alheios ao percurso vivido até então pelo setor, justamente na fase de sua desverticalização, acarretaram uma série de dificuldades no interior das novas empresas, não só pelo desconhecimento da história e da documentação, mas pela falta de experiência e de referências válidas do *modus operandi* e da gestão de processos e serviços.

Ao longo dessa pós-reestruturação, as empresas têm buscado alternativas diferentes para resolver os problemas concretos dessa situação, variando entre a contratação de consultorias gerenciais para criação de novos paradigmas e a montagem de leques de treinamentos, normas e padronizações para os funcionários e prestadores de serviço em todos os níveis (em consonância, na maioria dos casos, com estratégias das matrizes multinacionais), e passando inclusive pela readmissão, terceirização ou mesmo a quarteirização de ex-funcionários saídos nos processos incentivados.

Contudo, salvo exceções pontuais, a questão da memória e dos registros guardados pelas empresas ao longo das diferentes fases de implantação e desenvolvimento dos serviços de energia elétrica – vistos como elementos fundamentais para a construção da história do setor energético – não tem sido equacionada com a devida importância entre as várias preocupações empresariais. Não é difícil perceber isso quando se observa que na maior parte a documentação arquivística, cuja guarda é regulada por lei, permanece em depósitos em que as condições de guarda, conservação e acesso dificultam a localização e a preservação dos registros e praticamente inviabilizam ou tornam extremamente morosa a consulta. Diversos destes traços que caracterizaram a história do desenvolvimento da energia elétrica em São Paulo e no Brasil podem ser percebidos também em outros países.

Nota-se ainda a carência de uma publicação regular de caráter interinstitucional e independente que pudesse abrigar a pesquisa historiográfica da memória sobre energia e eletricidade, hoje dispersa. Deve-se pensar também que essas pesquisas se espraiam para outros campos, como da arquivologia, documentação, cultura material e museus, o que propiciaria uma grande riqueza de contribuições.

O vasto universo dos arquivos, em suas diversas formas, foi objeto de diversas contribuições no III Seminário Internacional de História e Energia, que espelham essas preocupações no âmbito brasileiro e de outros países.

Claudinéli M. Ramos, Maria B. Moraes e Gildo Magalhães

Uma perspectiva de arquivista sobre a documentação empresarial nos Estados Unidos

Bruce Bruemmer

> Predisposições e tendências culturais têm desviado a posse de arquivos em favor dos ricos e poderosos na nossa sociedade. Grupos desprovidos e marginalizados têm sido frequentemente excluídos das salas consagradas à memória histórica porque sua documentação arquivística era indisponível ou considerada sem importância.

Assim começa uma seção intitulada "Abrindo Arquivos para o Futuro", contida em um novo livro do arquivista americano Rand Jimerson, que analisa o papel do arquivista em moldar e construir a memória. A análise de Jimerson sobre arquivos e poder coloca a responsabilidade pela documentação de injustiças sociais aos pés desta profissão. Esta é uma completa inversão dos princípios iniciais da profissão, nos quais Sir Hilary Jenkinson estabeleceu a noção de que os arquivistas deveriam selecionar registros de maneira neutra. Mais recentemente, Bill Maher, como presidente da Sociedade Americana de Arquivistas, escreveu que a "missão do arquivista não é interpretar um registro documental ou limitá-lo a um conjunto de significados... nosso objetivo é administrar o registro documental para uso de outros que formarão sua própria opinião e imagem do passado". Entretanto, como qualquer pós-modernista poderia alertar, como selecionar os registros sem introduzir tendências culturais?

A preocupação quanto à manipulação ou distorção da documentação preservada por arquivistas pressupõe um certo grau de atividade arquivística que provavelmente não existe no mundo real. Há um número infinito de tópicos históricos e um nível finito de atividade arquivística para dar conta deles. A cada ano um desfile de arquivistas se apresenta em conferências profissionais com alertas terríveis de áreas não documentadas sem nenhum registro, exatamente como nesta conferência. A influência dos ricos e poderosos pode, em última instância, estar moldando o registro de nossa sociedade, como afirma a citação de Jimerson, mas se isso for realmente verdade, como poderíamos explicar a fraca documentação de todo o setor de negócios?

Considerem a história da recente indústria de computadores, de seu início nos anos 1950 ao comércio de microcomputadores nos anos 1980. A indústria era dominada por oito empresas americanas, geralmente conhecidas como "a IBM e os sete anões", os anões sendo a Burroughs, Control Data, General Electric, Honeywell, NCR, RCA e Sperry Rand. Deste grupo, apenas a IBM ainda existe como uma empresa de computadores e apenas a IBM ainda mantém um arquivo corporativo. O que resta dos registros de negócios dos anões distribui-se entre a Biblioteca Hagley, a Universidade de Minnesota, e um arquivo municipal no estado de Ohio. O paradeiro dos registros da divisão de computadores da GE e da Honeywell são desconhecidos por mim. Eis um dos setores de negócios dos EUA mais significativos e prósperos do século XX. Se a posição social e riqueza são um ponto decisivo para a preservação ou não de registros, então seus arquivos tão reduzidos não deveriam depender do setor público para sua preservação.

Além disso, seria um erro assumir que os registros remanescentes dessa indústria refletem precisamente a história destas empresas de computadores. Não há uma lei darwinista para a documentação de negócios; os melhores registros históricos não sobrevivem necessariamente contra os menos importantes historicamente. Ao escrever o prefácio de sua história da Ethyl Corporation, Joseph C. Robert, alertou sobre o "acidente da evidência", a tentação do historiador de "identificar o disponível como o importante". Isso não é para incriminar as habilidades de avaliação dos arquivistas; simplesmente diz que o que sobrevive não é necessariamente o que escolheríamos se nada tivesse sido destruído.

Então, o que fazer no caso da indústria de eletricidade no Brasil? Eu gostaria de dedicar meu tempo para discutir estratégias para preservação de registros empresariais com base em minha vivência nos Estados Unidos. Não sei se isso se aplica bem ao Brasil ou ao Projeto Eletromemória, mas devido a uma grande parte destes registros serem empresariais e estarem em poder de empresas globais como a Duke Energy, acredito que meus comentários possam ser úteis. Eu já estive dos dois lados do problema: primeiro, como arquivista coletando registros, ou seja, alguém que não faz parte da organização cujos registros estão sendo coletados; e segundo, como arquivista corporativo da Cargill, uma empresa interrnacional, que industrializa e comercializa produtos e serviços alimentícios, agrícolas e financeiros.

Antes de prosseguir, gostaria de agradecer ao Projeto e ao Professor Gildo Magalhães Santos pela gentileza de me convidar para expor minhas ideias a este público. Estou adorando estar no Brasil pela primeira vez e por aprender mais sobre o Projeto Eletromemória, e peço desculpas por não conseguir falar sua bela língua.

Na época em que eu coletava registros empresariais, eu era o arquivista do Instituto Charles Babbage (CBI), uma pequena unidade de pesquisa acadêmica da Universidade de Minnesota dedicada à história da computação. Essa experiência é relevante porque acredito que o CBI e o Projeto Eletromemória compartilham muitas visões e desafios semelhantes. O CBI foi fundado originariamente para ser um centro arquivístico da história do processamento da informação, cuja principal meta era promover e desenvolver:

- acervos nacionais de materiais historicamente significativos;
- uma central de informações sobre o local e o conteúdo de materiais históricos;
- e um centro de história contemporânea para estimular pesquisas e trabalhos sobre o desenvolvimento desse campo.

Este era um campo comparativamente novo nos anos 1980, tão novo que os historiadores debatiam se seria realista discutir história de algo datado com menos de quinze anos. Deparávamo-nos com uma enorme quantidade de literatura técnica (toda em papel na época) que nenhum de nós conseguia realmente decifrar o suficiente para avaliar seu valor histórico sem envolver cientistas e engenheiros de computação.[1]

Enquanto o CBI tentava encontrar seu caminho em meio à documentação histórica, surgiu uma estratégia de quatro passos para os arquivos. Inicialmente, o CBI precisava defender os registros na comunidade arquivista. Em 1983, um relatório do Comitê Conjunto de Arquivos de Ciência e Tecnologia (conhecido

---

1 NORBERG, Arthur L. "A Perpective on the History the Charles Babbage Institute and the Charles Babbage Foundation". *Annals of the History of Computing* (23:4), out.-dez. 2001, p. 12-23.

como JCAST), destacava a resistência dos arquivistas para a ciência e tecnologia, e o CBI estava em boa posição para aumentar a conscientização e desenvolver algumas ferramentas de arquivo. Em segundo lugar, a melhor forma de demonstrar as intenções do CBI era trabalhar com arquivos na linha de frente da coleta. Se o CBI não conseguisse ser um puro facilitador para outros arquivos, poderia tornar-se um parceiro. Em terceiro lugar, os arquivos precisavam promover a utilização de suas próprias coleções. No mínimo, o uso para pesquisa informaria os arquivos sobre o que realmente era valorizado pelos pesquisadores. Por último, os arquivos iriam favorecer o trabalho que permitisse aos arquivistas atuarem em conjunto com historiadores, cientistas da computação e profissionais de gestão documental. Este era o trabalho mais difícil para os arquivistas, e acreditávamos que não haveria tantas discordâncias entre estes grupos sobre "quem seria beneficiado pela preservação dos registros" e "qual seria o público alvo para trabalhos históricos".[2] Na verdade, estávamos redondamente enganados. Em uma reunião inicial sobre literatura técnica de computação, os cientistas da computação queriam abordar o assunto como uma questão tecnológica, os historiadores sentiam-se os únicos qualificados para determinar o que precisava ser salvo, e os arquivistas afirmavam que eles fariam a seleção final, com ou sem ajuda dos outros dois grupos. Como em toda colaboração, compreender uma linguagem e um objetivo comuns pode ser um processo lento. Assim como para um casamento bem sucedido, não vá pressupor que seu parceiro vê o mundo da mesma maneira que você.

No final dos anos 1980, o CBI recebeu dotação federal para documentar a atividade industrial da história da computação. Isto foi resultado do grande interesse do instituto pelos documentos das empresas de computação. O CBI tinha tentado trabalhar com a Sperry Rand para descobrir os registros da primeira empresa de computadores do Estado, mas fomos ingênuos com relação ao quanto uma empresa queria acadêmicos se imiscuindo em negócios. Por sorte, o CBI havia conquistado uma boa reputação entre alguns executivos da Control Data Corporation e conseguimos um extraordinário acesso aos documentos da empresa. Eu e Sheldon Hochheiser, um historiador, aproveitamos a oportunidade para trabalhar na sede da Control Data, para gerar um apanhado dos arquivos historicamente valiosos para outras pessoas trabalhando no mesmo ramo. O

---

2 BRUEMMER, Bruce H.; KAPLAN, Elisabeth. "Realizing the Concept: A History of the CBI Archives", *Annals of the History of Computing* (23:4), out.-dez. 2001, p. 29-38.

resultado deste trabalho foi a publicação em 1989 de *The High-Technology Company: A Historical Research and Archival Guide* (*A Empresa de Alta Tecnologia: Uma Pesquisa Histórica e Guia de Arquivo*).

A publicação foi significativa, pois foi um dos primeiros trabalhos que tentaram descrever o *corpus* de registros empresariais seguindo as funções de uma empresa voltada para a tecnologia. De forma simplificada, tentou sugerir os tipos de registros que poderiam existir, e quais deles seriam úteis para pesquisas históricas. O guia também foi elaborado para ajudar a navegação de arquivistas pelo processo de avaliação do valor histórico, e até propôs uma metodologia para auxiliar arquivistas a rapidamente compreender as funções chave de uma empresa como parte do processo de avaliação documental. Para o CBI, o guia foi um exemplo do tipo de trabalho que ele estava mais preparado para executar: historiadores e arquivistas frente a uma oportunidade única de trabalhar em conjunto para produzir um trabalho que beneficiaria ambas as áreas. Olhando para trás, ainda fico impressionado com a sorte que tivemos de poder trabalhar com essa empresa. O financiamento, a disponibilidade da equipe, as circunstâncias da Control Data, a localização da empresa, e a atitude dos seus executivos, tudo abriu uma janela de oportunidade maravilhosa, conquanto estreita. Em um ano o destino da empresa tornou-se tal que teria sido impossível realizar o projeto. O momento do projeto, assim como outros esforços históricos com a indústria, eram de fato delicados.

Esta aproximação com a indústria representou uma contradição para os arquivos do CBI, e para o próprio CBI. Projetos arquivísticos como o que produziu o *High-Technology Company* dependiam da confiança construída ao longo do tempo em empresas específicas e com executivos específicos. Mas a taxa de mortalidade de empresas na indústria de computadores era relativamente alta, e seria ainda maior na era do comércio eletrônico. Em última análise, tais relações foram compensadoras de formas imprevistas, como a doação dos registros da Burroughs em 1991 e da Control Data em 1994, duas das maiores e mais robustas coleções do CBI. Mas, frequentemente, esses relacionamentos explodiam em nossa cara. Eu me lembro de comemorar a conquista de finalmente encontrar um advogado empresarial na Cray Research, que estava interessado em desenvolver uma parceria com o CBI quanto aos documentos. Um mês após a reunião, a Silicon Graphics comprou a Cray e o advogado bem posicionado saiu da empresa. A porta sempre se fechou mais rápido do que se abriu.

Essa dinâmica empresarial mutável era provavelmente mais intensa na indústria de computadores do que na maioria das outras, mas o ambiente emprerial em geral parece fazer da sua documentação um alvo móvel. No CBI estávamos na melhor posição para traçar uma estratégia nacional de coleta para a história da computação, um modelo que seguia alguns trabalhos conduzidos pelo Instituto Americano de Física (AIP). Este modelo afirmava que "qualquer programa de coleta bem sucedido deve ter como base um conhecimento de fatos, personalidades, projetos e [funções]. Apenas depois de adquirir e testar este conhecimento, as partes interessadas podem estabelecer uma estratégia apropriada para desenvolver um acervo nacional".[3] Mais uma vez, o CBI afirmava que um bom levantamento e avaliação de arquivos não poderia ocorrer em um vazio histórico. Na época, o CBI teve a sorte de conseguir recursos para iniciar parte deste trabalho, mas sempre sentimos necessidade de maior atividade arquivística e histórica, entendendo melhor as necessidades dos historiadores e um maior engajamento com profissionais da indústria. Parte disso foi sorte: o comprometimento duma rede de executivos de indústrias, os historiadores e arquivistas certos, o fato de empresas significativas estarem localizadas em Minnesota, e o apoio de uma instituição acadêmica. Hoje em dia, esta disposição infelizmente sofreu algumas mudanças e afetou a liderança do CBI nesse campo.

Antes de 2000, eu tinha trabalhado na academia e com arquivos públicos tentando coletar registros de empresas. Em 2000, eu mudei de setor e comecei a trabalhar como arquivista corporativo na Cargill. Pensava que se eu pudesse driblar meu caminho pela história da computação, então o agronegócio seria fácil. Entretanto, a inversão de papéis, de arquivista de fora para dentro foi surpreendente, e estas são algumas das coisas que aprendi.

Primeiro: a maioria das empresas simplesmente não quer compartilhar informações, nem mesmo informações arquivísticas. A Cargill ainda é uma empresa privada, e suas raízes estão no negócio de comercialização de grãos. Neste segmento, a informação é uma grande vantagem competitiva e, consequentemente, você tende a não compartilhar nenhuma informação. Esta preferência por não dizer nada é profunda na cultura da empresa, e apesar de estar mudando, ainda persiste. Há cinco anos, uma pessoa de relações públicas da Cargill saiu para a empresa Mosaic, uma empresa de fertilizantes subsidiária separada. Uma das lições que ela citou após sair da Cargill foi seu choque ao perceber que

---

3 NORBERG, op. cit., p. 19.

outras divisões da Mosaic prontamente compartilhavam informações com ela! Outras empresas americanas podem ser mais abertas à utilização externa, mas em última análise, antes de você obter acesso aos seus arquivos, terá que explicar como tal trabalho terá algum valor direto para a empresa.

Segundo: parafraseando o presidente americano Calvin Coolidge, o negócio de arquivos corporativos é um negócio. Artigos e mais artigos de arquivistas corporativos suportam este ditado. Em última análise, os arquivos corporativos são responsáveis perante os acionistas, e o maior interesse dos acionistas é aumentar seu investimento. Apesar de os acionistas certamente valorizarem outros aspectos duma empresa, tais como o patrimônio histórico, o envolvimento com a comunidade, a responsabilidade ambiental e donativos de caridade, sua maior prioridade é a financeira. Um arquivo corporativo pode justificar sua existência a partir de diversas perspectivas, mas sua sobrevivência está muito mais garantida quando está o mais próximo possível de contribuir para a soma final. Cada vez mais se espera que os arquivos corporativos atendam a estas expectativas. Nos anos 1990, os arquivos da AT&T existiam apenas através de receita gerada pela "cobrança" de serviços. Os arquivos da Coca-Cola alegam ter um grande papel histórico numa empresa com negócios multimilionários envolvendo sua marca registrada. Muitos arquivos corporativos, tais como os da Cargill, participam em acordos anuais de nível de serviço, em que as unidades de negócios precisam pagar um valor anual com base na utilização no ano anterior de serviços e produtos. Um apelo para salvar os documentos pelo seu valor social ou histórico não faz parte da linguagem dos negócios.[4]

Terceiro: raramente existe um sistema de registro unificado em uma grande empresa. Como funcionário, posso ter maior acesso a documentos do que um estranho, mas isso não significa que mesmo um arquivista interno tenha acesso a tudo. Por exemplo, o departamento jurídico da Cargill possui seu próprio sistema de gerenciamento de arquivos e eu simplesmente não tenho acesso a eles. Quaisquer documentos salvos para preservação nos arquivos por um longo período apenas são salvos caso alguém do jurídico pense que uma série documental possa ser adequada para arquivamento. Os sistemas de registro são

---

4 BRUEMMER, Bruce. "Brown Shoes in a World of Tuxedos: Corporate Archives and the Archival Profession". In: COOK, Terry (ed.). *Festchrift for Helen Samuels*. Chicago: Society of American Archivists, no prelo.

muito complicados em grandes organizações. Este é outro motivo pelo qual um profissional externo terá poucas chances de encontrar o registro perfeito.

Finalmente: defender o arquivo é para sempre. Frequentemente, eu precisei investir tempo em tranquilizar os advogados da empresa e a equipe de proteção da informação quanto à ideia de estas informações ficarem no arquivo corporativo. Para alguns advogados, um arquivo corporativo interno representa mais riscos do que benefícios para a empresa, e provar o contrário é um exercício constante. Para outros, a palavra "história" se opõe aos valores promovidos pela empresa, que enfatiza o olhar para frente. Muitos arquivistas corporativos preferem o termo "patrimônio histórico", que sutilmente transmite a noção de valor exclusivo para a empresa. Se por um lado eu não posso trabalhar o patrimônio histórico de marcas e patentes, como alguns de meus colegas em indústrias mais de varejo, eu tenho a sorte de trabalhar para uma empresa privada ainda bastante ligada à sua família fundadora. Sempre que alguém deseja utilizar o patrimônio histórico para clientes, funcionários ou nossas comunidades, eu aproveito a chance. Nunca recusei uma oportunidade de explicar o patrimônio histórico da Cargill ou o trabalho dos arquivos corporativos. Mesmo assim, ainda ouço comentários como "não entendo por que esta empresa está gastando dinheiro com história".

Agora, ao relembrar a época em que eu tentava obter registros das empresas, ainda não consigo me decidir se fomos extremamente ingênuos ou se a situação simplesmente tornou-se mais complexa com o tempo. Mesmo tendo tido sucesso no CBI porque éramos obtusos, persistentes e sortudos, hoje, com certeza, seria mais difícil. Nos últimos dez anos, tenho visto algumas tendências que dificultam a situação para o arquivista e também para o historiador. O risco legal, a auditoria interna, proteção de informação, e o pior, a documentação eletrônica, tudo parece estar criando um ambiente hostil para a documentação autêntica e confiável. Sinceramente, espero que isso seja uma aberração da sociedade americana, mas penso que não.

Dito isso, tenho cinco sugestões para a abordagem da preservação dos registros empresariais com base em minha experiência tanto externa quanto interna.

1. Limitações das estratégias nacionais

As estratégias nacionais para preservação de registros empresariais detalham muitas das tensões que mencionei. Os dois exemplos mais recentes vêm do

Reino Unido, especificamente Inglaterra e País de Gales em 2009, e da Escócia em 2010. Em uma seção referente à sustentabilidade dos arquivos corporativos, o primeiro relatório menciona que "A desaceleração econômica pode resultar em falta de investimentos ou no fechamento dos arquivos corporativos." [Natl. Strat. England Wales, p. 13]. As estratégias destacam problemas semelhantes encontrados pelo CBI na indústria de computadores: apenas grandes empresas podem realmente pensar em contratar um arquivista; "Globalização, fusões, aquisições, compras de ativos, mudanças organizacionais e realocação" podem ter efeitos negativos sobre os arquivos corporativos; tanto o público como a empresa possuem pouca consciência do valor dos arquivos empresariais. Na verdade, a ambivalência do público quanto às empresas em geral não ajuda a situação dos seus registros. As duas estratégias destacam corretamente a importância da história empresarial para a história da sociedade, mas preservar nomes como Enron, Union Carbide, Worldcom, AIG, International Telephone and Telegraph, e United Fruit (acrescentem outros) não é exatamente uma inspiração para o público reservar dinheiro de impostos para a preservação de documentos empresariais. Há aproximadamente 50 anos, um historiador de empresas observou que a história dos negócios americanos sofria de um legado do "retrato à Veblen do empresário como um vilão ganancioso, pronto para explorar todos os interstícios dentro da tecnologia industrial para seus próprios fins egoístas (uma espécie de versão doméstica do comentário de Lênin de que o comunismo era o marxismo mais eletricidade)".[5]

Talvez você se surpreenda ao ouvir que tais atitudes ambivalentes frente às empresas também são compartilhadas por arquivistas. Há cinco anos, havia uma troca de ideias entre os arquivistas dos setores privado e público nas principais revistas americanos de arquivística, em que um notável educador arquivístico escreveu uma carta ao editor: "O que me intriga é como um indivíduo atuando como arquivista ou gestor documental pode trabalhar no ambiente corporativo de alguma forma realista, aderindo a qualquer sentido de ética ou missão profissional".[6] Vocês podem imaginar o ultraje sentido pelos arquivistas corporativos com esta afirmação. Embora as duas estratégias nacionais apontem

---

[5] WALTON, Clarence C. "Business History: Some Major Challenges". In: *The Business History Review*, 36:1, primavera 1962, p. 28

[6] COX, Richard J. "To the Editor". In: "Forum". *American Archivist* (68:1), primavera/verão 2005, p. 9-10.

para uma longa lista de problemas impossíveis com relação à preservação da documentação empresarial, seu maior mérito é destacar a questão básica de que os documentos empresariais oferecem um "comentário crucial" sobre "o desenvolvimento econômico, político e social" de um país.[7]

Ainda assim, esses planos nacionais podem alcançar muitos resultados, principalmente nos Estados Unidos. Não é muito provável que se concretizem nos Estados Unidos as propostas nessas estratégias para criar uma equipe de controle de crise para apoiar respostas emergenciais para arquivos de empresas em risco, ou para trabalhar com "profissionais da falência", protegendo arquivos empresariais, ou mesmo com o intuito de compartilhar informações sobre a posse de arquivos empresariais. Há uma tendência nos EUA contra o aumento de qualquer exigência governamental sobre as empresas, sem falar da desconfiança quanto à intromissão de acadêmicos ou funcionários do governo nos assuntos das empresas. Mais importante, não há nos Estados Unidos um órgão arquivístico empresarial central natural, como há em países escandinavos, ou até mesmo com a extensão daquele da Escócia. Algumas sociedades históricas nos 50 estados e alguns arquivos universitários tornaram-se centros de arquivos empresariais, mas todos se especializam em determinadas indústrias ou geografias empresariais. Nenhum tem um escopo nacional para todas as empresas.

2. Primado de arquivos corporativos

Uma área chave quanto à fraqueza dessas estratégias nacionais amplas é o seu desejo de apoiar o desenvolvimento de arquivos empresariais internos e ao mesmo tempo aumentar o acesso aos registros destas. Em minha opinião, estes são assuntos distintos, e talvez até mesmo conflitantes. Como funcionário de uma empresa eu terei acesso a mais documentos do que qualquer pessoa aqui presente. Assim, se você deseja a melhor documentação, a prioridade mais importante de uma estratégia nacional deveria ser a instauração de arquivos corporativos. Mas se você deseja acesso imediato aos registros de empresas, você não terá os melhores registros e talvez nenhum registro.

Talvez os historiadores aqui presentes não queiram ouvir isto, e para falar a verdade, os arquivistas públicos tampouco vão gostar. Mais uma vez, isto traz de volta a impressão de que muitos arquivistas americanos acreditam possuir uma obrigação ética para com a sociedade de criar acesso. Como o arquivista da

---

7 *National Strategy for Business Archives in Scotland: Consultation Draft*, abril 2010, p. 3.

Kraft Foods escreveu, "os arquivos corporativos existem com dois propósitos – primeiro e o maior, o bem da empresa; e segundo, o bem público por meio do registro histórico." Este último significa o acesso público em algum momento futuro, talvez num futuro muito distante.[8]

Acredito que os arquivistas teriam a sabedoria da visão a longo prazo, mas eu realmente entendo que exista uma possibilidade real de que o público talvez nunca tenha acesso a documentos em um arquivo corporativo. Como arquivista corporativo da Cargill, espero que em algum momento eu possa compartilhar esses ricos recursos com o público, mas é algo que eu não creio que vá acontecer enquanto eu viver. É possível que estes documentos se percam ao estarem sob custódia das empresas? Claro que sim; arquivos corporativos podem ter seu destino alterado dramaticamente por uma única mudança na diretoria. É um fato da vida. Mas se você exigir acesso aos registros de empresas, você provavelmente jamais verá a riqueza de uma coleção que poderia ser desenvolvida por arquivos corporativos internos. Eu sei que isso é um nó górdio para a maioria das estratégias nacionais, e eu não tenho uma solução simples para seus atores, a não ser que eles precisam confrontar o problema e talvez escolher um caminho onde possam ser mais eficazes.

Eu enfatizo o primado dos arquivos corporativos, pois há aqueles externos à empresa que com alegria sabotariam sua missão. Num setor que sempre luta pela produtividade, a oportunidade de terceirizar um programa para reduzir "o número de cabeças" é sempre atraente nos EUA. Consultores arquivísticos nem sempre possuem um programa interno vibrante como prioridade. Apesar de as comemorações de aniversário fornecerem o primeiro impulso para construir um programa arquivístico (o meu próprio, por exemplo), frequentemente o potencial não é totalmente explorado por consultores que, na melhor das hipóteses, não conhecem nada melhor, ou na pior delas, são amadores. No ano passado, um bom número de empresas americanas com sólidos programas arquivísticos internos foi abordado por uma nova empresa que oferecia serviços de arquivística a um custo reduzido com pessoal desconhecido entre os profissionais. As empresas mais fortes podem defender-se facilmente contra tais ameaças, e aproveitar a oportunidade de explicar o valor agregado do programa interno

---

8 TOUSEY, Becky Haglund; ADKINS, Elizabeth. "Access to Business Archives: U.S. Access Philosophies", 2007. Disponível em: http://www.hunterinformation.com/corporat.htm.

de arquivos corporativos. Entretanto, algumas empresas não têm a mesma sorte. Há alguns anos o ex-arquivista da United Technologies culpou uma destas empresas terceirizadas pela destruição dos arquivos corporativos internos. Quando a terceirização não é bem sucedida, quem acaba perdendo é a documentação.

Eu digo isso como alguém que adquiriu, com sucesso, documentos empresariais para uma universidade. Mas no CBI, nós buscávamos, antes de mais nada, nos associar aos arquivos de empresas, e não sabotá-los. No caso da Burroughs e da Control Data, havia pouca esperança de que seus arquivos corporativos fossem estabelecidos novamente. Mesmo assim, tanto quanto um carro novo perde valor no momento em que sai da concessionária, eu sabia que parte do valor da documentação da empresa havia se perdido no momento em que foi transferida para a universidade. Quando eu questionei um advogado da Control Data sobre outros documentos que não estavam no acervo, ele me disse que eu deveria ficar satisfeito com o que havia conseguido. E, todavia, debilitar arquivos corporativos ativos em nome da terceirização ou do acesso imediato deveria ser algo a que tanto arquivistas quanto historiadores deveriam resistir.

3. Entendendo melhor os registros e as necessidades reais dos usuários

Em 1983, o relatório JCAST mencionado anteriormente afirmou que "um dos principais motivos de atraso na documentação científica é o sentimento de incerteza e a falta de consenso por parte de[...] arquivistas quanto à forma de avaliar, organizar e acessar os enormes acervos de ciência e tecnologia recentes." A avaliação ou seleção de documentos é a função mais importante do arquivista, e na área dos acervos de ciência e tecnologia, o conteúdo é de difícil acesso mesmo para arquivistas com experiência considerável. O relatório também insistia para que os centros de história baseados em disciplinas "se dedicassem a identificar e definir o universo de documentação em suas disciplinas".[9] O Centro de História da Física, parte do AIP, é talvez o modelo do que o JCAST tinha em mente. Ele tem publicado guias para fontes arquivísticas em física, estudos de colaboração multi-institucional, diretrizes para avaliação de documentos em grandes instalações de pesquisa, um manual para secretárias nos laboratórios do Departamento de Energia e, por fim, um guia para preservar os documentos dos

---

9   Joint Committee on Archives of Science and Technology. *Understanding Progress as Process*. Chicago: Society of American Archivists, 1983, p. 49, 51.

físicos.[10] O CBI seguiu este modelo com as diretrizes de avaliação para documentos de empresas de alta tecnologia, e outros centros disciplinares de história têm atendido a alguns dos desafios do JCAST pensando mais amplamente sobre documentação e produzindo pesquisas.

Mas a natureza dos documentos está mudando rapidamente, e com certeza já mudou muito em três décadas desde o desenvolvimento do relatório JCAST. Um exemplo claro são as anotações de laboratório que, antes da invenção do computador pessoal, eram sempre escritas à mão em ordem serial para comprovar o momento de qualquer invenção. Agora as anotações de laboratório são comumente reunidas a partir de um relatório técnico produzido com programa de processamento de texto, gráficos e diagramas a partir de programas de análise de dados e dos próprios dados primários. Assim como o restante da sociedade, computadores e documentos eletrônicos mudaram a natureza e qualidade dos registros tradicionais. Um estudo recente do Centro de História da Física descobriu que cientistas industriais relegaram as anotações de laboratório, antigamente o apoio principal do processo científico, unicamente para registros auxiliares, ou os excluíram totalmente. Apenas um pesquisador nesse estudo relatou utilizar micro para anotações de laboratório. O relatório descobriu alterações nos padrões de comunicação e um aumento na preferência por comunicação informal entre os doutores mais antigos. Não houve consenso entre os cientistas quanto a quais documentos são considerados mais importantes. A análise desses documentos pode ir além da capacidade dos arquivistas ou historiadores, e o assunto principal pode não ser a sua preservação, mas como interpretá-los para a história. É neste ponto que precisamos de maior colaboração entre todos que selecionam, preservam, interpretam e produzem os documentos. Sem tal colaboração, os historiadores não terão as fontes necessárias para entender a história, os arquivistas não saberão onde colocar seus recursos limitados, e os produtores ficarão coçando a cabeça para entender o que aconteceu ao seu legado.

E afinal, onde está todo o trabalho inspirado pelas recomendações do JCAST? A verdade é que a colaboração é difícil e cara, e requer um tipo de liderança com perspectiva nacional ou até mesmo global. Como o CBI descobriu em seu trabalho com a indústria de computadores, a comunicação entre produtores, arquivistas e usuários nem sempre é fácil. Quando os arquivistas pedem ajuda aos historiadores para avaliação, a resposta comum é para guardar tudo

---

10 http://www.aip.org/history/publications.html

que diz respeito à área de estudo dos historiadores. Mas os arquivistas possuem preocupações mais amplas do que apenas o uso de documentos por historiadores acadêmicos. Para arquivistas corporativos, um pesquisador externo pode ser o usuário menos importante. Nas palavras do arquivista da Coca-Cola, "o valor da história é calculado com base em sua contribuição para a empresa, e o arquivista deve gerenciar programas e destinar recursos tendo essa base filosófica".[11]

Alguns até já questionaram se vale a pena o arquivista focalizar os documentos de empresas individuais. No excelente estudo de Michael Nash sobre a utilização das fontes arquivísticas originais para a história empresarial, ele descobriu que das 67.000 notas de rodapé, um terço das citações eram de documentos de empresa, 29% de trabalhos secundários e 37% eram publicações primárias como relatórios anuais, informativos e revistas do ramo. Apesar das mudanças na historiografia, as proporções permaneceram relativamente estáveis ao longo do tempo, exceto por um recente declínio na confiança quanto às fontes arquivísticas. Sua conclusão para os arquivistas foi: "reexaminem seu foco tradicional na empresa e comecem a pensar sobre como documentar melhor o sistema empresarial na sociedade americana".[12]

Ao se focalizar indústrias específicas como a de computação ou de energia elétrica, o problema se torna um pouco mais gerenciável do que lidar com um grupo inteiro de documentos científico-tecnológicos ou empresariais. E ao contrário dos comentários de Nash, os documentos de empresas específicas não podem ser simplesmente ignorados. Entretanto, a experiência do Professor Gildo Magalhães com os registros da CESP é, no mínimo, intimidante: 52.000 caixas, 50.000 relatórios técnicos, 334.000 desenhos, 19.000 livros contábeis. É exatamente a mesma experiência que o historiador e ex-diretor do CBI Arthur Norberg teve com a Varian Associates, quando ele foi com uma caminhonete buscar alguns registros corporativos e teve imediatamente que dar meia volta ao se deparar com um edifício cheio de documentos. A resposta não é a preservação desses documentos, mas a avaliação e a decisão honesta quanto ao objetivos de tal documentação.

---

11 MONEY, Philip F. "Corporate Culture and the Archives", artigo não publicado, 2000.

12 NASH, Michael. "Business History and Archival Practice". In: *Records of American Business*. Chicago: SAA, 1997.

4. Aceitar o fato de que mesmo documentos de arquivo não duram para sempre e buscar fontes alternativas

O filosofo francês Charles Péguy escreveu que "é impossível escrever história antiga pela falta de fontes, e é impossível escrever história moderna pelo excesso delas". Isso foi uns 75 anos antes da disponibilidade comum do computador pessoal. A pesquisa da AIP sobre os documentos de físicos descobriu que pouco mais da metade dos cientistas relataram que poderiam recuperar alguns, mas não todos os documentos, e apenas 4% poderiam recuperar registros pessoais com mais de cinco anos. Em uma reunião recente de um pequeno grupo de arquivistas corporativos globais, eu afirmei que o período de 1995 a 2020 pode se tornar um buraco negro documental por causa da predominância de documentos eletrônicos associada à falta de ferramentas e comportamento para selecioná-los e preservá-los. Ninguém contestou minha afirmação; na verdade, muitas cabeças acenaram em concordância.

Apesar de os arquivistas adorarem enfatizar seu papel na preservação de documentos, a triste verdade é que nós apenas podemos postergar sua eliminação; nada dura para sempre. Apesar de registros eletrônicos serem facilmente copiáveis sem degradação, eles dependem de algum tipo de intervenção para sua descrição, seu contexto, sua autenticidade, confiabilidade e persistência. Documentos em papel parecem espantosamente autossuficientes, comparados aos seus primos eletrônicos. Nesta época de hoje, os arquivistas corporativos estão conformados em perder muita informação documental, e aqueles de fora das empresas terão ainda menos chances de preservá-los. Os documentos eletrônicos forçam arquivistas corporativos a agir pró-ativamente para preservar registros: documentos em papel não se encontram mais guardados e envelhecidos em um armário. Isso significa que arquivistas corporativos devem defender os registros no momento em que estão sendo escritos. Um exemplo da Cargill: nossos comunicados à imprensa, um documentos bem básico, começaram a ser produzidos em formato eletrônico por volta de 1995 juntamente com comunicados que ainda eram produzidos em papel. Lentamente, após 10 anos, todos comunicados eram escritos eletronicamente. Entretanto, não há um padrão para a localização do comunicado original... qual é o registro *original* em formato eletrônico? Um comunicado à imprensa pode ficar armazenado em um disco da rede, num disco local, numa página pública da internet, ou numa página compartilhada, todos com diferentes versões do mesmo comunicado. Num ano, alguém acidentalmente cancelou uma pasta contendo um ano de comunicados. Se o arquivo não tivesse duplicado o conjunto, eles estariam totalmente perdidos. Para impedir a perda, terei que ajudar o departamento de comunicações a definir o original, garantir seu armazenamento seguro e proporcionar acesso imediato de todos os comunicados à equipe. Esta não é a forma como o arquivamento era feito no início da minha carreira, quando registros de computador eram definidos por fita e cartões perfurados.

Apesar dos documentos eletrônicos desafiarem a preservação, a história oral torna-se uma ferramenta essencial para arquivistas e historiadores. As questões negativas acerca da história oral são bem conhecidas: memórias fracas, citar por "ouvir dizer", pontos de vista restritos, custo, tempo etc. Contudo, a história oral produz um nível macro de perspectiva que está se tornando mais difícil de obter usando fontes tradicionais. Ela tem sido utilizada cada vez mais por arquivistas para os esforços de localizar materiais de arquivo tradicionais. As entrevistas definem estratégia, tempo, local e personalidades de uma área, permitindo que o arquivista siga essas orientações, identifique registros e defina novas questões históricas. Mas em um ambiente onde a equipe de informática considera o período de três anos para arquivamento, e onde ninguém consegue recuperar registros pessoais com mais de cinco anos, os documentos eletrônicos não esperarão por nós para recuperá-los. A história oral tem uma vantagem óbvia sobre registros empresariais para historiadores e arquivistas que trabalham fora de uma empresa; quando um funcionário se aposenta, pessoas de fora têm tanto acesso a elas quanto aquelas dentro da empresa.

Todos os centros de história disciplinar têm utilizado a história oral mais do que gostam de confessar. O CBI produziu um grande número de entrevistas, a maioria em conjunto com pesquisa histórica. O relatório AIP sobre arquivos de físicos na indústria se apoiou fortemente em entrevistas para descobrir os registros produzidos por físicos na indústria. O arquivista e historiador oral James Fogerty comentou o uso de história oral como uma fonte empresarial: "Se o objetivo for a documentação, então, é imprescindível o uso focalizado e agressivo da história oral."[13]

---

13 Records of American Business, p. 271.

5. Sofisticação ao lidar com empresas

Arquivistas corporativos têm criticado a falta de habilidade de arquivistas públicos em geral para comunicarem com eficiência o valor dos arquivos de maneira a serem significativos àqueles que financiam programas arquivísticos. Em muitos aspectos, a perspectiva tradicional da profissão de arquivista é desencorajadora para programas no cenário corporativo. Gord Rabchuk, do Banco de Montreal, observa que "a compreensão típica do arquivo em empresas possui muitas conotações negativas, em grande parte porque vendemos um produto obsoleto que tem demonstrado pouca, ou nenhuma ligação com a dinâmica da empresa moderna." Talvez num mundo perfeito, alguns executivos realmente olhem para o passado para aprender com ele, apesar da janela trimestral da maioria das empresas americanas. De qualquer forma, uma apresentação sobre o passado estratégico não ocorre sem um arquivista incrivelmente empreendedor e astuto que esteja acostumado a assumir alguns riscos.

O argumento de que arquivos corporativos deveriam apoiar o bem maior da sociedade ignora a necessidade de lucratividade de uma empresa e as pressões sobre arquivos corporativos típicos. A História tem mostrado que o emprego de arquivista corporativo é um assunto de curto prazo comparado a outros setores. Aproximadamente todos os programas de arquivos corporativos mais antigos nos Estados Unidos desapareceram ou são administrados por uma pessoa que não deseja ser chamada de arquivista. Alguns foram vítimas do desempenho financeiro de suas empresas; outros se perderam em fusões e aquisições. Frequentemente, é o golpe duplo de ambos que derruba e elimina um programa. A Burroughs possuía um programa arquivístico excelente nos anos 1980 até sua fusão com a Sperry em 1986. Naquele momento, o arquivo não podia liberar nenhum material com o nome Burroughs sem a permissão dos gerentes da marca, que eram responsáveis pelo desenvolvimento da nova marca proveniente da fusão, a Unisys. Isto é comum quando uma nova marca está sendo lançada, mas também acaba sendo um risco para um arquivo cuja documentação refere-se apenas à marca antiga que ninguém pode mencionar em público. Logo após, o preço das ações da Unisys despencou e o acervo arquivístico foi doado ao CBI. Este cenário é desconhecido no mundo acadêmico e governamental, mas desconfortavelmente comum no setor privado.[14]

---

14 Estes dois parágrafos foram retirados de um futuro artigo meu.

Se você vai trabalhar com corporações, deve avaliar estas pressões. Deve entender as motivações da empresa para atrair a atenção dela. Deve conquistar sua confiança cultivando relações com indivíduos chave. Deve estar preparado para agir para o longo prazo. Quanto mais precisa for sua requisição a uma empresa, mais fácil será para a empresa responder. Se você precisar de acesso a séries documentais específicas, não peça acesso amplo a muitos documentos. A menos que você esteja trabalhando nos níveis mais altos de uma empresa, não misture perguntas sobre documentos com perguntas sobre financiamentos e dinheiro. Frequentemente, as decisões sobre estes dois assuntos são tomadas por diferentes pessoas em uma empresa. E a maioria das empresas presumirá que você está buscando fundos. Acima de tudo, adote a atitude do arquivista empresarial: fale à empresa na linguagem empresarial, e explique o valor que a empresa agregará com seu trabalho. No CBI, nosso intuito era conseguir fundos para comemorar 50 anos de computação no estado de Minnesota e buscamos fundos na IBM, que era bastante presente no estado. Pensamos que a empresa abraçaria a proposta. E acabamos de mãos vazias. O motivo de terem declinado nossa requisição ficou óbvio para mim quando enxerguei as coisas de dentro duma empresa: havíamos negligenciado a necessidade de encontrar as pessoas certas, de construir uma relação de longo prazo e de construir a confiança na operação. Falhamos em assumir uma abordagem sofisticada para a empresa.

Além da ambivalência de uma empresa para com seu patrimônio histórico, há muitas coisas que trabalham contra a preservação de documentos empresariais. Uma sociedade em litígio que pretende reduzir riscos, programas de conformidade que tendem a proteger registros que são historicamente desinteressantes, o fator da lucratividade e, muito importante, este período desconfortável entre registros em papel e eletrônicos. Ainda assim, há muitos programas de arquivos corporativos saudáveis nos Estados Unidos. Há muito menos exemplos de colaboração público/privada no mundo dos arquivos, mas elas podem ocorrer, e quando ocorrem são valiosas aos historiadores e arquivistas trabalhando dentro e fora das empresas. Iniciativas como o Projeto Eletromemória têm o potencial para melhorar a documentação em uma área específica assim como contribuir para a compreensão do registro dinâmico da empresa. Isso demandará sorte e tempo, mas como dizem: "Fique tranquilo. Brasília não foi construída em um dia".

Estado, capital privado e memória da eletrificação

Sidnei Martini

Obrigado, gente, boa tarde. Antes de mais nada, eu queria agradecer à organização do evento por ter lembrado meu nome, me dar a possibilidade de conviver aqui com vocês num pedaço desse evento muito oportuno, um evento internacional, que faz com que tenhamos a possibilidade de refletir um pouco sobre algo de valor tão grande e intenso, a memória do que fazemos, a memória do setor de energia.

Eu passei por umas experiências profissionais de vida que têm muito a ver com o que nós estamos fazendo aqui. Sou engenheiro eletricista eletrônico de formação, mas me apaixonei pelos computadores no início da sua época. Isso me levou a trabalhar durante cinco anos no saneamento, no sistema de supervisão e controle da Sabesp. A minha tese de doutorado saiu do sistema que está até hoje lá, rodando na Sabesp. Depois, pelo mesmo motivo fui parar na energia elétrica, e aí do centro de controle fui para a presidência de duas empresas de transmissão, e depois vivi um mundo público e um mundo privado, porque depois de dois anos, a CTEEP viveu sob as regras do modelo privado de empreendimento. Então o tema que me foi dado, *Estado, capital privado e memória da eletrificação* é muito oportuno.

Bom, a eletrificação aqui no Brasil veio com D. Pedro II, sujeito muito legal, talvez a história não renda a ele o que é devido. Com os meios da época, não tinha comunicação, não tinha nada; ele foi para o exterior, e a telefonia e energia elétrica que ele trouxe, o primeiro empreendimento foi iluminar uma estação ferroviária lá no Rio do Janeiro. E atrás disso ele via a possibilidade de força e luz. Força – energia, luz – iluminação. Hoje existem algumas empresas que ainda guardam força e luz no nome, a CPFL é Companhia Paulista de Força e Luz. Pois bem, a força, a primeira aplicação urbana que se imaginou, foi substituir os carros puxados por cavalos e carros que andavam em trilhos, que aqui chamamos de bondes. Bondes só porque a Light um dia veio e vendeu ações para fazer o sistema de transporte urbano e o nome inglês de ação é "bond". E o pessoal comprava "bond", que é ação, e chamou o carro de bonde. Você vai fora do Brasil e fala: "Oh!, um bonde", ninguém entende o que é. Só no Brasil bonde é bonde, lá fora é ferrocarril, é trem de ferro, é carro de ferro, só aqui bonde é bonde.

A eletrificação, ou seja, a força, substituiu os cavalos, e a luz substituiu o lampião de gás. O bairro da Luz, aqui em São Paulo, existe por conta de ter sido uma das primeiras aplicações públicas da iluminação elétrica, de uma pequena termoelétrica, cujo prédio ainda é existente, fica junto a um quartel ali na Avenida Tiradentes. Os centros urbanos trocaram o lampião por iluminação elétrica: "Imagina embaixo de chuva, aquele senhor com aquela chamazinha para por fogo no gás, lampião de gás..." deu até música, né? E simplesmente poder comandar um disjuntor e fazer iluminar toda uma região urbana, um parque, uma cidade!

Do lado rural começaram a aparecer as pequenas centrais geradoras. Eu me lembro, na minha infância ainda ia passar férias em fazendas aqui do norte de São Paulo, sul de Minas. Então, chegava ali por volta de 18h, ia um dos filhos da família ligar o gerador, na verdade abrir uma válvula de água, passava a água e o gerador começava a funcionar para ter energia elétrica, fraquinha, durante o jantar. Acabava o jantar, ia desligar o gerador, o sujeito ia lá em baixo, fechava a válvula de água, parava de rodar o geradorzinho e a noite acontecia na escuridão das fazendas onde a única coisa que é vibrante são as histórias de assombração, de a turma ficar contando e ficar todo mundo boquiaberto, depois não pega no sono de medo de fantasma. Então, nas regiões rurais a energia substituiu o lampião de querosene, viabilizou a instalação de máquinas beneficiadoras de café e arroz, principalmente café aqui em São Paulo, que eram máquinas que tinham que tratar o grão do café, separando palha, e tinham um eixo motriz, às vezes usavam uma roda d'água, mas o motor elétrico veio a potencializar muito essa indústria. Então, houve o movimento urbano e o movimento rural.

O primeiro movimento elétrico que se fez aqui, ainda no império, é do Estado que se coloca. Aliás, é interessante ver que muitas vezes a gente critica pela visão do momento, mas o Estado aqui no Brasil já teve até hotel. O pessoal se lembra, o Hotel Quatro Rodas no Nordeste era estatal, porque a iniciativa privada não fazia hotel. A CSN – Companhia Siderúrgica Nacional – foi criada porque nenhum empresário privado colocava dinheiro para fazer uma indústria de aço, porque achava que o risco era muito grande. Então, o Estado, nós todos reunidos, dissemos: "É importante, vamos fazer". Fizemos, aí começou a ser uma indústria lucrativa, e então as empresas privadas: "Ah, agora eu estou interessando, queria comprar". Então, vende. E aí na privatização o Estado recupera o capital que colocou, para colocar esse capital em outras coisas que não tenham atratividade. Assim foi a parte de hotelaria no Nordeste, assim foram as indústrias de base importantes, assim foi no momento da privatização da CTEEP, em 2006, uma parte da CESP e uma parte da Eletropaulo juntas. Quando a Fazenda paulista viu que faltava dinheiro, que precisava capitalizar a CESP, que estava com as suas finanças em uma situação delicada, oferece as ações da CTEEP e somente duas empresas vêm e colocam uma proposta, duas empresas estrangeiras. Nenhuma empresa nacional foi lá se oferecer para tomar o controle de uma empresa responsável pela transmissão de um terço da energia que circula nesse país. Uma empresa italiana e uma empresa colombiana, esta acabou ganhando, oferecendo 58% acima do preço pelo qual o governo achou razoável poder vender.

Então, a eletrificação começou estatal, aí vieram os canadenses com a Light & Power, a mesma Light que está no Rio, a mesma Light que veio para São Paulo e que depois foi chamada Eletropaulo. Quando eu estava na presidência dessa empresa da transmissão, muitas terras e terrenos da empresa estavam ainda em nome da Light antiga, não foram trazidos para o nome nem da Eletropaulo, nem tampouco da CTEEP, a regularização de terreno é uma coisa demorada, custosa. Aí, a Light – privada. Aí, estatiza! – Eletropaulo. Agora privatiza! Vocês percebem, os movimentos são pendulares, vão de um lado para o outro. Tem hora que: "Uh, é bom estatizar", "Agora é bom privatizar", "Agora vai estatizar" e assim vai a vida, né?

Esse movimento pendular, na história esses movimentos são sempre assim, não demora muito para que o Estado volte novamente a assumir. Se nós percebermos olhando os grandes movimentos da história da humanidade, puxa! Quantas não foram as civilizações que cresceram, tiveram o seu apogeu: Roma, dona, praticamente, do mundo, de repente começa a definhar, definhar..., e outra emergente... Todos nós vimos os tigres asiáticos, em 1970, 40 anos atrás, e fizemos parte do milagre brasileiro: crescer a 20% ao ano: "Nossa! Que espetáculo!" Depois, amarga um período de vacas magras, um de vacas gordas, e parece que talvez tenha um pouco do segredo da própria vida, assim como o pulsar do nosso coração é expandir e contrair, expandir e contrair. Parece que os movimentos históricos guardam essa fisiologia da expansão e da contração, do crescimento e do declínio. As bactérias colocadas em um ambiente de vida onde possam se proliferar crescem segundo equações exponenciais! Duas fazem quatro, quatro fazem 16, exponencialmente, até que os dejetos das próprias bactérias começam a complicar a qualidade do meio onde vivem, elas começam a definhar e restam só as mais fortinhas, o meio se regenera e elas voltam a se multiplicar outra vez: crescer e reduzir, crescer e reduzir... Fazendo esse exercício, olhando hoje os nossos sete bilhões de pessoas que habitam o mundo, em que momento será que nós estamos? Qual é a capacidade do mundo de suportar pessoas? No nosso carro, nós sabemos: quatro pessoas: uhm! confortável; cinco: eh! seis: oh! Dez, nem pensar! Planeta: quatro bilhões: uhm! Sete: oh! Dez... E como é que nós vamos fazer? No nosso carro a gente fecha a porta e fala: "Não sobe mais". E no planeta? Então, interessante, como esses movimentos que são históricos, que tomam muito mais que uma geração, mas que não deixam de obedecer uma certa regra, eles vão se materializando e cada um de nós participando, de uma forma talvez até inconsciente, de grandes regras da natureza que nos impõem as consequências das quais desfrutamos e padecemos.

Com o novo modelo do setor elétrico, aconteceram as privatizações, porque na verdade resolveu-se entender que energia elétrica é um serviço público, mas deveria ser entendido como uma "commodity", como mercadoria. Até então, as companhias viviam de fazer o que era necessário e recolher o que era possível, e nem sempre se tem o recurso para fazer o exigido e o necessário, muitas vezes tinha desperdícios, por conta de que não tinha paradigma de comparação. Então, resolveu-se colocar dentro de um regime de mercado e aí todos nós tivemos que nos aculturar com outro estilo de convivência com o serviço público, onde as empresas privadas – e mesmo as estatais – vivem hoje um dilema de gestão muito sério. Você como administrador de uma empresa, uma concessionária, tem os acionistas da empresa que querem resultado, lucro, e você tem a regulação, que lhe dá concessão e quer modicidade tarifária: preço baixo. Mas se abaixa o preço, reduz o lucro; se sobe o preço, você não está passando o mais econômico para a população. Então, administrar uma empresa pública hoje é conviver entre a exigência do público, do módico, e a exigência do privado, do lucrativo. E você tem que administrar no fio da navalha o tempo todo, porque o sistema tem que se manter, afinal cada um de nós é dependente – e a cada dia mais – da energia, principalmente da energia na sua forma "esperântica" no esperanto da energia que é sua forma elétrica. Vocês imaginem nesse momento em que estamos aqui reunidos, quantas pessoas não estão numa mesa de cirurgia, com os corpos abertos e dependendo da continuidade da energia para que o ato cirúrgico prossiga de uma forma segura. Quantos não são os hospitais que não têm "no break", e que estão com seus computadores, que hoje auxiliam as anestesias e tudo mais, ali funcionando, acreditando que o que nós conseguimos fazer dentro do setor elétrico seja de tão boa qualidade que não vá faltar energia no ciclo seguinte nem nos próximos milissegundos, e nem em todos os próximos milissegundos. Quantas não são as pessoas que se colocam dentro de um elevador e têm claustrofobia, e se esse elevador parar o sujeito tem uma síncope, na verdade entra com confiança, acredita que tudo isso ocorra de uma maneira que vai funcionar direitinho. Então a sociedade, pela qualidade do serviço que se presta, cada vez mais vai se entregando, é um verdadeiro ato de amor, de paixão, é um namoro onde quanto mais se conhece e se confia, menos se toma cuidado, mais vamos nos entregando. Então essa é a parte lúdica, bonita, interessante de prestar serviço público.

Ora, ao longo de todo esse processo pendular, muitos foram os fatos gerados: documentos, fotos, publicações, objetos, que guardam em si a própria memória da eletricidade, preservam a história, a tecnologia do nosso desenvolvimento elétrico. Vocês são jovens, acho que daqui o mais sênior sou eu, quando comprei o meu primeiro fusca, era 1961, você olhava na rua, todo mundo tinha fusca, eu falava: "Pô, o meu fusca é igual ao de todo mundo". Quem conseguiu manter hoje um fusca de 1961 tem uma raridade, e dá para responder como é que era. Não tinha medidor de gasolina, tinha uma torneirinha embaixo que, quando acabava a gasolina, você virava, aí tinha mais cinco litros para você correr até o próximo posto. O indicador de direção era uma orelha que abria assim de lado, *vap*: "vou virar à esquerda", não era uma lâmpada que acendia. Mas para contar isso para o meu neto, eu tenho que mostrar uma evidência, se eu tiver um fusca desses para mostrar, eu vou falar: "Olha, era assim que funcionava". Então, tudo aquilo que é histórico, tudo aquilo é alguma coisa que foi preservada, agora essa preservação pode ocorrer de uma maneira acidental, porque vai ficando – não destruíram a tempo, então restou – ou de uma maneira planejada, entendendo que parte das coisas que são o nosso cotidiano, no futuro são grandes evidências para contar a nossa história, para mostrar lá no futuro como vivíamos no dia de hoje.

Preservar esses testemunhos e colecionar provas de novos fatos permitirão preservar a história já vivida, bem como fazer a nova história da energia elétrica. Vejam, nós estamos reunidos em torno desse tema onde temos uma Fundação que nos apoia, além das universidades, na realização desse evento, esse é o momento de pararmos, irmos um pouco longe das obrigações do dia a dia, das modicidades, das obrigações, das incumbências, e tentar olhar um pouquinho o porquê estamos aqui, acho que é doar e dedicar o tempo da própria vida em benefício da felicidade nossa e dos demais, e ao mesmo tempo deixar um registro. Um registro que não o pessoal – que é preservar os nossos currículos individuais – e que seja o nosso registro social, a nossa pegada social, o que é que nós todos, vivendo nessa época, fizemos e que marcou a época em que estamos vivendo. Então, preservar isso tudo parece que é necessário, agora talvez não tenha e não venha tendo a importância devida, porque diante de uma necessidade qualquer, dentro de um aperto orçamentário uma empresa diz: "Pôxa, corta o recurso que vai para preservar a história". Que história? História somos nós, se não tivermos recursos não chegamos amanhã. Então, corta o recurso lá da preservação de fatos históricos, de programas educacionais, culturais etc. em benefício do resultado imediato. Mas isso é viver com visão de curto prazo, é viver olhando um farol muito baixo, é caminhar num sentido onde você não vê os que estão lá na frente. Eu acho que é preciso muito de maturidade para se poder ver o que está lá na frente. Vejam que, de alguma forma, nós somos solitários, eu conheci meus pais, meus avós, uma bisavó, mas não conheci ninguém da geração anterior e eles existiram, se não fossem eles eu não estaria aqui. Conheço meus filhos, conheço meu neto e queira Deus que eu tenha chance de conhecer os bisnetos, os filhos deles eu não vou conseguir, mas o meu DNA, uma partezinha vai estar lá. Nós somos um elo de uma corrente que teve o início no passado, vai ter um fim? Eu prefiro entender que o tempo é circular e o passado e o futuro se encontram no mesmo infinito. Tá bonito, heim, guarde isso, chegue em casa na janta hoje e fale: "Olha, o tempo é circular. O passado e o futuro se encontram, num mesmo infinito". Olha, nessa altura se vocês não ganharem um beijo...

Então, preservar essas evidências, esses fatos, é ir deixando alguns elos dessa corrente, algumas coisas objetivas que possam marcar esse período da nossa existência. "Ah, hoje colocamos tudo em 'pen drive'". Está bom, e quem guarda o "pen drive"? "As notícias". E quem guarda as notícias? Quem preservará isso para o futuro? Eu guardei durante tanto tempo a minha cartilha onde aprendi a ler, aí um dia eu me casei e fui morar em um apartamento pequenininho. Eu tenho três irmãs, uma delas resolveu fazer "housekeeping" – ela aprendeu a fazer esse negócio, dar uma limpeza na casa – quando eu voltei, estava bonita. E a minha cartilha? Tinha ido para o lixo! Então, cadê esse pedaço da história? Se foi, está em algum lixão, não vou mais conseguir. Eu só tenho lembranças dela, teria sido tão bom se pudesse ter preservado.

Entidades com especialização necessária à preservação da memória e registro dos fatos tornam-se imprescindíveis, se desejarmos deixar à posteridade um legado de conhecimento assim como nossos antecessores, de alguma forma, nos deixaram. Eu acho triste se, no futuro, para saberem como nós éramos, tiverem que vasculhar os aterros sanitários, os lixões. Para verem como eram nossas tesouras, nossos talheres, para ver como eram os cacos das nossas louças. Assim como hoje, para fazer qualquer empreendimento de energia elétrica que tenha que abrir um buraco no chão, nós temos um compromisso com o patrimônio histórico – se você achar um caco de telha, para a obra e tipifica esse caco. Se você, então, achar uma fivela, pode ser da sandália de Anchieta, dependendo do local! Nós fizemos a construção de uma linha de transmissão aqui em São Paulo, próximo à serra da Cantareira, com achados de cerâmica, barros cozidos, eram típicos de indígenas que viveram aí. Não, tantos anos não, mas algumas centenas de anos atrás, e foram ali resgatados e o IPHAN estava lá perto para nos ajudar, tipificar, contar para a população ao redor, falar para a D. Maria que mora ali em um casebrezinho muito humilde: "Olha aqui onde a senhora está, no passado gente viveu aqui, é sítio arqueológico". E ela entendeu que é somente a usuária temporária de um pedaço de terra que talvez seja eterno, enquanto dure o planeta, que muita gente por ali já passou e deixou o seu traço. Mas ela não sabe qual vai ser o traço da existência dela, talvez um pedaço de madeira de um casebre que com o tempo vai perder suas características, ou talvez nem isso porque um incêndio, um fogo possa terminar tudo.

Hoje é o futuro do ontem. Quantos que, no passado, não imaginaram como seria 2010? Vocês já leram de George Orwell, 1984? Puxa! Aquele pessoal lá atrás, Leonardo da Vinci, *Vinte mil léguas submarinas*, o pessoal que via Flash Gordon andando em uns carrinhos soltando chispa atrás: zuzuuzummm e andavam por uns trilhinhos: "Ah, que futurologia"... E hoje nós estamos aqui fazendo muito mais do que isso. As primeiras motocicletas elétricas começam a andar na Cidade Universitária dentro de poucos meses, já sem combustível nenhum. A levitação... daqui a pouco, para que avião? A gente vai chegar e falar: "Quero ir para..." – já foi. Hoje tudo isso é futurologia, mas a tecnologia está ai para, em princípio, nos facilitar a vida e criar realidades a partir dos nossos sonhos. Hoje é o futuro do ontem. E hoje é o passado do amanhã. Nós queremos que o futuro nos veja da maneira como somos? Se for, registremos, preservemos. Senão, se o valor da nossa existência for tão pequeno a ponto de: "Vamos passar logo esse tempo para acabar essa missão aqui, que eu estou mais interessado no que tem pela frente. O que está aqui não está muito bom, eu não quero que marca nenhuma fique". Então qual é a nossa vontade social? O que é que queremos como civilização, como sociedade? Quanto se pagaria para ter hoje o que foi banal ontem? Se alguém chegar e falar: "Olha, esse é o caroço da maçã que Eva comeu", quanto se paga por esse caroço de maçã? Eu sei que depois disso ninguém joga mais nada fora, chega em casa, guarda tudo. Tudo não, mas selecionar algumas coisas, acho que vale a pena. Eu, uma vez, fiz um exercício com um grupo de alunos, falei: "Eu gostaria que vocês escrevessem uma carta para a pessoa que está sentada nessas carteiras daqui a 50 anos. Nós vamos pegar essas cartas e embrulhar, empacotar para que alguém daqui a 50 anos receba". Alguns já estão fazendo isso com fotografias, vozes gravadas, põem em uma cápsula e põem no espaço em um desses foguetes, e você se pereniza com a sua marca, a sua pegada numa cápsula, que algum dia alguém vai achar. Forma moderna daquela garrafa com bilhete dentro que se jogava no mar. Pois é, a gente não se dá conta dessa possibilidade de mandarmos algo nosso para tempos em que não mais seremos, não é?

A história conhecida é o resgate de fragmentos e resgates do passado. Como desejamos que a realidade atual seja vista no futuro? A quem caberá guardar os registros do presente? Aos jornais? Às TVs? À internet? À nuvem da internet? Há um livro chamado O *queijo e os vermes*, o autor é o Ginzburg, que conta a história de um moleiro que trabalhava, lá na Idade Média, na época dos dogmas de fé, e ele simplesmente queria entender e contestava, a Inquisição o pegou. O autor vai contando a história de forma interessante – quem achar e tiver oportunidade, leia, eu recomendo – mas tem uma mensagem fundamental, que é muito marcante: a história que conhecemos hoje foi a história contada pelos letrados, que sabiam escrever, principalmente da Idade Média para cá, porque os que não sabiam escrever não conseguiam registrar. E não se sabe se o que se tem nas mãos é a história ou a interpretação dela vista pela conveniência de quem escrevia. Os processos todos da época da Inquisição estão lá vistos sob a ótica dogmática de quem estava na frente daquele processo de preservação da verdade, de quem não questiona dogmas. Então, além de se preservar fatos e não somente talheres, objetos, deve-se preservar um pouco da importância do que somos, como pensamos, quais são nossas virtudes, quais são nossas éticas.

Há atratividade para a iniciativa privada ser o guardião dos registros atuais, pelos vários momentos do presente e do futuro? Será que isso é atrativo para a iniciativa privada? Ou cabe essa iniciativa ao Estado? Será que simplesmente porque o capital é privado eu posso me isentar do compromisso, muito mais, da responsabilidade dessa preservação? Porque tem coisas que não se preservam no nível das pessoas, mas no das organizações. A Fundação Energia e Saneamento herdou fotos da época em que construíamos os bondes, em que se estabeleciam os primeiros postes, em que se apagavam lampiões de gás, trocados por cabos elétricos, onde o isolante, ao redor do cobre, era pano, era lona, porque o plástico não existia. Isso foi gerado e está aí guardado competentemente por essa entidade – há outras, mas assistimos a história desta acontecer, isso era responsabilidade do Estado, porque simplesmente a empresa foi privatizada isso já não é mais importante? Isso não é crítica, mas simplesmente um questionamento de valor. Se isso não for um traço cultural que motive os executivos a convencer seus Conselhos de Administração de que alguns milhares de reais, que possam ser subtraídos de um lucro e serem aplicados nessa preservação de memória, que isso é um valor interessante para a empresa e, mais do que para a empresa, é um valor importante para uma sociedade da qual a empresa é partícipe, então cabe somente ao Estado guardar nos museus? Existe um conjunto de museus privados, quantos não são mantidos pela iniciativa privada, ou por fortunas de pessoas físicas? O Bill Gates depois de ganhar tanto dinheiro, falou: "O quê que eu quero agora? É muito dinheiro para mim, então agora vou fazer filantropia." E criou a Fundação Melinda e Bill Gates que, aliás, acabou de doar 300 milhões de dólares para erradicação da pólio, da qual eu fui vítima aos quatro anos de idade. O Rotary Clube, também, está aí buscando mais o meio milhão de dólares que ainda falta para erradicar a poliomielite em três ou quatro países, que é onde ela ainda não está erradicada. Então, iniciativa desse tipo cabe ao Estado? "É o Estado que dá vacina!" Mas, somente ao Estado ou à consciência social? Ou somente à benemerência de alguém que já se sentiu suficientemente rico para poder colocar os seus recursos em museus ou em ações desse tipo, que guardem a essência da nossa passagem por aqui, a nossa história? Estimular a iniciativa privada significa estimular culturalmente a iniciativa privada, os Conselhos de Administração, as pessoas que vivem do lucro que as empresas geram.

É de reconhecida importância investir em pesquisa, e pesquisa sempre orientada ao futuro. Vamos pesquisar o carro elétrico, o avião elétrico, o carro sem energia, com motor de não sei o quê, então todo dinheiro para a pesquisa voltada para o futuro. No setor elétrico os recursos para pesquisar para o futuro são disponíveis, toda empresa concessionária recebe 1% da sua receita, destinada, carimbada, para ser aplicada em pesquisa. Deste 1%, 40% vai para o Fundo Nacional de Desenvolvimento da Ciência e Tecnologia – FNDCT, 20% vai para manter a Empresa de Pesquisa Elétrica – EPE e os 40% restantes desse 1% ficam para a própria concessionária aplicar em pesquisa e desenvolvimento. E o guardião fiscalizador é a ANEEL – Agência Nacional de Energia Elétrica, então, os recursos existem. O que seria investir em pesquisa orientada ao passado? Qual seria o equivalente de se pesquisar olhando o futuro, que é pesquisar olhando o passado? Seria o resgate da história? O que seria investir em pesquisa orientada ao presente? Seria selecionar o historiável, o que vale a pena ser guardado e preservado para ser evidência da história futura? Não poderiam ser utilizados os mesmos recursos disponíveis para o futuro, para pesquisar um pouco o passado, já que esse recurso existe e não está sendo consumido na sua totalidade, está sobrando dinheiro de pesquisa e desenvolvimento? Por que não pesquisar um pouco o passado?

O registro da história da eletrificação é resgatar o passado e preservar o presente no setor elétrico, usando recursos existentes, já suportados pela sociedade, não se vai pedir um tostão a mais na conta de energia, já é cobrado, e de maneira perene, porque isso faz parte da lei do setor elétrico brasileiro. Nós tivemos a virtude de colocar isso dentro de uma lei, que está sendo respeitada, bastaria que os projetos de pesquisa, que somente são dirigidos ao futuro, pudessem também ser dirigidos ao passado. Daí eu trago uma proposta concreta de preservação e sustentabilidade histórica do setor elétrico, que é: propor à ANEEL que projetos de pesquisa e desenvolvimento para o resgate e preservação histórica do setor elétrico possam ser suportados pelos recursos destinados à pesquisa e desenvolvimento já existentes, até o limite – e aqui é uma proposta, veio do coração – de 20% do valor destinado às empresas concessionárias de energia elétrica. É uma parte, nem a metade, nem um terço, mas um quinto de um dinheiro que já existe. Uma estimativa de receita para a memória do setor elétrico poderia ser assim: o faturamento anual do setor elétrico no Brasil é da ordem de 50 bilhões de reais; 0,4% do faturamento anual – que é o que fica com as concessionárias – dá uns 200 milhões de reais, 20% de 200 milhões dá 40 milhões de reais. Não é muito, é menos do que a Mega Sena vai dar – ou deu, já foi sorteada ou não? – para ser aplicado em projetos de preservação da memória e de resgate da história passada. Com isso a proposta poderia ser assim sintetizada: assegurar uma receita sustentável para a preservação da memória do setor elétrico, mantida pelo próprio consumo de energia elétrica e não deixar entidades que se dedicam à preservação da história em situações de ter de correr com chapéu na mão para poder fazer montantes orçamentários e poderem viver mais um ano. E digo isso com orgulho muito grande, porque enquanto fui responsável por uma empresa importante do setor elétrico, eu estive ali na frente do processo de decisão para assegurar esses recursos. Mas a gente percebe que, dependendo da condição que o próprio executivo tem, do que demanda o seu Conselho de Administração, o espaço que ele tem para conceder esse recurso vai ficando cada vez mais reduzido, e várias empresas se retiram. E não só programas de perpetuação de informação, de memória, até de programas sociais, como atendimento a crianças em condição socioeconômica que necessitam de apoio.

Então, o dinheiro existe, já está sendo recolhido, não está sendo consumido na sua totalidade. Talvez, com esforço organizado do setor de preservação da memória, alguns projetos de valor, de importância, pudessem ser patrocinados por esse recurso e o recurso desse patrocínio pudesse ser uma parte da sustentação das entidades que reconhecem o valor da preservação histórica e que hoje ainda têm dificuldade para poder manter a sua perenidade. E eu queria dizer: "Obrigado pela atenção de vocês".

••••

Sessão de debates com o público

Pergunta: Boa tarde, Professor, parabéns pela sua palestra, muito agradável. Eu me chamo Marilza Elizardo Brito, sou diretora executiva da Memória da Eletricidade. A minha fala vai se prender a dois pontos: foi muito feliz a sua proposição e muito oportuno o senhor concretizá-la em números reais para que as pessoas consigam visualizar isso. Aí, eu vou dar uma informação adicional particular, mas apenas para que as pessoas visualizem melhor o que seria essa ordem de grandeza. A Memória da Eletricidade tem o seu orçamento anual em torno de dois milhões e meio a três milhões, por ano. Então, daria para as pessoas entenderem mais ou menos o que significam 40 milhões nesse campo de trabalho. Quer dizer, estou me referindo a uma instituição que não chega a possuir uma dezena de profissionais e que tem uma média de três publicações por ano relativas à história do setor, além de ações de preservação documental. Achei importante dar o exemplo para complementar e, enfim, ajudar a concretizar. Agora, eu queria fazer uma pergunta ao senhor. Bom, a Memória existe há quase 25 anos, foi criada por um dirigente do setor elétrico que foi o doutor Mario Penna Bhering, que foi exatamente um exemplo de dirigente do setor extremamente sensível a todo esse objeto sobre o qual o senhor falou tão bem aqui, e teve uma iniciativa objetiva de criação de uma instituição e de garantia de sustentabilidade daquela instituição, através das contribuições dos membros instituidores daquele grupo. Nesse trajeto, de quase 25 anos, nós lidamos, naturalmente – seja na qualidade de parceiros ou os tendo como clientes, ou tendo assento no nosso Conselho de Administração ou no Conselho Consultivo –, com dirigentes do setor elétrico. Então, enfim, nós fazemos projetos a pedido de presidências de empresas, no nosso Conselho Consultivo nós temos o doutor Dias Leite, o doutor Brito, e há muitos anos que a questão desse percentual de P&D de alguma maneira vem sendo trazida, é mencionada, e muitas vezes no âmbito de ações extremamente bem intencionadas, mas que geram passos que param logo adiante. Então, pela primeira vez eu assisto, num evento público, uma menção objetiva sobre isso, mas já ouvi de muitos dirigentes do setor essa menção. E quem trabalha no dia a dia, como eu – apesar de dirigir a instituição –, não tem forças suficientes para determinadas ações. E alguns dirigentes, que eu já conheci, não conseguiram objetivamente implementar, apesar de, enfim, terem feito alguns esforços nesse sentido. O que o senhor acha disso? Como fazer isso?

SM: Primeiro, eu te agradeço a colocação. O trabalho que vocês fazem é primoroso, as publicações que fazem. Eu tenho acompanhado – desde que comecei a viver esse setor elétrico com mais intensidade – esse trabalho bonito, esse trabalho cultural. Eu acho que a energia que se tem é importante, mas o porquê ela está aqui, ou o porquê continuará, tem uma importância maior. Sabendo das razões, sabendo dos porquês, tudo que se faz tem uma lógica e tudo que se faz, se faz bem feito, para poder responder esses porquês. Eu acho que enquanto essas entidades, como a Memória, como a Fundação, forem entendidas como locais onde ficam algumas pessoas guardando livros e fazendo entrevistas para agradar as pessoas entrevistadas, e distribuir os livros no final do ano de presente, para lá e para cá, fica assim muito parecendo brinde de fim de ano, sabe? Então, não precisa. Precisa sair fora dessa linha de raciocínio. Quem vai ao Museu do Louvre, a um museu histórico qualquer que tenha valor, quem se emociona por ver alguns objetos de um tataravô que não conheceu, mas que trabalhou, imigrante, que trouxe aquilo num navio etc. tem uma dimensão que vai além do período da própria existência, consegue com imaginação ir para o passado e para o futuro. Por isso que eu comecei dando muita importância a esse passado e futuro. Ter essa visão depende muito de, efetivamente, acreditar que isso é importante. Os executivos talvez não tenham muito tempo para fazer isso de maneira própria, mas são extremamente motiváveis quando sentem isso das pessoas que os circundam. Então, vocês não imaginam a importância da efetiva crença, das convicções que as pessoas de carreira têm nas empresas.

Pergunta: Muito obrigado, professor Sidney, eu [Gildo] também sou um produto da engenharia eletrônica da Escola Politécnica (e tenho orgulho dos meus professores). A sua proposta vem muito a calhar dentro do que a gente imaginava com esse seminário e também devo dizer que no período em que a sua pessoa presidia a CTEEP, fizemos o projeto Eletromemória lá e tivemos portas abertas para investigar tudo que quisemos e foi muito produtivo. Mas exatamente para que não fique dependendo de pessoas – o seu caso até a gente sente claramente que é o linguajar do arquivista, do historiador, está tudo em sintonia, mas e depois? Muda o dirigente, quem é que garante que o próximo tenha essa visão, ainda que seja sensível ao apelo da memória? Não temos garantia. E hoje cedo tivemos a contribuição de Bruce Bruemmer, exatamente falando da experiência que é lidar com memória nos Estados Unidos, e é a mesma coisa que aqui, quer dizer, claramente, as empresas entendem a linguagem do dinheiro, do lucro. Então, talvez o modo de romper isso seja mesmo impor. Não sei qual é a reação do capital privado nesse momento ao falarmos: "Olha, tanto por cento é para pesquisa do passado ou preservação da memória." Digamos que isso imposto acabe tendo sucesso, mas como garantir que, por outro lado, uma empresa não vá usar esse dinheiro e falar: "Olha, eu tenho nesse ano, 30 anos da empresa e vou fazer um livro lindo com esse dinheiro". Claro isso tudo é bom e bonito, como foi falado, mas ainda foge do que nós estávamos imaginando, que é deixar uma instituição como a Fundação Energia e Saneamento aqui em São Paulo, a Memória da Eletricidade no Rio ou algumas outras que possam, ainda, vir a surgir, ficarem contempladas com essa verba. Como impedir que haja um mau uso dessa verba?

SM: Obrigado pela colocação, acho que essa é uma das mensagens importantes aqui na apresentação. Vejam, as pessoas decidem pelas circunstâncias do meio onde estão, se você é presidente de uma empresa e o Conselho de Administração fala: "Nada para a história", ou você acata ou entrega o posto. Então, para que isso não ocorra é preciso que não fique à mercê de vontades pessoais, mas de vontades consensadas e registradas através de uma política. O sinônimo que eu encontrei melhor para política é vontade. "A nossa política vai ser prestigiar a educação" quer dizer "A nossa vontade é de valorizar a educação."

Pergunta: Boa tarde, eu sou Cristiane, trabalho na Fundação Energia e Saneamento, queria cumprimentar pela brilhante palestra o professor Sidney, que realmente trouxe algo bastante consistente. Um pouco antes de começar a conferência, a gente estava conversando um pouquinho, ele chegou a comentar que iria fazer uma proposta no final. Essa proposta de incluir nos projetos da verba de P&D das empresas um componente para preservação, para pesquisas relacionadas com a história do setor, eu acho que é algo que realmente superou as minhas expectativas e aí, se o senhor me permite, eu queria complementar um pouquinho do que o senhor falou com a pergunta do professor Gildo, da preocupação que ele trouxe relacionada com o fato de como a gente pode garantir que as empresas não vão usar isso para fazer um projeto de cunho institucional. A gente sabe que tem esse mesmo problema na lei Rouanet, que as empresas imprimem a sua marca para fazer um show, cobrando R$ 300,00 e com o dinheiro público! E no caso dos projetos de pesquisa e desenvolvimento – P&D, a gente sabe que também as empresas demonstram uma certa dificuldade em usar essa verba que é carimbada, porque justamente não há interação grande com a academia para fazer pesquisa e desenvolvimento. Há uma dificuldade, uma cisão, que a gente sabe, entre a academia e o universo empresarial. Então, acho mais uma vez que uma via de se garantir que não tenha essa institucionalidade no teor dos projetos é justamente prever questões que sejam projetos acadêmicos, que saiam da academia, que saiam de pesquisadores e mais, acrescentar um componente importante que é a divulgação – aí puxando a brasa para a minha sardinha – porque a pesquisa, na mesa anterior se comentou: "Ah, a gente pesquisa, mas é difícil prever projetos que envolvam a pesquisa e a difusão disso de uma maneira não tão tradicional como fazer um periódico, que é o que se faz"... Enfim, é um pouco isso que eu gostaria de complementar e agradecer, mais uma vez.

SM: Cristiane, eu acho que você também abre um espaço interessante para uma reflexão. Na vida dos tomadores de decisão, das diretorias das grandes empresas, os próprios participantes de um Conselho de Administração são pessoas como a gente, não são diferentes. Vocês não imaginam a solidão de uma presidência de empresa onde você tem que tomar decisões, onde aparentemente você é superpoderoso, na verdade você é uma pessoa que carece de colaboração de todo mundo, você depende de uma ajuda de todos. Para tomar uma decisão, dessas decisões que não são óbvias – decisão óbvia é: "Olha, estão acabando as lâmpadas, daqui a pouco vai ficar escuro. Compre lâmpadas", essa é uma decisão óbvia – mas chegar e dizer: "Olha, nós temos uma frota de carros a gasolina, vamos converter a álcool" porque isso é um impacto na emissão de carbono etc., não é óbvia, porque a seguir vem a seguinte pergunta: "Qual é o mais barato?" A gasolina, a decisão óbvia é: "Compra a gasolina". A decisão não óbvia é: mas quanto mais caro fica, se pagar um pouco mais aqui, que jeito que eu posso compensar de alguma outra forma? Então, a tomada dessas decisões chamadas não óbvias é mais fácil de ser tomada quando a gente consegue ver a floresta e não somente a árvore. Se você for explicar simplesmente: "Olha, eu tenho duas frotas para comprar: essa mais cara, essa mais barata". "E a especificação?" "São equivalentes". "Compra a mais barata". Agora se estiver dentro de um contexto onde tenho elementos para tornar óbvia uma decisão que num outro contexto, mais restrito, não seria tão óbvia, você está ajudando os tomadores de decisão a decidir em benefício de uma dessas visões mais amplas. A academia é muito importante, pela sua isenção natural, para ajudar nesse processo de colocação dentro de um macroplano, dentro de algo maior do que a simples tomada de decisão. É por isso eu acho que esse evento é próprio para isso, temos aqui duas universidades apoiando este evento. Eu entendo que esse encontro com os profissionais da área, que já convivem juntos de certo forma, é um momento oportuno para ver que recursos adicionais seriam colocados. Para isso os tomadores de decisão precisam de ajuda, para isso cada um de vocês, que conhece a vida de um historiador, sabe o que é tomar um objeto e ali atrás ver todo um universo que pode ser descrito e a utilidade disso. Este trabalho não se consegue fazer unilateralmente, não se consegue por pura vontade, é preciso um pouco de tecnicidade que vocês têm, que a academia tem. Então, os historiadores virão na direção da tecnologia, a tecnologia irá na direção da preservação do seu trabalho. São movimentos que, uma vez realizados, as consequências de aculturamento e a aceleração do processo cultural fatalmente vêm a ocorrer. Vocês não sabem, falando aqui sem a procuração, quanto que eu agradeço quando esse auxílio vem, como veio nas experiências que eu tive tanto com a Memória de Eletricidade, quanto com a Fundação Energia e Saneamento.

Pergunta: Vou [Marcia Pazin] aproveitar a prerrogativa de ser a última a falar antes de a sessão terminar para lembrar duas coisas: uma, a experiência que a gente tem tido, exatamente em P&D, para aqueles que acham que jamais as empresas investiriam P&D em pesquisa histórica, eu sou testemunha de que várias das empresas de energia – professor Sidney, me corrija, se eu estiver equivocada – não conseguem cumprir suas cotas de P&D por falta de projetos consistentes. Oh, um monte de cabecinhas concordando, muita gente sabe disso... Então é uma questão de força política, de fazer a ANEEL perceber, porque nós mesmos já escrevemos alguns projetos ligados à gestão do conhecimento, pesquisa histórica, que não obtinham compreensão do grupo de analistas da ANEEL. Então falta percepção, realmente, isso é uma questão cultural. Segunda coisa que eu queria lembrar, alguns sabem, outros não, de coisas importantes para São Paulo: se o primeiro projeto de metrô aqui é de 1914, porque a gente só começou a ter metrô em São Paulo em 1976? O primeiro projeto de carro elétrico em São Paulo é da década de 1930 para 1940. Por que a gente está pensando em carro elétrico hoje? Não vou nem falar do Proálcool, de que muitos aqui chegaram a conhecer a primeira versão. Eu acho que esse é um conteúdo de valor comercial empresarial enorme e a história de porque isso aconteceu ou não aconteceu naquele momento, de toda tecnologia envolvida naquele momento, nos possibilita criar coisas sem ter que partir do zero. Uma vez ouvi um engenheiro – nunca vou esquecer isso – engenheiro civil, construtor de barragens, italiano, construtor de muitas usinas do Tietê em São Paulo, dizendo o seguinte: "Os engenheiros brasileiros não olham para atrás, estão sempre reinventado a roda, estão sempre começando de novo." Por que a gente tem que começar de novo, se tem todo um acervo que é histórico? Acho que é a minha pequena contribuição para a grande reflexão que o professor Sidney abriu aqui.

Paralelos entre culturas organizacionais: CESP e Eletropaulo

Antonio Carlos Bôa Nova

Muito boa tarde a todos, eu agradeço a gentileza do convite recebido e é um grande prazer estar aqui com vocês conversando sobre esse tema. Como o tempo é de apenas quinze minutos, vou ter que entrar direto no assunto sem grandes introduções. Lembraria que essa expressão "cultura de empresa" começou a ser tornar corrente, eu não me lembro bem, mas lá pelo final dos anos 1970, começo dos anos 1980, por aí, em que se começou a falar e não demorou muito a aparecerem duas utilizações diferentes dela. Uma era a cultura da empresa defendida por aqueles que não queriam mudanças e achavam que essas mudanças poderiam vir a agredir a índole cultural daquelas empresas – eu estou falando, especificamente, de empresas elétricas do estado de São Paulo – e, de outro lado, aqueles que queriam mudanças e advogavam, exatamente, uma nova cultura a ser implantada nas empresas. Ou seja, era o alvorecer de um novo mundo em que se pensava – não nos esqueçamos que era, também, o momento de luta contra a ditadura em que muitos funcionários dessas empresas se envolveram –, se via, assim, que a ideia de cultura ou a palavra cultura para uns tinha a ver com um passado a preservar e para outros tinha a ver com um futuro a gerar.

O curioso é que se falava de cultura de um lado e de outro, mas pouco se estudava realmente qual era o conteúdo dessas culturas específicas. Pessoalmente, isso me intrigou bastante durante vários anos e sem que eu tivesse ocasião de poder me debruçar sobre o assunto. Até que, bem mais tarde, já por volta ali do final dos anos 1990, na virada do século, tive a ocasião de trabalhar em algumas pesquisas sobre esse tema que, me perdoem o comercial, resultaram em três livrinhos, um sobre a cultura da CESP, outro sobre a Eletropaulo, sendo que em termos de CESP e Eletropaulo, estou falando não das empresas tais como vieram a ser, mas aquelas que existiam até o momento da sua cisão em meados dos anos 1980, ou seja, as que tinham existido até então; e o terceiro trabalho foi uma pesquisa exatamente sobre um fenômeno de interpenetração cultural que foi a CTEEP, empresa de transmissão, formada pela junção da antiga Transmissão da CESP com a da Eletropaulo.[1] Então, claro que eram duas culturas de empresas que se fundiam, aí se tratava de ver o que tinha acontecido nesse processo.

Só para dar uma pincelada sem precisar ir muito longe, lembraria que a CESP foi formada no final de 1966, pela junção ou fusão de onze empresas elétricas, que tinham como acionista majoritário o governo do estado de São Paulo e que se manteve, até a cisão, como estatal. A Eletropaulo foi criada ali por volta de 1981, se me lembro bem, desmembrada da Light, que por sua vez estava recém-adquirida pela Eletrobras, ou seja, era recém-estatizada, sucessora da antiga Light, do célebre "polvo" canadense que vinha lá desde o começo do século XX.

Sem maiores delongadas, não vou me deter muito na metodologia, foram pesquisas artesanais feitas com entrevistas de pessoas, principalmente querendo saber não a cultura da empresa inteira, que não havia condições de pesquisa para isso, mas notadamente a cultura dos tomadores de decisões dessas empresas. Indo direto aos resultados eu ressaltaria quatro traços comuns entre CESP e Eletropaulo.

Em primeiro lugar: sintonia, uma grande sintonia do pessoal com a empresa e uma coesão de grupo, a tal ponto que isso era um tanto quanto compulsivo, era meio difícil para o sujeito ali ser alguém que ficasse um pouco alheio ao grupo a que pertencia. Isso se traduzia, por exemplo, na incessante referência que aparecia nas entrevistas ao orgulho: "nós tínhamos orgulho da empresa em que trabalhávamos"; a expressão, que não é exclusiva dessas empresas, acontece muito no meio empresarial também: o "vestir a camisa" aparecia com muita frequência nas entrevistas. "Vestíamos a camisa da empresa", e junto com isso uma ideia assim da empresa como uma entidade próxima da perfeição, sagrada. Então, a empresa era vista como um ser altamente benéfico, não só para as pessoas que ali trabalhavam, mas para a sociedade em geral. Se a gente pegar

---

1 *Percepções da cultura da CESP* (2000), *Da Light à Eletropaulo* (2002), *Transmissão paulista: o encontro das duas culturas* (2005), resultantes de pesquisas da Cátedra Nogueira Garcez (IEA/USP) e publicadas pela editora Escrituras.

aqueles jornaizinhos de empresa, é sintomático: é difícil encontrar um exemplar em que não apareçam as palavras benefício, beneficiar, beneficiário, em que o sujeito da oração sempre é a empresa, o predicado, por exemplo, é beneficiar e o objeto direto é qualquer outro, todo mundo é beneficiado pela empresa. Era uma entidade altamente beneficente, a tal ponto que mesmo, por exemplo, em área de barragens, aqueles sitiantes deslocados e reassentados, sei lá onde, eram chamados de beneficiários. Ainda ligado com esse aspecto da coesão de grupo, a imagem da família, a grande família que sempre aparece, e no caso da CESP, então, se falava da mãe CESP ou da mãe Eletropaulo, da mãe Light. Essa imagem de família, que é muito recorrente nas falas empresariais, claro que se trata de uma família altamente idealizada, se esquece o outro lado: que as famílias, frequentemente, são lugares de rivalidades, de ciúmes, traumas, repressões e de relações de dominação e subordinação. E a família empresarial também, mas evidentemente que não se gostava de falar muito disso. Então, em primeiro lugar, sintonia da empresa e coesão de grupo.

Segunda característica: ênfase na engenharia e nos empreendimentos. Essas empresas eram tidas e vistas de dentro como empresas eminentemente de engenharia, em que os engenheiros eram, realmente, a casta dominante. A tal ponto que – bom, ligada com essa visão de engenharia também havia toda uma valorização da lógica, da racionalidade, da disciplina, da limpeza impecável das instalações, principalmente em usinas e lugares semelhantes, subestações e tudo. E também uma total resistência a qualquer ingerência de outra área sobre as decisões da área de engenharia. Por exemplo, toda resistência que houve nas áreas ambientais, por parte do pessoal técnico, não necessariamente tinha a ver com a questão dos custos que daí viriam, mas simplesmente pela resistência a qualquer outra discussão que pudesse contestar a autonomia e a hegemonia da camada técnica para decidir os assuntos.

Em terceiro lugar, a terceira característica comum das duas empresas: a ausência de crítica. O que não significa a ausência de queixa, essa é outra história, mas a crítica, o pensar alternativamente era muito pouco presente, e eu me lembro de uma frase que a gente escutava frequentemente, até em conversas informais: "Olhe, não tome isso como crítica, viu?" Ou seja, é um horror uma crítica.

Em quarto lugar, um pouco relacionado com tudo isso que falei, uma percepção muito deficiente do outro, seja esse outro quem for, seja o consumidor, o sitiante que mora em área de possível barragem e até mesmo o outro interno, o outro funcionário, o outro de outra área, principalmente. Então, era mais ou menos como se a empresa fosse perfeita e o que atrapalhava fosse esse mundo que aí está em volta. Isso como características comuns.

Eu colocaria aqui algumas peculiaridades. Até aqui, havia algumas coisas em comum entre CESP e Eletropaulo, algumas peculiaridades que distinguem um pouco uma da outra. No caso da CESP, foi uma coisa que me surpreendeu na pesquisa, porque eu trabalhei na CESP por dezesseis anos e, ao fazer a pesquisa, descobri coisas que não tinham me passado pela cabeça quando estava lá dentro. Uma delas foi essa forte fragmentação em feudos, isso provavelmente tem a ver com o modelo fundador da empresa lá atrás, aquela fusão de várias empresas, parece que se consolidou uma cultura do arquipélago e das rivalidades entre diferentes diretorias que, às vezes, se comportavam como empresas concorrentes. Aí eu corrijo aquilo que falei ali atrás: "Vestir a camisa da empresa". No caso da CESP havia sim um discurso bonito de vestir a camisa da empresa, a grande CESP, a Cespona, assim por diante. Na realidade, na hora do "vamos ver", o vestir a camisa era vestir a camisa da diretoria em que o sujeito estava, do departamento, do que fosse, era aquela camisa específica ali e a coesão era principalmente a coesão daquele grupo.

Em segundo lugar, outra característica específica da CESP, ligada ao fato de sempre ter sido uma empresa estatal, o que eu chamaria um discurso desenvolvimentista que era frequentemente reiterado, de se ver a empresa como grande promotora do desenvolvimento. E, num certo sentido, devemos admitir que ela foi sim, em outro sentido eu acho que haveria talvez um discurso que ia um pouco além da prática concreta que se via. Mas de qualquer maneira era, digamos, aquela fala, aquele ideal realimentado que, claro, maldosamente se pode chegar e acusar de hipocrisia, mas sempre tendo presente que a hipocrisia é a ultima homenagem que o vício presta à virtude. Então, na medida em que há esse discurso sempre se abre uma brecha para que se possa pegar os tomadores de decisão pela palavra e cobrar que levem isso até o fim. Então, sim, esse discurso eu acho que pode ser visto pelo lado positivo também.

A terceira característica, também pelo seu caráter estatal, era uma interação com jogo político partidário. Frequentemente, nas entrevistas, isso aparecia como uma queixa das pessoas, dizendo: "Os políticos vêm aqui, chegam, interferem em tudo na nossa decisão". Mas nem sempre o pessoal reconhecia que esse era um jogo de mão e contramão, que frequentemente essa ingerência do agente político era, também, estimulada, às vezes até pedida, por pessoas de dentro que queriam chegar e reforçar suas posições.

Três peculiaridades da CESP, agora eu passaria a três peculiaridades da Eletropaulo. A primeira: a longa carreira. Isso, em parte, existia também na CESP, pessoas que entraram muito jovens ali e ficaram na empresa até sua aposentadoria, mas no caso da Eletropaulo, isso era mais marcado, uma pessoa com dez anos de casa era considerada meio caloura na empresa. Uma expressão que várias vezes apareceu nas entrevistas com antigos funcionários da Eletropaulo – notadamente da antiga Light, os que tinham estado lá atrás – era o verbo galgar: "Ah, a pessoa entrava lá e ia galgando posições" lentamente, lentamente, e aí chegava em cima, premiado. Um entrevistado me contou assim: que no dia em que ele chegou, veio até a mesa do chefe, era uma mesa comprida, quer dizer, era uma sala comprida, um monte de gente lá assim e o chefe disse para ele: "Olhe essas pessoas todas que estão aí, todos eles estão à sua frente porque elas entraram antes de você, Então saiba que a antiguidade aqui é posto". Isso era algo muito arraigado.

Uma segunda característica, a discrição. Era estimulado, assim, que o bom funcionário da Eletropaulo é o camarada que se comporta bem, que não se expõe muito, que evita ficar dando opiniões sobre qualquer assunto. Esse modelinho era altamente encucado nas pessoas.

Em terceiro lugar, o controle estrito dos custos. Isso também principalmente na antiga Light. Aqui eu queria abrir um parêntese a respeito do que eu tinha falado, assim como eu disse que na CESP, o "vestir a camisa" tinha muito a ver com a camisa da área, mais do que a camisa da empresa no todo, eu diria que na Eletropaulo aquele tal orgulho, aquela camisa e tudo, não era tanto o da Eletropaulo, empresa estatal, mas a referência era a antiga Light lá atrás. Então, havia uma enorme saudade da Light dos canadenses. Mas, então a questão dos custos – voltando a esse ponto – tinha histórias assim que eles contavam, por exemplo, a do lápis: cada funcionário tinha um lápis na sua mesa e para ter um novo lápis ele devia levar o toquinho menor possível daquele que lá estava. E assim como essa, havia muitas outras. Bom, isso, inclusive, aconteceu também nas próprias áreas técnicas da empresa, quando nos anos anteriores à estatização, a economia do toquinho do lápis também passou a ser colocada nas instalações da empresa. Então, conta-se que, ao ser estatizada, a empresa estava pedindo altas reformas, uma série de instalações técnicas em condição lamentável. E houve, realmente, uma série de investimentos, só que aí o que eles falaram é que se passou para o extremo oposto, quer dizer, se investiu o que se devia e também começou a se gastar o que não se devia. Pelo menos foi o que apareceu generalizadamente nas entrevistas.

Brevemente, sobre o encontro das duas culturas na CTEEP – duas culturas de transmissão –, eu não vou ter muito tempo, eu diria que a pesquisa foi feita assim na base de contarem como é que foi a história. Aí, eu faria três cortes. O primeiro é mais ou menos óbvio, os que vieram de uma empresa e os que vieram de outra – e no caso foi a empresa proveniente da CESP que chegou e comprou, englobou a empresa proveniente da Eletropaulo, uma cultura praticamente teve supremacia sobre a outra. Então, conforme as pessoas vinham de uma ou de outra, a história que contavam era um pouquinho diferente. Segundo, para os dirigentes da empresa foi um processo assim maravilhoso e tudo, para o pessoal situado um pouco mais abaixo foi um tanto quanto menos maravilhoso. E, terceiro, os da área técnica têm uma visão que eles são a empresa e o resto apêndice, e os outros evidentemente não veem assim.

Para concluir, eu diria o seguinte: todas essas características de cultura, evidentemente, são características de longa duração, então, frequentemente nos remetem a aspectos conservadores da empresa, como se ela fosse arredia a mudanças. Em um certo sentido, elas são mesmo e eu até arriscaria dizer que quem espera mudanças – e aí não estou falando só das antigas, mas de organizações de grande porte como essas –, quem espera grandes mudanças, não deve apostar tanto nas mudanças partidas do contexto interno, porque a própria cultura resiste a isso. Então, as mudanças, eu tenderia a acreditar que elas tendem a acontecer muito mais como resposta a desafios e a provocações colocadas por movimentos mais amplos que rolam na sociedade.

História e memória das empresas no Brasil

Paulo Nassar

Na atualidade, a atuação das empresas é observada de forma crítica pela sociedade, constituída por consumidores, trabalhadores, comunidades, sindicatos, governos, universidades, entre outros, além das redes relacionais que se formam no ambiente da comunicação digital – todos fundamentais para o sucesso ou o fracasso empresarial. Isso decorre do papel que essas organizações têm nos âmbitos políticos, sociais, culturais e ambientais, fato derivado de seu grande protagonismo econômico na sociedade.

É conhecida a comparação entre as receitas aferidas pelas grandes empresas e o Produto Interno Bruto (PIB) de inúmeros países, em que empresas com atuação global, como Wal-Mart, Exxon Mobil, Chevron, General Eletric, Petrobras, Vale do Rio Doce se colocam entre as 100 maiores entidades econômicas do mundo. É inegável que a movimentação empreendedora desses gigantes econômicos é quase sempre geradora, no âmbito social, de inúmeras controvérsias e pontos de vista.

Exemplos de turbulências no ambiente social das empresas são os questionamentos provocados por reestruturações patrimoniais, tais como as aquisições, fusões e cisões acionárias, onde empregados, comunidades, imprensa e governos se perguntam sobre os destinos das empresas, de seus colaboradores, de seus produtos, serviços, suas culturas, suas histórias e memórias. Ou, ainda, as perguntas que afloram sobre o impacto social, econômico, cultural e ambiental de uma nova usina hidroelétrica sobre regiões, rios e comunidades ribeirinhas. Momentos em que o patrimônio histórico empresarial, nas suas formas materiais e documentais, muitas vezes construído a partir, também, de grande investimento da sociedade, é dilapidado, quando não desaparece.

Nos últimos 20 anos, setores econômicos brasileiros, como o siderúrgico, cervejeiro, varejo, papel e celulose, aeroespacial, gás, eletrodomésticos, mineração e telecomunicações passaram por mudanças em seus modelos patrimoniais e de gestão. Empresas emblemáticas – muitas delas, fundadas com o investimento de capital social, canalizado por meio do Estado para esses empreendimentos – passaram por esses tipos de transformações, tais como a Cosipa, Açominas, Brahma, Aracruz, Vale do Rio Doce, Comgás, Eletropaulo, CESP, Brasmotor e suas marcas Brastemp e Consul, Embraer, Votorantim, Mappin, Embratel e todo o conjunto de telefônicas estaduais. De tal forma, que é legítimo perguntar sobre a destinação e conservação dos acervos ligados às suas memórias e histórias. A documentação desses setores está visceralmente ligada ao desenvolvimento de cidades, regiões e do próprio país, à criação de conhecimento singular e inovador, à história e memória de pessoas, de todas as hierarquias, que tiveram papéis destacáveis na consolidação desses empreendimentos. O setor elétrico brasileiro tem inúmeros exemplos dos impactos originários das mudanças de atuação do Estado nacional, de empresas multinacionais e nacionais no segmento e da construção de grandes usinas.

Empresas, além do olhar econômico

Assim, dentro do contexto descrito, as ações empresariais, balizadas pelo Estado democrático, pela vigilância da sociedade, pela imprensa tradicional e pelas novas formas digitais, instantâneas e globais de trânsito das informações devem se nortear pela competência, legalidade e legitimidade,[1] tríade que deve ser explicitada para a sociedade em sua totalidade pelas organizações empresariais em seus processos relacionais e comunicacionais.

O que significa que não basta que a ação empresarial seja tecnicamente defensável, ajustada aos parâmetros legais, mas que deve, também, ser legítima, segundo as percepções da sociedade. A legitimidade é um valor que a empresa busca alcançar pela comunicação e pelo diálogo com a sociedade. Um processo que tem como alicerces a história e a memória percebida e contada por

---

1 BOBBIO, Norberto. *Dicionário de Política*. 4ª ed. Brasília: Editora da Universidade de Brasília, 1992, p. 199.

empregados, comunidades, consumidores, clientes, sindicatos, governos, imprensa, organizações não governamentais, universidade e outros. Boas histórias e memórias geram credibilidade. Um conhecido *slogan* comercial anuncia que "você conhece, você confia". É outra forma de dizer que história e memória têm valor de mercado, criam valor para a organização.

O significado e a atuação das empresas para as sociedades e para as pessoas são – cada vez mais – um campo de estudo interdisciplinar, integrado pelas ciências humanas e sociais, em destaque a história, a política, a administração e a comunicação. Durante o século XX, a visão conservadora desses estudos considerou a história empresarial e a memória como uma extensão menor da história econômica.

Na atualidade, as atuações das empresas devem transcender o olhar estritamente econômico e assumir que são também processos comunicacionais e relacionais, que se transformam em múltiplas narrativas, nem sempre favoráveis à organização. A origem desse narrar está também entre aqueles que dialogam, negociam ou confrontam-se com os interesses das empresas. Muitas vezes, a visão administrativa da empresa impede que ela trabalhe a sua história e a sua memória dentro desse novo patamar.

História, memória e administração

Na Europa e nos Estados Unidos, nas primeiras décadas do século XX, no âmbito das empresas são criados arquivos empresariais e nas escolas de negócios são desenvolvidos cursos de história empresarial. Tudo isso organizado dentro de uma visão de racionalização da atividade empreendedora, com objetivos de entender e organizar o mundo do trabalho, principalmente dentro das técnicas desenvolvidas por Frederick Winslow Taylor, nos Estados Unidos, e Henri Fayol, na França.

A pesquisa acadêmica voltada para a história empresarial tem como marco evolutivo o trabalho *Management decentralization, historical analysis*, de Alfred Chandler, professor-emérito da Harvard Business School, como destacado por Gagete e Totini.[2] Chandler examinou biografias empresariais, relatórios, livros, revistas e outras fontes ligadas aos negócios para comparar modelos de

---

2 GAGETE, Elida e TOTINI, Beth. "Memória empresarial: uma análise da sua evolução". In: NASSAR, Paulo (org.). *Memória de empresa: história e comunicação de mãos dadas, a construir o futuro das organizações*. São Paulo: Aberje, 2004.

atuação empreendedora em dez setores industriais norte-americanos. Em 1959, Chandler publica *Os primórdios da "grande empresa" na indústria norte-americana*, onde destaca um conjunto de perguntas que, para ele, deveriam orientar o historiador na pesquisa e na análise de uma história empresarial:

> O historiador, pela própria natureza de seu trabalho, deve se interessar pela mudança. O que favoreceu a mudança? Por que ela se deu em tal momento e de tal maneira? [...] O que no passado americano deu aos empresários a oportunidade ou criou-lhes a necessidade de mudar o que estavam fazendo ou o modo de fazê-lo? Em outras palavras, o que os estimulou a desenvolver novos produtos, novos mercados, novas fontes de matérias-primas, novos meios de adquirir, beneficiar ou comercializar os artigos com que lidavam? O que os incentivou a descobrir novos métodos de financiamento, novos meios de administrar ou organizar suas empresas? O que os levou a modificar suas relações com a força de trabalho, com seus clientes e consumidores, e com o público norte-americano em geral?[3]

Gagete e Totini[4] afirmam serem das décadas dos anos 1960 os primeiros trabalhos brasileiros no campo da história e memória empresariais, voltados para a análise da evolução da industrialização no Brasil. São destacados por estas autoras os trabalhos de José de Souza Martins, do final dos anos 1960, *Conde Matarazzo – O empresário e a empresa*, e da professora Maria Bárbara Levy, que publicou em 1977 um estudo sobre a evolução da Bolsa de Valores do Rio de Janeiro, a partir das últimas décadas do século XIX.

Nos anos 1980, no Brasil, no campo dos estudos da Administração, em sua interface com os estudos de História, com notada influência das ideias de Chandler, aconteceram os estudos e as ações do professor Cleber Aquino, que produziu uma série de livros denominados *História empresarial vivida*. Esta coleção de livros se constituiu a partir de depoimentos de empresários brasileiros que ergueram as suas empresas a partir dos recursos próprios, financiamento governamental, ligações políticas e ligação estreita com as suas comunidades de origem. Os primeiros volumes estavam assim formatados: I – Olacyr Francisco de Moraes (Grupo Itamarati); Omar Fontana (Transbrasil); Jorge

---

3 CHANDLER, Alfred. *Ensaios para uma teoria histórica da grande empresa*. (org. Thomas K. McCraw). Rio de Janeiro: Editora Fundação Getúlio Vargas, 1988, p. 35.

4 GAGETE e TONINI, op. cit., p. 117-118.

Wilson Simeira Jacob (Grupo Fenícia); Paulo Diederichsen Villares (Empresas Villares). II – Eugênio Staub (Indústrias Gradiente); Jorge Gerdau Johannpeter (Grupo Gerdau); Ângelo Calmon de Sá (Banco Econômico); Márcio Fortes (João Fortes Engenharia). III – Matias Machline (Grupo Sharp); Henry Maksoud (Hidroservice); João Carlos Paes Mendonça (Grupo Bompreço); Mauro Salles (Salles Interamericana de Publicidade). IV – Antônio Ermírio de Moraes (Votorantim); José Dias de Macedo (J. Macedo S.A.); Yvonne Capuano (Clock S.A.); Victor Civita (Editora Abril). V – Norberto Odebrecht (Construtora Odebrecht); Sheun Ming Ling (Petropar); Leon Feffer (Companhia Suzano); Attilio Fontana (Sadia).[5] Examinando o conjunto de empresas analisadas por Aquino, é destacável o fato que poucas dessas organizações mantiveram os seus controladores originais, diante das mudanças econômicas, políticas e tecnológicas por que passaram as décadas dos anos 1990 e 2000.

Tal como a de Chandler, a pesquisa de Aquino, desenvolvida nos anos 1980, quer destacar a trajetória dos principais líderes empresariais brasileiros e de suas empresas; o estudo comparativo dos negócios brasileiros em relação aos desenvolvidos em outras culturas; o entendimento do comportamento empresarial "como expressão do contexto civilizatório e cultural institucional".

Na primeira década do século XXI, Jacques Marcovitch[6] faz um panorama sobre a história empresarial brasileira, baseado na trajetória e memória empresarial de empresários de grandes corporações brasileiras, marcos fundadores da agricultura, da indústria e do varejo. Em síntese, os três volumes que formam a coleção *Pioneiros e Empreendedores: A Saga do Desenvolvimento no Brasil* fazem o perfil de 24 personagens, que têm as suas presenças justificadas nas obras não só pelo seus êxitos econômicos mas, também, "por características típicas do empreendedorismo como visão de futuro, sensibilidade estratégica e capacidade de inovação". Ainda para o autor da coleção Pioneiros e Empreendedores: "Os Prado representam a transição entre o Brasil do café e o Brasil moderno; Matarazzo, o pioneirismo da grande indústria; Street, a consciência social; Feffer, a aposta na tecnologia; Jafet, a revolução no varejo; Simonsen, a preocupação com a macroeconomia".[7]

---

5 AQUINO, Cleber. *História empresarial vivida*. Vol. I a V. São Paulo: Gazeta Mercantil, 1986/1987.

6 MARCOVITCH, Jacques. *Pioneiros e Empreendedores: A Saga do desenvolvimento no Brasil*. Vol. I a III. São Paulo: Editora da Universidade de São Paulo, 2003.

7 Ibidem, p. 13-14.

Os estudos, na linha de Chandler, desenvolvidos pioneiramente por Aquino e depois por Marcovitch, professores da Faculdade de Administração e Economia da Universidade de São Paulo, fazem, em graus diferentes, uma busca por linhas de gerenciamento da história empresarial, a partir de um olhar exclusivamente direcionado para a atuação dos grandes *tycoons* brasileiros, considerados como indutores do progresso e desenvolvimento do país e produtores de culturas empresariais modelares e bem-sucedidas. Esta escolha metodológica é influenciada pelo ambiente dos estudos tradicionais da Administração, que cravam as suas observações quase sempre do ponto de vista de quem faz a gerência e, em última instância, detém os recursos econômicos, as posições de poder organizacional e, nos ambientes históricos em que se desenvolveram as pesquisas, o poder de narrar e veicular as suas histórias e memórias empresariais. Muitos desses estudos no campo da história e da memória empresarial, oriundos do campo da Administração e da Comunicação, não se orientam por uma diversidade de fontes de pesquisas, o que lhes tira o rigor científico. Sobre este ponto, Gagete e Totini[8] opinam:

> Hoje, a memória empresarial constitui-se numa área de atuação específica e importante no universo empresarial, muito embora ainda se assistam a várias distorções de seus princípios fundamentais, em particular no Brasil. Essas distorções, via de regra, ligam-se a projetos que, embora se autointitulem "históricos", não se valem da metodologia de análise da ciência, seja quanto à multiplicidade de fontes de pesquisa, seja quanto ao compromisso com a sua legitimidade. Afinal, História não é ficção – deve ser objeto de estudo de especialistas e não apenas servir à construção de narrativas heroicas, sagas, celebrações e biografias elogiosas.

Outros trabalhos

Durante os anos 1980, 1990 e 2000, outros trabalhos no campo da história empresarial devem ser lembrados. Entre eles, destacamos os livros da coleção *Pense grande* (1989), editada por Marino Lobelo, que traça a trajetória de grandes empresários brasileiros, muitas dessas histórias já focalizadas na obra de Cleber Aquino. Ainda lembramos o livro *Força e luz: eletricidade e modernização na República Velha* (2000), de Gildo Magalhães dos Santos Filho; *CPFL: 90 anos de história* (2002), de Ricardo Maranhão; *CESP, Pioneirismo e Excelência Técnica*, de Júlio César Assis Kühl e

---

8 GAGETE e TOTINI, *op. cit.*, p. 117.

Renato de Oliveira Diniz; *Entrevistas, cartas, mensagens e discursos – 1994/1997*, de Hugo Miguel Etchenique (Brasmotor), editado pelo antropólogo e jornalista Rodolfo Witzig Guttilla; *A decolagem de um sonho: a história da criação da Embraer*, de Ozires Silva; *Memórias do comércio*, de Mauro Malin e Museu da Pessoa; *CSN: um sonho feito de aço e ousadia*, de Regina da Luz Moreira (Fundação Getúlio Vargas); *BNDES – 50 anos: histórias setoriais* (2002), produzido pela DBA; *Gessy Lever: história e histórias de intimidade com o consumidor brasileiro* (2001), coordenado pela Grifo Projetos Históricos; *Alexandrino Garcia: o perfil de um pioneiro*, de Luiz Egypto Cerqueira (2002); *Energia da Memória: As lições da Petrobras* (2010); *GE 90 Anos de Brasil: ideias que se tornam realidade*; *50 anos de Brasília: a nação em construção*, produzido pelo Centro de Memória Camargo Corrêa (2010); *Souza Cruz: 100 anos – Um século de qualidade*, de Fernando de Morais; *Votorantim 90 anos: uma história de trabalho e superação*, de Jorge Caldeira (2007); *Chama empreendedora: a história e a cultura do Grupo Gerdau – 1901-2001* (2001), *Corn Products Brasil – 75 anos na vida dos brasileiros* (2004) e *Droga Raia 100 anos: uma história de confiança e respeito* (2005), os três últimos coordenados pela Memória e Identidade.

Um exemplo da abrangência atual da interface entre os estudos de História e Memória Empresarial e o campo de estudo da Comunicação em empresas é dado por Isabel Ricci (quadro 1), ao relacionar, em uma linha do tempo, os temas e os produtos decorrentes dos trabalhos entre História, Memória e Comunicação:

Quadro 1: Produtos presentes no ambiente das ações relacionais/comunicacionais/históricas brasileiras

Período	Conceito	Principais produtos
Décadas de 1960 e 1970	História de empresas: objeto de estudo acadêmico	Teses/Publicações
Final da década de 1980	Reformulações na gestão das empresas ao "resgate da memória"	Livros institucionais para registrar/celebrar o passado; Organização de acervos históricos
Década de 1990	Memória empresarial: suporte ao reforço da cultura e da identidade das organizações	Obras de registro/análise; Produtos de comunicação, marketing e endomarketing; Centros de documentação e memória
2000-2003	Memória empresarial: ferramenta de gestão que agrega valor ao negócio	Produtos e serviços de informação e gestão do conhecimento

Fonte: (RICCI, Isabel. Ultragaz: projeto espaço do conhecimento, 2004, p. 84)[9]

---

9 RICCI, Isabel. "Ultragaz: projeto espaço do conhecimento". In: NASSAR, Paulo

No início dos anos 2010, os trabalhos voltados para a História e Memória Empresarial consolidam cada vez mais as suas formas multidisciplinares, seja com a Comunicação, a Administração, ou outras Ciências Sociais Aplicadas.

História, memória e cultura organizacional

Em estudo voltado para análise da cultura organizacional, Maria Tereza Leme Fleury destaca a contribuição que o trabalho sistematizado da história empresarial traz para o todo organizacional. Em síntese, esta autora afirma, ao comentar o papel mítico de fundadores e diretores, que "recuperar o momento de criação de uma organização e sua inserção no contexto histórico e econômico da época propicia o pano de fundo necessário para a compreensão da organização, suas metas, objetivos".[10] E que a recuperação histórica, também traz a possibilidade de "investigar os incidentes críticos por que passou a organização: crises, expansões, pontos de inflexão, de fracassos ou sucessos".[11]

Um olhar abrangente sobre a história organizacional destacará os atributos, mitos, ritos e rituais e poderes organizacionais ao longo do tempo e de seus contextos. Um processo que iluminará, segundo Fleury,[12] os valores organizacionais a serem preservados ou questionados, além do "desvelamento de certos mitos caros ao conjunto dos empregados como o 'mito grande família' explicitando a dominação presente nas relações de trabalho".

Na atualidade, as atuações das empresas devem transcender os olhares e as narrativas estritamente econômicas e administrativas e assumir que são também processos comunicacionais e relacionais, que se transformam em múltiplas narrativas, nem sempre favoráveis à organização. Vive-se na contemporaneidade um ambiente de guerra de narrativas, baseada na permanente disputa por espaços e interesses sociais e econômicos. Disso decorre a importância do trabalho multidisciplinar e integrado de historiadores, documentalistas, administradores e comunicadores em transformar as histórias e memórias das empresas em narrativas interessantes, singulares, que relatem a importância das empresas para

---

(org.). *Memória de empresa: história e comunicação de mãos dadas, a construir o futuro das organizações*. São Paulo: Aberje, 2004.
10 FLEURY, M. T. L. *Cultura e poder nas organizações*. São Paulo: Atlas, 1996, p. 23.
11 Ibidem.
12 Ibidem.

o desenvolvimento da sociedade, em aspectos como o social, o econômico, o ambiental e o cultural.

História, Memória e Retórica

Neste contexto, a história e a memória empresarial são elementos estruturantes da retórica organizacional. Os seus fatos selecionados devem estruturar as mensagens que farão com que a utilidade, a compatibilidade e a transcendência[13] organizacionais sejam percebidas pela sociedade. A utilidade de uma empresa está relacionada com os usos práticos e cotidianos que a sociedade faz daquilo que é produzido pela organização. Como destaca Halliday,[14] "trata-se de uma exigência básica que as organizações têm de preencher para justificar a sua existência jurídica". A compatibilidade é a "congruência entre as atividades e objetivos da organização e as normas, valores, objetivos e ideologias prevalecentes na sociedade". E a transcendência é "a ação simbólica que redefine uma organização colocando-a além dos limites comuns de sua natureza organizacional, de seu ramo de atividade e de seus objetivos de sobrevivência".[15] Uma tríade retórica que, quando percebida na vida cotidiana, significa que a organização consegue mostrar para os seus inúmeros públicos o cumprimento de suas responsabilidades comercial, social, ambiental, cultural e histórica.

Esses atributos retóricos – alinhados com a realidade relacional que a empresa estabelece com a sociedade e os seus públicos – reforçam o fato, destacado por Karen Worcman, de que

> Uma empresa não existe isolada do restante da sociedade. Ela faz parte de uma trama social e confunde-se com uma boa parte da história das comunidades com as quais ela interage, dos seus clientes, fornecedores, parceiros e, sobretudo, com a própria história do Brasil. É esse o melhor sentido para entender o significado da expressão Responsabilidade Histórica. Pois ao compreender o potencial de conhecimento que a história de uma empresa possui, percebe-se que, ao externá-la, a empresa faz muito mais do que

---

13 HALLIDAY, Tereza. *A retórica das multinacionais: a legitimação das organizações pela palavra*. São Paulo: Summus, 1987.

14 Ibidem, p. 20.

15 Ibidem, p. 40-42.

uma ação de comunicação ou de recursos humanos. Ela constrói e devolve para a sociedade uma parte da memória do país.[16]

O resultado desse alinhamento entre empresa e sociedade, territórios anteriormente vistos como separados, é o reforço da percepção de ligação entre o privado e o público. A organização pelas inúmeras experiências que a envolvem minimiza a percepção histórica de que é uma entidade apenas voltada para a exploração das pessoas e dos recursos naturais de comunidades onde atua.

Novas demandas e comunicação

Dando resposta a essas novas demandas da sociedade em relação às empresas, a história e a memória empresarial brasileiras são, ainda no final dos anos 1990 e durante os anos 2000, trabalhadas a partir de outras narrativas, não relatadas fortemente pelos estudos tradicionais de história e memória empresariais. Essas novas formas de trabalhar a história e a memória empresarial estão expressas em narrativas colhidas entre públicos como os trabalhadores, os clientes, as comunidades, entre outros, e disponibilizadas não só pelos meios impressos, documentos, revistas e livros, mas, também pelos meios audiovisuais e digitais. Muitos desses relatos empresariais, colhidos fora do âmbito e do controle das direções empresariais, foram trabalhados por historiadores e comunicadores influenciados pelas ideias do que se denominou por Nova História, ação historiográfica explicada por Peter Burke[17] como uma corrente que incorpora novos temas, novos protagonismos, novas visões, interpretações e opiniões e, destacadamente, novas formas de se escrever a história, entre elas, a história oral e a narrativa que não procura a objetividade total. Burke,[18] ainda nos diz que a Nova História se interessa "por virtualmente toda a história humana", neste sentido ele afirma:

> Nos últimos trinta anos, nos deparamos com várias histórias notáveis de tópicos que anteriormente não se havia pensado possuírem uma história, como, por exemplo, a infância, a morte, a loucura, o

---

16 WORCMAN, Karen. "Memória do futuro: um desafio". In: NASSAR, Paulo (org.). *Memória de empresa: história e comunicação de mãos dadas, a construir o futuro das organizações*. São Paulo: Aberje, 2004, p. 27-28.

17 BURKE, Peter. *A escrita da história: novas perspectivas*. São Paulo: Unesp, 1992.

18 Ibidem, p. 10-16.

clima, os odores, a sujeira e a limpeza, os gestos, o corpo, a feminilidade, a leitura, a fala e até mesmo o silêncio.[19]

Como relata Nassar,[20] dentro deste enfoque da Nova História foram produzidos pelo Museu da Pessoa os trabalhos *Memórias do Sindicato dos Metalúrgicos do ABC* (1999) — que resgatou, a partir de depoimentos de vida de trabalhadores de empresas da área, memórias acerca do desenvolvimento industrial e do movimento político operário desta importante região industrial brasileira —, *Memória dos trabalhadores da Petrobras* (2003) — trabalho que reuniu um conjunto de depoimentos de trabalhadores, cobrindo o período que vai de sua fundação, em 1954, até a comemoração de seus 50 anos de existência. Mais do que acontecimentos isolados, ligados a efemérides empresariais, a história e a memória organizacionais são trabalhadas em centros de memória e referência (CMRs) por equipes compostas por historiadores, documentalistas, jornalistas, relações-públicas, bibliotecários, profissionais de marketing, entre outros profissionais. São destacáveis pelas suas estruturas, investimentos e realizações os centros de memória das organizações Odebrecht (Núcleo de Cultura Odebrecht), Votorantim (Memória Votorantim), Petrobras, Bunge, Camargo Corrêa, Vale, Boticário, Grupo Suzano, Embraer, Grupo Pão de Açúcar, Natura e Aberje[21] (Centro de Memória e Referência da Associação Brasileira de Comunicação Empresarial).

Ressaltamos que o Centro de Memória e Referência da Aberje (CMR Aberje), inaugurado em 2007, integra em um único espaço a memória da Associação e serviços de disseminação de informação qualificada sobre os campos da Comunicação e das Relações Públicas. É o único sistema de informação especializado em Comunicação Organizacional da América Latina, com acervo diversificado e adequado tanto às necessidades de seus associados, em sua maioria profissionais à procura de atualização e de casos para *benchmarking*, quanto para a comunidade acadêmica que fundamenta e reestrutura teorias utilizando-se da

---

19 Ibidem.

20 NASSAR, Paulo. *Relações Públicas na construção da responsabilidade histórica e no resgate da memória institucional das organizações*. São Caetano do Sul, SP: Difusão Editora, 2007; *Responsabilidade histórica e memória institucional*. São Paulo, Curso de História Pública, USP, 2011 (apresentação oral).

21 SOUZA, G; NASSAR, P. *Disseminação da informação em comunicação empresarial: o caso do Centro de Memória e Referência da Aberje*. CRB-8 Digital, vol. 3, p. 18-28, 2010.

práxis empresarial.[22] Com destaque para a reunião de mais de 200 publicações empresariais relativas à história de organizações e instituições de segmentos representativos da economia nacional.

A emergência de novos temas, novos protagonistas e estruturas voltadas aos trabalhos de história e memória brasileiras, mais do que um rompimento com a historiografia tradicional, vem também atender às novas demandas das empresas e instituições, contextualizadas em um ambiente que valoriza cada vez mais o conhecimento e a participação social nas narrativas organizacionais; entre elas destacamos: a necessidade de legitimar as suas operações e decisões; aumentar o sentimento de pertencimento de seus inúmeros públicos em relação às suas histórias; ao reforço contínuo, coerente e consistente de seus processos de institucionalização, o que significa a forma como são percebidos, ao longo do tempo, pela sociedade e pelos inúmeros públicos os valores, as identidades, as missões e visões, e as próprias histórias organizacionais; além da utilização da história e memória organizacionais em processos de apoio à gestão de *marketing*, recursos humanos, inteligência, pesquisa e desenvolvimento, cultura organizacional e comunicação.

Assim, em um contexto em que a historiografia voltada para as empresas é reposicionada, conclui-se a memória empresarial como um processo inseparável do pensamento e das operações de comunicação em que uma empresa tem de recuperar, conservar e atualizar informações que fazem parte de sua história, disponíveis no âmbito de suas dimensões humanas e sociais (memórias biológicas) e tecnológicas (memórias artificiais). Por sua vez, a organização é um produto cotidiano de sua memória percebida pela sociedade, pelos seus públicos e redes de relacionamento, principalmente aquela memória assentada em sua tradição.

---

22 *Ibidem*.

A experiência do Centro da Memória da Eletricidade em Pesquisa Histórica

Lígia Maria Martins Cabral

Sediado no Rio de Janeiro, o Centro da Memória da Eletricidade no Brasil, entidade cultural sem fins lucrativos, foi criado em outubro de 1986, por iniciativa da Centrais Elétricas Brasileiras (Eletrobrás), sua principal mantenedora, com a finalidade de promover a preservação do patrimônio de valor histórico do setor de energia elétrica, evidenciando sua importância para a história contemporânea do país. O Centro foi constituído com uma estrutura multidisciplinar para desenvolver e incentivar projetos de história de empresas e empreendimentos, história oral, memória técnica, além do tratamento e organização de documentos históricos e produção de exposições. A instituição preocupou-se desde o início em oferecer serviços de biblioteca, videoteca, filmoteca, e foi constituindo uma coleção de documentos, de arquivo e de fotos dos principais empreendimentos do setor, além de testemunhos orais. No momento em que foi criado, o país passava por uma série de mudanças políticas, ocasionadas pelo fim do ciclo dos governos militares (1964-1985) e início de um período de democratização. No âmbito da Eletrobrás, então completando 25 anos, uma nova administração assumiu o compromisso de trabalhar pela preservação da memória deste setor produtivo, de forma permanente.

Projetos inaugurais

Ainda em 1985, deu-se início a um projeto de história oral, cujo objetivo era investigar o processo histórico de criação da Eletrobrás (1953-1962), por meio de uma série de depoimentos de personagens que participaram da elaboração do projeto de lei de criação da empresa, das discussões em torno de seu escopo e, finalmente, de sua criação e organização efetivas. Foram gravadas 19 entrevistas, totalizando 113 horas, incluídos tanto dirigentes de empresas do setor de energia elétrica quanto antigos técnicos da assessoria econômica do segundo governo Vargas e parlamentares. Este foi o núcleo a partir do qual se desenvolveu pouco a pouco o atual acervo institucional de entrevistas. As entrevistas foram gravadas ainda com uma equipe contratada, com o apoio da Financiadora de Estudos e Projetos (Finep), para a prestação deste serviço específico, pois a esta altura o Centro ainda não tinha sua estrutura formal, nem quadro de profissionais com formação adequada nem em número suficiente para a execução do projeto.

Ao mesmo tempo, identificou-se a necessidade de desenvolver um projeto de pesquisa sobre a trajetória do setor de energia elétrica no país, abordando a constituição do parque gerador brasileiro, o surgimento e desenvolvimento das principais concessionárias, legislação, políticas públicas para o setor, entre outros aspectos.

Este foi o primeiro esforço de sistematizar as informações históricas sobre o setor de energia elétrica, que estavam dispersas. Visava atender à demanda de autoconhecimento e à necessidade de divulgação de dados sobre o percurso vencido pelo setor de energia elétrica até então. Toda a pesquisa foi realizada por uma pequena equipe pioneira de historiadores do Centro e foi o ponto de partida para um extenso e diversificado programa de pesquisas históricas que passaria a ser desenvolvido pela instituição ao longo dos anos seguintes. Como resultado, publicou-se em 1988 a obra *Panorama do Setor de Energia Elétrica no Brasil*, com uma reconstituição inédita e abrangente da história do setor. O livro promoveu uma síntese e uma sistematização da literatura disponível, incluindo inúmeros documentos oficiais de governo, e de empresas do setor, além de livros, artigos e trabalhos acadêmicos de engenheiros e economistas. Esta primeira edição contou com uma introdução versando sobre o início da indústria de eletricidade na Europa e nos Estados Unidos no final do século XIX e quatro capítulos sobre o desenvolvimento da indústria de energia elétrica no país até meados dos anos 1980. Com cerca de 330 páginas, a publicação tornou-se fonte de consulta amplamente utilizada por profissionais do setor de energia elétrica e também das universidades. Pouco tempo após o lançamento, preparou-se também uma versão em inglês.

Quando a Memória estava para completar vinte anos de atividades, ambas as publicações estavam esgotadas e decidiu-se preparar uma nova edição do trabalho, agora bilíngue, revista e ampliada. Nessa ocasião, o conteúdo da primeira edição foi revisado e foram redigidos dois novos capítulos, dando conta da trajetória do setor nos vinte anos imediatamente anteriores. Na elaboração desta segunda edição a pesquisa via internet foi muito importante. Dados essenciais foram obtidos em portais de empresas, entidades e instituições universitárias públicas e privadas, revistas e organizações especializadas na cobertura de eventos do setor. O acesso ao acervo documental informatizado da Eletrobrás também foi de extrema valia, assim como a ajuda de colegas da Eletrobrás, do Operador Nacional do Sistema Elétrico (ONS) e da Empresa de Pesquisa Energética (EPE). O *Panorama do Setor de Energia Elétrica no Brasil* oferece uma visão abrangente da história do setor para todos os que se interessam pelo percurso da indústria de energia elétrica no país e pelo papel crucial que ela desempenha no desenvolvimento brasileiro.

Desdobramentos das atividades iniciais de pesquisa

Concomitantemente à execução dos projetos mencionados acima, a área de pesquisa percebeu a necessidade, além de elaborar material de apoio à pesquisa, de dar início a novos projetos temáticos e também dar continuidade ao programa de história oral da instituição.

Dois levantamentos de dados referentes a aspectos do setor de energia elétrica podem ser citados como exemplos de instrumentos de pesquisa elaborados nos primeiros anos da memória da eletricidade. Ambos os trabalhos geraram publicações: *Debates parlamentares sobre energia elétrica na Primeira República — o processo legislativo* (1990); e *Energia elétrica em questão: debates no Clube de Engenharia* (2001).

No primeiro caso, o objetivo almejado era oferecer subsídios para facilitar o trabalho não só de pesquisadores, mas também de advogados, administradores e outros técnicos do setor de energia elétrica, interessados em conhecer o processo histórico de formulação e implantação da legislação brasileira sobre energia elétrica entre 1889 e 1930. O levantamento incluiu vários tipos de proposição como projetos, emendas, pareceres, discursos, requerimentos e relatórios, com ênfase nos dois primeiros. No Brasil, a produção industrial de eletricidade cresceu significativamente a partir da primeira década do século XX, alterando estruturas e dinâmicas da vida econômica e social do país. A história da legislação brasileira sobre energia elétrica remonta ao início do século, com a publicação das primeiras leis de âmbito federal (1903) e estadual (Rio de Janeiro em 1905 e Bahia em 1906) sobre a utilização dos potenciais hidráulicos para a produção de eletricidade.

Até o final da Primeira República, a legislação federal, estadual e municipal sobre os serviços de eletricidade foi inspirada em princípios do direito comum, convalidando um regime de base meramente contratual entre os concessionários e os poderes concedentes. Na década de 1930, a legislação sobre águas e energia elétrica passou à competência exclusiva da União, operando-se então uma mudança completa do regime anterior. O trabalho mostra que a ação legislativa do Congresso, em matéria de energia elétrica, não foi muito significativa, e a pequena dimensão dos sistemas elétricos existentes contribuiu para uma tímida ação regulamentar da União. No período em questão, a indústria elétrica voltou-se basicamente para a prestação de serviços locais.

Quanto ao segundo trabalho, trata-se de um levantamento comentado dos debates sobre energia elétrica no Clube de Engenharia do Rio de Janeiro, com a finalidade de consolidar informações históricas valiosas para o estudo da formação e do desenvolvimento do setor de energia elétrica brasileiro. O acervo do Clube contém importantes referências sobre a evolução e a participação da engenharia na construção do Brasil moderno, incluindo a montagem da infraestrutura de serviços de eletricidade. Foram consultados, de forma sistemática, a *Revista do Clube de Engenharia*, publicada entre 1887 e 1980, o *Boletim Informativo* do Clube, cujo primeiro número é de 1943, os *Livros e atas das sessões do Conselho Diretor* do Clube, registrados desde 1881, além das séries *Documentos Oficiais* e *Correspondência*.

Fundado no Rio de Janeiro em 1880, ao tempo das primeiras experiências com energia elétrica no país, o Clube se destacou como importante fórum de debates sobre questões técnicas, econômicas e sociais de interesse público nacional, regional ou mesmo apenas local. O levantamento realizado sistematizou as informações sobre pareceres, conferências e teses atinentes à energia elétrica elaborados por iniciativa do clube durante cem anos. O material é amplo e diversificado e compreende desde pareceres sobre a utilização das lâmpadas elétricas incandescentes de Edison e o valor das tarifas da energia elétrica no Rio de Janeiro na época da chegada da Light em 1905 até uma moção contra o corte de investimentos no setor de energia elétrica nos anos 1970. Algumas questões mobilizaram intensamente a direção do Clube e seus associados, merecendo destaque o problema do suprimento de energia elétrica para a eletrificação da

Estrada de Ferro Central do Brasil em 1935, o projeto de construção da usina hidrelétrica de Paulo Afonso em 1948, o aproveitamento dos recursos hídricos no Rio Paraíba do Sul em 1955 e a crise de abastecimento de energia elétrica na Guanabara em 1962.

Instrumentos auxiliares de pesquisa – bancos de dados

Na área de levantamento e organização de dados, podemos mencionar três trabalhos, sendo dois sob a forma eletrônica (CD-ROM), e um de livro impresso. O primeiro, chamado *Caminhos da modernização: cronologia do setor de energia elétrica brasileiro (1850-1998)*, foi divulgado em 1999. Este instrumento identificou e sistematizou os principais eventos que marcaram a evolução histórica do setor de energia elétrica no Brasil. Foram elaborados 235 verbetes, agrupados em cinco períodos, acompanhados por 180 imagens fotográficas e 18 trechos de filmes. A pesquisa pode ser feita por data ou por termos selecionados. Parcialmente baseado nesta cronologia em versão eletrônica, foi publicado com o mesmo título, mas cobrindo o período 1879-2007, um livro contendo um painel conciso dos eventos mais relevantes da trajetória da indústria de energia elétrica no Brasil.

O segundo CD-ROM teve uma nova versão ampliada divulgada em 2000. O *Banco de imagens: usinas de energia elétrica no Brasil (1883-1999)* compilou informações textuais e iconográficas sobre as unidades operativas do setor de energia elétrica no Brasil, reconstituindo o processo de construção e geração de usinas hidrelétricas e termelétricas, desde a fase pioneira de sua implantação. O trabalho abarcou 662 usinas e um total de 1.020 registros fotográficos. Para cada usina contemplada foi incluído um texto com o histórico de sua construção e funcionamento, de uma a seis imagens e uma ficha técnica com os dados de localização geográfica, potência e datas relativas à construção e operação.

Ainda na vertente de instrumentos de pesquisa reunindo dados sobre a história do setor de energia elétrica, podemos citar o trabalho que deu origem ao livro *Dicionário biográfico do setor de energia elétrica brasileiro*. A publicação, lançada em 2002, reuniu verbetes biográficos dos dirigentes que ocuparam os principais cargos executivos das empresas concessionárias do setor de energia elétrica no país a partir de 1945, data de criação da Companhia Hidroelétrica do São Francisco (Chesf). Os dados coletados e organizados sobre os presidentes das empresas do sistema Eletrobrás e diretores de órgãos reguladores federais também estão disponíveis na base de dados da instituição.

História empresarial

Além dos trabalhos referentes a levantamentos de informações e formação de bancos de dados, a instituição investiu desde o início em diversas linhas de pesquisa. Uma das mais importantes é a de história empresarial, na qual foram produzidas muitas publicações sobre a história das principais concessionárias atuantes na geração, transmissão e distribuição de energia elétrica, assim como de outras entidades do setor de energia elétrica. A maioria dos livros publicados pela Memória da Eletricidade na área de história empresarial decorreu de solicitações das próprias empresas, muitas vezes em função de datas comemorativas de aniversários, ocasião em que as corporações voltam-se para a reflexão sobre sua trajetória e também para a programação de eventos e o lançamento de produtos destinados ao corpo de colaboradores, clientes, fornecedores e demais parceiros de atividade empresarial.

Em todas as pesquisas foram amplamente consultados, como fontes primárias, diversos tipos de documentos das empresas, tais como relatórios administrativos e técnicos, publicações internas, séries de correspondência, atas de reuniões de diretorias e conselhos empresariais. Frequentemente lançou-se mão da produção de documentos orais, como a realização de entrevistas temáticas com antigos empregados, ex-dirigentes e colaboradores ainda em atividade, que auxiliaram no esclarecimento de algumas questões sobre a trajetória das empresas.

Ao longo do tempo, a equipe da memória da eletricidade foi adquirindo grande intimidade e domínio das séries documentais produzidas no âmbito das concessionárias. As pesquisas procuraram sempre explorar as fontes documentais do setor e, ao mesmo tempo, dialogar com a produção sobre a história do país, do ponto de vista econômico, político e cultural. Nos últimos 25 anos de atividades, a Memória da Eletricidade executou inúmeros projetos de pesquisa tendo como objeto a história das empresas de energia elétrica nacionais. Nesta série, podemos citar como exemplos, no que se refere às maiores empresas do grupo Eletrobrás, os livros preparados para a Companhia Hidroelétrica do São Francisco (Chesf), para a Centrais Elétricas do Norte do Brasil (Eletronorte), para Furnas Centrais Elétricas e para a Eletrosul Centrais Elétricas. Além de um livro comemorativo aos 40 anos da própria Eletrobrás, editado em 2002.

Para a Chesf foram feitas duas revistas: *Chesf 45 anos (1948-1993)* e *50 anos Chesf (1948-1998)*, elaboradas respectivamente em 1993 e 1998 para integrar festejos de aniversário da empresa nordestina. As publicações reúnem as principais informações sobre a trajetória da empresa a partir de sua criação em 1945, notas biográficas dos integrantes da primeira diretoria da empresa e de todos os presidentes a partir de então e uma cronologia sucinta dos fatos e eventos mais relevantes da trajetória da empresa. A revista preparada para o cinquentenário da Chesf recebeu o prêmio Publicação Especial – Nordeste, em 1998, da Associação Brasileira de Comunicação Empresarial (Aberje).

Na mesma linha, a Memória da Eletricidade preparou em 1999 um livro comemorativo dos 25 anos das Centrais Elétricas do Norte do Brasil (Eletronorte) e, em 2004, outra publicação para a mesma empresa, desta vez para celebrar o aniversário de 30 anos. Ambas as publicações partiram dos antecedentes da criação da companhia e acompanharam sua instalação e desenvolvimento, com destaque para a formação e o crescimento do parque gerador e a instalação das principais linhas de transmissão. O segundo livro para a Eletronorte, com o título Eletronorte: 30 anos de pura energia brasileira, foi escolhido como finalista na premiação anual da Aberje, na categoria responsabilidade histórica e memória empresarial, em 2005.

Completando 50 anos em 2007, Furnas Centrais Elétricas também foi objeto de um projeto de pesquisa que resultou na publicação de uma obra comemorativa. Trata-se do livro bilíngue Furnas – 50 anos mudando o Brasil, fartamente ilustrado com fotografias escolhidas inclusive no acervo da própria empresa geradora. A história de Furnas foi contada em seis capítulos e incluiu a lista de todos os presidentes e diretores da casa com as respectivas datas de início e término da gestão. No ano seguinte, foi a vez da Eletrosul comemorar 40 anos. Para a ocasião foi preparado o livro ilustrado em edição bilíngue, rememorando a trajetória da empresa.

Além das empresas do grupo Eletrobrás, a Memória estabeleceu parcerias com diversas concessionárias de energia elétrica, inclusive privadas, além de outras entidades do setor de energia elétrica. Foi o caso, em 2005, da Light Serviços de Eletricidade, empresa de distribuição centenária da cidade do Rio de Janeiro, na elaboração do livro ilustrado Light: um século de muita energia (1905-2005).

Da mesma forma, projetos de pesquisa específicos foram elaborados para o Centro de Pesquisas de Energia Elétrica (Cepel), em 1991, quando completou 15 anos de atividades. Esta obra, com o título História do Centro de Pesquisas de Energia Elétrica, constituiu o primeiro trabalho feito pela Memória da Eletricidade por solicitação de uma instituição do setor de energia elétrica. Para reconstituir essa história, a equipe responsável por este primeiro trabalho da série empenhou-se em um minucioso levantamento nos acervos de vários arquivos e bibliotecas, para buscar dados sobre a história econômica do país, o desenvolvimento do setor de energia elétrica e as políticas públicas de ciência e tecnologia, a partir de meados do século XX, além da história do próprio Cepel. Após a pesquisa em fontes arquivísticas e bibliográficas, foi realizado um conjunto de sete entrevistas com pessoas que exerceram papel destacado no processo de criação e/ou desenvolvimento do Centro.

Em seguida, em 1996, no aniversário de 20 anos, o Cepel tornou a solicitar uma publicação comemorativa. Foi preparada então a revista ilustrada *Cepel 20 anos*. Recentemente, em 2009, na comemoração dos 35 anos da entidade, novamente a Memória da Eletricidade assumiu a tarefa de elaborar um trabalho histórico sobre o Centro de Pesquisas Tecnológicas. Já o último trabalho, intitulado *Cepel – a tecnologia nacional vencendo os desafios da energia elétrica*, além de ter atualizado os marcos principais da história do Cepel, realizou uma série de novas entrevistas, desta vez com 39 depoentes.

Em 1993, a então Companhia de Energia Elétrica do Estado do Rio de Janeiro (CERJ) solicitou à Memória da Eletricidade uma publicação sobre a empresa. Na época, a CERJ era responsável pelo fornecimento de energia elétrica em 73% do território fluminense. A pesquisa procurou resgatar a trajetória das atividades de energia elétrica em toda a área servida pela empresa. Traçou-se uma visão de conjunto das diferentes empresas que atuaram no estado do Rio de Janeiro desde o final do século XIX e também a história do processo de criação da própria CERJ, iniciado na década de 1980. A pesquisa documental sobre a empresa e suas antecessoras incluiu, além dos anais da Assembleia Legislativa do estado do Rio de Janeiro e do acervo de jornais de circulação estadual, um amplo levantamento no arquivo central e na secretaria geral da própria CERJ.

Alguns anos depois, em 1997, a Fundação Eletrobrás de Seguridade Social (Eletros) foi objeto de um projeto de pesquisa, cujo resultado foi publicado sob a forma de um livro sobre sua história, preparado pela Memória da Eletricidade. A esta altura, depois de dez anos de experiência, a Memória já recebia solicitações para atender a todos os tipos de instituições vinculadas ao setor. Este trabalho desenvolvido para a Eletros apresentou um panorama da previdência social brasileira desde a década de 1920, destacando, em seguida, a evolução das entidades de previdência complementar. Sobre este pano de fundo, a trajetória da Eletros foi abordada com base em um exaustivo levantamento documental e bibliográfico. Complementando a pesquisa, o livro apresentou um conjunto de seis entrevistas com ex-dirigentes e gestores da entidade que colaboraram em diferentes momentos para o desenvolvimento da Fundação.

Ainda na vertente de história empresarial, foi publicado em 2003 o livro *História da operação do Sistema Interligado Nacional*, realizado a pedido do Operador Nacional do Sistema Elétrico (ONS) quando o órgão completava cinco anos de existência. O conteúdo da pesquisa desdobrou-se em dois volumes, um contendo texto ilustrado e o outro reunindo os depoimentos tomados especialmente para a ocasião, um total de dezesseis entrevistas. O trabalho de pesquisa apresentou um retrospecto da operação interligada dos sistemas elétricos no Brasil ao longo de sucessivas etapas que culminaram com a formação do sistema interligado nacional (SIN). Foi feito um relato sobre as experiências pioneiras de interligação de sistemas elétricos no país e uma descrição do avanço no processo de integração eletroenergética a partir da década de 1960. Além disso, traçou-se uma síntese da trajetória dos antigos organismos colegiados da operação, antecessores do ONS. O tema do trabalho é fundamental para esclarecer o funcionamento integrado dos sistemas elétricos brasileiros, predominantemente hidrelétricos. A partir de meados dos anos 1960, a operação coordenada e integrada dos sistemas elétricos no Brasil começou a ganhar destaque em função de grandes empreendimentos de geração e transmissão, realizados por empresas públicas federais e estaduais. A valorização do potencial hidrelétrico brasileiro, o uso complementar da geração térmica e a integração dos diversos sistemas por extensas linhas de transmissão modificaram profundamente a estrutura técnica e produtiva do setor de energia elétrica.

História de empreendimentos

Ao lado das histórias de empresas e de outras instituições do setor de energia elétrica brasileiro, de viés institucional, a Memória da Eletricidade desenvolveu alguns trabalhos sobre empreendimentos específicos. Neste caso, incluem-se as pesquisas, e respectivas publicações, sobre unidades operativas – usinas produtoras de energia elétrica, térmicas e hidrelétricas. O primeiro trabalho nesta linha versou sobre a usina térmica a carvão mineral de Candiota, localizada no município de Bagé, no Rio Grande do Sul, inaugurada pela concessionária estadual gaúcha Companhia Estadual de Energia Elétrica (CEEE) em 1961. O livro *Candiota, 40 anos de eletricidade a carvão*, publicado em 2001, foi feito por solicitação da Companhia de Geração Térmica de Energia Elétrica (CGTEE), empresa federal pertencente ao grupo Eletrobrás, então proprietária da usina.

Além da publicação comemorativa, foi feita uma exposição itinerante e dois folhetos, com base na mesma pesquisa. O principal objetivo das comemorações dos 40 anos da antiga termelétrica de Candiota foi resgatar e agregar a densidade das experiências do passado aos esforços de reorganização da empresa.

A atividade de pesquisa se desenrolou nos arquivos e bibliotecas de várias instituições no Rio de Janeiro e no Rio Grande do Sul. Foram examinados diversos tipos de publicações, desde relatórios técnicos e de administração, publicações de historiadores locais, até jornais de circulação local nacional. O livro contém, além da história da construção e das atividades das usinas de Candiota, as memórias dos trabalhadores pioneiros, desbravadores da região que enfrentaram condições adversas na fronteira sudoeste do Brasil nos anos 1950. O ponto alto do trabalho foi exatamente o registro do esforço dos engenheiros, técnicos e operários que ergueram a usina, cujos depoimentos foram gravados com exclusividade para o trabalho. Como pano de fundo, apresentou-se dados sobre o desenvolvimento do setor de energia elétrica no país e no estado, além de menções aos principais eventos da história do país.

Três anos depois, a mesma CGTEE procurou novamente a Memória da Eletricidade para a produção de uma publicação nos mesmos moldes da anterior, desta vez sobre outra térmica a carvão de seu parque gerador, a Usina de São Jerônimo, que completaria 50 anos. O livro *São Jerônimo: 50 anos gerando energia e desenvolvimento* resgatou a história do planejamento e da implantação da usina, localizada no município gaúcho de São Jerônimo, às margens do Rio Jacuí, a 70 quilômetros de Porto Alegre. Este trabalho foi realizado basicamente com a mesma metodologia do anterior.

Enfocando o conjunto das unidades operativas da Companhia Energética de Minas Gerais (Cemig), foi lançada em 2006 a publicação *Usinas da Cemig, 1958-2005*. O trabalho reúne informações detalhadas sobre o parque gerador das centrais elétricas de Minas Gerais, totalizando 57 usinas e 7 estações ambientais, responsáveis por mais de 6.000 Mw de capacidade instalada na época. Cada uma das usinas foi descrita segundo um roteiro que incluiu um texto com o histórico do empreendimento e pequenos "boxes" com dados, tais como datas de início e conclusão da obra, município de localização, descrição sumária da bacia hidrográfica, do vertedouro, da casa de força, da barragem e do reservatório.

O último trabalho concluído nesta linha temática de pesquisas foi, em 2008, o livro *Paulo Afonso I, imagens de uma epopeia*, reunindo um conjunto de imagens sobre o primeiro empreendimento da Chesf, que teve enorme contribuição para a eletrificação da região Nordeste em finais dos anos 1940. A criação da empresa e o projeto da usina tinham como objetivo solucionar o déficit energético da região nordeste, mediante o aproveitamento hidrelétrico do Rio São Francisco. A publicação foi feita por ocasião do aniversário de 60 anos da empresa pública responsável pela obra. Além das imagens, foram resgatadas especialmente informações sobre o projeto do aproveitamento hidrelétrico, elaborado pelo engenheiro Octavio Marcondes Ferraz, e sobre a obra de fechamento do braço principal do Rio São Francisco, que representou o maior desafio da construção da usina, concluída em 1955.

História de aspectos da prática empresarial

Além das histórias de empresas e empreendimentos específicos, a instituição preocupou-se também em estudar alguns temas relevantes para as atividades de geração, transmissão e distribuição de energia elétrica no país. Inicialmente, em 1996, foram divulgados os resultados de uma pesquisa sobre as restrições ao suprimento de energia elétrica no país por meio da publicação denominada *Notas sobre racionamento de energia elétrica no Brasil* (1940-1980). Na execução do trabalho foram tomados alguns depoimentos de pessoas que tiveram atuação preponderante nesses episódios e foram compilados dados disponíveis sobre o tema. Na abordagem do tema foi essencial investigar em que medida a oferta acompanhou a demanda de energia elétrica com a crescente urbanização e industrialização do país e também de que forma eram regulamentadas pelos poderes públicos as próprias ações de racionamento a partir dos anos 1940.

Em seguida, outro assunto de grande importância para a compreensão da história do setor de energia elétrica no Brasil foi objeto de investigação pelo Centro da Memória: as atividades de planejamento da expansão do parque gerador do Brasil. Nesta pesquisa foi enfocada uma série de planos elaborados a partir de levantamentos do potencial hidrelétrico das principais bacias hidrográficas do país, de estudos de previsão do crescimento da economia e do mercado de energia elétrica e de estratégias adequadas para atender à demanda estimada, combinando-se diversas fontes energéticas. Desde os anos 1960, os técnicos do setor de energia elétrica aprimoraram cada vez mais a atividade de planejamento, acumulando informações, empregando novas técnicas e desenvolvendo métodos sofisticados. Ao final do projeto, em 2002, haviam sido publicados dois volumes com o título O planejamento da expansão do setor de energia elétrica: a atuação da Eletrobrás e do Grupo Coordenador do Planejamento dos Sistemas Elétricos (GCPS). O primeiro volume reuniu o total de 11 depoimentos com todos os coordenadores do comitê diretor do GCPS, instância máxima de deliberação do grupo. O segundo volume apresentou em quatro capítulos uma síntese das principais iniciativas e realizações na área de planejamento da expansão, tendo como pano de fundo a descrição do crescimento do parque gerador e do sistema de transmissão e das alterações institucionais mais importantes.

Em 2006, a conservação de energia foi tema de um projeto de pesquisa que abordou a história das atividades desenvolvidas no âmbito do Programa Nacional de Conservação de Energia Elétrica (Procel), criado em 1985. Neste trabalho, a história do programa foi traçada pela memória dos próprios profissionais do Procel e de instituições parceiras, especialmente entrevistados. A narrativa foi entremeada com informações encontradas em relatórios, informativos e documentos produzidos ao longo de vinte anos. O texto foi publicado com o título Procel 20 anos (2006) e resgatou as ações de um programa cujos resultados parecem muitas vezes invisíveis aos olhos do cidadão comum, mas que têm um grande impacto na economia do país e na sustentabilidade do setor de energia elétrica.

Finalmente, a instituição encerrou a primeira década do século XXI, editando um trabalho sobre a relação entre a produção de energia elétrica e o respeito ao meio ambiente. Divulgado em 2009, o livro Meio ambiente e o setor de energia elétrica brasileiro apresentou um quadro geral de como a interferência dos projetos de energia elétrica no meio ambiente foi tratada ao longo do tempo por seus diversos agentes. A experiência do setor elétrico com meio ambiente ultrapassou a fronteira da atividade-fim das empresas e trouxe para as concessionárias e para os órgãos responsáveis pela política energética temas como o relacionamento do homem com a flora e a fauna que o cercam, com a terra em que vive e com as questões sociais. Poucos segmentos do setor produtivo estatal no Brasil elaboraram tantos estudos e documentos sobre sua atuação na área de meio ambiente quanto o de energia elétrica. Apesar desta expressiva produção, a história desse esforço ainda não tinha sido sistematizada. Além dos documentos oficiais do Ministério do Meio Ambiente e da Agência Nacional de Energia Elétrica (Aneel), a pesquisa utilizou uma série de documentos cuja circulação não é muito ampla, como correspondências, memorandos, atas de reuniões e relatórios produzidos pela Eletrobrás e pelas concessionárias. Foram gravadas entrevistas com cerca de setenta depoentes que tiveram contato com projetos do setor nas empresas de energia elétrica, consultoras e universidades.

Usos sociais da energia elétrica

A Memória da Eletricidade também desenvolveu uma linha de publicações destinada ao público geral, não especializado, com o objetivo de veicular informações sobre a história do setor de energia elétrica destacando aspectos sociais dos usos deste tipo de energia no país. Dessa forma, foi possível divulgar seus trabalhos fora do ambiente das empresas e outros organismos específicos do setor de energia elétrica.

A primeira iniciativa foi o livro *Reflexos da cidade: a iluminação pública no Rio de Janeiro*, lançado em 1999 e reeditado (em versão revista e ampliada) em 2004. O trabalho reuniu dados históricos e curiosidades sobre as transformações urbanísticas e de costumes provenientes da implantação das diferentes formas de iluminação na cidade do Rio de Janeiro desde sua fundação, em 1565, até os dias atuais. O texto, enriquecido por uma cuidadosa seleção de fotografias entre outras imagens reproduzidas, reconstitui a história da cidade, no que diz respeito à evolução dos meios e sistemas utilizados em sua iluminação pública. Em 2005, o livro foi indicado como finalista na premiação anual promovida pela Aberje, na categoria responsabilidade histórica e memória empresarial.

Em seguida, a instituição preparou outra publicação enfocando os meios de transporte utilizados ao longo do tempo na cidade do Rio de Janeiro, com ênfase no uso daqueles que, movidos pela força da eletricidade, encurtaram as distâncias na cidade: os bondes, ônibus e trens. Denominado *Cidade em movimento: energia e transporte na cidade do Rio de Janeiro*, o livro ficou pronto em 2001 e teve uma segunda edição dois anos depois.

Ampliando essa perspectiva, foram preparados mais dois livros, seriados, tendo em vista examinar o impacto da eletricidade ao país e suas principais aplicações na vida cotidiana urbana, considerando os espaços públicos e privados. O primeiro deles foi *A vida cotidiana no Brasil moderno: a energia elétrica e a sociedade brasileira (1880-1930)*, lançado em 2001, seguido, em 2003, de *A vida cotidiana no Brasil nacional: a energia elétrica e a sociedade brasileira (1930-1970)*. Em 2004, a segunda publicação da série foi indicada como finalista na premiação da Aberje, na categoria publicação especial.

Por último, divulgada em dezembro de 2010, temos a obra *Estrada de ferro do Corcovado, 100 anos de eletrificação*, centrada no processo de eletrificação da ferrovia, empreendido pela Light há um século. A publicação oferece aos estudiosos da cidade e aos interessados nas áreas de transporte e energia elétrica um relato sobre a contribuição da eletricidade na relação entre o Corcovado e a cidade do Rio de Janeiro, revelando as transformações na ocupação e usos da paisagem carioca.

Publicações infanto-juvenis

Complementando os esforços da instituição para divulgar os resultados de suas investigações, foi inaugurada em 2003 uma nova série de livros, visando o público infanto-juvenil. A primeira produção nesta direção foi *Luz e força movimentando a história*, com informações sobre geração, transmissão e consumo de energia elétrica e sobre a história do setor no Brasil, incluindo a constituição das primeiras empresas, a construção das primeiras usinas, a história das principais aplicações da eletricidade, como o rádio e a televisão, e noções sobre as ações de combate ao desperdício e preservação do meio ambiente. Este livro recebeu o prêmio de melhor projeto editorial, na categoria livro informativo, além da menção de altamente recomendável da Fundação Nacional do Livro Infanto-juvenil (FNLIJ), em 2003.

No ano seguinte, foi lançado o livro *Invenções & descobertas: energia elétrica, ciência e tecnologia*, idealizado como instrumento de consulta para o público interessado em ciência e tecnologia, especialmente nas invenções, descobertas e empreendimentos que contaram com a participação da eletricidade como elemento de seu desenvolvimento. A intenção era mostrar o papel da produção e da distribuição de energia elétrica como alavanca para o progresso da ciência e ponto de partida para as invenções e descobertas mais importantes do século XX, envolvendo movimento, calor, propulsão e transmissão de informações.

Os dois últimos produtos dedicados ao público infanto-juvenil foram os títulos *Álbum carioca: energia elétrica e cotidiano infanto-juvenil (1920-1949)*, de 2005, e sua continuação *Álbum carioca: energia elétrica e cotidiano infanto-juvenil (1950-1979)*, publicado no ano seguinte. Ambas as obras foram baseadas em dois trabalhos já editados pela Memória da Eletricidade sobre o impacto do uso da energia elétrica no cotidiano brasileiro, cujo conteúdo foi adaptado para uma linguagem adequada à compreensão de crianças e jovens, tratando exclusivamente do espaço da cidade do Rio de Janeiro. O relato sobre as principais transformações ocorridas na paisagem urbana, com destaque para a iluminação e o transporte, e no cenário doméstico, especialmente no tocante à disseminação dos eletrodomésticos, é acompanhado por dados interessantes sobre o dia a dia das crianças e jovens, incluindo esportes, cinema, rádio, praias e parques, leituras e brinquedos. Em 2006, o primeiro volume foi agraciado com prêmios da Aberje, na categoria publicação especial, e da Fundação Nacional do Livro Infanto-juvenil (FNLIJ), como o melhor livro informativo (Prêmio Malba Tahan) e o melhor projeto editorial. No ano seguinte, o segundo volume da série recebeu da FNLIJ a menção altamente recomendável, na categoria livro informativo.

Programa de história oral

Como resultado do primeiro projeto da instituição, sobre os antecedentes da criação da Eletrobrás, utilizando a técnica de história oral foram gravados 19 depoimentos, totalizando cerca de 110 horas de entrevistas. Todo o material foi transcrito, conferido e revisado. As transcrições datilografadas foram posteriormente digitadas para inserção em meio eletrônico e o material sonoro foi transposto para meio digital. Ao longo dos anos, essas entrevistas foram amplamente utilizadas, não apenas como fonte documental para outros trabalhos do próprio centro, como também por pesquisadores externos.

Algumas publicações foram produzidas como desdobramento desse projeto inicial, com o objetivo de permitir uma maior difusão do material e do trabalho do Centro, merecendo menção um conjunto de histórias de vida. A primeira a ser editada foi a obra *Memórias do desenvolvimento: Lucas Lopes – depoimento*, em 1991, sobre o ex-ministro, um dos responsáveis pelas políticas de expansão energética da década de 1950 que viabilizaram o desenvolvimento industrial do período JK.

A segunda história de vida publicada pela instituição foi *Octavio Marcondes Ferraz: um pioneiro da engenharia nacional*, em 1993. Integrante da primeira diretoria da Chesf, Marcondes Ferraz foi o autor do projeto e responsável pela construção da usina hidrelétrica de Paulo Afonso I, considerada na época a maior obra da engenharia nacional.

Em 1997, foi a prelo o livro *Mauro Thibau: a trajetória de um ministro*, reunindo versão editada do depoimento e o inventário do arquivo particular doado pelo entrevistado à Memória da Eletricidade. O engenheiro Mauro Thibau construiu praticamente toda a sua carreira no setor de energia elétrica. Iniciando sua vida profissional como engenheiro da Companhia Auxiliar de Empresas Elétricas Brasileiras (CAEEB), do grupo American and Foreign Power (Amforp), participou da primeira diretoria da Cemig por doze anos e assumiu a chefia do Ministério das Minas e Energia no governo Castello Branco (1964-1967). No ministério, Thibau cuidou especialmente da reestruturação do setor elétrico e da regulamentação da legislação existente e das normas administrativas.

A obra *John Cotrim: testemunho de um empreendedor* foi lançada em 2000. O engenheiro John Reginald Cotrim foi um dos principais dirigentes do setor de energia elétrica brasileiro na segunda metade do século XX, tendo contribuído diretamente para a criação e consolidação de três grandes empresas brasileiras de eletricidade: membro da equipe pioneira que constituiu a Cemig; fundador e presidente de Furnas Centrais Elétricas; e primeiro diretor técnico da Itaipu Binacional.

Nesta mesma linha editorial foi editado em 2009 o livro *Henrique Mello: a engenharia como missão*, relatando a vivência profissional do engenheiro que participou de vários projetos e empreendimentos da Chesf, da Eletronorte e da Eletrobrás desde os anos 1960.

Recentemente, em dezembro de 2010, publicou-se com o título *Mario Bhering: reminiscências de um líder*, o depoimento gravado pelo engenheiro ao final dos anos 1980. Protagonista das grandes transformações do setor de energia elétrica brasileiro desde os anos 1940, Bhering foi integrante do grupo de pioneiros da Centrais Elétricas de Minas Gerais (Cemig), presidente duas vezes da empresa mineira, presidente da Eletrobrás em duas ocasiões, além de fundador da Memória da Eletricidade.

Reunindo apenas entrevistas, a instituição preparou ainda uma publicação para divulgar os depoimentos coletados no âmbito de uma pesquisa sobre os projetos de cooperação na área de energia elétrica entre o Brasil e países da América do Sul. A coletânea, com 17 entrevistas, saiu no livro *Energia elétrica e integração na América do Sul*, datado de 2004. Os depoentes convidados desempenharam papel relevante em missões internacionais e projetos de cooperação do setor com países sul-americanos desde os anos 1960.

Em paralelo à elaboração das publicações acima, a instituição fez crescer seu acervo de depoimentos orais a partir de diversos projetos de pesquisa sobre a história do setor de energia elétrica do país. Muitas dessas pesquisas incluíram a gravação de entrevistas frequentemente sob a forma temática, tipo que desde o início predominou no programa. A finalidade dos depoimentos é dupla: esclarecer questões suscitadas pelos projetos de pesquisa (função operacional) e estabelecer um registro histórico para consulta pública (função de preservação). O trabalho realizado resgata a palavra de indivíduos que, sem a mediação do pesquisador, talvez não deixassem nenhum testemunho pessoal e também enriquece, de um novo ponto de vista, a discussão de temas da história econômica e política brasileira, como o desenvolvimento tecnológico do país, a intervenção do Estado no setor de energia elétrica, a formação e o desenvolvimento da tecnoburocracia brasileira e a prática do planejamento econômico. No momento, o acervo institucional conta com mais de 500 horas gravadas, quase todas transcritas e armazenadas em meio digital. Parcela considerável desse conteúdo estará disponível no site da Memória da Eletricidade em breve.

Novos projetos e perspectivas

A partir de 2010, o Centro da Memória tem procurado ampliar o conjunto de parcerias no desenvolvimento de novos projetos de pesquisa. Com essa intenção, foi iniciado um trabalho chamado *O Rio Tocantins no olhar dos viajantes: território, paisagem e energia elétrica*, cujo objetivo é verificar como cronistas e viajantes representaram o Rio Tocantins desde o século XVII até os dias atuais, incluindo registros de missionários, estudiosos, cientistas e governantes, até os empreendedores e técnicos do setor de energia elétrica. A partir da visão de um conjunto de autores selecionados, pesquisaremos como eram percebidas as regiões onde atualmente encontram-se em funcionamento sete usinas hidrelétricas no Rio Tocantins, de Goiás ao Pará: Serra da Mesa, Canabrava, Peixe Angical, Lajedo, Estreito, São Salvador e Tucuruí.

Além dessa iniciativa, outro tema de interesse para a instituição será abordado no projeto *Universalização da energia elétrica no Brasil*, em vias de elaboração.

PARTE 3
ACERVOS, PROCESSOS, FLUXOS DOCUMENTAIS E A MEMÓRIA DO SETOR ELÉTRICO

As transformações e discussões teóricas na área de Arquivologia no país suscitam novas posturas e um dimensionamento maior das políticas públicas e privadas no tratamento dos documentos de arquivo. Estamos vivendo a substituição incontrolável de documentos materiais por documentos digitais, sem uma reflexão maior e crítica das consequências e implicações dessa mudança, que só poderá ser avaliada daqui a alguns anos, e que visam, nesse momento, uma maior agilidade no acesso e disponibilização da informação e a redução física da documentação.

Respeitando a especificidade dos documentos arquivísticos, temos diversos produtores e profissionais utilizando diretamente os documentos em suas diversas fases de seu ciclo vital. Portanto, na própria criação dos documentos, já deveria estar implícita a destinação final, ou seja, a eliminação, vencidos os prazos legais, ou a guarda permanente. O que constatamos na maioria das empresas brasileiras é um desrespeito ou desconhecimento da legislação sobre arquivos, tanto públicos como privados, que define e regulariza o trâmite dessa documentação.

A inexistência de uma política na área de arquivo nas diversas empresas favorece a dispersão documental, a quebra da organicidade original e muitas vezes a perda total dos documentos. A importância da guarda desses documentos, além do valor probatório e legal, é que se tornam essenciais para o estudo das trajetórias administrativas, históricas, sociológicas, culturais, materiais em que estão inseridos; e para que permaneçam mais fidedignos à sua criação, é necessário que estejam arranjados de forma a entendermos historicamente as relações de subordinação administrativa em que foram criados e utilizados.

O Projeto Eletromemória teve como foco identificar, pesquisar, diagnosticar e referenciar o grande acervo produzido pelas empresas, particulares e posteriormente públicas, do setor energético, englobando a geração, a transmissão e a distribuição da energia elétrica no Estado de São Paulo. Em virtude das transformações legais e desmembramentos dessas empresas, que ora eram particulares, ora públicas, seus acervos documentais foram desmembrados, dispersos e muitas vezes a organicidade dos documentos não foi mantida.

Com essa premissa, diversas questões foram aparecendo, tais como, entre outras: se deveria haver um local único para a guarda de todos os documentos de valor histórico, como proceder em relação à documentação considerada fechada, como fazer para manter a organicidade da documentação produzida por uma empresa, mas com setores em diversas cidades do estado de São Paulo e que desenvolvem e imprimem rotinas próprias a essa documentação.

O acervo documental do setor energético tem recebido tratamento diferenciado, não só nas diversas instituições que o desenvolveram, mas também dentro de uma única instituição, devido aos diferentes tipos documentais, livros, fotografias, peças de museu conservadas, o que dificulta a recuperação dos documentos e a consequente produção historiográfica sobre o assunto.

Semelhante situação é corriqueira, pois se relaciona à cultura informacional equivocada que privilegia o uso isolado da informação, não reconhece a especificidade da sua produção e associa infraestrutura informacional apenas à tecnologia. Historicamente o tratamento documental é visto como elemento decorativo, como gasto supérfluo, o que o coloca sempre à margem das prioridades. A informação, por sua vez, tem reconhecida sua importância pela ausência: cada vez que a falta de informação compromete a execução de uma tarefa, o exercício pleno de uma atividade, a tomada de decisão, observa-se a sua importância sem que, no entanto, ação intencional de proposição e planejamento de infraestrutura documental ocorra. A alteração desse estado exige necessariamente a instalação daquela infraestrutura – tecnologia, procedimentos e instrumentos para a produção (tratamento), armazenamento, distribuição, recuperação e uso da informação – denominada Sistema de Recuperação da Informação (SRI).

Dado o histórico das empresas que respondem pelo fundo documental do setor energético, o atual estado do acervo apresenta problemas de diferentes ordens que demandam a elaboração de diagnóstico que contemple ao menos a identificação material do acervo, as formas das operações de controle e registro, modalidades de tratamento intelectual e formas de armazenamento e arquivamento. De modo específico, a informação resulta da operação documentária sobre os conteúdos dos documentos, a qual procede por meio de linguagem de representação artificial, designada comumente "vocabulário controlado". A informação resultante da operação documentária constitui a matéria dos Sistemas de Recuperação da Informação — no caso aqui a base de dados — e garante seu funcionamento como memória tanto para a instituição que o abriga quanto para a sociedade.

A grande questão para a área de Documentação é compatibilizar os diferentes vocabulários dos diferentes acervos para garantir a criação de uma memória social da eletricidade, para poder cumprir a finalidade de ser disponibilizada para a sociedade através de uma base de dados consolidada para fins de recuperação da informação.

Maria de Fátima Tálamo e Gildo Magalhães

Avaliação documental e suas implicações para a preservação e o acesso aos documentos de valor histórico

Maria Blassioli Moraes

1. A dispersão dos arquivos das empresas de energia

Durante a segunda metade da década de 1990 teve início o processo de reestruturação do setor elétrico no estado de São Paulo. Nele aconteceram cisões e fusões entre as empresas e a privatização de diversas delas. Neste aspecto, empresas que antes geravam, transmitiam e distribuíam energia tiveram estas funções absorvidas por outras que focaram as atividades em uma única destas ações, o que resultou na desverticalização do setor. Este processo, iniciado em 1997, mudou o cenário no qual três grandes empresas, CESP, CPFL e Eletropaulo, controlavam a geração, a transmissão e a distribuição da energia. A CPFL Energia S.A. se transformou numa *holding*, controlando as filiadas CPFL Paulista, CPFL Geração, CPFL Brasil e CPFL Piratininga.

Segundo Márcia Pazin,

> em 1998, durante o processo de cisão das empresas energéticas do governo do Estado de São Paulo, a CESP passou por um processo de cisão com a criação de três empresas de geração, de acordo com a área de atuação, uma empresa de transmissão, a Companhia de Transmissão de Energia Elétrica Paulista – CTEEP, e uma de distribuição de energia elétrica, a Elektro Eletricidade e Serviços S/A. Ao final do processo, das empresas de geração de energia, a Cia. de Geração de Energia Elétrica do Paranapanema foi adquirida pela

Duke Energy International e a Cia. de Geração de Energia Elétrica do Tietê foi adquirida pelo Grupo AES."[1]

A Eletropaulo – Eletricidade de São Paulo S.A. – foi dividida em quatro empresas em 1997, sendo duas geradoras, uma distribuidora e uma transmissora. Todas foram privatizadas, com exceção da geradora EMAE – Empresa Metropolitana de Águas e Energia S.A.

Nesta reestruturação, as novas empresas receberam das anteriores os arquivos técnicos e por vezes também o administrativo, referentes às atividades fins que passaram a cumprir. Portanto, documentos que antes estavam na esfera pública, passaram, automaticamente, a pertencer à esfera privada.

> Ao contrário do que ocorre em outros setores da economia, não regulados, onde a composição e recomposição das empresas terão uma variedade de possibilidades, no caso dos setores de serviços públicos, ao adquirir a concessão, a concessionária recebe também o ônus da responsabilidade sobre a prova técnica da unidade produtiva, inclusive nos (às vezes muitos) anos anteriores ao período de concessão propriamente dito. Isso se traduz na necessidade de recolher a documentação técnica relativa à produção de energia de longos períodos.[2]

Sobre esta questão Manuel Vázquez opina que

> se um organismo técnico estatal é privatizado, essa seção documental fica na área estatal, de nenhuma maneira pode ser transferida. Se houver documentos que o novo dono necessita – como os planos dos imóveis dados em concessão a empresas privadas – ou se dão cópias ao novo titular ou se passam os originais em concessão enquanto for necessário seu uso, mas não saem da propriedade oficial.[3]

---

1 PAZIN, Márcia Cristina de Carvalho. *A dispersão dos documentos arquivísticos durante o processo de desverticalização e desestatização do setor elétrico paulista*. São Paulo, 1998. Disponível em: http://www.fphesp.org.br/projeto_fapesp/pdf/Marcia%20Cristina%20de%20Carvalho%20Pazin_A%20dispersão%20dos%20documentos%20arquivísticos.pdf. Acesso em: 30 ago. 2009, p 5.

2 Ibidem, p. 6.

3 VÁZQUEZ MURILLO, M. *El patrimonio documental en el s. XXI*. Disponível em: http://www.manvazquez.com/. Acesso em 29 ago. de 2009, p. 4.

A Resolução n. 19, de 28 de outubro de 2003, aponta neste caminho apresentado por Manuel Vázquez e discorre sobre a destinação dos arquivos de empresas em processo de desestatização e das pessoas jurídicas de direito privado sucessoras de empresas públicas. Apresenta que estes arquivos são públicos e que quando em idade permanente devem ser encaminhados para arquivos públicos em nível federal, estadual, do distrito federal ou municipal. A mesma lei estabelece a necessidade de tratamento arquivístico destes conjuntos documentais, que deverão ter passado por avaliação.

Entretanto, a Resolução n. 19 difere do que foi sugerido por Manuel Vázquez quanto à necessidade de propriedade do arquivo pelo órgão estatal. Segundo a Resolução, o arquivo permanente poderá permanecer com a empresa privada quando existir a necessidade de uso das informações, entretanto, a mesma deverá garantir a preservação e o acesso público aos documentos. E para tanto, entende-se que o arquivo tenha passado por avaliação, possibilitando sua identificação como permanente e permitindo seu acesso

Segundo Maria Izabel de Oliveira

> a avaliação de documentos constitui atualmente o grande desafio a ser vencido pelos profissionais de arquivo, na medida em que envolve a necessidade de redução do índice de subjetividade, resultante da aplicação de critérios de valor, na definição da destinação final dos conjuntos documentais, ou seja, a guarda permanente dos documentos de valor probatório e informativo e a eliminação dos destituídos de valor.[4]

Ainda segundo a autora, mesmo quando a tabela de temporalidade de documentos é elaborada, ainda assim permanece um segundo obstáculo que se refere em colocar a tabela em execução, procedendo à guarda permanente ou à eliminação dos documentos.

Outro aspecto da atividade de avaliação, ressaltado no manual da Escuela Iberoamericana de Archivos e intitulado "Metodologia para la Identificación y Valoración de Fondos Documentales"[5] se refere à necessidade do estabelecimen-

---

4 OLIVEIRA, Maria Izabel de. "Classificação e avaliação de documentos. Normatização dos procedimentos técnicos de gestão de documentos". *Acervo Revista do Arquivo Nacional*. Vol. 20, n. 01/02, jan./dez. 2007, p. 139.

5 MERINO, Jose Luiz La Torre & BENITO, Mercedes Martin Palomino y. *Metodologia para la identificación y valoración de fondos documentales*. Madrid: Ministerio de Educação, Cultura

to de prazos de abertura dos arquivos para acesso público. A tabela de temporalidade deveria apresentar não somente os prazos de guarda e de eliminação, mas também os prazos de acesso, considerando que o acesso é o fim principal de toda a atividade de gestão documental.

As empresas de energia prestam serviços públicos e, portanto, por lei seus documentos são considerados públicos também.[6] Em decorrência disto, seus arquivos, respeitando os devidos prazos de guarda, de eliminação e questões de segurança, devem estar abertos ao acesso público. Mas, sabemos que somente a lei não representa de fato a garantia de que o acesso será efetuado, uma vez que, como já destacado, a possibilidade de acesso dependerá em grande parte da execução de todas as ações relativas à gestão de documentos e que significam o "conjunto de procedimentos e operações técnicas referentes à produção, tramitação, uso, avaliação e arquivamento de documentos em fase corrente e intermediária, visando sua eliminação ou recolhimento."[7]

> A metodologia quanto ao estabelecimento dos prazos de acesso passa obrigatoriamente pela investigação dos valores dos documentos, pelo conhecimento da legislação vigente em matéria de acesso, pelo exame das matérias que compõem os documentos, assim como cada uma das garantias que possui cada cidadão para poder exercer seu direito de acesso.[8]

Quanto à questão do direito ao acesso, Manuel Vázquez indica a necessidade de elaboração de legislação que regule a gestão documental e o direito do acesso público aos arquivos de empresas privadas que sejam consideradas de relevância para o estudo da história de determinado estado, cidade ou país.

Sobre os arquivos das empresas que possuem fins lucrativos, o autor afirma que

> são privados, mas o Estado tem jurisdição sobre o destino de seus arquivos, do mesmo modo que o município não é dono dos automóveis que circulam e não obstante possui jurisdição sobre sua circulação. Não se supõe que todas as empresas interessem ao

---

y Deporte, S. G. de Información y Publicaciones, D. L., 2000.
6 Lei n. 8.159, de 08 de janeiro de 1991.
7 *Dicionário de Terminologia arquivística*. Rio de Janeiro: Arquivo Nacional, 2005, p. 100.
8 *Ibidem*, p. 52

Patrimônio Documental. É fácil distinguir em cada época algumas que deram a fisionomia a uma cidade ou a uma região, por exemplo uma fábrica ou um comércio. Este, ademais, é o caso de muitas províncias, como a indústria vitivinícola em Mendoza na Argentina, ou a de laticínio em Santa Fé ou a de automóveis em Córdoba.[9]

Manuel Vázquez considera Patrimônio Documental somente os documentos que estão abertos à consulta, sendo que este patrimônio não se encerra somente com os documentos acumulados pelas instituições públicas.

Atualmente é reconhecida a necessidade e está colocada a obrigatoriedade da realização da avaliação documental. Entretanto, sabemos que anteriormente esta prática não era tão sublinhada e discutida pelas instituições. A ausência de avaliação documental num período anterior resultou no acúmulo de documentos que poderiam ter sido descartados. Ainda conforme apontado pelo manual "Metodologia para la Identificación y Valoración de Fondos Documentales",

> O acúmulo de grandes massas documentais nos arquivos históricos, sem identificar e sem valorar, é algo que caracteriza de maneira geral todos os países ibero-americanos. Esta acumulação de documentos se produz fundamentalmente durante o século XIX e é, entre outras coisas, devida à burocratização do Estado. A ideia de Estado Moderno implica no desenvolvimento administrativo e a necessidade de que sejam várias as repartições que intervêm no mesmo trâmite administrativo. Isto conduz a uma produção ingente de documentação, que ademais é comum a várias repartições, produzindo uma duplicidade da informação.[10]

A produção e a acumulação documental em grande quantidade e em duplicidade fizeram parte dos procedimentos das empresas de energia. Diante do quadro de grande produção dos documentos nessas empresas, de sua posterior dispersão e da ausência de conhecimento sobre a localização da totalidade dos arquivos permanentes das empresas, a Fundação Patrimônio Histórico da Energia e Saneamento percebeu a necessidade e conveniência de desenvolver um projeto que possibilitasse o mapeamento e o diagnóstico dos arquivos, assim como um conhecimento sobre a gestão aplicada pelas empresas aos seus arquivos.

---

9   VÁZQUEZ MURILLO, op. cit. , p. 6.

10 MERINO & BENITO, op. cit., p. 29.

2. O diagnóstico e o mapeamento dos arquivos das empresas de energia

Em 2008 começou a ser executado o Projeto Eletromemória – História da energia elétrica no estado de São Paulo: acervos documentais (1890-2005) –, sob coordenação do Prof. Gildo Magalhães dos Santos (Depto. História/USP) e com apoio da Fundação de Apoio à Pesquisa do Estado de São Paulo (Fapesp). O projeto foi desenvolvido em parceria com a Fundação Patrimônio Histórico da Energia e Saneamento e a Universidade Estadual Paulista (Unesp). Um dos seus principais objetivos consistiu em mapear e diagnosticar os acervos museológicos, arquivísticos e arquitetônicos de cinco empresas de energia localizadas no estado de São Paulo e ligadas à produção, transmissão e distribuição de energia: AES Eletropaulo, ISA-CTEEP, Duke Energy, CESP e AES Tietê, e mais o próprio acervo da Fundação Energia e Saneamento. Além da atividade de mapeamento destes acervos, outra ação se mostrou prioritária: o estudo e elaboração de vocabulário controlado referente aos acervos das empresas e, para tanto, utilizou-se como ponto de partida o vocabulário controlado utilizado na Companhia Energética de São Paulo (CESP). Para o desenvolvimento destes amplos objetivos, constituíram-se grupos de trabalho nas áreas de documentação, cultura material, arquivística e história, coordenados por professores especialistas em cada uma das áreas.

Com referência ao acervo arquivístico, foi delimitado que seria realizado o mapeamento dos arquivos permanentes das cinco empresas. Portanto, o trabalho do grupo de arquivística se voltou para a ação de mapear estes acervos e de registrar o diagnóstico do estado de conservação e as práticas relacionadas à gestão documental executadas por cada instituição. Os demais grupos orientavam a coleta de informações sobre história, patrimônio arquitetônico e de objetos museológicos.

Durante o desenvolvimento do projeto ocorreram atividades de visitas em campo, quando foram mapeados os arquivos das empresas que, por sua vez, se localizavam em diferentes unidades como usinas hidrelétricas, centros de operações, subestações de transmissão, laboratórios técnicos e escritórios administrativos e técnicos. Outra atividade desenvolvida se referiu à orientação, pelos professores associados ao projeto, de pesquisas em nível de iniciação científica e que reuniram graduandos dos cursos de História da Universidade de São Paulo e de Arquivologia, do Campus da Unesp, em Marília. Em arquivologia, graduandos deste curso analisaram os diferentes estágios de gestão documental aplicados pelas empresas de energia no período compreendido pelo projeto (1890-2005).

Os projetos se concentraram em estudar a documentação fotográfica, textual e audiovisual que compõe o acervo da Fundação Energia e Saneamento, uma vez que o acesso e a organização do acervo permitem, com maior facilidade, o desenvolvimento das pesquisas. Entretanto, um destes projetos se concentrou na análise de procedimentos de organização da documentação fotográfica da CESP e pertencente ao arquivo da área técnica de operação, localizada na cidade de Porto Primavera. Ressaltamos que os alunos receberam concessão de bolsa da Fapesp e que um desses trabalhos foi de conclusão de curso.

Através desse projeto foi criada uma demanda que não acontecia anteriormente, pois a partir daí se desenvolveram as primeiras pesquisas realizadas no arquivo da Fundação Energia e Saneamento na área de arquivologia. Num outro aspecto, os graduandos do curso de História da USP realizaram buscas de quais documentos das empresas de energia se constituíram como a principal fonte histórica primária. As pesquisas em História se concentraram no arquivo existente na Fundação Energia e Saneamento e no arquivo de propriedade da CESP.

No arquivo da Fundação Energia e Saneamento constam diversas séries documentais ainda inéditas para a academia e percebemos que estas contribuirão para a divulgação do acervo entre a comunidade acadêmica. Elas se concentraram no arquivo da Fundação, uma vez que seu acesso é amplo, gratuito e por existir, por parte da instituição, o interesse em qualificar cada vez mais esse acesso. Notamos que existe, por parte da comunidade acadêmica, um desconhecimento em relação às possibilidades presentes em documentos acumulados por empresas prestadoras de serviços públicos e, portanto, nos concentramos em tornar o arquivo mais conhecido para este público, assim como focamos em desmistificar a ideia de que os arquivos de empresas são produtos de uma seleção que representaria uma possível censura da instituição e que resultaria, neste sentido, em um conjunto de documentos que demonstrariam somente uma imagem positiva da empresa e a ausência de conflitos. Nos arquivos das empresas que são preservados pela Fundação Energia e Saneamento temos justamente o contrário. Os documentos nos permitem observar conflitos que se deflagraram nestas instituições, assim como possibilitam perceber os debates travados entre os interesses das empresas e os interesses de outros agentes sociais, como os usuários dos serviços de outras empresas com as quais se relacionavam e com as autoridades públicas dos locais onde estavam instaladas.

As expedições para levantamento do diagnóstico e mapeamento dos arquivos aconteceram em cinco momentos diferentes, sempre nos meses de janeiro e de julho, quando as universidades estavam em recesso. Os grupos que realizaram as visitas foram compostos pelos bolsistas de iniciação científica, pelos professores orientadores e por museólogos, historiadores, arquitetos e especialistas em organização de arquivos da Fundação Energia e Saneamento. Cada grupo constituiu-se por 5 a 7 membros representantes das diferentes áreas abrangidas pelo projeto. Desta forma, foram formados grupos interdisciplinares que observaram os acervos de cultura material, arquitetônico e o arquivístico.

Ao contrário do que indica a Resolução n. 19 sobre a destinação dos arquivos públicos de empresas em processo de desestatização, e conforme apontado por Márcia Pazin, os documentos técnicos das empresas de energia foram segmentados e permaneceram dispersos entre as novas empresas que assumiram as atividades-fins. Algumas tinham como prática produzir diversas cópias de um mesmo documento para que fossem distribuídos para várias áreas. Somente este procedimento já seria justificativa suficiente para a realização de uma avaliação contínua dos documentos. Desta forma, observamos que:

1. Havia uma grande acumulação de documentos, por parte das empresas, anteriormente à privatização e, em geral, estas não executavam a avaliação.

2. Aconteceu o acúmulo de grande volume documental por parte das novas empresas, uma vez que herdaram segmentos de arquivos que não passavam por avaliação arquivística.

3. As novas empresas se viram com dificuldades em executar a avaliação, procedimento que não foi adotado por todas as empresas recém-criadas.

3. Conclusões

Diante dos dados coletados e observados durante as visitas dos grupos de pesquisa do Projeto, foi possível constatar que em poucos casos existe uma gestão documental única executada por toda a empresa, sendo que o que ocorre é que as diferentes áreas administrativas e técnicas responsáveis pelo arquivo definem os procedimentos adotados relativos à guarda, gestão e acesso. Em geral não há a aplicação dos prazos de temporalidade dos documentos, sendo que, em muitos casos, consta a informação dos prazos de guarda e de eliminação, entretanto, estas ações não são executadas.

Portanto, eventualmente, quando ocorre avaliação documental dos arquivos, esta ação não está pautada em critérios técnico-científicos definidos pela arquivística, mas baseiam-se, sobretudo, na necessidade de guarda de documentos que possuam função legal e dos que possuem uso corrente, sem, contudo, haver um registro destes procedimentos. Assim, os documentos considerados históricos e destituídos de interesse técnico corrente vão sendo descartados lentamente a cada mudança de edifício ou a cada acidente, ou diante de ataques de insetos ou da proliferação de fungos. Nestes casos, os procedimentos não estão claros e não é realizado nenhum registro dos documentos que foram descartados. Em casos extremos que pudemos presenciar, a documentação separada para descarte estava jogada em salas, até mesmo empilhada no chão sem ordem. Há também nestes exemplos critérios de seleção, mas que não estão explicitados em nenhum documento. Portanto, não existem documentos que registrem os procedimentos adotados.

Os documentos com valor secundário são preservados, muitas vezes, diante de iniciativas isoladas de algum funcionário que felizmente percebeu a importância do conjunto. Desta forma, também não é a demanda de pesquisa que preserva o documento histórico, mas a sensibilidade de alguém ou mesmo o esquecimento do mesmo, no momento em que determinados objetos escapam do descarte porque permaneceram deixados em algum armário ou sala.

Uma das consequências possíveis, nesta situação, é que ao invés de serem preservadas séries completas, serão mantidos somente poucos ou então apenas um exemplar de cada tipologia. Esta fragmentação dificulta a utilização do documento como fonte para pesquisa acadêmica e dificulta compreendê-lo dentro da lógica da produção e da acumulação.

Percebemos que estes casos refletem a ausência de percepção, por parte da empresa, sobre a importância da gestão documental e, portanto, verifica-se a falta de investimento nesta atividade. Geralmente há o investimento em ações relacionadas ao armazenamento e ao trâmite do arquivo, mas não na sua gestão e tratamento. Entretanto, em outro extremo, existem empresas que percebem a necessidade de investir recursos no tratamento documental e nestas instituições as ações de avaliação realmente fazem parte de um processo.

Da mesma forma que a produção documental é algo natural, assim deve ser também a avaliação. Esta atividade deve ser apresentada como um processo contínuo e sempre em transformação, uma vez que a acumulação documental também possui uma dinâmica, onde novos documentos são acumulados e outros podem ser suprimidos, em decorrência da mudança e supressão das funções.

A ação de avaliação documental não deve ser uma atividade pontual, mas sim um processo que deve acompanhar o documento desde o momento de sua produção ou acumulação. Perceber a atividade de avaliação como um processo significa compreender a extrema necessidade de sua execução para a otimização da utilização e manutenção do arquivo. Como apontou Ana Maria de Almeida Camargo, o trabalho de elaboração da tabela de temporalidade é sempre anterior à própria existência do documento.[11]

Percebemos que a ausência de procedimentos claros de avaliação documental contribui para manter os arquivos com o acesso aberto somente ao público interno das instituições e mesmo assim, em muitos casos, acessível somente para determinados sujeitos destas instituições. A falta de instrumentos de busca eficientes, de organização arquivística, de avaliação e de preservação dificultam ou mesmo impossibilitam o acesso aos documentos.

Acreditamos que devemos insistir na necessidade de acesso público aos arquivos históricos das empresas, sublinhando que há um positivo e potencial uso destes documentos por parte de pesquisadores e que esta ação será um importante meio pelo qual a empresa poderá se mostrar aberta e participativa no processo de construção do conhecimento científico.

---

11 CAMARGO, Ana Maria de. "A arquivística e a história da indústria". In: II Seminário Internacional História e Energia. São Paulo: Fundação Patrimônio Histórico da Energia de São Paulo, 2000, p. 151.

Fontes para a história do setor elétrico de São Paulo. Dispersão e descentralização dos acervos após a privatização

Marcia Cristina de Carvalho Pazin

Durante o século XX, o setor elétrico paulista passou por uma série de mudanças que resultaram em diferentes composições empresariais. De seu nascimento, como setor da economia marcado pela forte presença da iniciativa privada, ainda no século XIX, passando pela estatização a partir da década de 1950 e finalmente à fase de privatizações ocorrida no final da década de 1990, o setor elétrico conheceu uma variedade de estruturas empresariais, com composições acionárias e administrativas representativas das diversas teorias administrativas. A mudança das empresas e a alteração de funções, de acordo com as novas estruturas produzidas em cada período, geraram documentos e arquivos, que precisavam ser reorganizados para operar de acordo com a nova estrutura empresarial.

Considerando-se o arquivo como representação documental das atividades da empresa, resultante da necessidade de comprovar as ações do organismo, dois princípios arquivísticos são fundamentais para a manutenção da integridade dessa representação. O princípio da proveniência diz que "arquivos originários de uma instituição devem manter sua individualidade, não sendo misturados aos de origem diversa".[1] Isto é, se duas ou mais instituições possuírem documentos armazenados num mesmo local, deverá haver uma separação clara, não importa se física ou virtual, entre a individualidade de cada fundo de arquivo.

Além da proveniência, a organicidade – relação natural entre documentos de um arquivo em decorrência das atividades da entidade produtora

---

1 BELLOTTO, Heloísa e CAMARGO, Ana Maria (coords.). *Dicionário de Terminologia Arquivística*. São Paulo: Centro de Memória e Educação FEUSP/Fapesp, 2010, p. 69.

– demonstra a importância da lógica interna dessa representação documental,[2] para revelar a estrutura de funções e atividades realizadas pela instituição. Sendo assim, é de supor que as mudanças provocadas por fusões e aquisições em diferentes organizações influenciem fortemente sua composição.

A questão que este trabalho pretende discutir é: de que maneira a reestruturação administrativa e técnica ocorrida a cada novo momento econômico no setor elétrico influenciou a gestão documental e a existência de arquivos permanentes relativos aos períodos anteriores, que possam servir como fonte para a pesquisa historiográfica?

Para responder a esta questão, apresentaremos os principais problemas envolvidos na produção e preservação dos acervos documentais das empresas, utilizando como exemplo a situação encontrada pelos pesquisadores do Projeto Eletromemória, que mapeou o acervo histórico, arquivístico e de cultura material, existente nas principais empresas de energia elétrica privatizadas durante a década de 1990. Explicitaremos também alguns momentos de mudança significativa no tratamento da questão, no período pós-privatização, a partir dos anos 2000.

Problema 1: Fusões e aquisições: onze empresas, uma empresa

Após um longo período em que predominou a iniciativa privada, durante a segunda metade do século XX, a participação do Estado no setor elétrico brasileiro fortaleceu-se, sendo possível distinguir quatro grandes fases de evolução. A primeira fase, iniciada na década de 1950, representa a constituição e implantação de um segmento estatal do setor. Nessa época o Estado assume a responsabilidade de ampliar a capacidade de geração do país, iniciando um período de construção de grandes hidrelétricas. Num segundo momento, durante as décadas de 1960 e 1970, há um período de consolidação da estrutura e reafirmação do papel estatal de planejamento do setor. Na terceira fase, na segunda metade da década de 1970, a centralização e as imposições extrassetoriais derivadas da grande dimensão representada pelo problema de ampliação do parque gerador nacional. Por último, a partir de meados da década de 1980,

---

2 ARQUIVO NACIONAL. *Dicionário brasileiro de terminologia arquivística*. Rio de Janeiro: Arquivo Nacional, 2005, p. 127.

um período de subordinação à política macroeconômica de curto prazo, que envolveu todo o setor produtivo estatal.[3]

Como exemplo modelar, representativo do que ocorreu com diversas empresas de energia ao longo do país durante o período acima descrito, utilizaremos o caso da CESP – Companhia Energética de São Paulo. A CESP, inicialmente nomeada Centrais Elétricas de São Paulo, foi criada em dezembro de 1966, como resultado da fusão de 11 empresas de energia elétrica do estado de São Paulo. Sua criação foi resultado do Plano de Eletrificação de São Paulo, elaborado pelo Departamento de Águas e Energia Elétrica (DAEE) do governo do estado durante a década de 1950, que previa a criação de uma empresa única, *holding*, que organizasse o sistema elétrico em São Paulo.

Cada uma das empresas formadoras representava uma região do estado, e havia sido criada em condições e momentos diferentes do fornecimento de energia elétrica. Entre empresas privadas e outras já estatais, a criação de uma empresa que unificasse a gestão do sistema elétrico indicava o claro interesse de integrar todas as regiões do estado de São Paulo pelo aproveitamento de suas principais bacias hidrográficas.

A Uselpa, Usinas Elétricas do Paranapanema, criada em 1953 pelo DAEE, tinha como objetivo o aproveitamento hidrelétrico do rio Paranapanema. Foi responsável pela construção de diversas usinas ao longo do rio e de outras termelétricas no interior do estado.

A Celusa, Centrais Elétricas do Urubupungá S/A, foi criada em 1961, com o objetivo de projetar, construir e operar as usinas de Jupiá e Ilha Solteira que formavam o Complexo do Urubupungá.

A Belsa – Bandeirante de Eletricidade S/A – nascida na década de 1930, como Companhia Sanjoanense de Eletricidade, foi encampada pelo Estado de São Paulo em 1956, e voltou-se para a distribuição de energia elétrica. Durante a década de 1960 incorporou a Companhia Luz e Força de Tatuí e a Empresa Luz e Força Elétrica do Tietê S/A, ampliando sua área de concessão no interior do estado, chegando inclusive ao litoral.

---

3 ALMEIDA, Marcio Wohlers. "CESP: os dilemas da maturidade de uma estatal estadual". In: DALLA COSTA, Armando; FERNANDES, Adriana Sbica; SZMRECSANYI, Tamás. *Empresas, empresários e desenvolvimento econômico no Brasil*. São Paulo: Aderaldo & Rothschild; Ribeirão Preto: ABPHE/Hucitec, 2008, p. 42-43.

A Comepa – Companhia Melhoramentos de Paraibuna, criada em 1913, produzia energia elétrica para as fazendas de café da região. Durante a década de 1960, após ser adquirida pelo governo do estado, através do DAEE, teve suas atividades ligadas à administração das obras do aproveitamento hidrelétrico do Alto Paraíba do Sul, incluindo projetos de prevenção de enchentes, irrigação e abastecimento de água, além da ligação do rio Paraíba com o Rio Tietê.

Por fim, a Cherp – Companhia Hidroelétrica do Rio Pardo, criada em 1955, destinava-se a realizar as obras de aproveitamento hidrelétrico da Bacia do Rio Pardo. Foi responsável pelos estudos e obras das usinas de Caconde, Euclides da Cunha e Limoeiro. Durante a década de 1960, assumiu a concessão do Plano de Aproveitamento do Médio Tietê, ficando responsável pela construção das usinas de Barra Bonita, Barri, Ibitinga e Promissão. Em sua criação, adquiriu outras empresas no seu raio de atuação, especialmente a Sacerc – S/A Central Elétrica de Rio Claro. Criada no século XIX, esta empresa foi responsável pela criação da primeira hidrelétrica do estado de São Paulo, a Usina do Corumbataí, em Rio Claro, além de diversas outras ao longo da primeira metade do século XX. Durante este período adquiriu outras empresas, como a Empresa Melhoramentos de Mogi Guaçu, empresa municipal criada em 1923, a Companhia Luz e Força de Jacutinga S/A – pequena empresa do sul de Minas Gerais, nascida em 1919, e a Empresa Força e Luz de Mogi Mirim S/A, empresa municipal criada em 1911.

Em função do complexo arranjo empresarial relatado anteriormente, o processo de constituição da estrutura estatal do setor elétrico paulista demorou cerca de 15 anos, entre os primeiros estudos e a efetiva formalização da CESP, para se concretizar.

Do ponto de vista documental, as fusões e aquisições provocam uma movimentação de acervo que raramente é controlada. Uma das características dos acervos históricos empresariais se repete neste caso: a dispersão de documentos durante o processo de recomposição empresarial faz com que o pesquisador se depare com muitas lacunas em sua pesquisa. No caso do setor elétrico de São Paulo, um segundo problema, apresentado a seguir, está intimamente ligado ao primeiro e culminou num novo processo de fusões e aquisições durante o Programa de Desestatização do Setor Energético paulista, durante a década de 1990.

Problema 2: Verticalização x desverticalização: uma empresa, seis empresas

Do ponto de vista da geração de energia, a CESP iniciava suas atividades com usinas nos principais rios do estado: Paraná, Paranapanema, Tietê e os rios da Bacia do Rio Pardo, além de uma empresa de distribuição. Ao longo da década seguinte, tanto a distribuição quanto a geração foram ampliadas com a incorporação de outras empresas, culminando, em 1975, com a aquisição do controle acionário da CPFL, Companhia Paulista de Força e Luz.

Na transmissão, desde a década de 1950 havia a intenção de planejar e efetivar a interligação entre os diversos sistemas de geração de energia no estado. Já no primeiro ano de existência, a CESP iniciou a construção de um linhão com mais de 500 quilômetros de extensão e quase 1300 torres de transmissão, ligando Jupiá a Bauru e Cabreúva, na região metropolitana de São Paulo.[4] A CESP era um exemplo da verticalização do sistema elétrico – uma mesma empresa possuía todas as etapas do ciclo da energia elétrica, incluindo a geração, a transmissão e a distribuição aos consumidores finais.

Durante a década de 1990, os estudos para desverticalizar o setor elétrico brasileiro evoluíram rapidamente. Depois de cerca de 30 anos do modelo verticalizado, o grupo de trabalho responsável pelo Projeto de Reestruturação do Setor Elétrico Brasileiro (Projeto RE-SEB), coordenado pelo Ministério de Minas e Energia, justificava a necessidade de uma mudança no formato de concessão, implementando a desverticalização das empresas, dividindo-as por segmento produtivo. Essa conclusão visava criar condições para ampliar a oferta de energia – com o incentivo à competitividade nos segmentos de geração e comercialização – e melhorar as condições de preço aos consumidores, mantendo sob regulação os setores de transmissão e distribuição.

Na mesma época, os estudos para desestatizar o setor elétrico paulista também estavam em andamento. Em 1998, seguindo a determinação federal, a CESP passou por um processo de cisão para desverticalizar sua atuação. Foram criadas três empresas de geração, de acordo com a área de atuação, uma empresa de transmissão, a Companhia de Transmissão de Energia Elétrica Paulista – CTEEP, e uma de distribuição de energia elétrica, a Elektro Eletricidade e Serviços S/A. Ao final do processo, das empresas de geração de energia, a Companhia de Geração de Energia Elétrica do Paranapanema foi adquirida pela Duke Energy

---

4   FÉLIX, Isabel Regina; KÜHL, Júlio César Assis. *Transmissão Paulista: os caminhos da energia.* São Paulo: Fundação Patrimônio Histórico da Energia e Saneamento, 2006, p. 22.

International e a Companhia de Geração de Energia Elétrica do Tietê foi adquirida pelo Grupo AES. A CESP manteve as Usinas Hidrelétricas do Rio Paraná e do Rio Paraíba do Sul, além de uma usina no Rio Tietê.

Nesse processo, percebe-se que as empresas de geração foram desmembradas em unidades lógicas, de acordo com a estrutura produtiva. A cisão ocorreu seguindo o que já era utilizado no dia a dia operacional da empresa. O que era tratado internamente como G1 (Rio Paraná), G2 (Rio Tietê e Pardo) e G3 (Rio Paranapanema) foi transformado em empresas distintas, o que possibilitaria a posterior venda de cada uma delas de acordo com o encaminhamento do processo de desestatização. Apesar de separadas, a lógica produtiva do setor elétrico paulista continuou perceptível, mesmo que cada uma das regiões estivesse distribuída entre companhias diferentes. Do ponto de vista documental, novamente a mudança da estrutura empresarial traria a necessidade de transferir acervos para os novos proprietários.

Problema 3: Dispersão dos acervos

Com a cisão das empresas e posterior privatização, a CESP deixava de ser uma única empresa, centralizada horizontal e verticalmente, para ser dividida em seis empresas, independentes entre si, inclusive do ponto de vista do controle acionário. Em casos como este, algumas consequências são inerentes ao processo documental.

Primeiro, é quase fatal que – e o exemplo da CESP ilustra bem isso – a documentação técnica se disperse. Segundo, nessa dispersão, é quase certo que cada uma das empresas receba documentos que não têm nada a ver com sua atividade produtiva e que leve vários anos para que consiga resolver a equação entre o que deve ser preservado, o que deve ser devolvido, o que deve ser descartado e o que pode ser divulgado ao público.

Ao longo dos 30 anos de existência da CESP, sempre foi visível o valor dado aos documentos técnicos da empresa. A existência de arquivos técnicos, centralizados e descentralizados, demonstrava a importância atribuída à documentação. A capacitação técnica de seus funcionários e a produção documental da empresa também indicam isso. Em 1998, na iminência da venda das empresas, algumas decisões foram tomadas. Primeiro, a Biblioteca da CESP, famosa pela documentação técnica (arquivística) lá depositada e disponível para consulta, inclusive externa, não poderia correr o risco de ser privatizada. Analisava-se que a visão empresarial das empresas privadas que adquiririam as concessões seria incompatível com a preservação e divulgação de um acervo tão importante. Essa biblioteca foi transferida para a CTEEP, que a manteve em funcionamento. Uma parte da documentação, de característica histórica, foi transferida para a Fundação Energia e Saneamento, numa primeira dispersão de acervo.

Após o processo de venda e passados os primeiros momentos de atividades das sucessoras, onde a prioridade era regularizar o processo produtivo em si, as empresas começaram a pensar em sua documentação. Algumas mais, outras menos, algumas rapidamente, outras nem tanto, todas tomaram atitudes para reaverem seus arquivos. Nesse sentido, dois grandes problemas têm sido relatados e identificados em todas as empresas ao longo dos anos, e especialmente, durante o diagnóstico realizado no Projeto Eletromemória.

A centralização de documentos na CESP deixou, num primeiro momento, as novas concessionárias sem a totalidade dos documentos relativos à produção de suas unidades geradoras. Embora uma boa parte dos arquivos técnicos tivesse sido sempre descentralizada, de acordo com o empreendimento (usina ou subestação) a que se referia, um grande volume de desenhos e relatórios era encaminhado para o Setor de Microfilmagem da empresa, de onde seguiam para o Arquivo Técnico. O material era microfilmado e cópias dos microfilmes devolvidos para as unidades. Porém, ao longo dos anos essas cópias perderam qualidade até ao ponto de não ser mais possível a leitura.

Logicamente, após algum tempo da privatização, os técnicos do Arquivo Central da CESP perceberam a questão da prevalência das unidades produtivas neste caso e iniciaram um processo de distribuição e transferência dos documentos. Todo o acervo de desenhos e relatórios técnicos passou então por um processo de separação, resultando na distribuição dos documentos entre as empresas sucessoras. Trata-se de centenas de milhares de desenhos e relatórios que foram identificados por unidade produtiva e encaminhados para as novas concessionárias, que têm agora a responsabilidade sobre a guarda e a organização desse acervo.

Outro ponto importante é que o sistema de trabalho adotado pela CESP possibilitou durante sua existência a troca de informações técnicas entre as diversas gerências regionais. Esse fato mostrava-se muito interessante do ponto de vista da capacitação técnica da equipe, mas do ponto de vista da documentação criou uma multiplicidade de cópias dispersas em todas as unidades produtivas. Durante o diagnóstico da situação dos arquivos das empresas no Projeto Eletromemória, era comum encontrarmos em uma unidade documentos de outras, que estavam ali como material bibliográfico, de estudo, recebido no período em que a gestão era conjunta. Há relatos de oito cópias do mesmo documento, distribuídas entre todas as unidades produtivas, porque houve uma reunião técnica em que esse documento foi apresentado a representantes de oito unidades diferentes. Além do problema de gestão documental, provocado pelo aumento do volume de documentos arquivados, o problema da jurisdição arquivística também estava colocado. Por que era necessário manter esses documentos em arquivo? Pois bem, se durante a existência da empresa já não havia necessidade, depois da venda, menos ainda.

Algumas das empresas, como a Duke Energy, por exemplo, partiram para o mesmo processo realizado pela CESP: todos os documentos encontrados nos arquivos das empresas que não pertencessem às suas unidades produtivas seriam encaminhados aos responsáveis para definição de destino. Outras ainda não sabem como proceder. E há outro problema: não necessariamente o documento encaminhado para o responsável será avaliado e preservado. Em alguns casos, foram encontrados documentos muito antigos, dispersos, que poderiam ser remetidos diretamente ao Arquivo Permanente, sem passar pelo arquivo de gestão. Nesse processo, a Fundação Energia e Saneamento tem o papel de articular com as empresas a recomposição gradual dos arquivos de gestão, mas principalmente dos arquivos históricos, de forma a garantir a preservação dos documentos importantes para a gestão, mas também importantes para a preservação da memória do setor elétrico do estado de São Paulo.

Problema 4: Características específicas dos acervos de empresas concessionárias de serviços públicos

Ao contrário do que ocorre em outros setores da economia, não regulados, onde a composição e recomposição das empresas terão uma variedade de possibilidades, nos setores de infraestrutura, regulados de acordo com as concessões de serviços públicos, ao adquirir a concessão, a concessionária recebe também o ônus da prova da ação técnica da unidade produtiva, inclusive nos (às vezes muitos) anos anteriores ao período de concessão propriamente dito, o que se traduz na necessidade de recolher a documentação técnica relativa à produção de energia de longos períodos. Isso significa criar arquivos de grandes dimensões e com prazos de guarda bastante longos, o que interferiu significativamente nas condições de preservação dos acervos e na política de gestão documental em cada empresa.

A legislação estabelecida para solucionar a questão do recolhimento dos acervos permanentes das empresas concessionárias não conseguiu resolver este problema. A farta legislação publicada pela agência reguladora (ANEEL) concentrou-se sempre no cumprimento de metas de atendimento e de fornecimento de energia. Apesar da indicação de que as concessionárias eram responsáveis pelo atendimento de solicitações relativas à comprovação de questões técnicas com prazos bastante longos, como a prioridade de fiscalização não estivesse voltada a esse tema, na maior parte das vezes a questão da preservação dos acervos teve menor relevância do que as questões de gestão documental, ligadas às questões mais prementes dos contratos de concessão.

Por outro lado, a dispersão relatada anteriormente causou um atraso na reorganização documental das empresas que, em alguns casos, prevalece até o momento. A ausência de critérios de preservação e de classificação da informação, incluindo prazos para pesquisa, dificulta ainda mais o acesso do pesquisador.

Problema 5: Uso do acervo para pesquisa: memória técnica x memória empresarial

Além das questões administrativas de gestão documental, que envolvem a busca pela recomposição do acervo, também há uma questão metodológica na utilização dos documentos empresariais para pesquisa. Diferentemente do que ocorre num arquivo de empresa tradicional, em que a história da unidade produtiva está subordinada à história empresarial, nos setores de infraestrutura (em nosso exemplo, o setor elétrico), há duas condicionantes na análise do valor histórico do acervo documental: a memória técnica, representada pela estrutura e funcionamento das unidades produtivas e pelo conteúdo tecnológico envolvido, e a memória administrativa, onde o que prevalece é o resultado das fusões e aquisições de cada uma das empresas. É claro que em qualquer entidade é possível reconhecer esses dois caminhos. Porém, em setores de bens de consumo, por exemplo, a tendência é que a estrutura empresarial prevaleça sobre suas unidades produtivas, quando se fala de avaliação documental e preservação de arquivos.

Nesses casos, a documentação técnica acaba acompanhando a composição dos arquivos permanentes, pois as mudanças nas estruturas administrativas, as fusões e aquisições, prevalecem sobre a unidade produtiva. Uma fábrica, a rigor, poderia ser utilizada para qualquer tipo de atividade produtiva, pois é apenas uma instalação, uma casca que poderá servir a qualquer uso, de acordo com o interesse da empresa. Mesmo eventualmente possuindo importância arquitetônica, do ponto de vista do conceito e das técnicas, dificilmente esse seria um impeditivo para alterações em sua utilização.

Da mesma forma, a documentação sobre o processo produtivo apresenta menor valor atribuído pelos gestores dessas empresas. No processo produtivo dos bens de consumo, a forma com que se produzia uma televisão na década de 1950 é completamente diferente do que ocorre atualmente. Portanto, a necessidade de preservação dos documentos relativos a essa produção é infinitamente menor do ponto de vista de seu valor primário, técnico. Pejorativamente, esse tema será tratado pelos administradores como uma questão de "memória".

No caso dos setores de infraestrutura, e aqui no setor elétrico, a obrigatoriedade de provar e avaliar o processo produtivo ao longo de várias décadas – com o estudo dos ciclos hidrológicos, das análises de variações do regime de águas, a variação de produtividade das unidades geradoras em longos períodos – atribui uma dimensão completamente diferente à documentação técnica. Enquanto a fábrica de bens de consumo é uma casca, a instalação de uma usina hidrelétrica é uma entidade em si. Sua configuração deixa claro que somente é possível produzir energia ali. A instalação é parte do processo produtivo e precisa ser controlada, inclusive por razões de segurança: uma barragem rompida será um grave desastre ambiental e social para a região onde está localizada. Diferentemente das instalações fabris tradicionais, a instalação hidrelétrica terá grande importância tecnológica associada à eventual importância arquitetônica.

Por isso, entendemos que no setor elétrico, todo o trabalho a ser realizado com o acervo histórico, seja ele de preservação ou de pesquisa, deve levar em conta dois enfoques distintos. Primeiro, o da memória empresarial, com a preservação dos acervos de cada empresa, mesmo que seus ativos sejam vendidos, visando manter a articulação histórica da evolução do setor elétrico paulista, do ponto de vista da composição empresarial. Depois, o enfoque da memória técnica. Para a pesquisa da história da tecnologia, o empreendimento deve ser considerado o foco principal de preservação. Em todos os inevitáveis processos de fusões e aquisições, é prioritário garantir que o arquivo de cada empreendimento mantenha-se integrado, visando possibilitar a manutenção da organicidade do conjunto de documentos, independentemente da nova configuração empresarial que resulte daí. Esse é o desafio do futuro: criar condições para que as empresas e seus empresários se preocupem com a questão histórica.

Problema 6: Patrimônio histórico e gestão documental das empresas de energia elétrica após a privatização

A partir da segunda metade da década de 1990, quando o processo de privatização das empresas paulistas de energia elétrica foi efetivamente delineado e colocado em prática, a questão da preservação do acervo histórico das companhias passou por uma série de momentos, em que as contingências econômicas e de gestão empresarial definiram o futuro dos documentos históricos.

Um momento inicial, que podemos chamar de momento zero, teve início antes mesmo dos leilões de privatização e estendeu-se até os primeiros anos do novo modelo. Ao longo dos anos, parte da documentação histórica resultante das fusões e aquisições relatadas no início deste trabalho havia sido recolhida ao Centro de Memória da CESP, órgão criado na década de 1980, com a finalidade de preservar uma certa memória de atividades já desaparecidas. Assim como a CESP, outras empresas energéticas estatais também possuíam Museus, Arquivos Históricos e Bibliotecas Técnicas, voltados à preservação do patrimônio histórico das companhias.

No momento em que se configurou o cenário de privatização, um grupo técnico foi formado com o objetivo de definir o futuro desses acervos, uma vez que poderia ocorrer a interposição entre interesses econômicos e a preservação. As novas concessionárias não estariam dispostas a preservar e dar publicidade ao acervo histórico previamente existente nas antigas concessionárias. Além do mais, havia a dúvida em como proceder ao desmonte de acervos já estabelecidos e em atividade regular, para encaminhar os documentos correspondentes às novas concessionárias. Nesse momento, em 1998, foi instituída o que seria a Fundação Patrimônio Histórico da Energia e Saneamento, com o objetivo de preservar e divulgar o patrimônio histórico (arquivístico, bibliográfico e museológico) já definido como tal, das empresas que seriam privatizadas.

Durante vários anos, permaneceu a discussão sobre qual o melhor modelo para preservação dos documentos de concessionárias de serviços públicos. Em 2002, o decreto federal n. 4073, de 03/01/2002, tentou regulamentar a questão. Em seu artigo 17 está definido que "os documentos públicos de valor permanente, que integram o acervo arquivístico das empresas em processo de desestatização, parcial ou total, serão recolhidos a instituições arquivísticas públicas, na sua esfera de competência."

Apesar de tratar-se de serviço público, no meio empresarial a questão do direito à propriedade, como pressuposto do direito privado – que no caso dos documentos traduz-se como a prerrogativa na decisão sobre a divulgação de informações, independentemente de questões de antiguidade –, ainda é levantado pelos empresários como mote para reduzir a possibilidade de acesso aos documentos para pesquisa científica ou recolhimento a uma entidade pública. O próprio decreto define que os documentos de valor permanente poderão ficar sob a guarda das empresas, enquanto necessários ao desempenho de suas atividades, o que reforça essa visão do empresariado. Considerando as questões técnicas envolvidas e já discutidas anteriormente, com relação à prova de atuação das empresas, esse ainda é um assunto bastante controverso.

A partir da formalização dos novos contratos de concessão, e considerando a situação que se apresentava, podemos definir três grandes momentos do processo de gestão documental e de preservação dos acervos históricos das empresas do setor elétrico paulista.

O primeiro momento foi o da reorganização empresarial: tanto as empresas privatizadas quanto aquelas que permaneceram no âmbito governamental tiveram que se reestruturar jurídica e tecnicamente, visando atender às novas exigências legais. Considerando a dimensão econômica do setor elétrico em São Paulo, não se tratou de tarefa simples. As condições em que esse processo ocorreu agravaram os problemas de gestão documental já existentes no período anterior. O natural enxugamento de estrutura administrativa, que costuma ocorrer nos processos de fusões e aquisições, deixou um vácuo administrativo em diversas áreas produtoras e acumuladoras de documentos, especialmente os arquivos técnicos. Esse período durou cerca de dois anos, antes que as novas concessionárias percebessem que estavam criando um problema ainda maior, ao ignorar seus acervos.

O segundo momento foi o da gestão documental, considerada apenas sob o prisma do gerenciamento de arquivos correntes e intermediários, na sua dimensão administrativa e técnica mais estrita. Nesse momento, o objetivo era atender às exigências legais das agências reguladoras e de suas matrizes no exterior, o que é especialmente verdade no caso das empresas americanas, sujeitas à Lei Sarbanes-Oxley desde 2002.

Como boa parte das atividades empresariais é concretizada em documentos, sejam eles convencionais ou eletrônicos, as concessionárias tiveram que encontrar mecanismos administrativos que possibilitassem o registro de suas ações em ambiente controlado, garantindo agilidade nos processos e autenticidade dos documentos. Por outro lado, a separação das empresas por ramo de atuação (geração, transmissão e distribuição) fez com que grupos, antes integrados nas três atividades, fossem desmembrados, acarretando a grande dispersão documental descrita anteriormente. Arquivos originários de uma empresa de repente tornavam-se acervo necessário ao trabalho de outras. A logística envolvida no processo de transição documental entre as antigas e as novas concessionárias foi um processo que durou praticamente toda a década.

O cumprimento desta etapa é bastante variável de empresa para empresa. Algumas, como é o caso da Duke Energy, têm investido fortemente na organização do acervo. Partindo de um ponto de vista gerencial, têm atingido questões técnicas, tentando tratá-las de uma perspectiva mais abrangente. Outras empresas, especialmente CESP e AES Tietê, ainda têm tido muita dificuldade em rever seus procedimentos e desenvolver estratégias de gestão documental unificada, procedendo à revisão geral dos acervos existentes, em seus vários arquivos. Isso decorre, especialmente no caso da CESP, da extrema complexidade e do grande volume de acervo existente nos depósitos de arquivo, o que torna esse processo muito dispendioso. As melhores soluções têm sido dadas para arquivos técnicos específicos, como os arquivos das áreas de gestão ambiental e alguns arquivos técnicos de unidades produtivas, além daqueles arquivos setoriais cujos gestores dão especial atenção à organização.

Por fim, um terceiro momento começa a se esboçar – uma etapa de acomodação: a legislação está atendida, os documentos obrigatórios estão controlados, em maior ou menor grau, dependendo das dificuldades de cada empresa. Começa a surgir a preocupação com a memória institucional. Durante muitos anos, o acervo histórico não foi considerado prioridade – e de fato não deveria ser, num momento de reorganização do negócio. Porém, passada uma década do início do processo, os novos controladores já se adaptaram à cultura empresarial brasileira – a transição da cultura estatal para a privada já foi concretizada e a questão da memória dos empreendimentos começa a ser valorizada. Os gestores empresariais começam a dar demonstrações de que o patrimônio histórico das empresas poderia ser utilizado em benefício da comunicação empresarial, numa percepção da importância da memória institucional dessas empresas e do valor de seus documentos históricos.

Nesse processo, o Projeto Eletromemória teve o mérito de sensibilizar os administradores que antes não estavam abertos à questão do patrimônio histórico.

Arquivologia no Projeto Eletromemória

Telma Campanha de Carvalho Madio

1. A **relação entre Arquivologia e o Projeto Eletromemória**

O Projeto Eletromemória teve como objetivos identificar, pesquisar, diagnosticar e referenciar o acervo documental do setor energético relacionado à implantação e ao desenvolvimento da geração, transmissão e distribuição da energia elétrica no estado de São Paulo, no período de 1890 a 2005. Os levantamentos foram integrados com a pesquisa histórica, fazendo o contraponto entre a análise historiográfica do setor e a trajetória da preservação de sua memória no período abordado. Para tanto, foram realizadas pesquisas de campo em acervos que mapearam o respectivo patrimônio arquivístico, bibliográfico, museológico e arquitetônico, indicando seu estado de organização e de conservação. A estruturação das pesquisas de campo e de sua tabulação permitiu o desenvolvimento de um vocabulário controlado que estabeleceu conexões múltiplas entre as diferentes formas de organização encontradas. Os acervos analisados, em sua maioria, estavam custodiados pela Fundação Energia e Saneamento, bem como o patrimônio histórico de algumas empresas elétricas que operam ou operaram no estado de São Paulo. O Projeto estruturou um banco de dados relacionado ao acervo histórico das empresas elétricas do estado, gerido pela Fundação e disponibilizado para consulta pública.

O desenvolvimento do Eletromemória só foi possível pelo envolvimento de alunos de graduação e pós-graduação da USP e da Unesp, que desenvolveram projetos com temáticas da área. Ao todo tivemos dezoito pesquisadores, quatro na pós-graduação e catorze na graduação, sendo nove de Arquivologia e cinco de História. Ressaltamos também a intervenção e cooperação da Fundação Energia e Saneamento, que foi valiosa no sentido de promover a aproximação dos pesquisadores acadêmicos com as empresas do setor elétrico junto às quais foram feitas expedições para levantamento de dados no interior do estado.

O Curso de Arquivologia, do Departamento de Ciência da Informação da Faculdade de Filosofia e Ciências da Unesp – Campus de Marília teve sua participação assegurada no Projeto, por ser ainda o único curso de graduação em Arquivos existente no estado de São Paulo. Desde o princípio a aceitação, tanto dos docentes como discentes, foi imediata, e a colaboração foi relevante e muito profícua. A proposta de trabalhar in loco com documentação arquivística fez com que diversos alunos se interessassem pelo Projeto, desenvolvessem pesquisas e concomitantemente participassem das expedições para a elaboração do diagnóstico.

As expedições ocorreram ao longo do ano de 2008 e janeiro de 2009, tendo em média sete pessoas em cada visita, entre professores, pesquisadores da Fundação Energia e Saneamento, bem como alunos de iniciação científica da USP e Unesp. Para as expedições, foram levados *notebooks*, câmeras digitais e termo-higrômetros. Era necessário solicitar às empresas visitadas, antecipadamente às expedições, autorizações para as visitas e acessos aos locais restritos ao público em geral. Com os alunos de Arquivologia foram visitadas vinte e três usinas e seis subestações das seguintes empresas: CESP (Hidroelétricas de Porto Primavera, Jupiá, Três Irmãos, Ilha Solteira, Jaguari, Paraibuna); Duke Energy (Hidroelétricas de Rosana, Taquaruçu, Capivara, Canoas I, Salto Grande, Xavantes, Jurumirim); AES/Tietê (Hidroelétricas de Mogi-Guaçu, Caconde, Euclides da Cunha, Limoeiro, Ibitinga, Bariri, Barra Bonita, Promissão, Nova Avanhandava, Água Vermelha) e as subestações da CTEEP de Assis, Jupiá, Ilha Solteira, Bom Jardim, Cabreúva e Bauru. Posteriormente, os alunos de História da USP, em 2009 e 2010, visitaram outras empresas e localidades, dando continuidade ao Projeto.

Os pesquisadores do Eletromemória incluíram técnicos especializados em organização e conservação de arquivos da Fundação Energia e Saneamento, que criaram instrumentos para realizar o diagnóstico arquivístico das empresas de energia que seriam visitadas. Para tanto, no início do Projeto, foram elaboradas fichas para observação e registro de informações a respeito das condições de preservação e de conservação dos acervos. Com esses instrumentos de avaliação buscávamos mapear as informações referentes à composição dos acervos, no que se refere aos suportes e gêneros documentais, usos e usuários dos acervos, bem como seu acesso, ambiente de arquivamento e de consulta, fatores e riscos de deterioração e a intensidade de danos verificados nas expedições.

Desta forma, as fichas de diagnóstico possibilitaram a identificação do espaço macro, que se refere à região onde está instalado o edifício do depósito do arquivo, até alcançar a análise do documento. Para esse detalhamento, havia uma primeira ficha para a identificação da região, destacando o clima e a vegetação existente, e as fichas subsequentes identificaram o local onde está localizado o edifício e o seu entorno, o edifício que abriga o depósito, as condições da sala do depósito no referido edifício e, finalmente uma ficha que possibilitava identificar as condições dos documentos na sala do depósito. Para o inventário de patrimônio arquitetônico, elaboramos um outro tipo de ficha.

As informações coletadas durante as visitas realizadas foram reunidas em uma planilha em Excel para possibilitar a análise dos dados, que foram migrados para um banco de dados, desenvolvido especificamente para o Projeto Eletromemória para permitir a busca de informações e dados do setor energético.

Com a realização deste diagnóstico, conseguimos:

1. identificar o estado de conservação e as condições de arquivamento da documentação;

2. avaliar as necessidades ambientais para preservação desses acervos;

3. definir prioridades de intervenção e elaborar propostas de melhorias para a gestão dos acervos.

2. Organização e tipologia documental dos acervos encontrados

No geral, verificamos que ainda há nas usinas e subestações elétricas das empresas um rico acervo documental e iconográfico largamente desconhecido dos centros de memória dessas empresas e da própria Fundação Energia e Saneamento, grande parte do qual está sem identificação e controle, muitas vezes sem organização e correndo sério risco de danos físicos e de conservação. As datas balizas são variadas, existindo documentos de 1957 a 2009.

Essa situação foi decorrente dos processos de estatização e privatização que as empresas concessionárias sofreram ao longo do tempo, ocasionando a quebra da responsabilidade e a transferência e guarda física da documentação e do patrimônio material. A fragmentação dos acervos, que ainda está em curso e que se tornará cada vez mais complexa, leva à perda da organicidade dos arquivos das empresas de energia e a dispersão/destruição de seus objetos significativos.

Não podemos dizer que há uma organização arquivística dos documentos, com gestão documental, prazos legais definidos, descartes temporários e controle de guarda. Dificilmente identificamos a aplicação da Tabela de Temporalidade, instrumento utilizado na área para controlar os prazos administrativos e legais de guarda e/ou descarte da documentação. Constatamos que os documentos são agrupados em sua maioria por temas – nome das usinas, etapas e setores das obras etc –, e também pelos suportes – cartográficos, fotos, textuais – ou ainda pela tipologia – relatórios, atas, plantas etc.

Foram poucas, exatamente quatro unidades, que implementaram a gestão documental, que basicamente é um planejamento, permitindo controle do fluxo e trâmite da documentação, visando a racionalidade e a rápida recuperação do documento pelos usuários principais. São poucas as que abrem o Arquivo para consulta externa, ficando o mesmo restrito aos principais usuários, que são os próprios engenheiros e/ou administradores. Especialmente as visitas a centros de controle da CTEEP, em Bauru, e da Duke Energy, em Xavantes, permitiram que tivéssemos contato com um Arquivo Técnico organizado e assim conhecer uma proposta, elaborada e implantada no final da década de 1990, de um sistema informatizado de recuperação de plantas. Essa iniciativa por parte de empresas de capital estrangeiro pode ser considerada pioneira, pois muito posteriormente é que as empresas nacionais começaram a implementar esse tipo de sistema.

A maioria das usinas possui arquivos em que são mantidos documentos na fase corrente e permanente, demonstrando mais uma vez que não há uma preocupação arquivística, mas apenas são observados os prazos jurídicos e legais, sem que haja uma preocupação com descarte e a transferência controlada para a guarda permanente. O valor documental é predominantemente histórico/funcional.

Os principais gêneros documentais identificados nas visitas foram textuais, cartográficos, fotográficos e sonoros. Há um predomínio dos arquivos técnicos, que possuem um detalhamento rigoroso de todas as plantas de implantação e construção das barragens, assim como também da montagem e manutenção de todos os equipamentos mecânicos. As fotografias também são numerosas, pois registram visualmente todas as etapas, equipamentos e técnicas utilizadas no desenvolvimento das obras. Esse tipo de documento sempre foi muito utilizado pelas empresas do setor energético como comprovação fidedigna das atividades desenvolvidas.

Em relação às condições físicas de arquivamento e aos ambientes de guarda, já estão em uma situação de comprometimento por se localizarem num entorno com grande quantidade de água e vegetação. Temos que enfatizar que a maior parte das unidades visitadas são hidroelétricas e que mesmo possuindo uma rigorosa política de controle e segurança da área, o ambiente tem uma umidade relativa alta, o que é extremamente prejudicial aos documentos. Das unidades visitadas a medição variou de 57,9% a 88,1% de umidade relativa e apenas uma usina teve a umidade inferior a 50%, efetivamente 40,8%. Destacamos que essa medição foi feita somente no dia de nossa visita, não havendo um acompanhamento mais técnico e frequente.

Observamos que os depósitos na sua maioria são de uso misto, alguns são áreas de trabalho, outros guardam materiais e equipamentos junto com os documentos que não estão em uso diário. Apenas em oito locais os depósitos são exclusivos para guarda de documentos. Em relação à climatização, constatamos que a maior parte utiliza o ar condicionado central ou *split*, mas não há, via de regra, manutenção e controle específicos para a conservação dos documentos e nem o controle ambiental de temperatura e umidade relativa.

O mobiliário encontrado é variado, sendo desde estantes de madeiras, inadequadas para guarda de documentos, estantes abertas de metal, arquivos de metal com gaveta e armários fechados de metal, todos com pintura epóxi, mapotecas e apenas uma usina utiliza arquivos deslizantes. Utilizam-se caixas de papelão para acondicionar a documentação, que são, porém, extremamente ácidas e inadequadas para guarda. As plantas ficam suspensas em mapotecas ou enroladas em tubos plásticos. Caixas poliondas não são muito utilizadas. Em alguns depósitos temos sobrecarga nas prateleiras devido ao empilhamento de caixas e acúmulo de documentos.

Os documentos mais frágeis, como negativos, cromos e ampliações fotográficas não recebem nenhum acondicionamento adequado e muito menos estão em uma sala climatizada. Muitos estão depositados em locais onde a incidência de luz solar é constante, prejudicando sua conservação e reduzindo a vida útil desses documentos. A conservação nesses locais não faz parte de uma política arquivística das empresas, mas às vezes torna-se adequada pelas condições e normas de segurança e limpeza que as usinas são obrigadas a adotar para o bom funcionamento de suas atividades.

3. Os trabalhos acadêmicos

As pesquisas desenvolvidas pelos alunos do curso de Arquivologia foram proveitosas e atenderam as expectativas iniciais do Projeto, de aprofundamento das discussões teóricas arquivísticas, observação das práticas de acumulação documental, tão presente em nossas instituições, aliados à reflexão conceitual do processo e gestão de arquivo. Tivemos onze alunos da graduação ao longo do Projeto, seis conseguiram desenvolver projetos de Iniciação Científica com bolsa da Fapesp, dois desenvolveram sem bolsa e três participaram do projeto, porém não desenvolveram pesquisas com essa temática.

As pesquisas abordaram diferentes temas, épocas variadas e uma documentação diversificada. Permitiram conhecer e aprofundar aspectos da documentação arquivística, identificando produção, processos e fluxos documentais e, quando possível, a gestão implementada pelas empresas. Algumas dificuldades foram encontradas pelo distanciamento dos acervos, informações não estruturadas e documentos não processados para a pesquisa. Os alunos souberam trabalhar bem os temas e contornar as situações adversas que apareceram.

O envolvimento dos alunos com o Projeto foi significativo, proporcionando, além do desenvolvimento da pesquisa e do contato com documentos arquivísticos, uma vivência em visitas e observações de acervos para elaboração de diagnósticos. É importante que os alunos conheçam e presenciem a realidade arquivística e o tratamento documental que a maioria de nossas empresas, públicas e/ou privadas, empregam em suas rotinas de trabalho.

Os arquivos e sua regulamentação legal no Brasil

Maria Izabel de Oliveira

Boa tarde a todos, inicialmente eu quero agradecer ao professor Gildo Magalhães e peço que ele transmita à sua equipe o meu agradecimento e a minha alegria de estar participando desse III Seminário Internacional História & Energia. É um prazer imenso estar nesta mesa redonda, *Acervos documentais e Memória do Setor Elétrico*. Estou aqui com pessoas queridas, a gente já se conhece há algum tempo, e eu tenho um carinho bastante grande, bastante especial pelos trabalhos realizados pelos técnicos, pelas pessoas envolvidas com as atividades do setor elétrico. É importante, para mim, estar nesta mesa e falar de memória do setor elétrico, porque falar do seu acervo documental é falar de gestão de documentos. Esta é uma área a que me dedico e que é de fundamental importância para a sustentação das instituições.

Memória. Não precisamos nos deter muito aqui, porque já se falou muito e muito bem ontem e hoje sobre essa questão, que a memória precisa de um lugar, que a memória é um processo de construção e reconstrução permanente e que está subordinado na dinâmica à memória que se faz no presente, para atender situações do presente. E o setor elétrico, que é o conjunto de empresas responsáveis pela geração, pela transmissão, pela distribuição e comercialização de energia, é composto por empresas públicas, ligadas ao sistema Eletrobrás, e empresas privadas. Essas empresas, no seu dia a dia, no desenvolvimento de suas atividades, produzem documentos, recebem documentos, e esses documentos precisam ser tratados tecnicamente para que possam ser acessíveis tanto à empresa quanto ao cidadão que necessita de informações. E para que isso aconteça é necessário que essa informação seja tratada, seja disponibilizada. E isso só é possível se cada uma das empresas se dedicar aos procedimentos e à rotina de gestão dos documentos, ou seja, preocupar-se com os documentos desde o momento em que eles são produzidos, aliás, um pouquinho antes, desde o momento em que se pensa na produção de um documento. Este documento que será produzido, vai ser elaborado em quantas vias? Em quantas cópias? O que eu faço com cada uma dessas vias e cada uma dessas cópias? Eles deverão ser classificados, porque uma vez classificados, facilmente serão arquivados e facilmente serão recuperados quando necessário. Uma vez classificados, facilmente esses documentos serão temporalizados e a sua destinação será definida de forma muito fácil, porque aí eu vou ter outro instrumento, que vai me ajudar muito, que é a Tabela de Temporalidade.

Então, os arquivos são importantes porque – falando novamente o que eu já disse antes – eles atendem, inicialmente, a administração e ao apoiar a administração, subsidiariamente eles vão ser fonte de pesquisas e de desenvolvimento cultural. Tanto é que, já em 1974, o Conselho Internacional de Arquivos – ICA – determinou que os arquivos seriam considerados como um serviço de apoio à administração. Então, os arquivos são produzidos para atender as demandas administrativas. E, em função dos usos que se farão desses documentos, eles poderão ser considerados de guarda permanente, documentos históricos, sejam de cunho administrativo ou de cunho técnico.

A gestão de documentos é bastante recente, porque a gente sabe que até meados dos anos 1980 as instituições tinham uma preocupação muito grande com os arquivos, mas pensando sempre na pesquisa histórica, no pesquisador acadêmico e, com isso, não havia uma preocupação em tratar a documentação desde o momento da sua produção. Então, em alguns casos, você encontra arquivos permanentes com documentos que não deveriam estar ali, porque são destituídos de valor secundário, ou seja, aquele valor para pesquisa, aquele valor informativo, aquele valor histórico, mas por força da tradição os documentos passavam automaticamente dos arquivos correntes, depois do uso primeiro que tinha determinado sua criação, para os arquivos permanentes e lá permaneciam. A partir do momento em que se começa a pensar que é necessário tratar esses documentos desde a produção, é porque os arquivos não conseguirão guardar todos os documentos produzidos por uma administração, que documentos importantes se perderão no meio de documentos não importantes.

Então as instituições, de uma maneira geral, públicas ou privadas, começaram a se preocupar com a gestão. E a gestão de documentos é sacramentada, vamos dizer assim, aqui no Brasil quando a Constituição de 1988 estabelece no parágrafo 2º do artigo 216 que cabe à administração pública a gestão da documentação governamental. E logo em seguida, em 1991, a 8 de janeiro, é promulgada a Lei 8.159, a Lei de Arquivos, que no seu artigo 3º conceitua a gestão de documentos como sendo um conjunto de procedimentos e operações técnicas referentes à produção, tramitação, classificação e destinação dos documentos em fase corrente e intermediária, visando a sua destinação, que será ou a guarda permanente ou a eliminação. Então, esses dois instrumentos legais são marcos importantíssimos para nós da área de documentação. E o fato da gestão de documentos estar explicitada na nossa Constituição nos leva a assegurar — eu tenho certeza disso — que a gestão de documentos é vista como uma política pública. Agora, como fortalecer essa política pública, os recursos para que essa política pública se desenvolva, se sacramente e se fortaleça nesse país, são outras questões. Mas o primeiro passo já foi dado, o governo reconheceu a importância dos documentos produzidos e a quem cabe a responsabilidade pelo tratamento dessa documentação.

Mas não basta só isso, não bastam somente os dispositivos legais. A gente sabe que precisa é de recursos para implementar as diferentes atividades, precisamos de recursos de ordem financeira, de ordem material, de recursos humanos. Precisamos de pessoal treinado, porque pessoas dedicadas a gente tem, mas só dedicação, às vezes, não resolve, a gente precisa do apoio logístico que vai nos permitir desempenhar bem as nossas atividades.

Então, como me faltam apenas cinco minutos, eu quero dizer o seguinte: que para que essas atividades de gestão de documentos sejam realizadas de forma eficaz há necessidade de uma interação entre os responsáveis pela produção e os responsáveis pelo tratamento da documentação e dos arquivos. Seja arquivo público, seja arquivo de empresa, há necessidade de que os profissionais que atuam nessas diferentes áreas — quem produz o documento, quem trata o documento e quem recebe esse documento para guardar — interajam. Há necessidade de que essas pessoas conversem. Por quê? Ao tratar a documentação você percebe que determinados documentos são produzidos de forma excessiva, o número de vias ou número de cópias é muito grande. Então, o meu contato direto com o produtor vai fazer com que essa produção seja racionalizada. Por sua vez, ao fazer isso eu também percebo que determinados documentos fazem um fluxo demasiado longo até que cheguem à área onde a decisão deverá ser tomada. E com o meu trabalho de gestão de documentos, eu posso intervir, a gestão de documentos é importante também porque ela coloca o profissional de documentação na ação direta do ciclo documental, ele tem a capacidade de intervir de forma direta e efetiva na produção e na destinação dos documentos.

Mas para a gente fechar – e depois eu estou aqui à disposição para qualquer pergunta – eu quero dizer o seguinte: o setor elétrico, em função dos contatos que eu tenho com os técnicos do setor e participação em alguns eventos, tem trabalhado em prol dessa gestão de documentos. Eu quero lembrar também que quando eu falo em gestão de documentos, não é somente gestão de documentos em suporte tradicional, eu estou falando em gestão de documentos em qualquer suporte, seja o documento em papel, seja o documento digital. Então, quando falamos em gestão nós estamos falando nessa totalidade de documentos produzidos. Porque todos os procedimentos que eu aplico no documento em papel, serão também aplicados nos documentos que nascerem de forma digital ou que forem transformados em documentos digitais a partir da digitalização. Então, eu vou ter que classificar, eu vou ter que avaliar, eu vou ter que eliminar, vou usar todos os procedimentos. E a eliminação – é bom chamar atenção – de documentos digitais não é feita com a tecla "delete". Não, eu tenho que fazer todos os procedimentos, eu preparo o instrumento descritivo, ou seja, a listagem de eliminação, essa listagem será aprovada, porque a legislação diz isso. A Lei de Arquivos diz no seu artigo 9° que: "nenhum documento pode ser eliminado sem a autorização da instituição arquivística pública", mas especifica a esfera de competência. Então, tem que ser aprovado, tem que ser publicado em edital, porque há uma normativa do Conselho Nacional de Arquivos que indica que eu tenho que dar publicidade a esse ato e só depois de 30 ou 45 dias é que o processo de eliminação se efetiva. Eu tenho que fazer para o documento digital todo esse procedimento, e depois de efetivado, aí sim, depois disso tudo, eu posso ir lá na minha tecla e eliminar os documentos. Então, o documento digital passa pelo mesmo processo de gestão documental que o documento em suporte convencional com que nós estamos habituados a trabalhar.

Teríamos mais coisas para falar sobre o tema, como a comissão de avaliação, porque também não se avalia, não se elimina, sem que eu tenha um grupo formalmente constituído, sem que eu tenha pessoas treinadas e capacitadas para essa ação e que eu possa, inclusive, convidar outros técnicos, dependendo do teor da minha documentação, eu possa chamar especialistas naquela modalidade para ajudar no meu trabalho. Mas, antes disso, eu preciso estudar, preciso conhecer todo o meu trabalho, toda a história daquela documentação e aí sim – conforme diz o arquivista americano conhecido de todos nós, Schellenberg –, aí se eu não conseguir, se a comissão não conseguir, aí ela recorre a um especialista.

E, finalizando, como já dizia Schellenberg – e eu digo antes dele –, que é importante que todos esses atos que nós executamos nos nossos arquivos, nas nossas empresas, nas nossas instituições, estejam registrados, porque o que é importante hoje pode não ser amanhã e o que não foi importante ontem pode ser hoje. Eu preciso registrar, porque naquele momento eu atuei em função de uma determinada legislação em vigor, em função das questões políticas, econômicas, sociais, culturais do meu país. Se a situação política, econômica, social, cultural mudar, eu mudo também o meu olhar em relação aos documentos que a instituição produz. E com isso eu vou ter, realmente, a preservação da memória das instituições, contribuindo de forma efetiva para a preservação do patrimônio arquivístico desse país.

••••

Debate público

Pergunta: Meu nome é Ronaldo, sou graduado em História pela Universidade de São Paulo, faço parte do projeto Eletromemória. Eu queria fazer uma pergunta para a Maria Izabel referente à gestão documental e sobre duas situações com que eu me deparei. Por conta da minha pesquisa eu necessitava entrar em contato com uma documentação de uma comissão interestadual, mas que está extinta há mais de 30 anos. E eu descobri que ela estava sob a guarda da Fundap – Fundação de Desenvolvimento da Administração Pública –, ela era depositária dessa documentação e eu fui atrás. Tive uma enorme dificuldade, precisava de um monte de recomendações; depois de inúmeros telefonemas, consegui entrar no arquivo para pesquisar. Eles me explicaram que há sigilo da informação, então eles não poderiam – assim sem nenhuma recomendação – deixar alguém entrar. Chegando lá, eu vi que essa documentação não tem nada a ver com a temática do Arquivo. O Arquivo é de apoio à administração e essa documentação está lá guardada numa prateleira, totalmente separada da documentação. Questionei porque isso não era doado para alguém. Falaram: "Não, isso aqui é o espólio de que se formou esta Fundação, então a gente não pode doar. Já tentamos doar, mas não pode". Então, ela fica lá, de difícil acesso, com um interesse social muito grande, mas por conta dos interesses da administração ela não é aberta ao grande público. E, complementando isso, também estive em visitação a algumas usinas de empresas e descobri que documentação de meu interesse também tinha sido objeto de descarte. Depois da privatização implantaram uma "política de cinco S" nas empresas, tanto públicas, quanto privadas, em que se descartou uma quantidade enorme de documentos. O que foi preservado ficou a cargo de iniciativas de funcionários. Então, o critério de seleção era: "A caixa é bonita, então vou preservar. A foto é boa, então vou preservar". Não era raro você encontrar situações, de conversar com técnicos e ele falar: "Não, eu vou na minha casa, vou pegar um monte de documentos e um monte de fotos que eu guardei, porque a empresa ia descartar". Então, a pergunta, associando esse juízo que eu faço, é: como nós podemos equacionar essa questão – os interesses da administração e os interesses sociais do documento, já que existe uma legislação a respeito?

MIO: Olha, essas questões que você citou a gente não tem conhecimento, quando se tem conhecimento o Conselho Nacional de Arquivos procura intervir. Nós temos agora o apoio do Ministério Público que argui as instituições acerca dos documentos. Agora, o que eu posso sugerir para você – porque, para que a gente possa agir, a gente precisa conhecer, precisa ter a informação registrada – é que você nos encaminhe os dados, onde está a documentação, as condições em que ela se apresenta, e a gente tem condições de atuar, de intervir, de buscar e de tentar recuperar essa documentação para a instituição pública, para que ela possa ser de acesso amplo. Então, é necessário que você nos dê subsídios, se você puder nos fazer isso, eu agradeço, porque a gente vai intervir e te manter informado das nossas ações e dos resultados.

Organização do conhecimento e gestão da memória social

Mario Barité

> Somos uma magnífica tarefa inacabada
> Beatriz Sarlo[1]

1. Introdução

A Organização do Conhecimento é uma área do saber que surgiu como um desenvolvimento conceitual e metodológico das práticas de classificação e indexação nas bibliotecas e centros de documentação, e, em particular, da pesquisa relacionada à criação, gestão e manutenção de vocabulários controlados destinados à representação temática do conteúdo dos documentos. Nos últimos anos, vem se ocupando das metodologias para o desenvolvimento de estruturas de conceito que podem ter distintas finalidades, não só "bibliotecnológicas", mas também "arquivológicas", "informáticas" ou de outra ordem, mas sempre partindo de uma perspectiva interdisciplinar, e com o propósito de organizar recursos de informação (além dos livros, qualquer outro suporte que contenha dados e conhecimento acumulado, desde uma pintura ou uma foto, até partituras ou recursos eletrônicos de qualquer tipo) para sua recuperação e utilização.

A classificação foi historicamente a primeira aproximação de uma organização sistemática (e não apenas alfabética ou cronológica) dos livros nas bibliotecas. Embora seu principal objetivo tenha sido organizar um livro em uma prateleira para encontrá-lo quando necessário, a atribuição para tal de uma

---

[1] SARLO, Beatriz. *Tiempo presente: notas sobre el cambio de una cultura*. Buenos Aires: Siglo XXI, 2006.

chave simbólica (composta de números e/ou letras e outros símbolos gráficos presentes nos teclados das máquinas de escrever antigas) que correspondia ao denominado "tema ou assunto principal", constituiu uma primeira grande revolução na Biblioteconomia e na Documentação, por várias razões.

Em primeiro lugar, porque conseguiu apresentar um modelo alternativo para a ordem alfabética, imposta e prestigiada pelos franceses Diderot e D'Alembert em meados do século XVIII, através de sua monumental *Encyclopédie*, mostrando que havia formas igualmente qualificadas, ou até mais qualificadas, para acessar os conhecimentos específicos. Este é um ponto de contato com a prática intuitiva dos museus, onde sempre houve uma tendência para agrupar objetos considerando suas semelhanças temáticas, históricas, cronológicas ou culturais.

Em segundo lugar, porque dessa forma foi possível reunir os livros por afinidades temáticas e não por outros critérios mais atrativos, porém menos eficazes, como os sobrenomes dos autores ou as datas de publicação, ou ainda a cor ou tamanho dos volumes. A decisão de se colocar juntos ou próximos na prateleira os livros sobre o mesmo assunto possibilitou outra revolução, na medida em que as bibliotecas foram aceitando o sistema de prateleira aberta, no qual os usuários deixaram de ir ao encontro das barreiras materiais dos balcões que impediam o acesso aos livros. Essa revolução sugeria que o usuário pudesse "navegar" livremente em determinadas seções das prateleiras, sabendo que todos os autores que tinham se dedicado ao "seu" tema de pesquisa estavam reunidos e ao alcance da mão para sua consulta oportuna e imediata.

E terceiro, porque a decisão de agrupar os livros considerando seus conteúdos temáticos obrigou a refletir sobre os aspectos práticos, metodológicos e também – por que não? – filosóficos, sobre a melhor maneira de se relacionar ciências e temas presentes nos livros. Isto é, em última instância, o fundamento e a justificativa da existência dos primeiros sistemas de classificação bibliográficos.

Melvil Dewey, que pode ser considerado o primeiro grande classificador ou desenhista de um sistema de classificação, pensando na organização dos livros nas bibliotecas, combinou desde a primeira edição do seu sistema, no ano de 1876, critérios claramente epistemológicos para classificar as ciências (e por isso apelou à autoridade da classificação das ciências proposta por Francis Bacon) com a necessária atenção aos aspectos mais pragmáticos das tarefas na biblioteca (encontrar já um livro que alguém necessite agora), através de uma ficção tão absurda como útil: a aplicação dos princípios decimais ao mundo do conhecimento, no entendimento de que qualquer disciplina, subdisciplina ou tópico pode ser subdividida infinitamente em dezenas. Se considerarmos que, quase um século e meio após sua criação, o sistema de Dewey é utilizado em mais da metade das bibliotecas do mundo, e que a Classificação Decimal Universal, derivada do sistema Dewey, é também aplicada diariamente em grande número de países, incluindo o Brasil, teremos que reconhecer que essa ficção absurda foi a genialidade mais sensata contribuída por Dewey.

Sempre podemos procurar explicações racionais para justificar o êxito de uma ideia absurda, e até mesmo para aceitar que às vezes devemos utilizar a inteligência com alguma liberdade e impostura, caso desejemos obter resultados. A explicação mais provável nesse caso, é que o decimal compartilha com as classificações científicas e filosóficas um elemento fundamental: sua vocação taxonômica, ou seja, a capacidade de discernir, diversificar e encerrar seus objetos com base no estudo das suas semelhanças, diferenças e partes. O que é igual (1 é igual a 1), o que é semelhante, mas difere (11 e 12 são ambos números de duas cifras, mas não "incluem" a mesma magnitude), e em particular, o que está subordinado ou é subalterno a outro objeto (111 é uma "parte", uma espécie ou subdivisão de 11).

Na medida em que o pensamento (especialmente o pensamento ocidental) foi capaz de estabelecer "conceitos" para representar "objetos" e associá-los ou distingui-los com base em suas variedades, semelhanças e diferenças, acabou facilitando o caminho para o desenvolvimento das classificações dos animais, vegetais, minerais, conhecimentos astronômicos e qualquer outro objeto do saber, baseado no princípio da hierarquia. De fato, qualquer classificação dicotômica é uma expressão de uma visão hierárquica do mundo, uma vez que A' e A" serão em todos os casos variedades de A, reunidas por algumas características e separadas por outras. O acúmulo de relações hierárquicas descoberto pela inteligência na análise do aparente caos e da "descontinuidade" do mundo,[2] é o que permite construir a ideia da estrutura. Estrutura de conceitos que pretendem retratar os padrões escondidos, as redes invisíveis, o desenho inteligente da vida. Estruturas fixas que necessitam das ciências e das disciplinas em geral para avançar, porque todo âmbito do conhecimento tem a capacidade de ir adiante só e enquanto consegue estabelecer previamente uma sistematização dos seus

---

2 FOUCAULT, Michel. *Las palabras y las cosas: una arqueología de las ciencias humanas.* 26ª ed. en español. México D. F.: Siglo XX, 1997.

conceitos, ou seja, uma construção relativa, mas, estável entre seus pistões e engrenagem essenciais.

Toda estrutura conceitual é, no fundo, uma mentira organizada que tenta representar uma verdade escondida. E essa mentira é válida na medida em que se baseia em ficções crédulas. Bacon disse que

> o espírito humano é naturalmente inclinado a assumir as coisas numa ordem e semelhança maior do que é na realidade. Enquanto a natureza está cheia de exceções e diferenças, o espírito enxerga por toda parte harmonia, acordo e semelhança. De lá ele acrescentou esta ficção sobre a qual todos os corpos celestes descrevem, em seus movimentos, círculos perfeitos.[3]

A classificação dos sistemas de bibliotecas é um bom exemplo dessas estruturas conceituais que funcionam como mentiras organizadas para sustentar uma verdade essencial: que os documentos necessitam ser tratados tematicamente porque esse critério favorece o estudo, a pesquisa, a associação de ideias e até mesmo a recriação dos usuários, sejam eles cidadãos comuns ou especialistas diplomados.

Mas esses sistemas, dos quais a Classificação Decimal de Dewey é um exemplo paradigmático, só permitem a ordem racional de livros ou outros documentos por temas. E, além disso, para desespero dos usuários, utilizam símbolos crípticos cujo significado é desconhecido para eles. Como pode um especialista consumado supor que 621.5 corresponde a "reatores de fissão nuclear" na Classificação Decimal Universal? Ou um cidadão comum imaginar que uma das maiores paixões populares destas terras, o futebol, fica escondido por trás do enigma proposto pelo número 796.332 no mesmo sistema? Visto desta perspectiva, o mundo não está preparado para entender os bibliotecários, e essa constatação obrigou a uma revisão das ideias sobre a organização do conhecimento.

Na medida em que o paradigma do museu dos primeiros teóricos (que afirmou que a biblioteca existe, sobretudo, para preservar e exibir os livros) foi se abrindo a uma concepção socializada do conhecimento – em termos das simples premissas profundas de Ranganathan,[4] "os livros existem para ser usados", "para cada livro seu usuário", e "para cada usuário seu livro" –, a

---

3 BACON, Francis. *Novum organum*. 1620. Disponível em: http://www.scribd.com/doc/6765783/Francis-Bacon-Novum-Organum. Acesso em: 1 set. 2010.

4 RANGANATHAN, S. R. *The five laws of library science*. Madras: Madras Library Association, 1931.

prática mostrou que os sistemas codificados eram insuficientes e que os usuários precisavam de sistemas de classificação baseados em um código compreensível para todos, um código tão geral como a linguagem. Foi então, no momento de projetar e criar novas ficções plausíveis, novas estruturas baseadas em representações linguísticas (palavras, expressões sintagmáticas básicas terminologicamente delimitadas como "termos de índice"), que geraram uma interação mais próxima e direta entre usuários e documentos.

Assim nasceram, há um século atrás, as listagens de cabeçalhos de matérias (o que evidenciou uma regressão às ordens alfabéticas das enciclopédias e dos dicionários) e, apenas cinquenta anos atrás, os dicionários de sinônimos, as listas de descritores e ferramentas semelhantes; estruturas conceituais baseadas, todas elas, em alguns princípios cardiais, como soluções ou paliativos a problemas novos, causados pela rebelião e a antiguidade das palavras:

a) *a normalização*. Cada conceito deve ser expresso de forma unívoca, depurando suas diversas representações linguísticas de suas variantes lexicais, morfológicas ou morfossintáticas.

b) *a relação estável*. Numa estrutura de conceitos cada um deles é uma ilha bem definida, mas nenhum está isolado, pois tem seu próprio sistema de pontes (alguns bem sólidos, como na relação "sinfonias-movimentos" e outros muito precários ou eventuais como na relação "planetas-mares"), sistemas destinados a representar as relações mais ou menos estáveis ou paradigmáticas, que por sua vez estejam "estabelecidas" nos sistemas cognitivos das pessoas. Mas também algumas eventuais, chamadas sintagmáticas, pela sua recorrência na documentação.

c) *o controle do vocabulário*. Tanto as formas normalizadas dos conceitos como as relações entre elas exigem processos de controle de vocabulário que culminaram na definição de três tipos de fiscalização: o controle de quase sinônimos ou sinônimos (se os linguistas finalmente conseguirem concordar que existem); o controle das relações hierárquicas cristalizadas nas classificações científicas e especializadas, e o controle de relações mais livres, mas dotadas de regularidade entre objetos e/ou conceitos, relações que são chamadas "associativas".

Ninguém que esteja envolvido nestes temas foge à discussão contínua entre a relevância e eficácia dos vocabulários controlados resultantes destes processos de limpeza e depuração conceitual, com respeito à pertinência e eficácia da linguagem livre, natural, própria dos autores e usuários de uma comunidade linguística, para representar os temas dos documentos, ou seja, para indicar. Esta tensão cresceu com a internet, posto que grandes acervos de informação e redes sociais inteiras funcionam somente com linguagem natural e com ajuda de certas aplicações, e funcionam muito bem. Leva-se apenas alguns segundos para encontrar na internet o vídeo da sua música preferida, com a adição da letra, para ir cantando junto com seu intérprete original, como num grande karaokê sideral. Mas pode levar anos antes de se poder ter livre acesso a um trabalho científico sobre a análise do comportamento dos usuários de revistas eletrônicas especializadas em química, publicado em 2007, salvo um milagre pago com cartão de crédito ou a amizade com os autores. De qualquer forma, pode-se ler em segundos um resumo de tal trabalho, e isso − atenção − sem apelar a nenhum vocabulário controlado.

Neste ponto, o uso qualificado da linguagem como ferramenta de representação do conhecimento para acessar as informações necessárias a cada momento, na qual não se sabe se está predizendo uma segunda revolução, para progredir rumo ao controle do vocabulário de intercâmbio ou sua integração com a linguagem natural, ou se de fato a revolução da linguagem natural ocorre todos os dias e está passando por cima de nós. Isso quer dizer que não sabemos ainda se estamos perante a guilhotina desta revolução em processo, se somos carrascos ou se devemos por a cabeça, ou − pior − se vamos começar sendo carrascos e vamos terminar colocando nossa cabeça no lugar indesejado.

Atualmente, há um consenso de que os princípios, as metodologias e os produtos surgidos no âmbito da Organização do Conhecimento podem ser aplicados nos diferentes contextos de informação e comunicação, e fornecem serviços relevantes ao desenvolvimento de estruturas conceituais úteis para diferentes finalidades (corporativas, institucionais, educativas, culturais, científicas, tecnológicas e especializadas em general).

Na medida em que conceitos especializados ainda são representados por meio de termos (ou seja, palavras ou conjuntos de palavras), a Terminologia (considerada em sentido geral como a ciência dos termos) age como uma referência em todo o processo de conceituação, representação, fixação, comunicação e intercâmbio de dados e informação especializada. A partir desta perspectiva, tanto a Organização do Conhecimento como a Terminologia participam, então, dos processos de construção e gestão das ciências e as especialidades, mas também contribuem para a configuração das culturas contemporâneas no sentido mais amplo.

Muitas ideias são geradas a partir da Organização do Conhecimento (simplesmente teóricas ou decididamente aplicáveis) sobre a melhor maneira de construir pontes entre os usuários e pacotes de informação, pacotes cada vez mais difusos, oblíquos, não ponderados, e até mesmo redundantes. Mas nem os usuários nem os documentos constituem dois universos estáticos. Pelo contrário, ambos confluem na construção social do presente, construção dinâmica por natureza. E como o presente é somente um eixo sobre o qual corre irreversível a "flecha do tempo" caracterizada por Eddington por volta de 1927,[5] os processos de organização do conhecimento e disponibilização e acesso da informação contribuem também para tecer o tecido da memória social, sobre a qual repousa grande parte das sugestões que permitem que o mundo siga em frente a cada dia.

2. Retorno ao passado

Trabalhar voltado para o passado é de alguma maneira prever para trás; é recriar um dinossauro a partir de uns poucos ossos, e imaginar os limites de seu mundo e sua vida futura, a partir dos dados da pesquisa. Mas esta predição de volta, como qualquer predição, é em si insuficiente e, portanto, só pode conduzir, na melhor das hipóteses, a um efeito de "verdade" de forma convincente para que um cidadão de hoje possa entender certas chaves gerais do que aconteceu ou o que era.

A construção do efeito de "verdade" em relação a processos humanos (políticos, culturais, econômicos etc.) tem complicações adicionais. Como afirma Sarlo, "o passado é sempre perturbador". Estão referidas a competência, a memória e a história, porque a história nem sempre pode acreditar na memória, e a memória desconfia de uma reconstrução que não ponha como seu centro os direitos das lembranças (direitos da vida, de justiça, de subjetividade). "Pensar que poderiam se entender facilmente estas perspectivas sobre

---

5 EDDINGTON, Arthur. *The Nature of the Physical World*. Michigan: University of Michigan, 1981.

o passado é um desejo ou um lugar comum",[6] mas nada mais do que isso. E que aos processos humanos do passado não é facultativo acessar com a certeza e a confiabilidade que carregam as ferramentas das ciências da natureza, uma vez que suas testemunhas ou seus contemporâneos protagonistas têm sido geralmente testemunhas ou protagonistas interessados, embandeirados com ideias impregnadas de prejuízos ou de raciocínios tendenciosos, imbuídos de convicções religiosas ou políticas.

No entanto, com as extremas dificuldades e as distorções decorrentes desse fato, a reconstrução tem pelos menos duas vantagens indiscutíveis. Em primeiro lugar, uma grande parte da evolução humana está documentada de muitas maneiras diferentes. Poderia até dizer que até a chegada da internet, o nível de documentação da realidade foi crescendo de uma maneira exponencial, de século em século, com o advento, por exemplo, da fotografia, do cinema e das gravações sonoras. Alguém poderia argumentar e poderia ser objeto até de uma tese, se a partir do advento da internet não se tem gerado alguns processos contraditórios, pelos quais é possível acessar de forma remota a documentação que antes permanecia invisível, ao passo que se tornaram invisíveis (ou estão desaparecendo) os acervos tão contemplados pela pesquisa como os epistolários, ou dados e informações são apagados de um dia para o outro, em razão das facilidades que oferecem as atuais tecnologias para a varredura e a substituição de informação "on line".

A segunda vantagem é que um observador imparcial do presente (ou para melhor dizer e com o devido respeito: um bom historiador) se encontra numa posição privilegiada para analisar, associar, interpretar e processar os dados que vêm do passado, mesmo quando deles emanem ainda as paixões e as subjetividades de seu momento. E esse bom historiador conta ainda com um fluxo de informação tal que possui capacidade de reconstruir o contexto em que são desenvolvidos os fatos. Então, aos poucos, a história está se tornando cada vez menos uma sequência de batalhas ganhas e perdidas, e cada vez mais uma história de mentalidades, fatores em jogo e aventuras interligadas.

E ainda "é inevitável a marca do presente sobre o ato de narrar o passado, precisamente porque, no discurso, o presente tem uma hegemonia reconhecida como inevitável".[7] Como escreveu Severo,[8] "o presente dirige o passado como

---

6 SARLO, Beatriz. *Tiempo pasado: cultura de la memoria y giro subjetivo: una discusión*. Buenos Aires: Siglo XXI, 2007, p. 9.

7 SARLO (2006), *op. cit.*, p. 64.

8 *Apud* SARLO (2006), *op. cit.*, p. 65.

um diretor de orquestra a seus músicos". Com isso entram em jogo os pesos éticos e críticas dos que assumem por todos nós a responsabilidade de trazer o passado para frente, cuidando para que a "flecha do tempo" não mude de direção no ar.

Também será reconhecido como inevitável o fato de que na construção da memória social participem apenas poucas pessoas ou grupos delimitados, que terão sempre pendente o juízo de seus contemporâneos com relação ao "efeito da verdade" que possam alcançar. Portanto, parece mais pertinente falar em gestão da memória social ao invés de gestão social da memória, por mais que este último soe politicamente correto.

Pensemos na memória social explicitada aqui como o conjunto de crenças, conhecimentos, valores e fatos que integram e alimentam a cultura de uma sociedade, aquilo que compreende a todos seus componentes tradicionais e históricos.[9] De acordo com o que foi acima descrito, não se pode afirmar que a memória social seja a soma das memórias individuais, mas que vai além, uma vez que leva em consideração as tramas vitais e relacionais que são geradas na convivência (pacífica, conflituosa, indiferente) entre os indivíduos que se sentem parte dessa outra ficção chamada sociedade.

A memória social também não é um produto acabado; pelo contrário, constitui um espaço dinâmico de construção coletiva, no qual se ressignificam e revaloram fenômenos e ideias que canalizam, aceleram ou dificultam os processos de transformação política e cultural. A identidade de um país, de uma nação, de uma cidade, de um bairro ou de qualquer outro âmbito em que convivam pessoas, se constrói através da passagem do tempo, com referência especial àqueles fatos que configuram marcos e ajudam a moldar e definir processos e períodos, e a entender fenômenos, situações ou pautas culturais.

Nestes processos, vai sendo constituída também a memória social, como um valor intangível que consolida determinadas formas de pensar, conceber ou entender, mas que também pode provocar reescrituras, questionamentos e mudanças nas percepções de grupos sociais inteiros.

Hoje ninguém, nem o mais puro pós-modernista, parece defender a ideia de que o passado está enterrado e que não tem lições para oferecer ao futuro.

---

9   Nessa breve definição conhecemos os riscos corridos com palavras tão difíceis de delimitar como "cultura" ou "sociedade", que custam a estabelecer fronteiras conceituais, geográficas ou temporárias.

Mesmo os anos, bastante recentes, que "deram a impressão de que o império do passado ficava enfraquecido frente ao 'instante' (os lugares comuns sobre a pós-modernidade com suas operações de 'apagamento')", também foram os anos "da museificação do *heritage*, do passado-espetáculo, das *aldeias potemkin* e dos *theme-parks* históricos.[10]

De alguma forma, por canais e processos paralelos, vai se afirmando a ideia de que a memória social deve organizar o passado "baseada nas concepções e nas emoções do presente", apontando para a busca de uma "coerência imaginária"[11] em que o diálogo entre passado e presente seja possível.

3. Gestão da memória social

Antes de qualquer coisa, a gestão da memória social não pode negligenciar o fundamento ético: a reconstrução do passado tem de integrar os esforços que se realizam socialmente, desde diversos âmbitos, para afirmar a ideia de cidadania. Segundo Targino[12] "a cidadania é um *status* concedido àqueles que são elementos integrais de uma comunidade", que transmite a ideia de igualdade de direitos e igualdade perante a lei. No entanto, acrescenta Rocha, "ao contrário da ideia de igualdade que a cidadania sugere, a estratificação social, que concede o *status*, é um sistema de desigualdades que cresce e se agrava no sistema capitalista" e, portanto, requer políticas específicas dos governos que garantam para qualquer cidadão poder usufruir seus direitos, não só os civis e políticos, mas também todos os direitos sociais, que se aplicam aos integrantes de uma comunidade. As políticas sociais (de educação, de saúde, de moradia, de meio ambiente) dos governos mais sensíveis a este ponto apontam para resolver por este meio as desigualdades próprias de toda sociedade.

Em nossa opinião, o direito à informação e o direito de acesso à informação são direitos sociais, cujo cumprimento é imprescindível para garantir a igualdade de oportunidades para se informar, se comunicar, assimilar o conhecimento existente e até mesmo criar novo conhecimento. Nisto também está envolvido o direito de qualquer cidadão de conhecer, tão profunda e imparcialmente quanto

---

10 SARLO (2007), *op. cit.*, p. 11.

11 ROSSI, Paolo. *El pasado, la memoria, el olvido.* Buenos Aires: Nueva Visión, 2003.

12 *Apud* ROCHA, M. P. C. "A questão da cidadania na sociedade da informação". *Ciência da Informação.* Brasília, 29(1), jan./abr. 2000, p. 40-45.

possível, o passado da sua sociedade ou comunidade, uma vez que são postos em jogo não só aspectos relativos à educação, à formação cidadã e à socialização do conhecimento, mas também, e sobretudo, à capacidade de dar poder às pessoas com as capacidades, as competências e o saber que lhes permitam uma adequada transação com a realidade que as envolve, e uma reflexão sobre os fundamentos das coisas que acontecem ou que as afetam.

Se for verdade que uma sociedade se sustenta em grande parte por suas instituições, públicas ou privadas, as mesmas incluem um papel de relevo na implementação social da construção da cidadania. As novas tendências de *marketing* de empresas orientam as ações das organizações para a participação nesse processo de construção da memória social, através de ações concretas que permitam uma comunicação mais fluida com a comunidade – independente dos interlocutores serem ou não clientes – e para a inclusão nas necessidades e preocupações de uma sociedade Em princípio, isto não está certo ou errado, porque tudo depende de como essa responsabilidade de gestão do passado é exercida.

Naturalmente, as empresas privadas são orientadas para o lucro, e ainda neste âmbito em que a comercialização de bens não está em jogo, produtos e serviços, tudo o que se faça terá em última instância o objetivo de manter ou melhorar a posição da empresa no mercado. Este achado pode afetar mais ou menos o valor de "verdade social" do que é apresentado, porque essa "verdade de empresa" pode resultar numa visão parcial de fatos que são mais complexos, ou que são verdade apenas na medida em que se referem aos resultados documentados e não discutidos numa empresa em particular.

Para as organizações do governo, pode haver uma grande preocupação com o valor de "verdade" dos acontecimentos. Contudo, existe pelo menos a aspiração para reconstruir uma parte da história comum de uma sociedade, como acontece nos programas de divulgação do patrimônio urbanístico ou artístico. Enfim, esse "valor de verdade" também pode estar condicionado, por exemplo, pelos interesses particulares de um governo. No entanto, é subjacente a cada caso uma ética da reconstrução da memória que procure evitar possíveis dúvidas ou questionamentos dos cidadãos ou de grupos sociais a respeito da forma em que é reapresentado o passado.

O conceito de responsabilidade social das empresas e das instituições envolve, dentro das suas variadas manifestações, a criação e a manutenção de bibliotecas, arquivos, museus e outras reservas documentais, exibindo de forma organizada (na mesma instituição ou na internet) dados, informações e objetos que testemunhem e permitam a reconstrução da memória institucional em relação à memória social.

Tanto a memória institucional como a memória social são assentadas com os mesmos tijolos:

a) o resgate dos documentos que tenham valor patrimonial (nos seus suportes originais) e sua organização, o que implica hierarquizar o papel de bibliotecas, arquivos, bibliotecas de fotos, mapotecas e outros acervos semelhantes, tanto os institucionais quanto os pessoais. Isso é fácil de dizer, mas na verdade cumpre-se somente relativamente. Na América Latina foi perceptível a falta de políticas culturais de preservação e organização histórica, com certa apatia pela preservação e até mesmo a destruição deliberada de documentos de valor permanente.

b) o resgate das diferentes tecnologias que já existem ao longo do tempo, pois sem elas (mais uma vez a "flecha do tempo") não será possível consultar alguns documentos em suas mídias originais, e não se poderão migrar recursos de informação de uma tecnologia a outra mais recente.

c) uma abordagem interdisciplinar, ou pelo menos "a necessidade de tornar permeáveis as fronteiras das disciplinas",[13] uma vez que o cruzamento dos pontos de vista dos antropólogos, historiadores, jornalistas, programadores, curadores de museu, cientistas políticos, arquivistas e bibliotecários, entre outros, é o que permite a construção dos significados que podem expressar de maneira verossímil um momento do passado. O trabalho interdisciplinar proporciona interpretações razoáveis dos múltiplos fatores que podem ter causado um fenômeno ou uma situação, e garantir a harmonização das interpretações parciais.

Nós teremos de mencionar a consequência inevitável do que foi aqui exposto: a gestão da memória social requer um investimento significativo em recursos humanos e técnicos; isto gera um valor alto, portanto, limita as possibilidades de gestão da memória social a instituições públicas ou privadas de certo tamanho e com uma cultura organizacional relativamente firme.

---

13 BEGHTOL, Clare. "Knowledge domains: multidisciplinarity and bibliographic classification systems". *Knowledge Organization*, 25(1/2), 1998, p. 11.

4. A contribuição da Organização do Conhecimento

No campo da memória social, a Organização do Conhecimento pode fornecer à organização recursos de informação para facilitar a interpretação interdisciplinar, que já foram discutidos. Como afirmou González Casanova,[14] "toda classificação é histórica e relativa, sujeita à prática de quem emprega", e, portanto, adaptável às necessidades particulares de um conjunto de usuários ou para fins que persegue uma instituição. Sua expressão em uma estrutura de conceitos concreta (estrutura que pode ter uma forma diferente) é também uma decisão sobre o estado da arte de uma área do conhecimento, que vai além das percepções individuais e, portanto, de acordo com González Casanova, "é um recurso indispensável contra a metafísica que se esconde em nossas consciências".[15]

A consolidação da ideia de desenvolvimento de uma estrutura conceitual previamente elaborada para apoiar a interpretação do passado e que foi acordada pelos pesquisadores é uma segunda contribuição que pode executar a Organização do Conhecimento, uma vez que conta com as metodologias, as pautas e os critérios para criar, gerenciar e atualizar essas estruturas. Uma estrutura conceitual não permite somente "defender" um ponto de vista do passado, mas também localizar as coleções de documentos ou de objetos em uma situação relativamente razoável e – novamente – verossímil, ajustada a uma "realidade" possível. Filtrados por estas estruturas conceituais, é possível visualizar os documentos ou objetos não como "artefatos" em isolamento, mas como "mentefatos" inter-relacionados, que constituem, juntamente com uma perspectiva abrangente, um patrimônio histórico e cultural cuja propriedade se encontra, portanto, na comunidade, e sua gestão, na instituição que assume essa responsabilidade. Este conceito é o que nos permite considerar uma biblioteca (convencional ou digital) não como um mero acervo de livros, mas como uma área na qual, e a partir da qual, o conhecimento dialoga, se socializa e se renova.

Finalmente, a Organização do Conhecimento pode contribuir com diversos princípios teóricos e metodológicos que são só mencionados aqui: garantia literária, garantia cultural, garantia organizacional e, especialmente, a perspectiva do

---

14 GONZÁLEZ CASANOVA, Pablo. "Clasificaciones y definiciones: nota para un bibliotecario". *Investigación Bibliotecológica*, UNAM, 10(20), jan./jun. 1996, p. 3-8. Disponível em: http://www.ejournal.unam.mx/ibi/vol10-20/IBI001002001.pdf. Acesso em: 1 set. 2010, p. 3.

15 *Ibidem*, p. 4.

usuário, ou seja, a capacidade de estar no lugar de quem será o destinatário do que é feito, na tentativa de estabelecer os seus interesses, suas necessidades, seus problemas de compreensão e interpretação, e até mesmo sua vontade errática. As empresas privadas de melhor desempenho demonstram contar com esta perspectiva do usuário, que talvez deva ser nomeada nessa área como perspectiva do cliente, porque sem ela não é possível sustentar o sucesso de nenhum empreendimento.

5. Conclusões

A gestão social da memória contribui para estabelecer a verdade, pelo menos uma verdade histórica com base na evidência confiável sobre o que era discutível. Mas também contribui para criar muitas verdades como subjetividades que entram em contato com essa verdade supostamente objetiva. Porque, francamente, dez testemunhas do mesmo fato ou duma mesma realidade seguramente terão dez verdades diferentes a serem contadas. A memória coletiva deve recolher os acordos básicos das pessoas sobre o passado (até mesmo os significados sobre mitos ou lendas), mas também deve permitir que os indivíduos dialoguem com esses "acordos" sociais a partir de sua percepção, sua memória e sua sensibilidade individual. Com elas se constrói o efeito de "verdade" na representação do passado, e se consolidam certas pautas culturais que formam a identidade de uma comunidade, a construção de uma ideia de cidadania e sua capacidade de integração social.

O papel da Organização do Conhecimento pode ser de muita valia neste processo, enquanto possa trabalhar de forma interdisciplinar com outras disciplinas, juntando e complementando teorias e metodologias para a obtenção de produtos concretos de conhecimento.

Lembro-me das cenas escolhidas pelo diretor Quentin Tarantino para abrir e fechar o filme *Pulp Fiction*. Na primeira cena, há uma mulher e um homem, e dois ladrões insignificantes entram em um bar para roubar os clientes. Aparentemente estes clientes parecem vítimas indefesas. Na última cena descobrimos que na verdade estes dois criminosos de rua caíram acidentalmente no local menos indicado e nas circunstâncias menos favoráveis, por isso acabam sendo vítimas ao invés de infratores. É o que pode acontecer se não formos capazes de entender, como sociedade, como latino-americanos, de onde viemos, onde estamos e onde gostaríamos de chegar.

Informação, conhecimento e bem cultural

Maria de Fátima Gonçalves Moreira Tálamo

A intensificação dos fluxos de informação permite reconhecer o desenvolvimento da chamada sociedade do conhecimento. No entanto, isoladamente, tal fluxo não é suficiente para caracterizá-la. A implantação de estratégias integradas para fundamentar processos de coleta, armazenamento, troca e uso da informação mostra-se necessária, uma vez que a novidade não se encontra exatamente na presença dos fluxos de informação, mas na transformação dos modos de comunicação, entendendo-se por isso alterações significativas não só dos lugares da emissão e da recepção, mas também nas formas das relações que entre eles se estabelecem.

Embora a sociedade contemporânea se prevaleça de um aparato tecnológico em constante evolução para intensificar fluxos, não raro grupos humanos e até países inteiros encontram-se excluídos dos benefícios da informação e do conhecimento. Observa-se também a inexistência de garantia para a livre circulação e acesso equitativo aos conteúdos dos registros. Possivelmente tal situação tenha como uma de suas origens a desvinculação das formas de comunicação dos contextos culturais em que se realizam.

De fato, para o acesso ao domínio público da informação, sua difusão e uso se ancoram em ações comprometidas com o direito amplo à informação. Assim, atribui-se à cultura informacional a função de viabilizar modos de comunicação diversificados da memória coletiva, entendida no seu sentido amplo como a reunião dos bens materiais e imateriais. Atualmente, as ferramentas de comunicação não se resumem a "informar, ou dar a saber", constituem de fato práticas comprometidas com a renovação e organização cultural da sociedade. As ferramentas de comunicação e de informação contemporâneas, que experimentam desenvolvimento acelerado, exercitam funções de produção e consumo de informação e conhecimento. Assim, a prática comunicacional ativa deliberadamente a memória social e seus procedimentos garantem a vida coletiva.

A cultura como universo de conhecimento não pode ser entendida simplesmente como um conjunto de ideias disponíveis. É preciso ir além e viabilizar, além do acesso, a participação do cidadão através de práticas de comunicação, de uso e de criação. Evidencia-se, desse modo, que as pessoas dependem umas das outras para obter, circular, tratar e produzir informação e conhecimento. Ressalte-se ainda que na contemporaneidade informação e conhecimento integram o capital humano, que substitui de forma intensiva as estratégias tradicionais, baseadas no capital, na demanda, na capacidade de produção e acesso aos mercados, utilizadas pelas organizações na sua relação com o ambiente.

Informação e conhecimento

Os conceitos de informação e conhecimento participam de intensos debates no campo da ciência. Em busca de noções precisas que permitam estabelecer a relação entre os termos, uma estratégia que pode ser proveitosa consiste em identificar na caracterização mais ampla da epistemologia indícios de significados.

A "epistemologia é o estudo da natureza, das fontes e dos limites do conhecimento".[1] A partir dessa definição simples e concisa, interessa-nos apenas assinalar de forma genérica o que vêm a ser fontes do conhecimento. As fontes do conhecimento referem-se, de início, às experiências sensoriais. Assim, tocamos, vemos, sentimos o gosto das coisas. Conhecemos pela experiência direta alguns dos objetos do mundo. Mas o conhecimento que se origina na experiência sensorial, o vivido, é sempre único e, uma vez generalizado, amplifica-se na sua codificação. Podemos também conhecer através de conceitos, isto é, de proposições apriorísticas. A expressão "o quadrado tem quatro lados iguais" pode ser uma mensagem verbal-oral ou inscrita em um suporte. Nesse caso, ela pode ser submetida a algum tipo de processamento, manipulação ou transformação. A inscrição do conteúdo em um suporte denomina-se documento, ou seja,

---

1 MOSER, Paul; MULDER Dwayne; TROUT, J. D. *Teoria do conhecimento – Uma introduçã temática*. São Paulo: Martins Fontes, 2009.

"toda base de conhecimento fixada materialmente e susceptível de ser utilizada para consulta, estudo ou comprovação".[2]

Reconhecendo a dificuldade ensejada pela definição de documento, Briet[3] propõe defini-lo de forma mais abstrata: "todo indício concreto ou simbólico, conservado ou registrado, para fins de retomar, reconstituir ou comprovar um fenômeno, físico ou intelectual". Para torná-la mais consistente e precisa, Briet lança mão de exemplos: um animal vivo em seu habitat não é um documento, mas o será em cativeiro quando catalogado; se morto, pode ser empalhado e conservado em um museu, será também um documento; participando como elemento de uma exposição, confirmará a sua condição de documento. Enfim, a sequência de representações registradas do animal gerarão sempre documentos, todos eles passíveis de serem utilizados como fontes do conhecimento, conforme o sentido que lhe foi atribuído acima.

O documento então é fonte de informação. O seu conteúdo pode ser manipulado, associado a outros conteúdos, de modo a gerar outro conteúdo que, se registrado, redundará em outro documento, iniciando-se o ciclo que transforma e gera conteúdos. Essa é uma cadeia associativa simples, à primeira vista. Vejamos.

A invenção de Gutenberg acarretou um grande avanço na circulação e produção do conhecimento e enormes problemas para acessá-lo. Até 1450, aproximadamente, copiava-se o texto à mão; com os tipos móveis e a prensa altera-se não só a produção do livro, mas a relação que ele estabelecia com o homem. Ter o conhecimento não se confunde mais com a posse do livro: essa é uma consequência da tecnologia da imprensa que merece destaque e não pode ser relevada. Com a volumosa produção gráfica propiciada pela tecnologia de Gutenberg, o acesso aos livros, sua identificação tornou-se complexa. Sob a cultura do impresso, as publicações crescem de forma exponencial. A multiplicação dos registros torna possível a circulação mais ampla dos seus conteúdos e exige soluções para o seu uso efetivo. De fato, a grande quantidade de livros "alarma a alguns sábios..., 'tantos livros que não temos nem tempo de ler os títulos'".[4]

---

2   BRIET, S. *Qu'est-ce que la documentation?* Editado e traduzido por Ronald E. Day, Laurent Martinet e Hermina G. B. Anghelescu. Lanham: Scarecrow, 1951.

3   Ibidem, p. 7.

4   BURKE, Peter. *Uma história social do conhecimento: de Gutenberg a Diderot.* Rio de Janeiro: Zahar, 2003.

No século XVII, surge a bibliografia – um método científico de prospecção e classificação dos livros –, assim definida por Louise-Noelle Malclés: "A bibliografia é o conhecimento de todos os textos publicados ou multigrafados. Ela se fundamenta sobre a pesquisa, a identificação, a descrição e a classificação dos documentos, para organizar serviços ou construir instrumentos destinados a facilitar o trabalho intelectual".[5] A relação do leitor com o grande volume de livros, que só crescia exponencialmente, passa a contar com formas de mediação para identificá-los e acessá-los. A cultura acaba por fornecer uma forma coletiva de solucionar o problema de acesso aos documentos: representações sintéticas dos livros/documentos orientam ou direcionam o leitor.

A esse aspecto quantitativo associa-se uma alteração na forma de codificação do conhecimento, já que algumas publicações não cabem nas classificações tradicionais. No século XVII, como decorrência da proliferação de livros sobre política, começam a surgir bibliografias temáticas. Alteram-se não só as fronteiras intelectuais – das áreas para os temas – mas também as formas de codificação: primárias para os livros e secundárias para o livro de consulta – das bibliografias. Exemplos dessas últimas são o *De studio politico ordinario*, de autoria do acadêmico alemão Colerus, em 1621, e a *Bibliographia politica*, do bibliotecário francês Gabriel Naudé, publicada em 1633 (Burke, 59).[6] Os catálogos também começam a proliferar, de modo que mais um elemento se acrescenta ao universo do conhecimento: formas de codificação para acesso – a ideia de informação entendida como organização deliberada do conhecimento para uso começa a ganhar espaço. Assim, a circulação do conhecimento se realiza também graças à sua difusão informacional, seja ela realizada pelos catálogos ou bibliografias. Ao longo da história, o conhecimento vai se transformando de objeto de estoque em conteúdos inscritos em fluxos, orientadores de uso, impulsionando sua produção.

A circulação social do conhecimento supõe formatações informacionais, do mesmo modo que a sua apropriação, desenvolvimento e transferência delas se beneficiam. A mais recente investida nesse campo e que teve efetivo alcance social, redundando na proposição da Documentação, data do início do século passado. Nesse período, o advogado belga Paul Otlet,[7] movido simultaneamen-

---

5 BRIET, *op. cit.*, p. 8.

6 BURKE, *op. cit.*, p. 59.

7 RAYWARD, W. B. "The origins of information science and the International Institute

te pela sua paixão pela bibliografia e pela constatação de que os registros dos conteúdos, a que denominava documentos, podiam ser submetidos a dois tipos de tratamento, o físico e o material, institui no âmbito do tratamento da informação a noção de representação temática. O documento em sua forma física é tratado catalograficamente e na sua forma material é representado de forma sintética através da intervenção das linguagens documentárias. Os produtos desses tratamentos – os catálogos, os índices, as bases de dados etc. – constituem a ordem ou organização da informação. A organização da informação, sob o ponto de vista temático, difere substancialmente da ordem física sob vários aspectos. O que mais importa para fins deste texto diz respeito à infinitude de ordens que podem ser geradas a partir de um único conteúdo registrado. Tais ordens dependem não só da linguagem documentária utilizada, mas dos objetivos das instituições – e dos perfis dos usuários que a elegem – que produzem a informação. Disso decorre o caráter social e institucional da informação documentária.

Para Otlet, a linguagem documentária resumia-se ao sistema de classificação que havia criado – a CDU (Classificação Decimal Universal). De forma bastante resumida, pode-se afirmar que a CDU propõe para o conhecimento registrado uma representação fundada na unidade "assunto". A vantagem do sistema consiste justamente em reunir, associar, hierarquizar conteúdos que se encontram fisicamente isolados. De fato, a CDU se propunha como um sistema de gerenciamento de dados, embora sua complexidade comprometesse de certo modo o seu uso. O importante no projeto otletiano é a proposição de que a organização dos conteúdos dos documentos, operada por um sistema de representação, possibilitaria a manipulação do conhecimento tão demandada pela sociedade científica. Embora, tal como ocorreu com as nomenclaturas, o sistema de classificação que propusera se mostrasse restritivo com o passar do tempo para o conjunto de operações almejadas pelos usuários, a ideia que norteou o projeto significou uma alteração paradigmática face aos procedimentos biblioteconômicos praticados, introduzindo a noção de linguagem documentária, ainda que não enunciada.

É justamente o princípio da operação simbólica, de natureza lógico-semântico-pragmático, que rege tanto a elaboração de terminologias quanto a elaboração de linguagens documentárias, que abre a possibilidade da promoção

---

of Bibliography/International Federation for Information and Documentation (FID)". *Journal of the American Society for Information Science*, vol. 48, n. 4, p. 289-300, 1997.

de uma cultura informacional efetivamente submetida e comprometida com o conhecimento. Considerando a unidade terminológica como unidade do conhecimento e os elementos da linguagem documentária como unidades de informação, tem-se que os sistemas de recuperação da informação – denominação atualizada das "trilhas" enunciadas por Bush – encontram na associação de ambos seus vértices constitutivos. De fato,

> Na sociedade contemporânea, os atores precisam de conhecimento não só para sobreviver como também para fazê-lo da melhor forma possível. Apenas o sujeito pode gerá-lo, o que significa que o conhecimento é uma ação humana. Esta ação concretiza-se através de um ritual, um trajeto. Neste sentido, entende-se o *conhecimento como o resultado da ação do sujeito sobre a informação*.[8]

Otlet concebe uma finalidade última para a documentação: o trabalho de síntese da informação. A coleta de informações, sua descrição e análise, são considerados um meio para atingir a finalidade da documentação: ao sintetizar a informação, tornar sua leitura simples, rápida e confiável, fazendo com que os homens tenham acesso a cada vez mais informação em menos tempo. A finalidade da Documentação, neste sentido, se enuncia na síntese, e não na análise. Surpreendentemente para a época, Otlet afirma que a linguagem constitui o princípio organizador do conhecimento e, norteado por esta concepção, ele detalha uma estratégia para sintetizar a informação, ou seja, para gerar, no âmbito da Documentação, informação nova baseada em informação estocada. Para atingir este fim Otlet advoga pelo "princípio monográfico", propondo a ruptura entre o conteúdo do documento e seu suporte, ao preconizar que as informações fossem retiradas dos documentos originais (recortadas, se fosse o caso) e transcritas (ou coladas) em fichas que, de acordo com critérios temáticos, fossem correlacionadas entre si. Com o auxílio da Classificação Decimal Universal, Otlet pretendia correlacionar as informações (ou as fichas) entre si, elaborando redes conceituais, ou informacionais. Otlet previu as redes de informação e imaginou um sistema ágil e dinâmico que lhe permitisse interconectar as informações de acordo com a necessidade. Esta foi a função original atribuída à Classificação Decimal Universal, posteriormente relegada ao esquecimento.

---

8 TÁLAMO, M. F. G. M. "Pesquisa: recepção da informação e produção do conhecimento". Datagramazero. *Revista de Ciência da Informação*, 2004 (grifo do autor).

De forma sintética, portanto, a informação resulta da operação sobre os documentos para fins de acesso e uso desses mesmos documentos. É uma estrutura que garante que os documentos estocados possam ser recuperados para fins de utilização, garantindo-se a dinâmica do conhecimento.

No início da década de 1990, Buckland,[9] reconhecendo que não se pode afirmar com certeza se algo não é informativo, distingue três significados da palavra informação: informação como processo, informação como conhecimento e informação como coisa. Essa última decorre do questionamento sobre quais eventos, objetos, enfim, coisas podem ser entendidas como informativas. A questão dirigida ao mundo é: "Quais são as coisas informativas?" As respostas incluem textos, documentos, objetos e eventos. De forma mais específica, a informação como coisa pode ser processada, armazenada e recuperada.

A informação como conhecimento associa-se à comunicação: é o conhecimento comunicado referente a algum fato particular, assunto ou evento. É, portanto, a circulação de um conteúdo entre um destinador e um destinatário. A noção de que o conteúdo informacional de uma mensagem ou de um evento pode ser medido de acordo com o seu impacto sobre a incerteza de um destinatário, tal como é entendida pela teoria da informação de Shannon e Weaver, exemplifica o que vem a ser informação como conhecimento. Uma mensagem não terá nenhum valor informativo, caso o destinatário já saiba o que ela afirma. O valor informativo é atribuído à mensagem pelo destinatário e depende de um julgamento pessoal, subjetivo, o que remete ao caráter intencional da comunicação.

Observa-se que não se encontra ainda resolvida a distinção entre conhecimento e informação. Segundo Jones,[10] os resultados de uma pesquisa desenvolvida por Zins em 2007, que solicitava a definição dos termos "dados, conhecimento e informação" para 57 especialistas em Ciência da Informação de 16 países, revelaram clara sobreposição entre as definições de "dado" e "informação" de um lado, e de outro entre "informação" e "conhecimento". Semelhante sobreposição se manifesta claramente nas respostas: "A informação é o produto final do processamento de dados"; "Conhecimento é o produto final do processamento

---

9 BUCKLAND, M. K. "Information as thing". *Journal of the American Society for Information Science* (JASIS), vol. 45, n. 5, p. 351-360, 1991.

10 JONES, W. "No knowledge but through information". *First Monday*, vol. 15, n. 9, 2010.

da informação". Jones observa ainda que os participantes da pesquisa descrevem conhecimento como algo "realizado no cérebro humano, na mente" ou ainda como "internalização/interpretação da informação".

De fato, os esforços que as pessoas fazem para compreender o seu mundo caracterizam-se como atos de processamento da informação. A inteligência humana é capaz de processar os dados brutos como informação. Uma vez processada, a informação submete-se a julgamentos subjetivos associados às intenções, incertezas, significados. É correto afirmar que a informação depende de elementos externos, o que Jones chama de "lá fora", e que o conhecimento é algo interno ao sujeito, subjetivo. A informação é fonte do conhecimento, como quer a epistemologia, a informação é resultado da manipulação do conhecimento, do tratamento dos conteúdos do documento e orienta a recuperação desse mesmo conhecimento para gerar conhecimento. Ou ainda, de forma definitiva, a informação como coisa é algo externo, presente no mundo, é oferta, e sua recuperação concreta depende do sujeito do conhecimento.

Dito de outro modo, a organização sistemática dos dados corresponde ao processamento da informação, cujo resultado é a informação como coisa. Isoladamente, os dados são desprovidos de interesse, o valor informacional depende da articulação, organização, estrutura. Essa estrutura corresponde à informação socialmente disponível; a informação como coisa é oferta.

No entanto, enquanto a ordem/estrutura é garantia para a oferta social da informação, sua compreensão depende de processos mais complexos, dos quais a oferta/acesso é um dos elementos necessários, mas não suficiente. Concorrem para a geração do conhecimento operações de conexão, análise, avaliação segundo critérios de relevância, para citar apenas alguns elementos do processo da cognição.

Adquirimos informações rapidamente; produzimos conhecimento apenas gradualmente. Com essa afirmação, Jones evidencia que a sociedade pode disponibilizar informação e elaborar políticas de acesso e distribuição. Já o mesmo não acontece com o conhecimento. Ele não pode ser gerido diretamente. O conhecimento não pode ser transferido. A ele resta ser representado e comunicado por meio de informações. Por isso a informação pode ser examinada e manipulada, mas o conhecimento não. O conhecimento só pode ser inferido.

Nesse sentido a gestão do conhecimento é uma expressão metafórica ou retórica. Como afirma Jones, não há gestão do conhecimento, exceto através da gestão da informação. Se o conhecimento é algo interno que não pode ser experimentado diretamente, mas apenas inferido, a gestão do conhecimento depende, em grande medida, das informações destinadas a impactá-lo na direção desejada.

A informação é de natureza social. A documentação é a atividade que a torna utilizável, atribuindo-lhe, portanto, função cultural evidente.

Informação como bem cultural

Quando se fala em cultura, é comum considerar o uso cotidiano que se faz da palavra fundado na visão idealista de mundo que a associa a educação e refinamento. As palavras conhecimento e informação também não deixam de participar de algum modo desse feixe de traços significativos. De algum modo, historicamente, a propagação da noção idealista dessas palavras trouxe consequências nem sempre positivas para o convívio e cooperação social. A expressão intensiva desse sentido contribuiu, sem dúvida, para a propagação da ideia de que a cultura é apenas um complemento da vida material, algo supérfluo, um certo verniz conveniente para a vida coletiva.

Na base dessa concepção encontra-se a supremacia das relações materiais como base da vida, o que releva a um plano secundário e inexpressivo o conjunto dos processos sociais de significação. Encontra-se excluído desse processo o fato de que um mesmo objeto pode se transformar em seu uso social, o que sinaliza para a importância dos processos sociais de produção, circulação e consumo da significação na vida cultural.

Observa-se também que a transformação dos bens culturais – sua transitividade – submete-se a restrições da sua pluralidade. Com o objetivo de limitar ao máximo a complexidade e heterogeneidade culturais – sua diversidade inerente – impõe-se crescentemente o uso disciplinado da cultura, sobretudo desenraizado, distanciando o indivíduo dos quadros de referência que alimentam a transformação contínua dos objetos que circulam no seu território. A homogeneidade associa-se sem dúvida aos mecanismos de simplificação e repetição, utilizados como estratégia para incluir de modo crescente a sociedade no consumo. É preciso lembrar, no entanto, que a homogeneidade nas formas de pensar e de agir, intensificada pelos meios massivos de comunicação, colide frontalmente com a necessária diversidade dos modos culturais que respondem pela significação cultural. Existe um fosso entre a audiência e a coletividade, que precisa ser considerado, já que sinaliza uma descontinuidade entre a experiência compartilhada no território e aquela advinda do uso da cultura massiva, cujos efeitos encontram-se distribuídos nos processos de socialização e simbolização. Com a homogeneização perdem-se, de fato, as referências culturais. A tentativa de recuperação do sentido comunitário da vida se torna viável caso se estabeleçam os mecanismos simbólicos e materiais que garantam a comunicação, assimilação e ressignificação dos bens comuns.[11]

Nesse contexto, o advento da Sociedade da Informação, entendida como Sociedade Pós-Industrial, obriga-nos a pensar a cultura, especialmente os seus registros (documentos intencionais ou não), como bem comum, cujo partilhamento e uso encontram-se potencializados pela tecnologia, especialmente pela convergência dos meios. Um poderoso aliado dessa sociedade, a Ciência da Informação, busca de forma contínua intervir nas formas de codificação da informação e na organização e gestão de equipamentos para elaborar estruturas que comportem o fluxo do bem cultural de forma harmônica com as alterações profundas que ocorreram e ocorrem continuamente na sociedade.

O bem cultural, no presente texto, se define como registros ou produtos que expressam conteúdos informativos, valores, atitudes, sinalizando para o presente, o passado ou o futuro. Vincula-se à ideia de patrimônio pessoal e coletivo e designa um valor simbólico que em princípio não participa do mercado de troca (diz-se em princípio porque os bens culturais, ao serem transformados em moeda, têm o seu valor simbólico reduzido, no entanto essa questão mercadológica foge aos objetivos dessa exposição). Tradicionalmente, para garantir quer seja sua preservação quer seja sua circulação, cabe aos equipamentos culturais armazená-los para garantir sua circulação e uso.

De forma genérica, o processo de produção, circulação e consumo do bem cultural se vale de um sistema que contempla regras distributivas e regras contextualizadoras. O primeiro conjunto constitui o dispositivo de produção do bem, ou seja, as condições materiais e imateriais que regulam o procedimento de criação. O segundo conjunto constitui um dispositivo que integra fluxos de informação para fins de apropriação do bem. Nesse sentido, as regras contextualizadoras apresentam um funcionamento seletivo próprio da comunicação, especialmente da construção das mensagens, de modo a concretizar a apropriação

---

11 TÁLAMO, M. F. G. M.; CARVALHO, R. "Produção Científica e Informação". In: GAIO, R. (org.). *Metodologia de pesquisa e produção do conhecimento*. Petrópolis: Vozes, 2008, p. 105-116.

social, segundo diferentes contextos e codificações.[12] Tem-se então articulados sumariamente os dispositivos que sustentam a dinâmica da cultura.

O mais importante, no entanto, é identificar em cada período e lugar os modos ou as formas de configuração da articulação das regras distributivas e contextualizadoras. Por exemplo, na antiguidade o Museu de Alexandria abrigava um importante sistema investigativo: nele reuniam-se os estudiosos que através de diversas ações, inclusive cooperativas, produziam o conhecimento. A famosa biblioteca de Alexandria, estima-se, contribuiu de modo decisivo para o avanço do conhecimento. Mas o conhecimento produzido tinha como destino quase que exclusivamente os próprios produtores, embora o financiamento das atividades corresse por conta do rei. Não ocorria ressignificação ampla do conhecimento, mesmo porque formar guerreiros era a função fundamental do Estado. Supostamente, dado o limitado caráter social do conhecimento, não se exigia um sistema informacional de natureza social, amplo portanto.

Outro exemplo, nesse mesmo sentido, diz respeito às bibliotecas das universidades instaladas a partir do século XI. Nessa época, consolida-se a ideia da preservação e da imutabilidade do conhecimento, ainda bastante vinculado à sua verdade, cuja expressão inequívoca se dá nos regulamentos de uso das bibliotecas. Com a ampliação do público das bibliotecas decorrente da criação das universidades, a regulamentação para o acesso a elas combinava critérios de diferentes naturezas, impondo-se por vezes contradições entre o valor, o acesso e o uso do conhecimento. Por exemplo, o grande e inoportuno número de estudantes das universidades era considerado prejudicial, tendo em vista o propósito da própria biblioteca: dada "a demasiada concorrência de pessoas barulhentas, a Universidade estabeleceu e decretou que ninguém, salvo os graduados e os religiosos depois de oito anos de estudo da filosofia" poderá nela estudar.[13] Observa-se nesse sentido, portanto, que durante séculos o bem cultural teve, no que tange ao sistema de regras distributivas e contextualizadoras, um caráter posicional.

Bens posicionais são bens externos considerados de *status* e produzem na sociedade relações assimétricas. A sua oferta pode ser limitada pela escassez natural ou social. Sendo assim, o consumo de bens posicionais, quando simbólicos, independe do contexto ou do lugar onde ocorre uma relação comunicativa,

---

12 Ibidem.
13 PEDRERO-SANCHES, A. *Historia da Idade Média*. São Paulo: Editora Unesp, 2010, p. 187.

uma vez que a sua apropriação está ligada fundamentalmente ao posicionamento relativo dos agentes em alguma forma de ordenação.[14]

Sendo assim, a biblioteca, o livro, a informação e outros bens culturais, mesmo que participem da natureza pública, podem ser bens de *status*, dependendo do posicionamento relativo dos seus consumidores e produtores. Assim, a natureza posicional do bem pode ser arbitrada, pode ser motivada ou ainda intencionalmente atribuída. Por exemplo, o slogan "Informação é poder", comum no Brasil na década de 1980 do século passado, associa diretamente a informação ao bem posicional, de forma que a interpretação social da expressão criou mais problemas do que vantagens, propiciando uma interpretação que a distanciou da sua intenção original de valorização social da informação, que indicava uma nova forma de vida social. De fato, a expressão sinalizou para a impossibilidade de uma utilização igualitária da informação. Do mesmo modo, a democratização do bem posicional – como, por exemplo, a biblioteca e a educação após a Revolução Francesa – teve sucesso variável segundo as regiões e culturas.

Sob a perspectiva histórica, a Ciência da Informação na contemporaneidade trata da democratização do bem posicional – seja ele forte ou fraco, mais ou menos intenso. Em outras palavras, ela enfrenta a complexa tarefa de transformar bens posicionais em bens públicos e democráticos. Instaurar condições efetivas de partilhamento dos bens culturais parece ser um dos modos de superar a situação de assimetria estabelecida pelas desigualdades de acesso à memória coletiva.

---

14 FONSECA, E. G. "Psicologia do Agente Econômico em David Hume e Adam Smith". *Revista do Instituto de Estudos Avançados da USP*, 2007.

O jogo de interpretações entre o processo documental e os fluxos sociais da informação

Marilda Lopes Ginez de Lara

1. Introdução

A vida em sociedade requer que os sujeitos sociais interajam entre si e com os vários tipos de informação. Se como consumidores vivemos, na contemporaneidade, bombardeados por uma infinidade de apelos, é nossa resposta baseada na liberdade de seleção que faz com que nosso cotidiano não seja sufocado pela invasão da parafernália comunicacional. No que diz respeito aos produtos informacionais que caracterizam a memória científica, técnica, social, econômica e, em última análise, cultural, nossa capacidade de intervenção depende do modo como eles são construídos, trabalhados e apropriados. Não se pode afirmar que existe informação quando ela nos responde a uma dúvida: muitas vezes ela desencadeia mais dúvidas do que certezas, gerando insegurança. Mais do que isso, há informação quando há negociação de sentido, quando ela integra fluxos sociais nos quais são consideradas as possibilidades de interpretação.

Para o objetivo deste trabalho, procuraremos levantar aspectos que dizem respeito ao papel da Ciência da Informação na articulação dos processos documentais e fluxos sociais da informação, recuperando as contribuições de autores clássicos e seus seguidores, em especial no que tange às formas de entendimento do documento e da informação.

2. O processo documental na Ciência da Informação

A principal função da Ciência da Informação é de articular processos documentais e fluxos de informação de modo que eles se configurem como mais integrativos. Os processos documentais não têm um fim em si mesmo, mas são levados a efeito visando públicos, sejam eles especializados ou não. Quanto mais os resultados desses processos alcançam os públicos focalizados, mais propriamente se pode falar que eles cumprem seu papel no desenvolvimento dos fluxos sociais da informação. Assim, do ponto de vista das ações da Ciência da Informação, não é possível pensar a oferta de informação sem considerar a tensão que caracteriza os fluxos informacionais, condição para que eles se distingam da comunicação massiva.

A produção documental envolve – e desencadeia – interpretação. A Documentação, a Arquivística e a Museologia, campos de trabalho que compõem o universo da Ciência da Informação no que diz respeito à informação registrada, cada uma a seu modo, iniciam seu trabalho pela construção do próprio documento. Para nenhum dos campos o documento tem existência *a priori*: um objeto torna-se documento quanto faz sentido para o sistema informacional, quando é expressão de algo que se considera importante, sendo por isso mesmo sempre documento "por atribuição": o objeto torna-se pertinente e assume a condição de documento por motivação ou propósitos. Na realidade, Meyriat, quem primeiro propôs falar em "documento por atribuição", propõe que ele seja distinguido de "documento por intenção", afirmando que "a capacidade informativa de um documento não é jamais esgotada pelos usos de informações já realizados".[1] Ao adotar apenas um termo da dicotomia queremos privilegiar o atributo que afirma ser o documento produto de uma vontade, quer seja do autor na sua proposição original, quer seja do usuário que transforma a oferta em "documento". Reafirma-se, assim, o papel da recepção na produção do documento, bem como a relação existente entre informação e significação.

A perpectiva anteriormente enunciada se alinha à crítica do documento por Foucault,[2] quando esta afirma que os documentos são construídos pelos

---

[1] ORTEGA, C. D. & LARA, M. L. G. "A noção de documento: de Otlet aos dias de hoje". *Datagramazero: revista de Ciência da Informação*, vol. 11, n. 2, abr. 2010.

[2] FOUCAULT, M. *A arqueologia do saber*. Rio de Janeiro: Forense-Universitária, 1987.

recortes que operam, pela problematização de sua organização e pela identificação de seus elementos e de suas relações.

O documento é ponto de partida importante para diferentes áreas do conhecimento e de atividade: a história, a arquivística, a arqueologia, a museologia, a documentação. Estes campos do conhecimento e de atividade adotam distintas perspectivas para falar do documento, bem como podem privilegiar ora a produção, a circulação ou o uso.

Desde Suzanne Briet,[3] a Documentação propõe distinguir entre o documento enquanto objeto inicial – documento primário – e o documento gerado a partir dele – o documento secundário. A produção do documento secundário é própria da atividade documentária mais estrita, envolvendo processos de seleção, tratamento e organização. A Ciência da Informação em grande parte sucede a Documentação, herdando, pois, a atribuição de gerar documentos secundários.

A atividade nuclear da Ciência da Informação trata principalmente de reunir documentos em conjuntos que, apresentados de forma sintética, constituem os catálogos, as bibliografias, as bases de dados, documentos secundários na perspectiva de Briet. A função de tais produtos é diminuir a dispersão da produção, agrupando documentos por categorias que variam conforme os aspectos priorizados. Ao lado dessa atividade, o campo também tem abrigado trabalhos críticos sobre conjuntos de documentos visando a constituição de memórias, ou a uma análise do fenômeno social de produção informativa. É, porém, a atividade nuclear – a produção de documentos secundários – que permite à Ciência da Informação desempenhar melhor o seu papel no estabelecimento de fluxos informacionais. Em síntese, a seleção, a organização e a categorização que caracterizam o processo documental permitem desencadear fluxos.

3. Escolhas e fluxos informacionais

O documento não é matéria inerte, mas signo. Sua organização em sistemas segue perspectivas variadas para responder a objetivos previamente definidos: seleção, organização, categorização são opções deliberadas, seguem princípios e se amparam em metodologias. A apresentação dos documentos para recuperação é intermediada por linguagens documentárias que organizam seus termos

---

[3] BRIET, S. Qu'est-ce que la documentation? Trad. e ed. por Ronald E. Day, Laurent Martinet e Hermina G. B. Anghelescu. Lanham: Scarecrow, 1951. Disponível em: http://martinetl.free.fr/suzannebriet/questcequeladocumentation.

a partir de conjunções, disjunções e relacionamentos de contiguidade espaço-temporal. Além de darem forma e sentido aos conjuntos de documentos reunidos no sistema, esses instrumentos são constituídos com o objetivo de estabelecer pontes entre linguagens, facilitar a busca e responder adequadamente aos objetivos do sistema informacional. Outro modo de dizer que se busca, a partir de escolhas, desencadear fluxos informacionais. As escolhas realizadas para a seleção e arranjo para o acesso constituem uma opção, neutralizando consequentemente outras possibilidades de organização da documentação.

Numa analogia à crítica do documento, de Foucault, a constituição de sistemas informacionais faz ressaltar a ideia de que o universo trabalhado é segmentado, sendo a descontinuidade expressa pela seleção efetuada e pela linguagem de organização o resultado de uma forma de problematização, de observação de pontos de inflexão, de ação deliberada que leva a correlações, como também a exclusões. Na linguística, a noção de descontinuidade foi utilizada para ressaltar as operações de recorte no continuum da realidade que respondem, no plano do conteúdo e no plano da expressão, a diferentes modos de organização particularizados nas línguas naturais. Na literatura da Ciência da Informação, a crítica do documento foi utilizada por Frohmann[4] a partir da noção de materialidade do documento para ressaltar sua importância no entendimento do caráter público e social da informação. O documento constitui, para Frohmann, a materialização de feixes de inscrições que trazem marcas de práticas culturais localizadas no tempo e no espaço.[5] Frohmann relaciona a noção de materialidade à documentação concreta, para ele, base para estudar e compreender as consequências e os efeitos da informação nas sociedades.

Embora não seja nossa proposta neste trabalho utilizar a crítica do documento, podemos levantar a hipótese de que esse gênero de análise pode trazer resultados interessantes se se voltar aos próprios discursos do campo da Documentação/Ciência da Informação, podendo revelar que forças constituíram

---

4 FROHMANN, B. "O caráter social, material e público da informação". In: FUJITA, M. S. L.; MARTELETO, R. M. & LARA, M. L. G. (orgs.). *Dimensão epistemológica da Ciência da Informação e suas interfaces técnicas, políticas e institucionais nos processos de produção, acesso e disseminação da informação*. São Paulo: Cultura Acadêmica Ed.; Marília: Fundepe Editora, 2008, p. 13-36.

5 FRÖHMANN apud LUND, N. W. "Document theory". *ARIST: Annual Review of Information Science and Technology*, vol. 43, 2009.

primeiramente a Documentação, que relações podem ser identificadas entre a Documentação e a Ciência da Informação etc. Do mesmo modo, a forma de delimitação do documento e as relações que se estabelecem entre o processo documental e os fluxos informacionais, as escolhas realizadas, o modo de compreender as relações entre os produtos documentários e seus públicos etc. Com isso, pode-se analisar em que medida a relação processos documentais-fluxos informacionais cumpre funções mais integrativas, ou seja, quando e em que condições e medida existe uma interação emissão-recepção.

Outra possibilidade seria problematizar, por exemplo, as hipóteses de organização que sustentam as linguagens documentárias usadas para representar os documentos em sistemas informacionais com o intuito de facilitar as buscas: pode-se aí verificar melhor a relação existente entre as segmentações operadas por essas linguagens no universo documental e no horizonte temático, de um lado, e os princípios ou razões que as justificam. Mais importante, pode ajudar a compreender se e como são estabelecidos vínculos que ligam documentos e públicos por meio do sistema documentário-informacional. De fato, a atividade de trato concreto dos documentos para sua representação em sistemas documentários pode variar de uma visão que privilegia uma abordagem universal, supondo um usuário também universal, a uma outra que procura observar a possibilidade múltipla de pontos de vista e de interação considerando as diferentes determinações locais.

Tendo preocupações deste gênero como horizonte, procuraremos, em seguida, destacar o pensamento de alguns autores ou "escolas" importantes do nosso campo de estudos para sugerir uma possibilidade de interpretação de suas propostas, sem pretender exaustividade. Com isso pretendemos verificar, em especial, se e como cada um trabalha com o documento e com a informação e que consequências tem essa atividade. Isso poderá nos ajudar a responder em que medida é possível afirmar a existência de relações consistentes entre resultados do processo documental e o estabelecimento de fluxos sociais de informação.

4. Otlet, Briet, Escarpit, Meyriat

Otlet tem uma abordagem bastante ampla de documento que inclui o sentido mais estrito, o qual diz respeito à organização de sistemas informacionais (Lund, ao se referir a Otlet, identifica sua propota como relativa a uma Teoria Profissional do Documento). O documento, compreendido como suporte de dados intelectuais que pode ser abordado sob o aspecto de fundo e de forma, é feito a partir de um campo – a Documentação:[6] inclui desde recomendações para o autor quando da elaboração de um livro ou documento, indicações para editoração, bem como o tratamento propriamente dito, que implica a geração de registros em diferentes graus de elaboração, da simples descrição à elaboração de dossiês sistematizadores, em operações de análise e síntese.

O objeto da Documentação é "o ser documentado".[7] Embora Otlet não levante a questão de quando algo passa a ser documento – vê nele o receptáculo e o meio de transporte de ideias que reproduz a realidade e que deve ser reconhecido por sua determinação individual – propõe abordá-lo a partir de características que incluem o verdadeiro, a beleza, a moralidade, a originalidade, a clareza, o valor econômico e a novidade, ou seja, atributos que, sob seu ponto de vista, fazem de um documento um documento. Pode-se afirmar, portanto, que tais atributos conferem à atividade de documentação uma natureza seletiva.

Algumas vezes explicitada, outras vezes subentendida, está a ideia de que o conteúdo de um documento é algo objetivo a ser descoberto: um registro que perpetua o pensamento, uma reprodução que tem o mundo como modelo, mas também um gerador de ilusões. O documento consiste essencialmente em um mecanismo de transmissão do pensamento pela escrita e pela leitura.

A matéria a observar são os livros e documentos que devem ser examinados a partir do ponto de vista bibliológico (forma) que é muito diferente do ponto de vista científico (conteúdo).[8]

Essa afirmação permite compreender que ele distingue o trabalho do cientista daquele do documentalista, mas também que ele admite o conteúdo como algo dado, observando que os livros e documentos têm de ser observados de modo preciso, não apenas depositados nas bibliotecas.

Do ponto de vista prático, o principal problema da Documentação é tratar o documento quanto ao fundo e quanto à forma. Do ponto de vista do fundo, a tarefa da Documentação é resultado do conhecimento que segue à observação da realidade – o conteúdo –, sendo seu problema fundamental formular

---

6 Neste texto, restringimo-nos a utilizar o termo Documentação, apesar da variação terminológica encontrada no trabalho de Otlet.

7 OTLET, P. *Traité de documentation: le livre sur le livre: théorie et pratique*. Bruxelles: Mundaneum; Palais Mondial,1934, item 115.

8 *Ibidem*, item 134 1,2.

métodos próprios, que incluem "separar" dos documentos "as verdades originais, importantes, não repetidas",[9] tal como ocorre na metalurgia que separa da ganga os minerais cuja pureza é mais ou menos elevada, conforme sua afirmação. Quanto à forma, o documento é concebido como "meio de transmitir dados informativos para o conhecimento dos interessados".[10]

Otlet tem, portanto, uma visão positivista. Espera que a Documentação realize "o máximo de condições para o homem, cujo limite a ser alcançado [é] a ubiquidade, a eternidade e o conhecimento",[11] embora reconheça que essas são condições ideais. Projeta para a Documentação a busca do aperfeiçoamento (perfectionnement) do livro ele mesmo, de cada um dos elementos analisados, bem como dos substitutos dos livros ou documentos. O autor resume o principal problema da Documentação referindo-se às questões que, de um lado, dizem respeito à sua produção com o uso de signos, seu arranjo estrutural de forma a coordenar os elementos de natureza convencional ou histórica e, de outro, potencializar sua eficiência por meio do arranjo de seus elementos ou da separação deles em função de objetivos. É emblemática sua proposta de Livro Universal, uma enciclopédia documentária que, baseada nos princípios do monográfico, da continuidade e da pluralidade e no princípio da multiplicação de dados, enuncia a possibilidade do mapeamento do conhecimento, da produção de novos documentos fundados na sistematização e na seleção voltada à reprodução objetiva das informações, sem a ganga que a acompanha, e na expansão das possibilidades de acesso.

A proposta de Otlet é seletiva e ideológica, buscando representar o mundo por um sistema de signos e suportes práticos por meio de anotações que possam ser conservadas, comunicadas e difundidas – "para não reter dados concretos e realizados, mas o que há neles de generalizável".[12] Deduz-se daí que ele visa uma reescrita a partir de uma seleção que, embora pressuposta como objetiva, já enuncia um modo de interpretação. A visada dessa escrita pressupõe, inclusive, o aperfeiçoamento da linguagem, tal como o desejavam os pensadores do Círculo de Viena que postulavam a possibilidade e necessidade de uma língua perfeita. Isso fica evidente quando ele afirma:

---

9 Ibidem, item 141, a.

10 Ibidem, item 141, b.

11 Ibidem.

12 Ibidem, item 142, 4.

> Sem a linguagem, a inteligência não haveria podido aperfeiçoar-se, sem a escritura-documentação a linguagem haveria ficado em um estado inferior. (...) Por meio dela [a classificação], se entrevê a possibilidade de dotar um dia o pensamento de novas categorias elaboradas por um processo indireto do documento, da mesma maneira que a matemática contemporânea elaborou, ela mesma, novas categorias de pensamento.[13]

A intenção explícita de Otlet, com tais afirmações, é reduzir o documento a um substrato mínimo, suficiente.

> O caos do livro e dos documentos solicita em nossos dias uma ciência que solucionaria o problema da documentação desordenada, repetitiva, contraditória (...). Esta ciência seria um prolongamento ou uma aplicação da lógica aos documentos, que é a ciência da ordem a colocar nas ideias (...). As transformações futuras dos livros – com uma ascenção extrema, chegaremos a conceber quase uma documentação sem documentos.[14]

A abordagem da Documentação em Otlet é claramente cartesiana, recorrendo à análise e síntese, à dedução e à indução. O método dedutivo é utilizado para gerar dados, e os métodos de combinação e invenção para imaginar outros dados. A forma como Otlet vê o documento e a Documentação é curiosa: ao mesmo tempo que propõe seu escrutínio a partir do princípio monográfico, quebrando os documentos em pedaços para separar as informações segundo critérios do que considera úteis ou importantes, combina-as em seguida a partir de um ponto de vista, a CDU (Classificação Decimal Universal), um código enciclopédico e universal. A separação, que poderia permitir a reunião segundo múltiplos pontos de vista, gera um documento novo moldado sob um filtro ideológico fixo.

É inegável, no entanto, o papel que Otlet tem na constituição de um campo de estudos e de atividade, sem falar nos seus ideais de promover o acesso universal ao conhecimento – fluxos informacionais visando a sociedade como um todo – por meio de uma "agência" centralizadora de tratamento dos documentos.

Seguidora direta de Otlet, Suzanne Briet fala, em seu texto *Qu'est-ce que la documentation* (Briet, 1951) do documento como "evidência física", prova em

---

13 *Ibidem*, item 142, 5.

14 *Ibidem*, item 142, 6, 7.

apoio de um fato. O entendimento de Briet incluiria a consideração da materialidade do objeto, da intenção de tratá-lo como evidência, de seu processamento como tal e da sua condição de ser algo perceptível como documento. Para ela, o documento é um signo físico ou simbólico, preservado ou registrado, cujo objetivo é representar, reconstruir ou demonstrar um fenômeno físico ou conceitual. Como já nos referimos brevemente, é Briet quem propõe falar em documento secundário para se referir à "produção documentária", outro termo criado por ela, organização que se faz a partir dos documentos iniciais. Mais importante para os nossos propósitos neste texto, no entanto, é referirmo-nos à diferença de sua proposta em relação à de Otlet: enquanto este último pregava a centralização, Briet propõe um modelo descentralizado de documentação, considerando, também, a diversidade de documentos secundários.

As propostas de Otlet e Suzanne Briet tiveram repercussão na França, na Espanha e no Brasil, antes mesmo da recuperação dos trabalhos desses autores no mundo de língua inglesa. Esses dois países, assim como o Brasil, adotaram e conservaram o termo Documentação como nome de um campo, contrariamente ao que aconteceu com a Biblioteconomia americana que focou menos o documento e mais o usuário, segundo Meyriat.[15] A perspectiva americana dada ao "usuário" se relacionava antes à eficiência do sistema em termos de recuperação (revocação e precisão), ideia diferente daquela considerada em particular por autores franceses, especialmente Escarpit[16] e Meyriat,[17] para os quais a recepção é um dado importante.

Referindo-se a Meyriat, Lund destaca que esse autor observou que o *Traité de Documentation* foi traduzido para o espanhol, mas não para o inglês. A implicação desse fato, além da recuperação tardia de Otlet, é que a adoção do termo Documentação implicou o uso e a preocupação em definir documento, quando a linha da LIS – *Library Information Science* – procurou definir informação. Isso parece confirmar que as questões ligadas à noção de documento, ou ao significado desse objeto, nunca estiveram entre as preocupações dos autores americanos, cujos interesses eram o de obter resultados práticos na recuperação.

---

15 *Apud* LUND, op. cit.

16 ESCARPIT, R. *L'information et la communication: théorie générale.* Paris: Hachette Superieur, 1991 (Publicado originalmente em 1976).

17 MEYRIAT, J. "Document, documentation, documentologie". *Schéma et Schématisation*, 2º trimestre, n. 14, p. 51-63, 1981.

Contrariamente, Escarpit e Meyriat mostraram preocupações próximas. Para Escarpit, o documento tem uma função icônica, considerada suporte para Meyriat; o primeiro fala em função discursiva, quando o segundo fala em instrumento de comunicação; Escarpit fala em função documental de estabilidade, quando Meyriat se refere ao documento como meio durável. Meyriat confere um papel importante ao receptor ao afirmar que "a capacidade informativa de um documento não é jamais esgotada pelos usos de informações já realizados".[18] Para ele, o documento não é um dado, mas produto de uma vontade: o usuário faz o documento. A distinção que ele propõe entre "documento por intenção" e "documento por atribuição" coloca em pauta, segundo Couzinet, Régimbeau e Courbières,[19] a relação entre documento, informação, significação e recepção. Isso pode explicar porque a pesquisa em Ciência da Informação hoje na França, cujo campo institucional é ligado à Comunicação, põe em destaque temas como usos e mediações.

5. Buckland: informação como coisa

A tríade "informação como coisa", "informação como processo" e "informação como conhecimento" marca a proposta de Buckland.[20] Na defesa de um conceito que se ligue à base material, por ele considerada indispensável para o fazer documentário, a "informação como coisa" ocupa lugar predominante. Essa concepção aproxima informação e documento a partir de um aspecto mais físico do que intelectual.

A "informação como processo" se relaciona à ação de informar, algo que provoca alteração de estado de conhecimento de um indivíduo (mostra de sua perspectiva cognitiva): dar conhecimento de uma notícia, um fato, uma ocorrência, um assunto. O que é relevante no que é informado depende do nível de conhecimento de quem recebe a informação – mas o autor não entra nesse debate restringindo-se a qualificar a informação como intangível.[21] A "informação

---

18 ORTEGA & LARA, op. cit.

19 *Apud* ORTEGA & LARA, op. cit.

20 BUCKLAND, M. "Information as thing". *Journal of the Amercian Society of Information Science*, vol. 42, n. 5, p. 351-360, 1991.

21 LARA, M. L. G. (2009). *Linguística documentária: seleção de conceitos*. Tese de livre-docência. São Paulo, ECA-USP, 2009.

como conhecimento" liga-se à redução da incerteza: o conhecimento comunicado se refere a algum fato, evento, assunto, notícia: não pode ser medido. De modo semelhante à "informação como processo", a "informação como conhecimento" é intangível. Portanto, a *informação como coisa* é que constituiria o objeto da Ciência da Informação, porque se reporta à sua materialidade, condição para o trabalho com a informação. Nessa ótica, os objetos são considerados informativos como o são os dados, textos, documentos expressos sob forma física ou em ambientes digitais.

Para Buckland, ver a "informação como coisa" significaria prover alguma ordem ou arranjo em relação às atividades relacionadas com a informação: lida-se principalmente, em tais atividades, com evidências, com coisas que podem ser armazenadas e recuperadas em sistemas de informação (mesmo que sejam filmes, edifícios históricos etc.) e que podem ser descritas diferentemente em razão dos atributos físicos selecionados. O sentido dado por Buckland ressalta simultaneamente o suporte material (evidência física, em Briet) e o caráter individual da relação do sujeito com o documento, mesmo que ele se refira à noção de cultura material, da antropologia. O que Buckland parece destacar na preocupação de Briet e na sua é a face tangível da informação, sem a qual não seria possível exercer a atividade da documentação, ideia reforçada quando o autor também se refere às representações do conhecimento que formam subconjuntos de informação que podem, em princípio, serem usados como *corpus* para análise, uma ideia próxima à de bibliografia. Briet, porém, além de falar em evidência, trata o documento como signo, o que pressupõe seu desenvolvimento a partir da apropriação.

Buckland não considera a "informação como processo" como central para a Ciência da Informação, confirmando o que afirmamos acima. Embora reconheça que a evidência em Briet tem um caráter relacional, parece não aproveitar esse aspecto, que é justamente o que vai além da noção de documento em sua materialidade puramente física.

Não se pode negar que a proposta de Buckland confere uma base ao projeto do fazer documentário, porém o modo como vê essa materialidade restringe sua visão de documento. Abdicar dessa materialidade significaria dissolver o campo da Ciência da Informação pulverizando-o nas áreas relacionadas. O perigo, porém, é interpretar tal proposta de modo dogmático, utilizando o conceito de "informação como coisa" e apagando as outras características relacionadas, em particular a de processo que dá vitalidade ao documento.

Capurro,[22] ao se referir à proposta de "informação como coisa" de Buckland, afirma que ela caracteriza a informação como fenômeno objetivo no campo da Ciência da Informação, o que remeteria ao paradigma físico, afirmando que o valor informativo a que alude o autor

> não é uma coisa nem a propriedade de uma coisa, mas um predicado de segunda ordem, isto é, algo que o usuário ou sujeito cognoscente adjudica a "qualquer coisa" num processo interpretativo demarcado por limites sociais de pré-compreensão que o sustentam.

6. Belkin, Brookes, Wersig, Ingwersen: autores que compartilham o ponto de vista cognitivo[23]

A abordagem cognitivista na Ciência da Informação não fala da perspectiva da produção, mas do acesso, privilegiando a recuperação da informação. A informação é entendida de várias maneiras: como aquilo que pode alterar um estado anômalo de conhecimento e responde a uma necessidade (Belkin), como algo que leva à alteração de um estado cognitivo ou mental do usuário (Brookes) ou a uma situação problemática (Wersig) ou, ainda, que responde a um sujeito cognoscente que é o usuário (Ingwersen).[24] Todas essas posições deslocam a preocupação com a massa documental para o comportamento do usuário.

Sob a visão mentalista, privilegia-se a informação como intangível. Ressalta-se nessa perspectiva o usuário como um sujeito individual, apagando todas as possibilidades de compreendê-lo na sua inserção em sociedade. O desenvolvimento das atividades documentárias seria, consequentemente, pautada em pesquisas sobre o comportamento dos indivíduos isolados, procedimento que, além de desconsiderar o pertencimento dos indivíduos às comunidades, apresenta um problema econômico para a pesquisa: como rastrear os variados comportamentos dos sujeitos na sua relação com os sistemas de informação. Embora

---

22 CAPURRO, R. "Epistemologia e ciência da informação". *Anais do V Encontro Nacional de Pesquisa em Ciência da Informação: informação, conhecimento e transdisciplinaridade*. Belo Horizonte, 10-14 de nov. 2003. (Publicação em CD-ROM). Disponível em: http://www.capurro.de/enancib_p.htm. Acesso em: fev. 2009.

23 Preferimos utilizar "ponto de vista cognitivo", como mais à frente, "ponto de vista social" ao invés de "paradigma cognitivo" e "paradigma social", sugeridos por CAPURRO, *op. cit.*

24 Ibidem.

a proposta cognitiva da Ciência da Informação possa levar a uma multiplicidade de interpretações, elas são pulverizadas entre os indivíduos, perdendo-se o vínculo histórico-social que permite compreender suas formas de percepção e organização do mundo.

7. Capurro, Hjørland e o ponto de vista social

Capurro e Hjørland não falam em documento. No verbete *documento* do glossário que divulga em seu site *"Epistemological Lifeboat"*,[25] Hjørland afirma que os pesquisadores da comunicação ressaltam a necessidade de compreender textos e documentos como um fenômeno das comunidades discursivas. Os documentos não podem ser analisados de modo isolado, mas sempre em relação à divisão do trabalho numa sociedade. O conceito de fonte é relevante para esse propósito e o que diferencia a atividade de documentalistas é que, por exemplo, o antílope é uma fonte para o estudo dos zoólogos, assim como os fenômenos naturais o são para os cientistas naturais, os registros são fontes primárias para os historiadores, as leis são para os acadêmicos de direito e para os advogados. Livros e publicações são fontes secundárias para os cientistas, mas constituem o objeto primário dos bibliotecários e especialistas em informação. O conceito de documento é, para ele, uma abstração. O conceito de documento não pode ser propriamente entendido sem considerar os tipos de práticas com os diferentes tipos de documentos.

Hjørland também se refere à noção de documento em recuperação da informação citando Baeza-Yates e Ribeiro Neto:[26] "Uma unidade de recuperação. Pode ser um parágrafo, uma seção, um capítulo, uma página ou um documento inteiro". Fala também em um termo genérico para objetos textuais e não textuais que é um documento de conhecimento (*document of knowledge*) ou o que contém informação, atribuindo esse sentido a Otlet e La Fontaine.

Verifica-se, no entanto, que a discussão de Hjørland não se dirige diretamente ao documento, mas à informação. Para compreender a informação propõe estudar os domínios como "comunidades do discurso", que compartilham padrões, linguagens, terminologias, critérios de relevância que sustentam

---

25 http://www.db.dk/jni/lifeboat.

26 *Apud* HJØRLAND, B. "Document". In: _____ *Epistemological Lifeboat*, s.d. Disponível em: http://www.db.dk/jni/lifeboat. Acesso em: 10 abr. 2010.

critérios subjetivos.[27] Na visão da Análise de Domínio, o objeto da Ciência da Informação é o estudo das relações entre discursos, áreas de conhecimento e documentos em relação às possíveis perspectivas ou pontos de acesso de distintas comunidades de usuários.[28]

Hjørland e Capurro compreendem a informação como signo, considerando que ela é um conceito subjetivo, mas não individual, já que os indivíduos sempre interpretam a realidade no interior de situações sociais concretas em que vivem e se organizam, desempenhando diferentes funções na divisão do trabalho na sociedade.[29]

Capurro aceita a distinção de Luhmann entre mensagem e entendimento ou compreensão: a mensagem é "oferta de sentido", a informação, "seleção de sentido", e o entendimento, a possibilidade do receptor integrar a seleção dentro de seu universo de "pré-conhecimento", constantemente aberto à revisão, de acordo com a intenção do emissor.[30] A pré-compreensão une os indivíduos em comunidades, campos de conhecimento ou de ação que, por sua vez, balizam a oferta de sentido (mensagem) e criam referência para a seleção de sentido (informação). A Ciência da Informação é uma ciência que trata do fenômeno das mensagens como parte do fenômeno da comunicação.

8. Considerações finais

Propusemos, de início, levantar alguns aspectos relacionados ao papel da Ciência da Informação na articulação dos processos documentais e fluxos sociais da informação. O breve levantamento da produção de autores clássicos e contemporâneos permitiu mostrar que, sob diferentes matizes e com diferentes pontos de partida, existem graus de compartilhamento na sua produção em

---

27 HJØRLAND, B. & ALBRECHTSEN, H. "Toward a New Horizon in Information Science: Domain-Analysis". *Journal of the American Society for Information Science*, vol. 46, n. 6, p. 400-425, 1995. HJØRLAND, B. "Domain analysis in information science: eleven approaches traditional as well as innovative". *Journal of Documentation*, vol. 58, n. 4, 2002, p. 422-462.

28 HJØRLAND apud CAPURRO, op. cit.

29 HJØRLAND (2002), op. cit.; CAPURRO, R. & HJØRLAND, B. "The concept of information". *Annual Review of Information Science & Technology*, vol. 37, p. 343-411, 2003.

30 LUHMANN apud CAPURRO (2003), op. cit.

torno de uma mesma preocupação básica que é a disponibilização da informação para o acesso. Se isso une as abordagens, elas se separam por privilegiar diferentes ênfases quanto à priorização do trabalho documentário, que ora se volta à produção, ora à recepção e, mais recentemente, às relações que ligam os dois processos.

Em nossa perspectiva, a relação entre o processo documental e o estabelecimento de fluxos sociais mais integrativos ocorre quanto mais se observa que o documento é produto de uma construção que referencia simultaneamente a produção e a recepção, como um evento dialógico. Sob diferentes enfoques, nota-se que gradativamente a recepção assume um lugar importante na produção desses autores, de forma que, mais do que procurar pelo sucesso da recuperação da informação a partir da observação das respostas de sujeitos individuais, trata-se de trabalhar com referências razoavelmente compartilhadas pelos sujeitos sociais, quer em termos de conceitos, quer de linguagem.

Em outra ocasião, aproximamos as reflexões de Capurro e Hjørland às desenvolvidas pela Linguística Documentária.[31] A convergência se verifica quando aqueles autores apontam a importância dos universos de pré-compreensão das comunidades discursivas que, para a Linguística Documentária, traduz-se do ponto de vista metodológico pelo uso das terminologias que remetem a referências de discursos efetivamente realizados. Por meio das terminologias é possível identificar termos, conceitos, consensos, variações, sinonímia, polissemia, bem como a forma de organização mais compartilhada dos sistemas conceituais relativos a um campo do saber ou área de atividade.

A Linguística Documentária, campo de reflexão e de elaboração de propostas metodológicas das linguagens documentárias, parte do pressuposto de que os processos documentais podem desencadear efetivamente fluxos sociais da informação quando incorporarem referências de uso, quando o tratamento da produção para o acesso for realizado a partir da identificação de vínculos de adesão. De fato, os discursos constituem o solo da validação social das terminologias de domínios e de áreas de atividade, meio por excelência para referendar os elos de significação entre linguagens.

---

31 LARA, M. L. G. "Informação, informatividade e Linguística Documentária: alguns paralelos com as reflexões de Hjørland e Capurro". *Datagramazero*, Rio de Janeiro, vol. 9, p. 1, 2008. Disponível em: http://www.datagramazero.org.br/dez08/Art_01.htm.

PARTE 4
A PRESERVAÇÃO DA CULTURA MATERIAL DA ELETRICIDADE

A cultura material vem sendo tratada de formas diferentes por diversas disciplinas e em diferentes circunstâncias, envolvendo segmentações de interesses e/ou a transversalidade inerente ao processo de democratização do qual a cultura faz parte e, consequentemente, também a cultura material. Diversas áreas de conhecimento se debruçam sobre a cultura material, considerando a natureza dos objetos e seus contextos de origem. Esses objetos passam a ser tratados como documentos e fonte de informação para pesquisas. Muitas instâncias e entidades culturais, por sua vez, têm na cultura material a sua base de estruturação, visando ações comunicativas e educacionais.

Os dois universos, da pesquisa e da disseminação cultural, necessitam de gestões particulares, mas interligadas para que essa dimensão cultural da materialidade alcance o status de patrimônio. Ao tratarmos a cultura material como patrimônio cultural, ampliamos a compreensão sobre o papel social que os objetos possam ter, uma vez que patrimônio não é uma concepção dada, mas construída e compartilhada nas interações sociais e na dinâmica cultural.

São muitos os "usuários" do bem patrimonial – aqueles que têm um usufruto dele: pesquisadores, educadores, público de especialistas, o cidadão comum, pessoas ou grupos diretamente ligados a esse bem etc. As formas de uso do patrimônio são múltiplas e relacionais, ou seja, a construção da concepção de patrimônio se dá na interação entre indivíduos que compartilham, disputam, negociam, se enfrentam, enfim, num processo político por excelência. Dessa forma, o patrimônio faz parte do complexo sistema social e cultural, é interpretado e ressignificado na pluralidade e na fragmentação e é vetor de motivação para que a sociedade releve o hegemônico, os jogos de poder, as disputas e contradições, o compartilhar, o ato político, a dimensão simbólica do político etc.

O grupo de cultura material do Projeto Eletromemória teve como responsabilidade identificar os bens móveis e imóveis do setor de energia elétrica paulista, o que equivale à difícil tarefa de identificar o patrimônio cultural desse setor, passando por tomadas de decisão, mesmo que não definitivas, mas de grande relevância. Nesse processo assumimos como problemática a diversidade de atores sociais envolvidos e os diferentes olhares sobre a cultura material desse setor energético.

Isto posto, colocamos em discussão: como educar para a construção de uma consciência patrimonial do setor elétrico? Quais são as perspectivas de apropriação pública do patrimônio desse setor em São Paulo? Há possibilidades reais de musealização (in loco ou não) desse patrimônio? Quem seriam os interessados? É possível reinventar o sentido de coleções e das coleções museológicas? Qual seria a participação desse patrimônio nos processos de construções das memórias paulistas? Há políticas para a preservação e comunicação desse patrimônio?

Marília Xavier Cury e Gildo Magalhães

De Frankenstein ao marca-passo: a evolução do Museu Bakken

David J. Rhees

Num dia frio de fevereiro de 1932, um garoto de oito anos chamado Earl Bakken tinha ido assistir ao filme *Frankenstein* em um cinema de Minneapolis. A eletricidade do Dr. Frankenstein não apenas incitou vida na criatura, mas também despertou o interesse de Bakken em combinar eletricidade e medicina. A paixão de Bakken pela ciência, inspirada por *Frankenstein* e temperada pelo conselho de seu pastor para usar a ciência para ajudar o próximo, o levou a dedicar sua vida para utilizar a eletricidade em benefício da humanidade e a fundar um museu singular.

Bakken graduou-se em engenharia elétrica pela Universidade de Minnesota em 1948 e no ano seguinte, foi um dos fundadores da Medtronic, uma empresa pioneira em tecnologia médica, atualmente uma das 500 maiores listadas na *Fortune*. Em 1957, ele desenvolveu o primeiro marca-passo cardíaco transistorizado. Em 1975, Bakken criou um museu dedicado à história da eletricidade e do magnetismo na biologia e medicina, sediado numa linda mansão em Minneapolis. Atualmente, a coleção histórica do museu conta com mais de 11.000 livros e 2.000 instrumentos científicos, e é utilizada por pesquisadores do mundo todo. Ela inclui uma enciclopédia do século XIII, o órgão de vidro de Ben Franklin e a primeira edição do *Frankenstein* de Mary Shelley.

Earl Bakken também previu a necessidade de provocar nas pessoas o interesse pela ciência, especialmente nos jovens. Nos anos 1980 e início dos 90, o Museu Bakken lançou programas de exposições e de educação para professores e alunos do ensino fundamental e médio, todos utilizando uma combinação inovadora de aprendizado prático, história e artes. Em 1999, o prédio que abrigava o Museu Bakken foi ampliado, o que lhe permitiu tornar-se um líder para inspirar a paixão pela ciência e seu potencial para o bem social, ajudando as pessoas na sociedade a explorar a história e natureza da eletricidade e do magnetismo, particularmente suas aplicações na medicina e biologia.

Este artigo apresenta um panorama do desenvolvimento, das coleções, exposições e programas do único museu do mundo dedicado à história e ciência da "eletricidade na vida".

O primeiro marca-passo "externo"

Quando Earl Bakken e seu parente Palmer J Hermundslie fundaram a Medtronic em 1949, eles começaram consertando e vendendo equipamentos médicos eletrônicos. Logo em seguida, porém, Bakken começou a projetar e produzir equipamentos personalizados. Em 1957, por solicitação do Dr. Walton Lillehei, um cirurgião cardíaco na Universidade de Minnesota e um dos fundadores de cirurgia cardíaca aberta, Bakken desenvolveu o primeiro marca-passo transistorizado, à bateria, usável externamente. Ao utilizar apenas dois transistores e bateria de flash fotográfico, este dispositivo estimulou muito mais mobilidade em pacientes jovens nos quais foram usados inicialmente. Com a invenção de um novo elétrodo bipolar pelo Dr. Samuel Hunter e Norman Roth, abriu-se também a possibilidade de um ritmo de longo prazo para pacientes idosos com bloqueio cardíaco.

Em 1960, a Medtronic começou a produzir e vender um marca-passo cardíaco implantável (fig. 18, p. 363) desenvolvido pelo engenheiro Wilson Greatbatch e pelo médico William Chardack, de Búfalo (Nova York). O sucesso notável do marca-passo e dispositivos terapêuticos associados impulsionou o rápido crescimento da Medtronic e dezenas de empresas derivadas, incluindo grandes empresas como St. Jude Medical and Cardiac Pacemakers, Inc. (agora uma divisão da Boston Scientific). Aproveitando os recursos de ponta da Universidade de Minnesota e da Clinica Mayo, estas empresas ajudaram Minnesota a se tornar um centro líder em tecnologia biomédica, o que nos anos 1980 ficou conhecido como "Bulevar Médico".

Fundação do Museu

Enquanto a Medtronic crescia e prosperava, Bakken interessou-se pelos antecedentes históricos da utilização da eletricidade para propósitos terapêuticos. Em 1969, ele perguntou a Dennis Stillings, que trabalhava na biblioteca da Medtronic, se ele poderia "encontrar algumas máquinas médicas elétricas antigas". Através de seus contatos com vendedores e outros colecionadores de livros antigos sobre eletricidade e eletromedicina, em meados dos anos 1970 Stillings reuniu um acervo considerável de livros e máquinas elétricas antigas.

O acervo de Bakken inicialmente ficou guardado na sede da Medtronic em St. Anthony Village, um subúrbio de Minneapolis, onde um pequeno museu foi montado para sua exposição. Em 1975, o acervo foi transferido para uma filial da Medtronic em Brooklyn Park, outro subúrbio de Minneapolis, e um andar foi transformado no Museu Medtronic de Eletricidade e Vida, como foi denominado inicialmente. Em outubro de 1975, o Museu Bakken de Eletricidade e Vida foi transformado em fundação sem fins lucrativos com uma diretoria independente e começou a procurar uma nova sede para abrigar seu crescente acervo.

Em 1976, a sede atual foi adquirida – uma mansão localizada à margem oeste do Lago Calhoun, na parte sudoeste de Minneapolis (fig. 19, p. 363). A casa com 1.100 metros quadrados foi terminada em 1930 pelo homem de negócios das "Cidades Gêmeas" (Minneapolis e St. Paul), William E. Goodfellow, que a chamou de "Ventos do Oeste". Ao explorar a mansão, podemos ver nas paredes painéis de madeira escura e detalhes esculpidos no estilo Tudor, junto com arcos pontudos, vitrais e decorações típicas do estilo "novo gótico". Com toda a razão, a casa ganhou a reputação de "castelo de Frankenstein" entre as crianças da vizinhança.

Em 1999, para atender à crescente demanda dos programas educacionais do museu, foi acrescentada uma nova ala de 1.300 metros quadrados, dobrando o tamanho das instalações. Foram adicionadas salas de aula, novas salas de exposições, e uma nova sala de leitura para a biblioteca, assim como um laboratório estudantil inspirado na oficina do porão da casa de infância de Earl Bakken. Como observado por um repórter local, com a conclusão da ampliação, "o local todo (...) reflete um sentimento nostálgico de um tempo em que artesãos habilidosos moldavam pedra, madeira e vidro em locais com apelo duradouro. Especialmente para as crianças que vêm ao Bakken vivenciar uma arquitetura de tal qualidade pode ser uma revelação tão surpreendente assim como sentir a faísca da eletricidade."

A "Ventos do Oeste" e a nova ala estão cercadas de belo paisagismo e pelo Jardim Medicinal Florence Bakken. O jardim contém muitas plantas que se sabe, ou que em algum momento se acreditava possuírem propriedades terapêuticas. É interessante que a crescente popularidade das ervas medicinais que se deu na América do século XIX coincidiu com o aumento do interesse em técnicas eletroterapêuticas (fig. 20, p. 364). Ambas foram uma reação contra o uso de terapias "heroicas" (e frequentemente nocivas) como sangria, formação de bolhas e remédios químicos tais como calomelano (cloreto mercurioso). Ervas e eletricidade prometiam uma forma de cura mais suave.

Acervos Históricos

O foco do acervo do Museu Bakken é a história da eletricidade e do magnetismo, da eletroterapia, e sua correspondente instrumentação. Assuntos associados incluem curas magnéticas, galvanismo, eletrofisiologia, eletrocirurgia, banhos elétricos, diatermia, estimulação elétrica, foto-terapia, actinoterapia, cauterização, acupuntura, terapias fisiológicas, terapias sugestivas, magnetismo animal e mesmerização, peixes elétricos (como enguia e o torpedo), eletricidade atmosférica, relâmpagos e proteção contra relâmpagos. Apesar das fontes primárias datarem do século XIII, a ênfase do acervo é em materiais dos séculos XVIII, XIX e início do XX.

Materiais significativos incluem obras de muitos filósofos naturais dos séculos XVIII e XIX, como J.-A Nollet, Franklin, Galvani, Aldini, Volta, Duchenne e Du Bois Reymond, assim como alguns trabalhos antigos – não necessariamente de eletricidade – de ciência e medicina. Há coleções extensas ou completas de *Philosophical Magazine, Opuscoli Scelti, Annalen der Physik, Philosophical Transactions* e *Proceedings* da Real Sociedade, e do *Journal de Physique*.

Também se inclui uma coleção considerável de material manuscrito e impresso sobre mesmerismo e magnetismo animal, impressos do século XIX sobre terapias eletromédicas alternativas, contendo cerca de 200 propagandas, programas, panfletos, circulares e folhetos de instruções; uma miscelânea de cartas de cientistas dos séculos XVIII e XIX; e mais de 400 catálogos de vendas e listas de preços, a maioria do período entre 1850-1930. Os catálogos de vendas mostram aparatos elétricos, instrumentos cirúrgicos e dentários, equipamentos médicos e os primeiros aparelhos de raios-X e alta frequência. A riqueza de imagens nos catálogos de venda, impressos e livros, é complementada por *slides*, fotos, retratos, gravuras, medalhões e outras obras de arte. A biblioteca também possui um acervo de apoio de história, biografias e obras de referência.

O acervo instrumental inclui geradores eletroestáticos, geradores magnético-elétricos, bobinas de indução, instrumentos fisiológicos, dispositivos de registro e acessórios. Alguns destaques incluem um conjunto de demonstração elétrica portátil Hauksbee do século XVIII, fabricado por Nairne e Blunt, um "ovo" elétrico para produzir descargas espetaculares, e uma pequena coleção de brinquedos elétricos, incluindo um planetário, um carrossel, um equilibrista na corda bamba, e uma "casa do trovão". Artefatos do século XIX incluem um solenoide de diatermia D'Arsonval (fig. 21, p. 365) e diversos tipos de aparelhos que causam choque para aplicar correntes curativas ao corpo (fig. 22, p. 365).

Um dos pontos fortes do Museu Bakken é que ele mantém um equilíbrio entre o acervo da biblioteca e os artefatos. Um grande esforço foi feito para adquirir literatura que traga luz sobre os instrumentos e vice-versa. Por exemplo, o museu possui várias edições do popular *Ensaio sobre Eletricidade* de George Adams, incluindo a primeira, publicada em 1784, bem como um conjunto médico elétrico feito por Adams mostrado no frontispício de seu livro (fig. 23, p. 366).

Para citar um exemplo mais recente, o Museu Bakken possui mais de oito caixas dos papéis de Albert Abrams (1863-1924), um médico de São Francisco que foi denunciado pela Associação Médica Americana como "o maior de todos os charlatões do século XX." Além de o museu possuir a maioria dos livros e panfletos de Abrams, também abriga muitas de suas máquinas, incluindo um "osciloclasto" antigo que supostamente diagnosticava doenças ao analisar "vibrações" elétricas em amostras de sangue.

Tesouros

Como principal acervo mundial da história da "eletricidade na vida", o Museu Bakken abriga muitos tesouros. Alguns destaques são:

- Uma enciclopédia do século XIII manuscrita em pergaminho, de Vincent de Beauvais, o *Speculum Naturale* ("Espelho da Natureza"), que é o livro mais antigo do acervo;

- A primeira versão impressa (1558) do tratado de 1269 de Petrus Peregrinus sobre o ímã;

- A primeira edição do *De Magnete*, de William Gilbert (1600);

- A reimpressão raríssima de 1791 do trabalho de Luigi Galvani sobre "eletricidade animal", *De viribus electricitatis*;

- Muitas edições dos artigos científicos de Benjamin Franklin e seus patrocinadores;

- Diversas edições dos trabalhos sobre magnetismo de Athanasius Kircher, o intelectual do século XVII;

- A edição de 1745 do *Zuschrift* "Pensamentos sobre a Eletricidade", de Johann Krüger, que contém provavelmente a mais antiga declaração de que a eletricidade tem aplicações terapêuticas;

O acervo também inclui exemplos menos espetaculares da arte de gravação, mas que são de grande interesse histórico:

- Diversas edições de um manual médico doméstico, *Primitive Physick*, escrito por John Wesley, fundador do Metodismo, e seu pequeno livro sobre eletricidade, *The Desideratum, or, Electricity made plain and useful*;

- Livros americanos antigos sobre o papel da eletricidade em aliviar a dor e a doença, tais como *Electricity, or the ethereal fire* de T. Gale (Troy, NY, 1802);

- Muitas edições de um livro clássico do final do século XIX (fig. 24, p. 366) dos americanos George Beard e David Rockwell sobre os usos médicos e cirúrgicos da eletricidade.

São ilustrativos da diversidade do acervo: um livro escrito por Delaborde em Paris em 1761 descrevendo um cravo musical elétrico; alguns livros do século XVIII sobre eletricidade escritos em verso, como *L'elettricismo* de Giulio Civetti; e a primeira edição (Londres, 1818) e outras de *Frankenstein* por Mary Shelley (fig. 25, p. 367). Num tom mais moderno, o Museu Bakken abriga um acervo com dezenas de entrevistas de história oral com os pioneiros da indústria de equipamentos médicos de Minnesota.

O Bakken recebe pesquisadores do mundo todo, assim como estudantes locais trabalhando em projetos do "Dia da História". Auxílios para viagem e bolsas para pesquisa são concedidos anualmente para facilitar o trabalho de pesquisadores de localidades distantes. Muitas publicações importantes se beneficiaram fortemente do acervo, incluindo *Machines in Our Hearts*, de Kirk Jeffrey, *The Body Electric*, de Carolyn Thomas de la Pena, e *The Taming of the Ray*, de Marco Piccolino. Dois antigos bolsistas de pesquisa, Peter Heering e Oliver Hochadel, ajudaram o Bakken a organizar uma conferência internacional em comemoração à invenção de Franklin do para-raios. Os trabalhos foram incluídos em *Playing with Fire: A Cultural History of the Lightning Rod* (2009). Informações sobre parcerias, como acessar o acervo e ajuda para busca online de livros e artefatos estão na página do museu: www.thebakken.org

Exposições

As exposições no Museu Bakken normalmente misturam objetos históricos com demonstrações práticas e interativas. Os tópicos são apresentados dentro de um contexto cultural que pode utilizar história, literatura, ética e arte. Talvez a exposição mais popular seja *Frankenstein: o Sonho de Mary Shelley*, uma dramática imersão multimídia no laboratório de Victor Frankenstein e no estudo de Mary Shelley. *O Corpo Elétrico* é um dos principais temas de demonstrações como *Coração Elétrico* (fig. 26, p. 367), onde os visitantes podem ver, ouvir e sentir a eletricidade natural de seus próprios corações, e *Mind Ball* (fig. 27, p. 368), onde os visitantes utilizam a realimentação de um eletrocardiograma para participar de um jogo competitivo através do relaxamento.

Outras grandes exposições incluem uma sala-aquário de peixes elétricos, um modelo que funciona com o theremin (o primeiro instrumento musical eletrônico), *Mistérios do Magnetismo*, *Eletrificando Minnesota* (uma exposição temporária que explora o impacto da eletrificação assim como novas tendências em energia renovável), e uma exposição sobre eletricidade no século XVIII, apresentando um *Sarau Elétrico* de "mão na massa" que reproduz experimentos clássicos da época de Benjamin Franklin.

Programas Educativos

O Museu Bakken oferece diversos programas educativos planejados para despertar o interesse de crianças, jovens, famílias e professores. Como nas exposições, estes programas enfatizam o aprendizado prático dentro de um contexto histórico-cultural que ajuda a humanizar a ciência e tecnologia tornando-as mais acessíveis. Alguns programas são do tipo "venha sem avisar", tais como Super Sábados de Ciência, em que as famílias envolvem-se em atividades práticas com base em temas como o coração, o cérebro, ou o Mês da Terra. Outros programas são voltados às escolas, como viagens de campo sobre eletricidade estática, pilhas ou magnetismo, que atraem mais de 11.000 estudantes e seus professores a cada ano. O Bakken ganhou recentemente um prêmio relevante da Associação de Alta Tecnologia de Minnesota por seu programa de extensão que em breve atingirá todos os alunos das quartas séries de Minneapolis e ajudará a treinar seus professores. Para provocar o interesse das meninas pela ciência, procura-se enfatizar programas como acampamentos de verão só para meninas e um distintivo de escotismo "Eu sou elétrica!" (fig. 28, p. 368), que introduz meninas à bioeletricidade e a carreiras em tecnologia biomédica.

Um programa chamado "Clube do Inventor" (fig. 29, p. 369) ensina habilidades de invenção através de projetos práticos e interação com instrutores voluntários da comunidade local de engenharia. Através de um método de invenção simples, porém eficaz ("Imagine, construa, aperfeiçoe, mostre"), as crianças aprendem a expressar seus talentos de criatividade natural de forma a resolver problemas da vida real. Alguns alunos repetem estas sessões inúmeras vezes, e depois retornam como instrutores de colegas mais jovens. Alguns dos "graduados" do Bakken foram para programas universitários seletos de engenharia elétrica, de computação, mecânica e nuclear.

O teatro e a prática de artes possuem um papel vital na abordagem educacional do Bakken. Técnicas sinestésicas e de contar histórias costumam "pescar" as crianças para gostarem de ciência, mesmo que elas acreditem detestá-la. Peças curtas e apresentações com fantoches representando personagens históricos têm dado um bom retorno. "Notícias chocantes sobre o seu coração", por exemplo, ensina crianças sobre problemas cardíacos repentinos por meio da participação da plateia e representações humorísticas de personagens históricos que tiveram influência na medicina cardíaca. "Encontrando Frankenstein", voltado a alunos de ensino médio, é uma representação ao vivo por uma atriz profissional que retrata a autora adolescente de *Frankenstein*, Mary Wollstonecraft Shelley. E claro, não há nada igual a um dramático "círculo do choque" ou à demonstração da "casa do trovão" de Franklin (fig. 30, p. 369) para prender totalmente a atenção de plateias jovens.

Conclusão

Inspirado há décadas pelo filme *Frankenstein*, estrelado por Boris Karloff, Earl Bakken inventou um marca-passo "externo", inaugurou a "Alameda Médica" de Minnesota, e fundou um museu público que inspira nas pessoas a paixão pela ciência e a tendência para o bem social. Hoje, com apoio de muitos indivíduos, corporações e fundações, o Bakken oferece um acervo singular, exposições e programas voltados à história e ciência da eletricidade e do magnetismo com ênfase especial em aplicações biológicas e médicas. Sediado em uma mansão Tudor ampliada, e cercado por jardins medicinais, a cada ano o Bakken oferece uma "experiência eletrizante" para mais de 60.000 pessoas de todas as idades e formações.

Investigando o patrimônio industrial

Heloísa Barbuy

Eu quero agradecer muito o convite do professor Gildo Magalhães, da Marília, da Fátima Tálamo também, de toda a equipe do Projeto Eletromemória e agradecer por me manter todo esse tempo sempre de alguma forma ligada ao projeto, parabenizar a todos por esse trabalho desenvolvido assim de forma tão exemplar; espero poder dar alguma contribuição ainda aqui à discussão.

Bem, nesse tema que se chama de patrimônio industrial, a gente já parte de uma ideia que é de valorizar o patrimônio industrial, o que é relativamente recente mesmo a nível mundial, uma coisa que começou a acontecer após a II Guerra e hoje é algo visto de uma forma mais alargada. A Beatriz Mugayar Kühl da FAU fala em patrimônio da industrialização, então em termos de arquitetura é um patrimônio que abrange além das edificações de fábricas e das unidades produtivas, também os meios de comunicação, o transporte, a produção de energia, todo o sistema ligado ao sistema fabril. Isso também é uma noção recente, essa abrangência do patrimônio industrial, e se mesmo a arquitetura tem dificuldade em reconhecer algo como patrimônio, mais dificuldades eu acho que nós temos quando se trata dos bens móveis, dos objetos, para considerá--los patrimônio industrial. Estou falando em termos acadêmicos, não tanto em termos de acervos de museus, porque eu acho que lá essas coisas já vêm sendo bastante contempladas, mas em termos acadêmicos é muito mais difícil encontrar trabalhos que incluam o objeto dentro dessa ideia de patrimônio industrial, de patrimônio da industrialização.

Bom, quanto ao objeto ele pode ser visto de diversas formas nas pesquisas que muitas pessoas fazem, então eu destacaria a ideia de estudar o objeto industrial enquanto produto fabril, e isso envolve entender as escolhas feitas no âmbito da própria fábrica, desde as escolhas tecnológicas, as escolhas estéticas, as pesquisas de mercado que envolvem a fabricação do objeto. Depois, enquanto bem de consumo, e aí estou pensando na circulação, no comércio e no destino final desses objetos que, no caso do objeto industrial de uso doméstico, é essencialmente as residências. E tudo isso eu acho que nos permite considerar, de uma forma muito ampla, o objeto industrial como um documento cultural. Nós podemos estudar o objeto dentro de um contexto cultural, desde todas as decisões relativas à sua produção até o seu consumo e uso dentro de contextos sociais e culturais.

Mesmo nos acervos de museus, por exemplo, no Museu Paulista, nós fizemos recentemente uma série de compras – recebemos principalmente doações – mas às vezes acontece de podermos comprar algumas pequenas coleções, e temos formado uma coleção maior de louça doméstica e de brinquedos. Numa última vez em que fomos comprar uma coleção de brinquedos – aliás, era uma compra pequena – houve um questionamento da Consultoria Jurídica da Universidade a respeito do caráter de objeto histórico dessas coleções. Então, foi até bom para nós porque tivemos que fazer um arrazoado grande, explicando porque um brinquedo pode ser considerado objeto histórico. Esse comentário serve para mostrar que mesmo nos acervos de museus pode ainda haver restrições dentro de um senso comum quanto à coleta de objetos de uso mais cotidiano e principalmente objetos de fabricação seriada.

Mas porque a gente pode entender esses objetos industriais como acervo de museu? Exatamente porque eles são expressivos da cultura material, são objetos culturais, objetos históricos nesse sentido. Muitas coisas nós podemos examinar num objeto industrial, e isso vai desde a morfologia, a tecnologia que ele envolve – nós vimos aqui vários exemplos ao longo desses dias, várias citações de objeto nesse sentido. Nós podemos ver o objeto dentro do que ele promove de mudanças no cotidiano e no circuito em que ele se encontra. Todos nós sabemos, por exemplo, da eletricidade, das grandes mudanças que provocou na vida cotidiana. No primeiro dia aqui, o Dr. Tennenbaum falou da máquina de lavar, que antes da máquina de lavar havia aquela coisa de bater na pedra ou bater num tanque a roupa para soltar sujeira, e como a máquina de lavar faz esse batimento. Então essa alteração foi, vamos dizer, no aspecto funcional, mas também houve grandes alterações nos aspectos culturais, nos aspectos de valores, nos aspectos mais abstratos da vida.

Dentro dessas mudanças do cotidiano, a gente pode fazer pesquisas sobre objetos até de um circuito comercial, de um contexto de comercialização e dentro de um contexto de uso no espaço doméstico ou em outros espaços. E ao fazer essas pesquisas é interessante nós examinarmos valores associados a esses objetos. Para esses estudos, usamos algumas fontes documentais prioritariamente, podem ser outras, mas eu quero citar aqui os próprios objetos que são, vamos dizer, o coração desse tipo de pesquisas: catálogos industriais, comerciais, folhetos, coisas que até recentemente não se valorizava nos acervos, nos arquivos. Hoje várias instituições – inclusive o Museu Paulista onde eu trabalho – procuram reunir, por à disposição e pesquisar esse tipo de documento que parecia uma coisa tão banal. Catálogo comercial do início do século XX aqui em São Paulo é uma coisa citada com muita frequência nas propagandas da época e é muito difícil encontrar, é pouca coisa que chegou até nós justamente pela banalidade desse tipo de impressos que as pessoas jogavam fora, que ninguém se preocupava em guardar. Hoje nós estamos atrás dessas coisas, porque elas nos dão muita informação, nos dizem muito sobre o sistema. Uma coisa é você ter um objeto, alguns objetos, outra coisa é você ter num catálogo a série de objetos que foi fabricada, organizada racionalmente dentro de uma fábrica ou dentro de uma loja. As fotografias que são fontes sempre muito ricas, e a publicidade – e penso nesse aspecto dos valores que são associados aos objetos – é, talvez, a mais rica fonte documental que nós temos.

Como exemplo de objetos como documentos, aqui nós temos uma série de ferros elétricos de passar pertencentes ao acervo do Museu Paulista; fazem parte de uma coleção de mais de 100 objetos, que era de um colecionador particular, Fernando Lemos, que doou essa coleção para o Museu. Então, a gente vê, por exemplo, esse primeiro ferro (fig. 31, p. 370), ele é muito semelhante a ferros de um sistema anterior, não elétrico, aqueles ferros que eram aquecidos numa estufa. Havia vários sistemas, um deles era esse ferro de passar – era de ferro maciço, pesado, o sistema de passagem de roupa era, em grande parte, baseado no peso, ele era aquecido externamente numa estufa.

Depois o ferro, já elétrico, mantém a mesma forma, vai demorando para se desprender das formas anteriores, até que se vai caminhando para materiais mais leves – porque o ferro passa a depender muito mais da eletricidade, ele não depende mais só do peso, ao contrário, é bom que ele seja leve. Depois vemos esse ferro (fig. 32, p. 370) em que o pegador é branco – isso aqui é uma madeira branca pintada, nesse caso, mas ela remete a alguns ferros de passar mais antigos que tinham os pegadores de porcelana. A porcelana é um material que foi muito usado para materiais elétricos, porque justamente ela não conduz eletricidade e não esquenta. Isso para mostrar, rapidamente, um certo tipo de informação que a gente pode ir desenvolvendo a partir dos próprios objetos.

Depois, vieram, junto com essa coleção, folhetos e catálogos, como eu estava mencionando, e que nos mostram (fig. 33, p. 370): os três primeiros ferros à direita são elétricos, mas os dois de baixo ainda são ferros de engomar. Então, essa convivência de práticas que vão acontecendo é interessante nesse estudo do cotidiano.

Na questão do contexto urbano de comercialização, essa produção fabril vai desembocar num lado de comércio por atacado, mas no varejo ela vai para o espaço urbano, nas vitrines, nos galpões, nos armazéns, nas lojas. E aqui nós colocamos duas fotos muito conhecidas, do acervo da Fundação Energia e Saneamento, que mostram justamente uma loja de materiais elétricos na Rua Direita (fig. 34, p. 371), bem próxima ao antigo Largo da Sé – hoje a Praça da Sé –, que era a loja de James Methill e no primeiro andar ficava o escritório da Companhia Light (fig. 35, p. 371). Então era uma coisa muito estratégica, você ter a loja de materiais elétricos bem no térreo do mesmo edifício. Esse endereço e o outro ao lado na Rua Direita foram locais de uma sucessão de empresas de comércio de materiais elétricos. Porque a gente tem que pensar que na hora em que é instalada a eletricidade, isto se difunde de uma forma muito rápida e todas as casas – primeiro nas áreas mais ricas, mas depois em toda a cidade – vão começar a se equipar com esses materiais elétricos. Essa é uma outra perspectiva em que se pode explorar essa cultura material da eletricidade.

Depois, temos alguns exemplos da publicidade, este é um anúncio (fig. 36, p. 372), o objeto é uma vitrola da Companhia RCA Victor. Sintetizando essa publicidade: um homem sentado confortavelmente está ouvindo disco, é importante olhar nessas imagens também o gestual das pessoas. E tem um texto grande que explica que o homem moderno se habituou ao conforto, que ele não vive mais sem a eletricidade, que não quer mais fazer trabalhos que podem ser feitos por máquinas e que o aparelho evita, assim, que o homem seja obrigado a fazer todo o trabalho, a máquina pode fazer uma parte. Então, existe uma ideia aí das invenções movidas a eletricidade auxiliando o homem, e os valores que estão embutidos aí são a modernidade, inteligência, comodidade.

Eu acho que quando se vai estudar esses anúncios, examiná-los assim com olhos de pesquisador, a gente tem que tentar apreender quais os valores que estão sendo veiculados. Este é um outro anúncio, já mais voltado para o público feminino (fig. 37, p. 372): máquinas de lavar, batedeira, geladeira, enceradeira, aspirador de pó, com uma ideia dos utensílios domésticos eficientes auxiliando a mulher. O anúncio diz para a mulher: "Seja prática. Cozinha e despensa convenientemente apetrechadas para suavizar as canseiras do serviço cotidiano". Aí também você tem esses valores de praticidade e comodidade sendo difundidos. Isso é do Mappin, mais ou menos da década de 1940 ou 1950.

Este aqui é interessante, porque é uma propaganda de televisão em 1944, a televisão ainda viria (fig. 38, p. 372). Todo o texto fala de futuro, e é uma criança que está ali vendo na televisão um programa infantil. O fato de ser uma criança na imagem do anúncio é para mostrar alguma coisa para o futuro, dizendo: "Amanhã, por meio da televisão, presenciaremos comodamente sentados em nossa casa um jogo de futebol, um vistoso espetáculo de um corso carnavalesco. Acompanharemos um intrépido explorador em suas viagens através das selvas." Aí diz: "Faz anos que a General Electric vem construindo aparelhos transmissores de televisão para uso experimental. De sua estação são irradiados atualmente programas recreativos e culturais." Então há aí uma ideia da existência de centros científicos experimentais onde o futuro está sendo construído, os valores veiculados são os da ciência, associada ao empreendedorismo – já que é uma empresa que está fazendo o anúncio – a serviço da comodidade. E, também, um valor da vida privada, porque diz que: "amanhã nós todos nas nossas casas comodamente viajaremos pelo mundo, veremos jogos" – tudo isso que a gente faz hoje realmente.

Então, eis um anúncio (fig. 39, p. 373), no IV Centenário da Cidade de São Paulo – 1954 foi um momento de grandes e extensas comemorações, inclusive porque várias empresas fizeram produtos associados a essa comemoração. Foi o caso desse liquidificador "Arno – IV Centenário", que era anunciado como moderno, funcional, com características exclusivas, a mulher toda arrumada – o que supõe que ela não está toda descabelada em casa batendo as coisas, porque ela tem um liquidificador para auxiliá-la. É americana, mas o anúncio foi publicado aqui no Brasil; essas empresas eram estrangeiras, mas dirigiam-se ao público brasileiro.

E aqui o último (fig. 40, p. 373), mostrando aspectos de uma pequena exposição – daquela coleção no Museu Paulista de ferros de passar, que mostrei inicialmente – que atrai muito o público, justamente porque mostra objetos de uso cotidiano, de diferentes períodos e tipos, no centro tem uma vitrine mostrando os ferrinhos de passar infantis com uma boneca, porque existe também uma preparação para esse mundo industrial e elétrico nos brinquedos. Era isso, obrigada.

O papel dos setores público e privado na perservação da cultura material do setor elétrico

Renato de Oliveira Diniz

Para não fugir à regra, mas não só pela regra, eu gostaria de agradecer ao convite para ter a oportunidade de relembrar e "reconversar" sobre o patrimônio histórico do setor elétrico em São Paulo. Agradeço aos professores Gildo, Marília, Maria de Fátima e Telma que acompanham o Projeto Eletromemória, pela companhia nesta mesa. Agradeço, especialmente, à Cristiane, à Márcia e à Mariana da Fundação Energia e Saneamento, que são profissionais por quem eu tenho muito carinho e respeito porque continuam desenvolvendo com competência e dedicação o trabalho que nós iniciamos alguns anos atrás.

Eu acho que nós temos uma questão muito difícil para ser respondida nesta mesa, além da penca de questões que a Marília nos colocou: é a de qual deve ser o papel da iniciativa privada e do setor público na preservação da cultura material do setor elétrico. Para começar, digo que meu objetivo nesta mesa é modesto, pois pretendo levantar apenas alguns pontos que alimentem essa conversa, ou seja, o que cabe aos setores público e privado na preservação da cultura material e do patrimônio histórico/cultural do setor elétrico como um todo. Para isso eu retomo alguns aspectos que a professora Barbuy e a Mariana apresentaram, mas acho importante centrar minha fala na proposta para a nossa mesa, tratando o conceito de cultura material a partir de minha vivência de historiador, pois não sou museólogo, arquivista ou bibliotecanomista. Minha experiência é a de um historiador que sempre teve a felicidade de coordenar equipes que muito bem souberam lidar com todos esses tipos de registros que podemos, de uma maneira muito ampla, chamar de documentos (objetos, documentos de arquivo, publicações). A visão que eu tenho e que vou defender aqui é a do historiador, é a do repensar de um historiador sobre o patrimônio cultural e a cultura material.

Nesse sentido, eu digo que estou pensando em cultura material como parte do patrimônio cultural e para entendermos melhor isso, eu gostaria de voltar um pouco a 1986, quando se realizou o primeiro Seminário Nacional História e Energia, e o professor Ricardo Maranhão apresentou uma comunicação,[1] que é marco desse primeiro seminário, em que ele levantou a necessidade de que se estude a eletrificação como um processo social, comparando a eletrificação com a industrialização. Na comunicação ele criticava a historiografia até aquele momento, dizendo que a produção sobre a história da energia elétrica, no Brasil especialmente, se preocupava com questões mais numéricas, como o crescimento da capacidade instalada de geração no país, qual a população e o número de municípios atendidos, a expansão territorial das concessões e das empresas. Até aquele momento, ele dizia, e eu concordo, a historiografia não se preocupava com as questões sociais e com a questão cultural no processo de eletrificação da sociedade brasileira e da paulista. Então se nós entendemos, de fato, eletrificação como um processo social, esse entendimento nos leva à dimensão política dos vestígios materiais e imateriais produzidos por esse processo de eletrificação, ou seja, quando vemos as belas imagens das usinas que fazem parte do patrimônio da Fundação Energia e Saneamento não podemos em momento algum esquecer que aquelas usinas representam um momento histórico em que diversas forças econômicas e sociais contribuíram para que aquele patrimônio fosse construído; e, por isso mesmo, são carregadas de significação cultural, e política.[2] E que, ao menos

---

1 MARANHÃO, Ricardo. "Para um conceito de eletrificação no Brasil como processo social". Comunicação apresentada no 1º Seminário Nacional História e Energia, em 23 de outubro de 1986 na sessão plenária sobre "Questões para a História da Energia Elétrica", *Anais do 1º Seminário Nacional História e Energia*, vol. 2, p. 117.

2 FERRARI, Sueli Martini; DINIZ, Renato de Oliveira. "Usina Sodré, nas Cachoeiras do Piaguí". *Revista Memória*. São Paulo: Eletropaulo/Departamento de Patrimônio Histórico, n. 10/11, jan./jun. 1991, p. 07-14. "Usina Salesópolis, onde o Tietê ainda é vivo". *Revista Memória*. São Paulo: Eletropaulo/Departamento de Patrimônio Histórico, n. 12, jul./set. 1991, p. 47-52. "Usina Bocaina, a força do Rio Bravo". *Revista Memória*. São Paulo: Eletropaulo/Departamento de Patrimônio Histórico, n. 13, out. 1991/mar. 1992, p. 37-42. "Estação São Roque, a antiga subestação

dentro de minha visão de historiador, é o que imediatamente deve transparecer quando se observa esse patrimônio.

A preservação da cultura material produzida pela indústria da eletricidade deve ter como principal objetivo o entendimento dos significados que esse processo de eletrificação produziu nas diversas sociedades em que ele aconteceu e acontece, ou seja, a preservação deve ter como ponto de partida, como visão, a reconstrução historiográfica desse processo. Devemos abrir um parêntese: neste momento estou entendendo reconstrução historiográfica da maneira mais ampla possível, pode ser uma tese acadêmica sobre a eletrificação em São Paulo, um livro produzido para o mercado cultural, um filme, um museu da energia, o programa que o museu da energia desenvolve para a visitação e para sua inclusão social na região onde ele está instalado, ou seja, toda a produção cultural que leva ao entendimento de como se deu o processo de eletrificação naquela sociedade específica. Caminhando na mesma direção e sem desconsiderar a responsabilidade do Estado, por exemplo, no fomento e na regulamentação dos setores educacional e cultural, e continuando no caminho do entendimento das dimensões políticas e sociais como ponto de partida da reconstrução do processo de eletrificação.

Entendendo daí o sentido público do patrimônio cultural, da cultura material, em especial do setor elétrico, nós tendemos a perceber que o papel dos organismos públicos e das instituições privadas e da própria iniciativa privada em relação à preservação dessa cultura material deve ser diretamente proporcional ao respectivo protagonismo desses setores e de sua respectiva responsabilidade cultural/histórica/social no processo de eletrificação. Estou afirmando que a responsabilidade de cada setor, o papel dos setores privado e público na preservação dessa cultura material, assim como na preservação de todo o patrimônio cultural do processo de eletrificação, deve ser proporcional ao papel que esses organismos, essas instituições desempenharam e desempenham na construção do setor.

Partindo dessas premissas, que ocuparam dois terços do nosso tempo de apresentação, eu gostaria de falar um pouco da proposta e da experiência do

---

da cidade do vinho". *Revista Memória*. São Paulo: Eletropaulo/Departamento de Patrimônio Histórico, n. 14, abr./jun. 1992, p. 49-52. "Usina Isabel, a energia que vem do Ribeirão Sacatrapo". *Revista Memória*. São Paulo: Eletropaulo/Departamento de Patrimônio Histórico, n. 15, jul./set. 1992, p. 17-22.

Museu da Energia que a Mariana mostrou para nós. Primeiro: o nascimento do projeto do Museu, pensando historicamente, se deu no antigo Departamento de Patrimônio Histórico da Eletropaulo (um das empresas estatais criada no início dos anos 1980 e que herdou todo o sistema de produção, transmissão e distribuição da Light em São Paulo), do Projeto Memória da CESP (também uma empresa estatal criada em 1966, dentro do processo de intervenção do Estado no setor elétrico paulista a partir dos anos 1950). Quando o David falou do início do seu Museu em Minnesota, ele estranhou a questão do Museu em rede. Para nós, desde aquele momento (minha atuação foi um pouco no Projeto Memória da CESP e bem mais extensa no Departamento da Eletropaulo), nós não víamos outra alternativa para a criação do Museu da Energia em São Paulo que não fosse a de um museu com vários núcleos, ou seja, uma rede de núcleos, coerentes com o próprio sistema de transmissão e distribuição, que acontece dessa maneira. Na Eletropaulo a equipe do Departamento conseguiu, no máximo, instalar o primeiro núcleo (fig. 41, p. 373) em Itu[3] e iniciar o projeto do núcleo de Jundiaí, que só foi instalado de fato quando a Fundação o assumiu; e a visão do museu em rede para nós era natural em função do sistema e das atividades econômicas que geraram aquele patrimônio.

Uma exposição que me parece foi um dos produtos mais importantes que conseguimos fazer no Departamento foi a "Cidade Iluminada", em 1989, no Sesc Pompeia,[4] onde, de maneira exemplar, a cultura material foi utilizada numa exposição museográfica, porque os objetos por si diziam, contavam a história, acompanhados dos recursos museográficos que foram utilizados, o que foi uma experiência muito interessante. No nascimento da Fundação, além de todas as questões que a Mariana já apresentou sobre o Museu da Energia, destaco a questão da geração de energia nas usinas onde seriam implantados os núcleos do museu, as quatro PCH's – Pequenas Centrais Hidrelétricas – da Fundação: Salesópolis (fig. 42, p. 374), São Valentim, Jacaré e Corumbataí. Por incrível que pareça, nós tivemos a felicidade de montar esse projeto no momento do racionamento de eletricidade

---

3 FERREIRA, Tânia Cristina; DINIZ, Renato de Oliveira; TRÓIA, Rosane. "Museu Descentralizado". *Revista Memória*. São Paulo: Eletropaulo/Departamento de Patrimônio Histórico, n. 09, out./nov./dez. 1990, p. 51-56. FERRAZ, Vera M. B. "Núcleo Museológico de Itu". *Memória Eletropaulo*, 21, p. 50-55, jan.-jul. 1995.

4 ELETROPAULO, Departamento de Patrimônio Histórico. *A Cidade Iluminada – Tecnologia e Política a Serviço da Light no Início do Século* (Catálogo da Exposição). São Paulo, 1989.

em 2001, quando se acentuou a discussão sobre a utilidade das antigas PCH's na superação ou, ao menos, na amenização da crise. Justamente quando as PCH's estavam sendo aposentadas pelo setor, esse processo de crise de fornecimento levou o país a rever o fato de termos tantas PCH's prontas para, em pouco tempo, voltar a funcionar e jogar uma parcela considerável de energia no mercado. Aí nós juntamos as duas coisas, ou seja: quatro núcleos do Museu da Energia seriam montados em usinas que podiam em dois ou três anos voltarem a funcionar; e a necessidade da Fundação em obter recursos para manter o Museu. E isso é um aspecto muito "bacana" do projeto do Museu. Hoje, essas quatro usinas geram energia, mas, muito mais do isso, geram recursos para a manutenção desse patrimônio cultural. Só podemos achar isso muito bom.

Continuando, eu gostaria de falar de algo que me incomodou muito, desde a época de criação da Fundação e hoje mais ainda talvez: é a questão da visão que deve determinar a gestão do patrimônio cultural do setor. Muito mais do que uma visão tecnicista e, o que é pior, uma visão tecnocrata da Fundação, defendo que ela deve ser dirigida a partir de uma visão cultural como instituição, pois sendo público o patrimônio, ela tem de ser administrada a partir dos significados culturais por ela gerados em seu processo de construção. Não importa se é a iniciativa privada ou se são recursos públicos que mantêm esse patrimônio. A administração desse patrimônio deve estar na mão de profissionais que tenham um conceito muito claro do que ele representa como patrimônio cultural da sociedade. Eu não quero falar de pessoas porque a crítica não é, absolutamente, pessoal. Eu falo da visão que tem dominado o trato da Fundação desde a sua criação, que é uma visão técnica, e não estamos discutindo a tônica do Museu na divulgação científica, nos temas técnicos dos quais ele trata. Essa instituição é muito importante não só para o setor elétrico, ela é muito importante para a vida cultural deste país, que tanto precisa de instituições culturais fortes; e por isso ela deve ser administrada a partir de uma visão cultural e não tecnocrata.

Para terminar eu gostaria de dizer que hoje eu tenho muito prazer em coordenar o Centro de Documentação e Memória Camargo Corrêa (CDMCC) que, como já foi dito anteriormente, é um organismo que administra os registros históricos de um forte grupo brasileiro de atuação internacional em mais de vinte países, mas que tem suas origens também no setor elétrico, na construção das médias e grandes usinas hidrelétricas que começaram a ser construídas no Estado de São Paulo e no Brasil a partir dos anos 1950. O CDMCC representa a ação de um grupo privado assumindo a responsabilidade histórica, não exatamente de uma cultura material em si, porque o patrimônio não está em suas mãos, ela "apenas" construiu as usinas. A partir do momento que essa instituição preserva fotos (fig. 43, p. 375), vídeos, documentos técnicos e depoimentos, ela também contribui com a preservação material desse patrimônio. Muito obrigado!

• • • •

Debate com o público

Pergunta: Eu gostaria de fazer uma questão para o Renato, queria que você falasse um pouco mais do que você entende por essa visão tecnocrata e essa visão cultural.

RD: Desde o início do processo de discussão e estudos para a montagem da Fundação, durante o processo de privatização das empresas de energia do estado de São Paulo, essa questão sempre foi muito forte, mas sempre foi deixada de lado, ou melhor, sempre foi jogada para debaixo do tapete. A Fundação sempre foi entendida como um órgão das empresas de energia e da Secretaria de Energia, quase como uma "repartição pública" ligada à Secretaria de Energia. Nós (a primeira diretoria da Fundação) sempre tivemos a dificuldade para estabelecer a visão da Fundação como uma instituição cultural, no sentido de que trabalha com representações e processos criados socialmente e não com pesquisa técnico-científica em si. Nós nunca tivemos a vontade de ser um órgão auxiliar do setor elétrico, no sentido de ter uma produção voltada unicamente ao setor elétrico e suas políticas. A Fundação nasceu no setor elétrico, a carreira profissional de quase todos os primeiros profissionais ligados à Fundação aconteceu dentro do setor elétrico e isso nos dá muito orgulho, gostávamos de ser reconhecidos como profissionais do setor elétrico, mas também éramos e vocês são hoje profissionais da área cultural e como tais devem ser tratados; devem ter um bom projeto de carreira e bons salários, como profissionais da cultura, porque profissionais da área cultural também merecem ter boas perspectivas de carreira e remuneração.

Anexo 1 – Conclusões do III Seminário História e Energia

Trinta teses para auxiliar a "memória da energia"

1. A memória ajuda a projetar o futuro energético, tendo como base a economia física.
2. A América Latina tem tido papel passivo, de mercado, para a indústria elétrica.
3. A economia liberal e a falta de investimentos, não a natureza, foram a causa do apagão de 2001 no Brasil.
4. O povo brasileiro está entre os que têm as 5 tarifas elétricas mais caras do mundo.
5. As energias renováveis não podem crescer indefinidamente, pois colocariam em perigo a sobrevivência humana.
6. O IDH cresce com o consumo de eletricidade.
7. Já no I Seminário História & Energia foi expressa a preocupação com as populações atingidas pelas barragens; essa discussão democrática tem que aumentar.
8. O domínio da tecnologia energética tem forte papel geopolítico, e isto valerá também para a tecnologia nuclear.
9. Apesar de o Brasil dominar o tema das usinas hidrelétricas, isto não levou o país a desenvolver turbinas para tais usinas; nesse item, continuamos como mercado das mesmas empresas do começo do século XX.

10. A memória está associada a um lugar, ainda que virtual; as fusões e privatizações podem levar à perda do lugar e da memória.
11. Todo conhecimento, inclusive da memória, deve ser de acesso público.
12. As políticas nacionais de arquivos têm limitações que temos de aprender a aceitar.
13. A atividade mais importante do arquivista é selecionar o que deve ser guardado, embora seja difícil definir totalmente para quem interessa um registro.
14. O Center for the History of Physics, de College Park (Maryland), tem diretrizes sobre arquivística que são úteis para quaisquer arquivos empresariais.
15. A História Oral é um auxílio interessante para registro nessa época de comunicações digitais.
16. As histórias comparadas do setor elétrico em países diversos podem ampliar nossa compreensão do setor.
17. Há uma lacuna nas informações de pesquisas sobre história da eletricidade, que poderia ser suprida por uma publicação online interinstitucional com notícias sobre projetos em desenvolvimentos, textos, imagens etc. Um site nesses moldes poderia ser compartilhado por países da América Latina e Península Ibérica, pela proximidade de língua e por um passado muitas vezes que tem em comum as empresas que neles atuaram.
18. Deve ser encaminhada à ANEEL a proposta de que projetos de pesquisa sobre a memória da eletricidade sejam suportados em até 20% da fatia hoje destinada para projetos de P&D (0,4% do faturamento anual). Isto representaria em 2010 um valor da ordem de no mínimo R$ 40 milhões, verba que deveria ser gasta com entidades de pesquisa independentes (por ex. universidades, fundações).
19. As empresas devem se preocupar mais com a legislação e normas próprias da arquivística.
20. Recomenda-se interação entre produtores de documentação e quem a guarda, bem como com os comitês de avaliação de documentação.
21. A documentação continua muito importante para a memória do setor elétrico, mas deve voltar a haver também foco na dimensão propriamente histórica.

22. As áreas de documentação precisam aprender a melhor mensurar e apresentar seus resultados para suas respectivas empresas.
23. As fusões e cisões das empresas elétricas apresentam problemas especiais para a arquivística, que começam a ser analisados e compreendidos.
24. Sistemas de classificação são "mentiras organizadas" e "ficções verossímeis", mas há necessidade de serem baseados na linguagem cotidiana.
25. A gestão da memória social deve ter como base ética a ideia de cidadania, o direito à informação e seu acesso, e atenção para sua interdisciplinaridade.
26. Documentos não são apenas artefatos, mas "'mentefatos" com os quais se dialoga.
27. Museus de eletricidade e magnetismo podem despertar uma paixão pela ciência.
28. A eletrificação vista como processo social leva a indagar pela significação da sua história política.
29. O papel das iniciativas privada e pública para a preservação da cultura material deve refletir seu protagonismo no setor.
30. A administração do patrimônio industrial deve ser cultural e não tecnocrática.

Anexo II – Autores das contribuições

Antonio Carlos Bôa Nova é graduado em Filosofia, mestre e doutor em Sociologia pela Universidade de São Paulo. Tem experiência na área de Administração, com ênfase em Administração Pública. Atua principalmente nos seguintes temas: Consumo Familiar de Energia, Estratificação Social, Sociologia do Planejamento Energético. Autor das publicações *Percepções da cultura da CESP*, *Da Light à Eletropaulo*, *Energia e classes sociais no Brasil*.

Bruce Bruemmer começou sua carreira em 1980, processando registros de coleções arquivísticas para instituições como a Minnesota Historical Society e o Charles Babbage Institute (CBI), onde acumulou grande experiência na aquisição de coleções empresariais. Desde 2000, é Diretor dos Arquivos Corporativos da Cargill (EUA). Seus trabalhos nos últimos seis anos nesta empresa têm envolvido os sistemas de gestão de arquivos digitais e uma série de projetos destinados a promover os arquivos dentro da empresa.

Claudinéli Ramos é historiadora formada pela USP – onde também fez seu mestrado em Educação. É especialista em Gestão do Terceiro Setor pelo Senac, e por nove anos trabalhou na Fundação de Energia e Saneamento, como coordenadora de Documentação e depois diretora de Gestão Técnica e Cultural, onde coordenou diversas publicações sobre a história da eletricidade. Desde 2008 coordena a Unidade de Preservação do Patrimônio Museológico (UPPM), da Secretaria de Estado da Cultura de São Paulo.

David Jerome Rhees é Ph.D. em História e Sociologia da Ciência pela University of Pennsylvania. Desde 1992, é diretor-executivo do Bakken Museum, em Minneapolis, onde dirigiu um projeto de expansão concluído em 1999, que o transformou em um museu público que recebe mais de 60 mil visitantes anualmente. É coautor de um livro recente, Playing with fire, sobre a história do para-raios, e tem publicado diversos artigos. É professor adjunto do Programa de História da Medicina da Universidade de Minnesota. A sua investigação tem se debruçado sobre a história da eletricidade, a popularização da ciência e da tecnologia médica. Seu projeto atual é a realização de história oral dos pioneiros da indústria de dispositivos médicos americanos.

Diego Bussola é licenciado em História pela Universidade de Buenos Aires, Mestre pelo Instituto Universitário de Lisboa (ISCTE-IUL), Professor da Faculdade de Humanidades e Artes e pesquisador do Centro de Estudos Comparados da Universidade Nacional de Rosario (UNR), Argentina, e doutorando em História Contemporânea no Instituto Universitário de Lisboa. Publicou artigos e capítulos sobre questões energéticas ligadas ao consumo: "As políticas públicas" e "O consumo doméstico de energia" em A história da Energia. Portugal 1890-1980; "Vida cotidiana en el Portugal de la posguerra. Electrodomésticos, criadas y amas de casa"; "Dos caminos en la cultura del consumo energético. Lisboa e Porto"; entre outros.

Fernanda das Graças Corrêa é doutoranda em Ciência Política com ênfase em Estudos Estratégicos pela Universidade Federal Fluminense e Mestre em História Comparada com ênfase em Relações Internacionais, Segurança e Defesa Nacional/Pró-Defesa pela UFRJ. Autora do livro O projeto do submarino nuclear brasileiro.

Gildo Magalhães dos Santos é formado em Engenharia Eletrônica pela Escola Politécnica e doutor em História Social pela Universidade de São Paulo, onde é professor livre-docente de história das ciências e técnicas. Realizou pós-doutorado no Instituto Smithsonian (EUA) e é pesquisador do Centro de História da Ciência da USP e do Centro de Filosofia das Ciências da Universidade de Lisboa, além de colaborador da Associação Brasileira de Normas Técnicas. Atua principalmente nos temas de história da ciência e da tecnologia no Brasil, epistemologia, divulgação científica e política científico-tecnológica. Publicou os livros Força e Luz e Introdução à Metodologia da Pesquisa, além de diversos artigos em revistas nacionais e estrangeiras. Responsável pela coordenação de História e coordenação geral do Projeto Eletromemória.

Heloísa Maria Silveira Barbuy é mestre em História da Cultura Material e doutora em História Urbana e Cultura Material pela USP. Realizou pós-doutorado na Universidade de Paris IV-Sorbonne. É professora e vice-diretora do Museu Paulista da USP e atua também como professora na Pós-Graduação em História Social da USP. Publicou, entre outros *A cidade-exposição*.

Ildo Sauer é formado em Engenharia Civil pela Universidade Federal do Rio Grande do Sul, mestre em Engenharia Nuclear e Planejamento Energético pela Universidade Federal do Rio de Janeiro e doutor em Engenharia Nuclear pelo Massachusetts Institute of Technology. Entre 2003 e 2007, foi Diretor de Gás e Energia da Petrobrás. É professor titular da Universidade de São Paulo, atuando principalmente nos seguintes temas: epistemologia, análise econômica, economia da energia, aspectos sociais, setor energético. É coordenador do Programa de Pós-Graduação em Energia e diretor do Instituto de Eletrotécnica e Energia da USP. Publicou *Política energética e crise de desenvolvimento*.

Isabel Bartolomé é licenciada em História Contemporânea pela Universidad Complutense e Doutora em História e Civilização pela European University Institute de Florença (Itália). Desde 2005, é bolsista de pós-doutorado da Fundação FCT de Portugal, vinculada ao Departamento de História. É professora do Departamento de Economia e História Econômica da Universidade de Sevilha e especialista em História da Indústria Elétrica na Espanha e Portugal, com vários artigos publicados a respeito deste tema. Em 2007, teve sua monografia *La industria electrica en España (1890-1936)* publicada na coleção de História Econômica editada pelo Banco da Espanha.

Jonathan Tennenbaum é Ph.D. em Matemática pela Universidade da Califórnia. Foi diretor da Fundação para a Energia da Fusão, na Alemanha, entre 1980 e 2006 e também atuou como editor-chefe da revista *Fusion*. É consultor privado para assuntos científicos. Autor de vários artigos e palestrante frequente de temas relacionados à história da ciência e à energia em conferências e simpósios em diversos países. No Brasil, publicou os livros *Energia nuclear, uma tecnologia feminina*; *Energia nuclear: dínamo da reconstrução econômica mundial* e *A Economia dos Isótopos*.

Leonam dos Santos Guimarães é formado pela Escola Naval. Possui mestrado em Engenharia Naval e Oceânica pela Escola Politécnica da USP e doutorado em Engenharia Nuclear pela Universidade de Paris XI. É assessor do diretor-presidente da Eletrobras Eletronuclear, professor titular licenciado da Faculdade de Administração da Fundação Armando Álvares Penteado (FAAP) e membro da Agência Internacional de Energia Atômica (IAEA). Atuou por 20 anos no Programa Nuclear, tendo sido Coordenador do Programa de Propulsão Nuclear do Centro Tecnológico da Marinha em São Paulo.

Lígia Maria Martins Cabral é historiadora formada pela Universidade Federal do Rio de Janeiro, com pós-graduação em Administração Pública pela Fundação Getúlio Vargas. Iniciou sua carreira em 1982, como pesquisadora do Dicionário Histórico-Biográfico Brasileiro, do CPDOC/FGV. Participou da instituição do Centro da Memória da Eletricidade, em 1986, quando passou a integrar sua equipe, e coordena sua área de pesquisa desde 1997.

Marcia Cristina de Carvalho Pazin é formada em História pela Universidade de São Paulo, onde fez o mestrado e doutorado em História Social. É especialista em Organização de Arquivos pelo IEB/USP e professora de Documentação Empresarial no Curso de Especialização em Organização de Arquivos – IEB/USP. Desde 2008 é Gerente de Documentação e Projetos da Fundação Energia e Saneamento. Tem experiência nas áreas de História Social e Ciência da Informação, atuando principalmente nos seguintes temas: Arquivologia, Avaliação Documental, Tipologia Documental e Gestão de Documentos.

Maria Blassioli Moraes é graduada em História, Mestre em História Social pela USP e Especialista em Organização de Arquivos pelo Instituto de Estudos Brasileiros – IEB. Possui experiência na gestão de arquivos, tendo atuado como técnica de tratamento arquivístico e coordenadora do arquivo fotográfico no Arquivo do Estado de São Paulo. Coordena o Arquivo da Fundação Energia e Saneamento.

Maria de Fátima Tálamo é Bacharel em Linguística (Unicamp), Mestre e Doutora em Ciências da Comunicação (ECA/USP). Docente aposentada da Escola de Comunicações e Artes da Universidade de São Paulo, onde atua na pós-graduação em Ciência da Informação. Desenvolve pesquisas nas áreas de Organização do Conhecimento e Cultura, Comunicação e Informação, atuando nos seguintes temas: gestão da informação e do conhecimento, análise e linguística documentária, domínios conceituais de especialidades, terminologias, cultura e informação. Coordenou a linha de pesquisa de Documentação do Projeto Eletromemória.

Maria Izabel de Oliveira é formada em História pela Universidade Federal do Rio de Janeiro e especialista em Administração Pública pela Fundação Getúlio Vargas. Se especializou no Arquivo Nacional da França. Atualmente é especialista em gestão documental do Arquivo Nacional e membro do corpo editorial do periódico *Acervo*.

Marilda Lopes Ginez de Lara é graduada em Biblioteconomia e Documentação pela Fundação Escola de Sociologia e Política de São Paulo, mestre e doutora em Ciências da Comunicação pela Universidade de São Paulo, onde atualmente é professora livre-docente. Na área de Ciência da Informação, desenvolve pesquisa sobre a organização da informação para o acesso e temas relacionados: linguística, linguagem e representação documentária, arquitetura da informação, relações entre os estudos da linguagem e a ciência da informação, terminologia.

Marília Xavier Cury é museóloga. Possui licenciatura em Educação Artística pela Faculdade de Belas Artes de São Paulo, especialização em Museologia, mestrado e doutorado em Ciências da Comunicação pela Universidade de São Paulo. Atualmente é professora doutora da Universidade de São Paulo, atuando no seu Museu de Arqueologia e Etnologia. Tem experiência na área de Museologia, com ênfase nos seguintes temas: comunicação museológica, expografia, estudos receptivos e avaliação museológica, educação patrimonial e em museus e público de museu. Coordenou a parte de Cultura Material do Projeto Eletromemória. Publicou *A plumária indígena brasileira*.

Mario Barité é licenciado em Biblioteconomia pela Universidad de la República de Uruguay. É também diplomado em Estudos Avançados, Mestre em Informação Científica pela Universidad de Granada (Espanha) e doutorando nesta mesma Universidade. É professor nas áreas de Organização do Conhecimento e Terminologia na Escola Universitária de Bibliotecologia do Uruguai. Participou de projetos de pesquisa na Espanha, Brasil e Uruguai. Publicou oito livros e dezenas de artigos e tem ministrado diversas palestras em congressos nacionais e internacionais.

Nicolau Sevcenko possui graduação e doutorado em História pela Universidade de São Paulo e pós-doutorado pela University of London. Professor titular aposentado da Universidade de São Paulo, integra atualmente a Faculdade de Ciências e Artes da Universidade de Harvard. Sua bibliografia compreende, além de centenas de artigos em publicações nacionais e internacionais, várias obras fundamentais de história contemporânea e da cultura, entre elas *A revolta da vacina*, *Literatura como missão*, *Orfeu extático na metrópole*, *História da vida privada no Brasil* (vol. III, org.) e *A corrida para o século XXI*.

Paulo Nassar é professor doutor da Escola de Comunicações e Artes da Universidade de São Paulo, diretor da *Revista Comunicação Empresarial*. Pesquisa na área de Comunicação, com ênfase em Comunicação Organizacional e Relações Públicas, trabalhando principalmente os seguintes temas: relações públicas, comunicação organizacional, relações governamentais, comunicação empresarial e comunicação interna. É diretor-geral da Associação Brasileira de Comunicação Empresarial (Aberje) e autor, entre outros, dos livros *O que é comunicação empresarial*; *A comunicação da pequena empresa*; *Relações Públicas na construção da responsabilidade histórica e no resgate da memória institucional das organizações*; e *Comunicação todo dia*.

Renato de Oliveira Diniz é formado em História e doutor em História Social pela Universidade de São Paulo. Foi um dos fundadores e diretor técnico da Fundação Energia e Saneamento, entre 1998 e 2003. Atualmente é coordenador do Centro de Documentação e Memória Camargo Corrêa. Tem experiência na área de História, com ênfase em História da Energia em São Paulo e Memória Empresarial, com diversos artigos publicados sobre a história da eletrificação no Brasil.

Ricardo Maranhão é graduado e doutorado em História pela Universidade de São Paulo, foi professor de História do Departamento de Ciências Políticas do Instituto de Filosofia e Ciências Humanas da Unicamp e atualmente é professor da Universidade Anhembi Morumbi. Realizou pós-doutorado na Universidade de Montreal, na área de políticas energéticas. Chefiou o Departamento do Patrimônio Histórico da Eletropaulo e publicou, dentre outros, *História de empresas e desenvolvimento econômico*.

Sidnei Martini iniciou sua formação e carreira acadêmica na Escola Politécnica da Universidade de São Paulo, onde se titulou Mestre, Doutor e Livre-Docente em Engenharia Elétrica. Desde 2002 é Professor Titular e é atualmente Chefe do Departamento de Engenharia de Computação e Sistemas Digitais. É assessor científico da Fapesp e seu currículo também acumula experiência em cargos diretivos de empresas do setor elétrico, entre elas, foi Presidente da ISA CTEEP (Companhia de Transmissão de Energia Elétrica Paulista), de 1999 a 2009 e presidente da EPTE (Empresa Paulista de Transmissão de Energia Elétrica), de 1999 a 2001.

Sonia Seger Pereira Mercedes é graduada em Engenharia Civil pela Universidade Federal de Viçosa, possui mestrado em Engenharia Civil e Ambiental pela Universidade Federal de Campina Grande e doutorado em Energia pela Universidade de São Paulo. Tem atuado na área interdisciplinar de Energia, com ênfase no estudo da organização da produção e distribuição social da energia.

Telma Campanha de Carvalho Madio é formada em História pela Pontifícia Universidade Católica de São Paulo e especialista em Arquivos pelo IEB/USP. Possui mestrado em História pela Pontifícia Universidade Católica de São Paulo e doutorado em Ciências da Comunicação pela Universidade de São Paulo. Atualmente é professora assistente da Universidade Estadual Paulista Júlio de Mesquita Filho, no Departamento de Ciência da Informação da Faculdade de Filosofia e Ciências – Campus Marília, ministrando disciplinas na graduação e na pós-graduação. Atua nas linhas de pesquisa de Produção e Organização da Informação, e Gestão da Informação. Coordenou o eixo de Arquivologia do Projeto Eletromemória.

CADERNO DE IMAGENS

Fig. 1: Locais das expedições de campo (usinas) do Projeto Eletromemória (2007-2010)

Fig. 2: Na década de 1950 teve início a construção de grandes barragens e a instalação de unidades geradoras nas bacias dos rios paulistas (Foto de G. Magalhães)

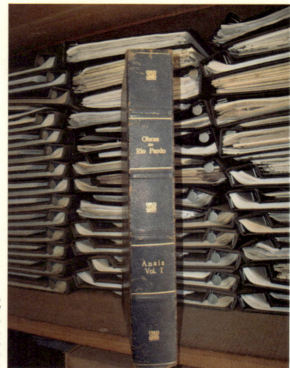

Fig. 3: Plano original (DAEE/CHERP) de 1957 para usinas do Rio Pardo (Foto de G. Magalhães)

Fig. 4: Plano da Light para São Paulo (1917) mapeando residências "ricas" (em amarelo), "boas", (em laranja) e "populares" (em cinza). Acervo de G. Magalhães

Fig. 5: Convivência do moderno (controle digital) com o antigo (quadro analógico de controle). Acervo de G. Magalhães

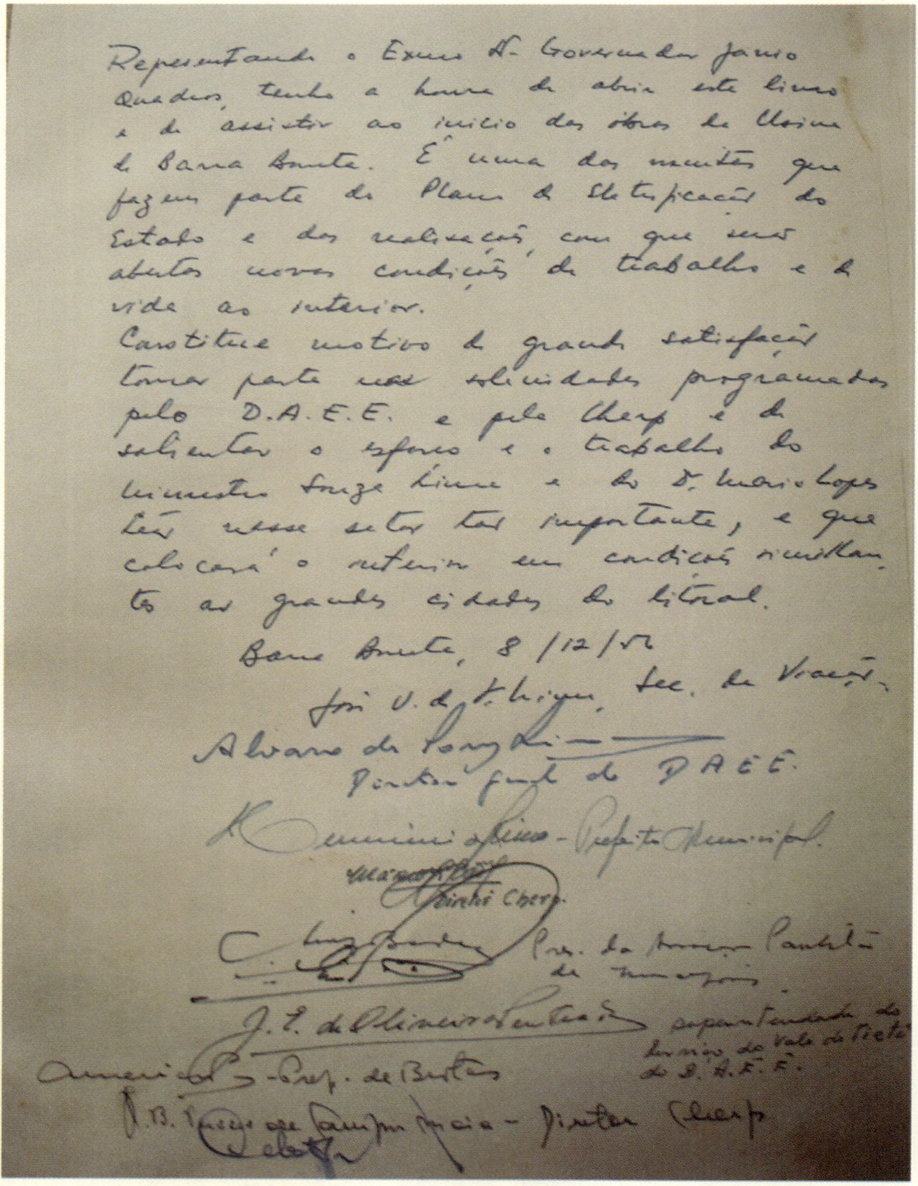

Representando o Exmo Sr. Governador Janio Quadros, tenho a honra de abrir este livro e de assistir ao início das obras da Usina de Barra Bonita. É uma das muitas que fazem parte do Plano de Eletrificação do Estado e das realizações com que serão abertas novas condições de trabalho e de vida ao interior.

Constitue motivo de grande satisfação tomar parte nas solenidades programadas pelo D.A.E.E. e pela Cherp e de salientar o esforço e o trabalho do Ministro Souza Lima e do Dr. Mario Lopes Leão nesse setor tão importante, e que colocará o interior em condições semelhantes às grandes cidades do litoral.

Barra Bonita, 8/12/56

Sec. da Viação

Diretor geral do DAEE

Prefeito Municipal

Diretor Cherp

Pres. da Associação Paulista de Municípios

superintendente do Serviço do Vale do Tietê do D.A.E.E.

Pref. de Botucatu

Diretor Cherp

Fig. 6: Página inicial do Livro de Atas referindo o início de obras, em 1956, da Usina de Barra Bonita, que chegou a ser denominada "Jânio Quadros". Acervo de G. Magalhães

Fig. 7: Início de construção da barragem de Barra Bonita, Alto Tietê, 1956. Acervo de G. Magalhães

Fig. 8: Testes de modelo hidráulico. Parte do estudo original para a barragem de Jupiá, feito em 1959 pela Società Edison, de Milão. Acervo de G. Magalhães

Fig. 9: Vista de satélite da Eurásia e África à noite (Google Maps – Arquivo J. Tennenbaum)

Fig. 10: O aumento da densidade de energia: o motor Corliss em 1876 (arquivo J. Tennenbaum)

Fig. 11: Rede fluvial navegável nos EUA em 1840 (arquivo J. Tennenbaum)

Fig. 12: A rede ferroviária dos EUA antes da Guerra de Secessão (arquivo J. Tennenbaum)

360 GILDO MAGALHÃES (org.)

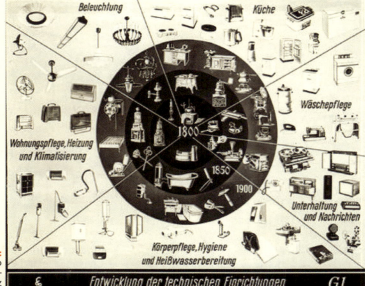

Fig. 13: Desenvolvimento dos eletrodomésticos – Cartaz Siemens (arquivo J. Tennenbaum)

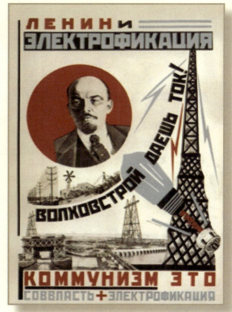 

Fig. 14: Cartazes soviéticos de propaganda da eletrificação (arquivo J. Tennenbaum)

HISTÓRIA E ENERGIA   361

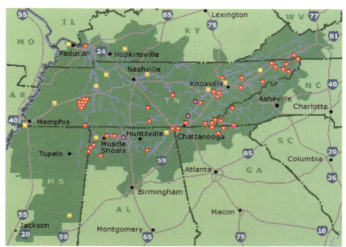

Fig. 15: Usinas no Vale do Rio Tennessee (arquivo J. Tennenbaum)

Fig. 16: Charge e botão do programa de eletrificação de F. D. Roosevelt (arquivo J. Tennenbaum)

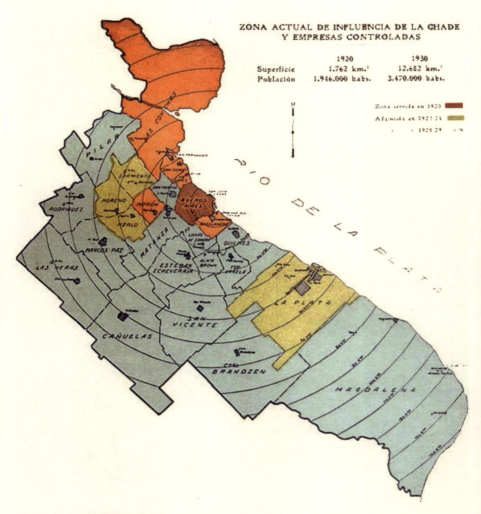

Fig. 17: A zona de atuação da Chade na província de Buenos Aires e arredores. Fonte: Chade, Relatório Anual, 1930, p. 35

Fig. 18: Earl Bakken em 1997, com o protótipo do marca-passo implantável da Medtronic 5800. Em 1999, foi escolhido pelo IEEE como marco da engenharia elétrica

Fig. 19: As instalações premiadas do Museu Bakken, com vista para uma pequena lagoa e o Lago Calhoun de Minneapolis

Fig. 20: A mensagem deste anúncio do século XIX para cintas elétricas era clara: os clientes podem jogar fora seus frascos de remédio na nova era da cura elétrica

Fig. 21: Exposição do solenoide de D'Arsonval – uma forma primitiva da diatermia eletromagnética

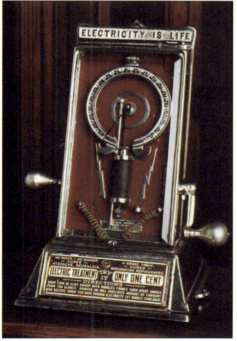

Fig. 22: Máquina de dar choque para tratar dor de cabeça, nevralgia, e "nervosismo", ca. 1900. Os pacientes agarravam as maçanetas para receber a "terapia"

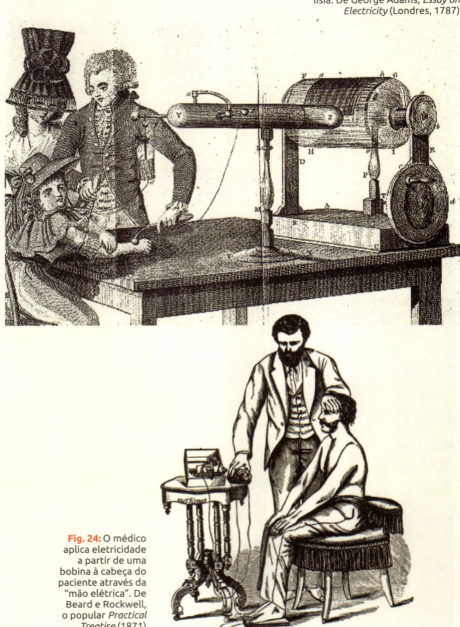

Fig. 23: Estas senhoras estão recebendo "tratamento de choque elétrico", talvez para dor ou paralisia. De George Adams, *Essay on Electricity* (Londres, 1787)

Fig. 24: O médico aplica eletricidade a partir de uma bobina à cabeça do paciente através da "mão elétrica". De Beard e Rockwell, o popular *Practical Treatise* (1871)

Fig. 25: A edição de 1831 de *Frankenstein* de Mary Shelley do Museu Bakken contém a primeira imagem impressa do "monstro"

Fig. 26: A exposição *Coração Elétrico* permite ao visitante fazer música com seu próprio batimento cardíaco, visualizar arritmias e entender descobertas históricas sobre a eletricidade natural do coração

Fig. 27: A exposição *Mindball* utiliza um jogo de neuro-realimentação para ensinar aos visitantes como controlar melhor seus cérebros

Fig. 28: O Bakken se associou ao Escotismo feminino para criar um distintivo denominado "Eu sou Elétrica!"

HISTÓRIA E ENERGIA   369

Fig. 29: Jovens no Clube do Inventor Bakken
aprendem a gostar tanto de invenção quanto de dança

Fig. 30: Um membro da equipe do Bakken demonstra a casa do trovão explodindo no Grande Salão do Museu

Fig. 31: Os primeiros ferros elétricos se pareciam com os modelos aquecidos em estufa ou a carvão

Fig. 32: Ferro elétrico com pegador que remete aos pegadores de porcelana

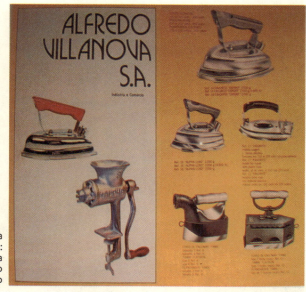

Fig. 33: Convivência de tecnologias: ferros elétricos e a carvão num mesmo catálogo

Fig. 34: Interior de loja de materiais elétricos na Rua Direita, em São Paulo. Acervo da Fundação Energia e Saneamento

Fig. 35: Fachada da mesma loja na Rua Direita. No primeiro andar estava o escritório da Light. Acervo da Fundação Energia e Saneamento

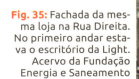

372   GILDO MAGALHÃES (org.)

Fig. 36: Mensagem de modernidade, inteligência e comodidade em anúncio de vitrola elétrica

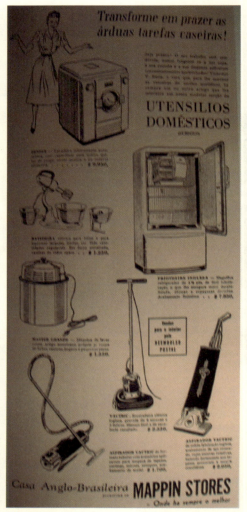

Fig. 37: Praticidade e comodidade: apelo ao público feminino em anúncio de eletrodomésticos

Fig. 38: O futuro anunciado: a promessa da televisão como conquista da eletrônica

HISTÓRIA E ENERGIA 373

Fig. 39: Convivência de modernidades: um modelo de liquidificador no IV Centenário de São Paulo (*Revista Cruzeiro*, 1954)

Fig. 40: Ferros de passar de brinquedo: a preparação para o mundo elétrico

Fig. 41: Capa do catálogo da Exposição Inaugural do Museu da Energia, núcleo de Itu. Adaptação de um anúncio da Light. (K. Lixto, 1936). Acervo da Fundação Energia e Saneamento

Fig. 42: Usina Hidrelétrica de Salesópolis, 2,5 MW, Rio Tietê, construída em 1913, hoje sede do Museu da Energia, núcleo de Salesópolis. Crédito: foto Renato Diniz

Fig. 43: Início da concretagem da barragem da Usina Hidrelétrica de Ilha Solteira, anos 1970. Marco da história da construção hidrelétrica no Brasil. Crédito: Centro de Documentação e Memória Camargo Corrêa

Esta obra foi impressa em São Paulo na primavera de 2012 pela gráfica Vida & Consciência. No texto foi utilizada a fonte Joanna MT em corpo 11 e entrelinha de 14,5 pontos.